服装高职高专"十一五"部委级规划教材
国家级精品课程配套教材

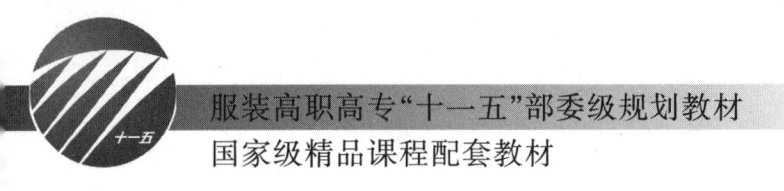

现代服装工程管理

温平则　冯旭敏　编著

中国纺织出版社

内 容 提 要

本书根据服装产业运行模式,分析服装工业化生产经营活动的运作过程,确定服装产品企划与产品设计、服装生产现场管理、服装市场开发、市场营销等工程管理岗位单元结构。具体内容包括产品企划、生产管理和市场营销三大部分。本书将设计、技术、营销等独立的知识与能力提升到市场运作的层面,形成完整的知识链条与综合的能力结构,达到综合能力训练的目的,实现培养复合型人才的目标,满足服装企业对服装产品开发、生产技术管理以及服装市场营销等人才的需求。

本书既可供各类服装职业院校的师生学习,也可供服装企业产品开发、生产技术管理及市场营销人员阅读和参考。

图书在版编目(CIP)数据

现代服装工程管理/温平则,冯旭敏编著. —北京:中国纺织出版社,2010.8 (2023.2 重印)

服装高职高专"十一五"部委级规划教材. 国家级精品课程配套教材

ISBN 978 - 7 - 5064 - 6021 - 7

Ⅰ. 现… Ⅱ.①温…②冯… Ⅲ. 服装工业—工业企业管理—高等学校:技术学校—教材 Ⅳ.F407.866

中国版本图书馆 CIP 数据核字(2009)第 190281 号

策划编辑:张晓芳　　责任编辑:孙　阳　　责任校对:俞坚沁
责任设计:何　建　　责任印制:周文雁

中国纺织出版社出版发行
地址:北京市朝阳区百子湾东里A407号　邮政编码:100124
销售电话:010—67004322　传真:010—87155801
http://www.c-textilep.com
中国纺织出版社天猫旗舰店
官方微博http://www.weibo.com/2119887771
唐山玺诚印务有限公司印刷　各地新华书店经销
2010年8月第1版　2023年2月第4次印刷
开本:787×1092　1/16　印张:22.25　插页:3
字数:337千字　定价:49.80元

凡购本书,如有缺页、倒页、脱页,由本社图书营销中心调换

出版者的话

2005年10月,国发[2005]35号文件"国务院关于大力发展职业教育的决定"中明确提出"落实科学发展观,把发展职业教育作为经济社会发展的重要基础和教育工作战略重点"。高等职业教育作为职业教育体系的重要组成部分,近些年发展迅速。编写出适合我国高等职业教育特点的教材,成为出版人和院校共同努力的目标。早在2004年,教育部下发教高[2004]1号文件"教育部关于以就业为导向 深化高等职业教育改革的若干意见",明确了促进高等职业教育改革的深入开展,要坚持科学定位,以就业为导向,紧密结合地方经济和社会发展需求,以培养高技能人才为目标,大力推行"双证书"制度,积极开展订单式培养,建立产学研结合的长效机制。在教材建设上,提出学校要加强学生职业能力教育。教材内容要紧密结合生产实际,并注意及时跟踪先进技术的发展。调整教学内容和课程体系,把职业资格证书课程纳入教学计划之中,将证书课程考试大纲与专业教学大纲相衔接,强化学生技能训练,增强毕业生就业竞争能力。

2005年底,教育部组织制订了普通高等教育"十一五"国家级教材规划,并于2006年8月10日正式下发了教材规划,确定了9716种"十一五"国家级教材规划选题,我社共有103种教材被纳入国家级教材规划,在此基础上,中国纺织服装教育学会与我社共同组织各院校制订出"十一五"部委级教材规划。为在"十一五"期间切实做好国家级及部委级高职高专教材的出版工作,我社主动进行了教材创新型模式的深入策划,力求使教材出版与教学改革和课程建设发展相适应,充分体现职业技能培养的特点,在教材编写上重视实践和实训环节内容,使教材内容具有以下三个特点:

(1)围绕一个核心——育人目标。根据教育规律和课程设置特点,从培养学生学习兴趣和提高职业技能入手,教材内容围绕生产实际和教学需要展开,形式上力求突出重点,强调实践,附有课程设置指导,并于章首介绍本章知识点、重点、难点及专业技能，章后附形式多样的思考题等，提高教材的可读性，增加学生学习兴趣和自学能力。

（2）突出一个环节——实践环节。教材出版突出高职教育和应用性学科的特点，注重理论与生产实践的结合，有针对性地设置教材内容，增加实践、实验内容，并通过多媒体等直观形式反映生产实际的最新进展。

（3）实现一个立体——多媒体教材资源包。充分利用现代教育技术手段，将授课知识点、实践内容等制作成教学课件，以直观的形式、丰富的表达充分展现教学内容。

教材出版是教育发展中的重要组成部分，为出版高质量的教材，出版社严格甄选作者，组织专家评审，并对出版全过程进行过程跟踪，及时了解教材编写进度、编写质量，力求做到作者权威、编辑专业、审读严格、精品出版。我们愿与院校一起，共同探讨、完善教材出版，不断推出精品教材，以适应我国高等教育的发展要求。

中国纺织出版社
教材出版中心

前言

新世纪的到来,为我国服装产业迅猛发展提供了难得的历史机遇,快速发展的服装产业使传统的产业结构不断发生变化,引起了产业岗位的不断调整,使服装产业对人才的需求不断增长,除服装设计师、样板师、工艺师等技术人才外,还需要大量企划、管理、市场营销等工程型人才。为了适应市场对人才的需求,服装应用技术教育对人才的培养方向也更加宽泛,开发成熟的相关教材成为推进人才培养的关键。编者所任职的邢台职业技术学院,2006年底被评为首批28所国家示范性建设高等职业院校之一,服装工程系服装设计与加工专业成为示范建设重点建设专业;2007年"现代服装工程管理"被评为国家级精品课程。以此为契机,编者编写了《现代服装工程管理》。

"现代服装工程管理"是服装设计与工程专业的核心主干课程,是培养适应服装产业运营所需企划、管理、营销等人才的一门重要课程。它包括产品企划与产品设计、生产管理实务、市场营销三大部分内容,这些课程内容中所包含的知识及应该具备的能力,都贯穿于企业生产经营活动的全过程,是专业核心能力。

该课程根据服装产业运行模式,分析服装工业化生产经营活动的运作过程,确定服装产品企划与产品设计、服装生产现场管理、服装市场开发、市场营销等工程管理岗位单元结构,根据岗位确定课程内容模块。以"怎样做,怎样做更好"为关键知识点,确定课程内容。

"现代服装工程管理"课程在人才培养过程中,能够将设计、技术、营销等独立的知识与能力提升到市场运作的层面,形成完整的知识链条与综合的能力结构,达到综合能力训练的目的,实现培养复合型人才的目标,满足企业对服装产品开发、生产技术管理以及服装市场营销等人才的需求。

本书对服装商品开发、生产管理与服装市场营销等理论的应用做了粗浅的探讨，由于时间仓促、水平有限，难免存在不足和疏漏之处，恳请各位专家、学者、前辈和各界读者朋友不吝赐教。

　　本书的出版，得到邢台职业技术学院院长刘丛教授、副院长刘彩琴教授、副院长王佩国教授、服装工程系主任范树林教授等人的热心帮助和支持，在此一并感谢。

编著者
2010年3月

"现代服装工程管理"教学内容及课时安排

第一篇　产品企划			
章/课时	课程性质	节	课程内容
第一章 (8课时)	基础理论		● 服装产品企划概述
		一	服装产品企划与企划工作
		二	产品企划工作者的要求与能力
		三	消费者需求预测与服装消费
第二章 (40课时)	应用理论及 企划实践		● 服装产品企划实务
		一	上一年同期产品营业实绩反思
		二	目标消费者定位
		三	情报收集、整理、企划与管理
		四	产品定位与产品设计
		五	模特样衣试制研究
		六	产品构成方法与产量判断
		七	材料计划
		八	内部展示会与展销会企划
		九	制作产品企划书

第二篇　生产管理			
章/课时	课程性质	节	课程内容
第一章 (4课时)			● 服装生产管理概述
		一	生产管理的历史发展与进步
		二	服装产业特征与服装企业运营管理
第二章 (20课时)	应用理论及 管理实践		● 服装企业生产管理工作实务
		一	加工、裁剪、粘衬指示书的制作
		二	缝制方法说明书
		三	制作工业用样板
		四	样品制作
		五	委托外协加工管理
第三章 (8课时)			● 成本管理
		一	成本管理概述
		二	服装产品成本的核算方法
		三	成本和费用的控制
		四	降低成本的方法

续表

章/课时	课程性质	节	课程内容
第四章 (20课时)	专业理论及 作业分析实践		● 作业分析、改进及标准化
		一	作业分析、改进及标准化概述
		二	工程分析
		三	作业动作分析改进及标准化
		四	时间分析与标准加工时间的设定
		五	作业标准制订与作业标准化
第五章 (8课时)			● 工程管理
		一	工程管理概要
		二	工程管理的职能
		三	生产设计
		四	生产组织
		五	车间布局设计
第六章 (8课时)			● 品质管理
		一	品质管理概述
		二	企划作业品质管理
		三	设计作业品质管理
		四	外协作业品质管理
		五	检验与物流品质管理
		六	品质管理的七个工具
		七	品质管理活动

第三篇 市场营销

章/课时	课程性质	节	课程内容
第一章 (4课时)	专业知识及 专业技能		● 服装市场营销基础知识
		一	服装市场营销概述
		二	市场活动
第二章 (6课时)			● 服装市场营销战略
		一	服装市场营销战略概述
		二	目标市场设定
		三	营销理念

续表

章/课时	课程性质	节	课程内容
第三章 (8课时)	专业知识及 专业技能		● 市场调查
		一	市场调查概述
		二	定点调查企划书及卖场调查企划书
第四章 (6课时)	应用理论		● 商品计划
		一	商品计划概述
		二	零售店铺的商品计划
第五章 (8课时)	专业知识及 专业技能		● 服装销售
		一	服装销售概述
		二	服装销售技术
第六章 (4课时)			● 零售:服装销售主要渠道
		一	零售业的形态结构
		二	零售业的类型
第七章 (4课时)	专业知识及 管理		● 服装商品价格策略
		一	商品的生命周期
		二	服装定价方法
		三	服装商品定价策略
		四	商品价格调整策略
第八章 (8课时)			● 促销活动
		一	促销活动的内容
		二	促销活动与方法

注 各院校可根据本校的教学特色和教学计划对课程时数进行调整

目录

第一篇　产品企划

第一章　服装产品企划概述 ······················· 4
第一节　服装产品企划与企划工作 ················· 4
第二节　产品企划工作者的要求与能力 ············· 6
第三节　消费者需求预测与服装消费 ··············· 8
复习与作业 ··································· 17

第二章　服装产品企划实务 ······················· 20
第一节　上一年同期产品营业实绩反思 ············· 20
第二节　目标消费者定位 ······················· 23
第三节　情报收集、整理、企划与管理 ············· 26
第四节　产品定位与产品设计 ···················· 36
第五节　模特样衣试制研究 ······················ 47
第六节　产品构成方法与产量判断 ················ 49
第七节　材料计划 ····························· 53
第八节　内部展示会与展销会企划 ················ 58
第九节　制作产品企划书 ······················· 60
复习与作业 ··································· 62

第二篇　生产管理

第一章　服装生产管理概述 ······················· 66
第一节　生产管理的历史发展与进步 ··············· 66

第二节 服装产业特征与服装企业运营管理 …………… 69
复习与作业 …………………………………………… 78

第二章 服装企业生产管理工作实务 …………………… 80
第一节 加工、裁剪、粘衬指示书的制作 ……………… 80
第二节 缝制方法说明书 ……………………………… 91
第三节 制作工业用样板 ……………………………… 95
第四节 样品制作 ……………………………………… 111
第五节 委托外协加工管理 …………………………… 116
复习与作业 …………………………………………… 132

第三章 成本管理 ………………………………………… 134
第一节 成本管理概述 ………………………………… 134
第二节 服装产品成本的核算方法 …………………… 137
第三节 成本和费用的控制 …………………………… 145
第四节 降低成本的方法 ……………………………… 154
复习与作业 …………………………………………… 164

第四章 作业分析、改进及标准化 ……………………… 166
第一节 作业分析、改进及标准化概述 ……………… 166
第二节 工程分析 ……………………………………… 171
第三节 作业动作分析改进及标准化 ………………… 182
第四节 时间分析与标准加工时间的设定 …………… 188
第五节 作业标准制订与作业标准化 ………………… 195
复习与作业 …………………………………………… 198

第五章 工程管理 ………………………………………… 200
第一节 工程管理概要 ………………………………… 200
第二节 工程管理的职能 ……………………………… 202
第三节 生产设计 ……………………………………… 211
第四节 生产组织 ……………………………………… 214
第五节 车间布局设计 ………………………………… 223

复习与作业 ································ 232

第六章　品质管理 ································ 234
第一节　品质管理概述 ································ 234
第二节　企划作业品质管理 ································ 235
第三节　设计作业品质管理 ································ 238
第四节　外协作业品质管理 ································ 241
第五节　检验与物流品质管理 ································ 243
第六节　品质管理的七个工具 ································ 248
第七节　品质管理活动 ································ 254
复习与作业 ································ 263

第三篇　市场营销

第一章　服装市场营销基础知识 ································ 268
第一节　服装市场营销概述 ································ 268
第二节　市场活动 ································ 271
复习与作业 ································ 273

第二章　服装市场营销战略 ································ 276
第一节　服装市场营销战略概述 ································ 276
第二节　目标市场设定 ································ 279
第三节　营销理念 ································ 285
复习与作业 ································ 287

第三章　市场调查 ································ 290
第一节　市场调查概述 ································ 290
第二节　定点调查企划书及卖场调查企划书 ································ 294
复习与作业 ································ 296

第四章　商品计划 ································ 298
第一节　商品计划概述 ································ 298

第二节　零售店铺的商品计划 ·· 299
复习与作业 ··· 303

第五章　服装销售 ·· 306
第一节　服装销售概述 ·· 306
第二节　服装销售技术 ·· 312
复习与作业 ··· 315

第六章　零售：服装销售主要渠道 ··· 318
第一节　零售业的形态结构 ·· 318
第二节　零售业的类型 ·· 319
复习与作业 ··· 322

第七章　服装商品价格策略 ·· 324
第一节　商品的生命周期 ··· 324
第二节　服装定价方法 ·· 326
第三节　服装商品定价策略 ·· 328
第四节　商品价格调整策略 ·· 329
复习与作业 ··· 331

第八章　促销活动 ·· 334
第一节　促销活动的内容 ··· 334
第二节　促销活动与方法 ··· 336
复习与作业 ··· 338

参考文献 ·· 339

第一篇
产品企划

服装产品企划概述

本章内容：1. 服装产品企划与企划工作
2. 产品企划工作者的要求与能力
3. 消费者需求预测与服装消费

上课时数：8课时

教学提示：1. 阐述现代服装产品企划的内涵和服装企业运营的重要地位,重点分析服装产品企划的工作内容、工作岗位的要求与能力。
2. 详细讲解产品企划过程中如何准确把握市场定位及目标顾客群体,引导学生通过分析消费者服装消费的生活特点把握消费者的消费需求。
3. 布置和讲解本章作业要领,并留出在课堂上提问和交流的时间。

教学要求：1. 使学生理解服装产品企划的内涵。
2. 使学生了解服装产品企划在服装企业运营过程中的重要作用。
3. 使学生理解产品企划的工作内容。
4. 使学生深刻理解产品企划工作者的要求与能力。
5. 使学生了解消费者消费生活的两个侧面。
6. 使学生通过分析消费者生活的两个侧面,分析消费者需求心理的方法,具备预测和把握服装消费市场基本方法的能力。

课前准备：有选择地进行消费者的需求调查,把不同类型消费者的需求心理作为范例,为教学做好准备。

第一章

服装产品企划概述

第一节 服装产品企划与企划工作

产品是企业生存与发展的决定性因素,企业能否拥有特色产品,关键在于企业策划人员对产品企划工作开展的成功与否。产品企划是实现企业产品目标和赢利最大化的保证。产品企划工作在企业运营中,具有推动品牌成长、提升品牌层次、促进企业发展的作用。

一、服装产品企划的含义

广义的产品企划(Merchandising)是以满足消费者的需求为着眼点,展开关于产品开发、生产及如何开展服务等的构想,是一项直接影响企业销售额及赢利的生产活动,也是从生产产品开始到产品交到消费者手里全过程的整体策划。狭义的商品企划包括产品企划、生产企划、制造企划等内容。

服装产品企划是企划人、服装产品设计师的一项典型工作任务。完成这项工作,必须通过一个团队共同协作。与服装产品企划有关的职业包含设计师、样板师、工艺师、陈列师、促销工作人员等。

二、服装产品企划工作

服装产品企划工作包括从产品的目标顾客需求研究入手、分析竞争对手、时尚信息,设定产品策略、新产品范围,进行产品设计与样衣试制,制订材料计划、产量计划到产品展销、投放市场和效果评估等各项工作的最优化整合过程。在实际企划过程中,与设计部门工作,营销、采购部门工作,技术、生产等部门的工作均有着密切的关系。

为了深入地掌握服装产品企划工作,让我们了解一下服装产业不同岗位的工作分工及与产品企划工作的关联性(图1-1-1)。

岗位	工作内容
企划主管	对产品企划、产品设计、产品生产及营销进行宏观把握、整体策划，针对市场需求制订产品供应计划
设计师	把握流行、服装市场导向、品牌形象等，开发设计适销对路的服装产品、服饰品、纺织品等
样板师	对设计师设计的产品效果图进行结构设计并制作样板
排板考料员	排板考料
样板缩放员	型号缩放
裁剪	应用工业化样板进行批量裁剪
样衣工	缝制样衣
代理商	对所供应的商品向销售部门、专卖店进行调配分销
陈列师	设计出容易理解，便于观看，便于选择，能够给人留下深刻、完美印象的商品陈列方案和广告计划
营销经理	以销售商品为目的展开营销活动的运营管理者
IE生产经理	保证质量的同时实施成本管理、工程管理，优化生产线，设计高效作业流程
促销经理	分析市场、消费者的消费动态等，为公司战略决策提供情报
导购员	指导消费者购买商品，提高销售业绩
店长	是店铺经营的管理者，负责店铺销售及促销等全面工作
跟单员	利用外协工厂完成产品生产任务的外协加工管理者
采购员	负责进货
培训师	对员工、销售人员等技术的培训指导
店铺设计师	把与品牌形象相吻合的店铺形象策划纳入服务意识与陈列构想
搭配师	把即将在杂志、插画、影视广告中刊登的服饰品等因素准确地与企划形象搭配，形成相吻合的整体形象
顾客接待师	消费指导及售后服务
品质试验师	材料性能试验、样品科学检测，检验消费过程中是否会出现性能问题

图 1-1-1　服装产业不同岗位分工及与产品企划工作的关联性

第一篇

第二节　产品企划工作者的要求与能力

产品企划工作关系到企业的成败,企划工作者则是决定着企业命脉的重要人员之一,因此,作为企划人员、企划工程师等必须明确自己所承担的责任,应该具备胜任企划工作的能力。

一、具有掌控全局的能力

产品企划,是一个企业经营、制订生产方略的核心,很多企业以巨额投入为代价支持企划部门做出产品计划决策,全面筹划生产什么产品—如何生产—怎样把产品交到顾客手中—企业怎样才能获取最大利益等企业运营的全过程。因此,一个称职的企划工作者(职业企划人)必须有敏锐的经营思维,具备调控企划部、生产部、营销部等团队的整体协调能力,总之必须能够运筹帷幄、掌控全局(图1-1-2-1)。

图1-1-2-1　企划职业人整体协调

想精通企划业务至少需要五年以上的工作积累,做一个成功的企划人或企划主管至少需要十年以上的磨练。

二、具有开发竞争力强的新产品的能力

面对竞争激烈的服装市场,各服装企业不断加大产品企划的力度。同时为了保证决策的成功,一方面要持续培养综合能力较强的企划人;另一方面需建立团队的分工合作机制,全面调控企业战斗力、整体生产能力,以便确立产品企划方针,组织各生产部门履行各自职责,井然有序地完成产品设计、生产、销售等工作。在这个过程中,至关重要的是企划人是否能够在激烈的市场竞争中,分析自己公司与其他公司的产品特征及市场占有额(图1-1-2-2),策划与设计出具有

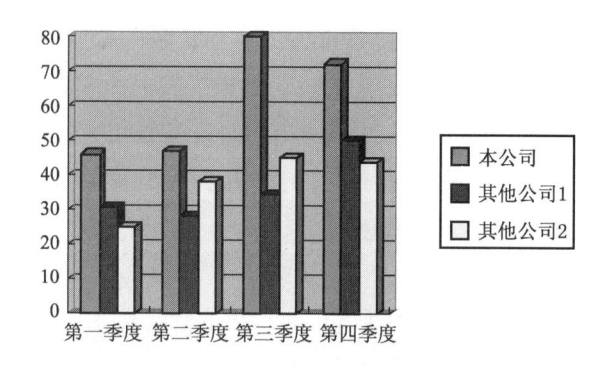

图 1-1-2-2　本公司与其他公司的市场占有情况

绝对竞争优势、占领市场、卖得出去的产品。这些产品必须符合目标消费者的需求、满足消费者需要的数量，价格合理，市场调配分布合理，消费渠道畅通，使目标顾客购买方便。策划开发的产品必须是适时、适量、适价(价格合理)、适当场所销售的产品。

三、善于经验的积累，磨练超前的感知能力

决策者必须具备善于准确把握未来流行的职业素养，而超前的感知能力来源于知识、信息、经验的不断积累。一个成功的企划人，其出色的决策能力与策划能力，不是一朝一夕成就的，而是在身经百战的市场竞争和市场经验中对信息、情报、常识等大量的积累，通过从量变到质变的过程而逐渐升华为准确把握市场的职业素质。

1. 他人信息与方法的汲取利用

企业没有创造出畅销对路的产品，有时是由于企划者经验不足，没有做出正确的产品开发决策导致的。企划者做出正确决策往往来自于大量相关的信息，因此通过各种方法与手段收集信息，并进行综合分析处理与有效利用至关重要。如身经百战的年长企划人，对年轻活力装产品的企划，不能仅仅依靠于自身感受，一定要通过激发年轻人的灵感和创意，弥补自身对情报信息把握能力的局限性。

2. 风土人情等相关信息的积累

畅销品是指卖得好、销售得快的产品。虽然是畅销品、适销品，但并不是同种产品在全国的任何地区或地域都畅销。东南西北的气候、风土人情、生存环境不同，消费理念、生活方式、消费需求也各有不同；同时，顾客所选择的百货店、专卖店、网络等购买渠道规模、风格特征、层次各不同，消费需求也会有很大差异。因此，收集、积累这些有价值的信息，对于正确的产品设计开发、运营决策具有十分重要的意义。

3. 准确预测产品生产数量的能力

对产品生产数量的判断和把握，是企划人最具挑战性的任务之一。开发出的

产品,如果不能准确地判断其生产数量(包括不同颜色、型号的数量),势必会造成大量产品积压或脱销等后果,给企业造成大量损失。因此,策划者要积极调动销售经理以上的管理层共同参与目标消费者的信息收集、分析、判断与预测,按商品种类确认什么样的市场、怎样的销售渠道、拥有哪种类型的顾客、销售量多大,以便为企划人的决策提供依据。

4. 应对竞争对手的能力

如何面对竞争对手是职业企划人一项非常重要的素质要求。

(1)包括如何面对竞争对手仿造自己命中的市场产品:首先诚恳忠告不要做违反职业道德和商业规律的事情,体现真诚的高姿态非常重要。

(2)包括如何面对竞争对手仿制自己公司经营方针的产品:对能够成就其他公司的市场,要具有给予真诚祝福的宽广胸怀。那些缺乏创造力、依靠生产仿造品生存的企业,终究会影响自身品牌的长远发展,影响企业形象,导致企业经营失败。

第三节　消费者需求预测与服装消费

企划承载着企业命运,它承担着企业成功的重大责任,因此能否把握服装市场关系到服装企业的生存与发展。把握市场最重要的就是准确定位目标顾客群体。准确定位目标顾客群体,必须通过分析消费者服装消费的特点,把握消费者的消费需求。

在实际生活中,服装消费由实际需求和审美需求两个方面构成,如图1-1-3-1所示。

服装消费者的需求
- 实际需求
  - 年龄段
  - 生活空间
  - 生活方式
  - 着装TPO定位
  - 季节变化
- 审美需求
  - 服装的风格类型
  - 服装的直观感受
  - 服装的感性心理
  - 服装的审美品位
  - 服装的流行变化

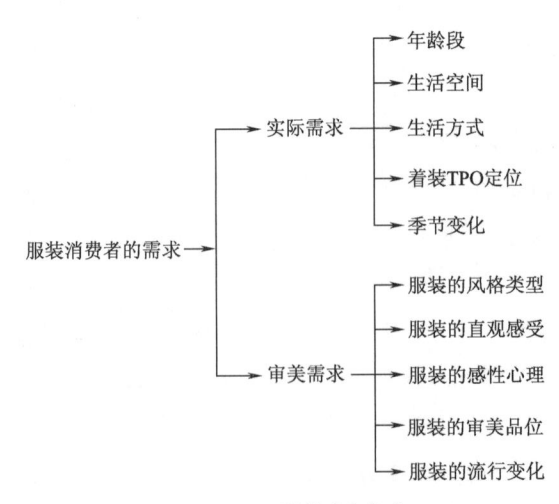

图1-1-3-1　服装消费构成

一、实际需求

服装商品是与人类有着密切关系的生活用品,与所有生活用品一样,它必须满足人们在使用过程中的实际功能性和审美性两个方面的需求。服装商品的实际功能性需求与着装者的年龄、生活方式、季节变化、着装目的有着密切关系。因此,我们从五个角度来分析服装消费者的实际需求:年龄段、生活空间、生活方式、着装TOP和季节变化,也称之为实际需求的五要素。

1. 年龄段

年龄段是指人一生中经历的幼年期、少年期、青年期、中年期、老年期等不同年龄时期的生活阶段。因每个人的身体自然状态不同、人生经历不同,他对服装消费的认知也各不相同。

从以学生为主体的校园生活步入社会从事工作,再到结婚生子进入家庭生活,服装的生活要求会发生极大的变化。同时,伴随着年龄段的变化,身体、体型、体态也或多或少地发生着变化。年龄段在很大程度上影响着一个人从日常生活到服装消费生活的整体情况。准确分析年龄段的特点,必须仔细考虑不同年龄段人的复杂变化。因此,对于不同年龄段与体型的关系,有一个透彻的理解和分析,是服装产品企划中目标定位分析的依据。

2. 生活空间

如果我们把人自身的体表称为"第一皮肤",那么穿在人身上的服装就是"第二皮肤",居室、工作场所的装饰及小环境便是"第三皮肤",居住地域或社区的大环境被称为"第四皮肤"。这种以人为圆心点逐渐展开的层次空间,即人的生活空间,而人体、服装、居所、社区是生活空间的四大要素。

生活空间的环境直接影响着人们的服装消费理念。

第一皮肤:一个人美与不美,不能只以他的皮肤白、细为标准,完美的身体比例、体型姿态、肤色、发型、气质及文化素养,都是人健康美的重要因素。

第二皮肤:服装能满足着装美的需求,包括内衣、外衣、饰物、鞋帽等。

第三皮肤:这是人们生活最多的自由空间,以满足生存舒适感觉。我们可以从居室的装饰品位看出一个人在着装方面的品位,时尚的着装是在充满流行时尚的生活环境中孕育而成的。

第四皮肤:人们的服装消费还受到居住、出入等生活大环境的影响,比如在什么地方居住与怎样的人相处都给人以感染及熏陶,在着装及审美方式、生活方式、时尚意识等方面也会受到"同化"。比如都市高级白领与普通打工者有着明显不同的时尚追求。

3. 生活方式

生活方式是一个内容相当广泛的概念,它包括人们的衣、食、住、行、劳动工作、休闲娱乐、社会交往、待人接物等物质生活和精神生活的价值观、道德观、审美观等。

在对消费者的生活方式进行分析时,可以从以下六个方面来考虑。

(1)构成群体特点:指哪一类目标群体,如学生、职员等。

(2)生活方式特征:每个人的人生观、价值观、年龄和经济生活水平不同,生活方式也不相同,有着明显的特色,其最终结果造成了服装消费生活的差异。

(3)个性消费态度:或注重追求流行美、或注重品牌、或追求物美价廉等态度。

(4)服装消费生活:根据服装消费的目的、着装时间、地点、场合等特点,采取怎样的方式体现着装品位。

(5)居住生活环境:居住的社区、居住的条件、居住的装饰风格等。

(6)休闲方式爱好:参加音乐会、旅游、度假等。

表1-1-3-1分别比较了两种不同类型的青年女性的生活方式。

表1-1-3-1 两种不同类型的青年女性的生活方式分析表

属性	青年A类型(保守型)	青年B类型(时尚型)	属性	青年A类型(保守型)	青年B类型(时尚型)
群体特点	普通女青年,性格较内向、较稳重的女性等	时尚女青年,大学生、白领职员,有1~2年工龄的职业女性等	生活环境	装饰房间喜欢朴素、单纯的风格,十分钟情于古典家具的风格及回归自然的氛围,选用较高贵的色调,强调和谐统一,过去的与现代的物品能够巧妙地组合	房间喜欢采用对比色调,创造个性化的空间,特别强调功能性,房间舒适,装饰多选择流行、装饰感强的物品
生活方式	拥有保守与现代的双重性格,虽然不排斥流行,但对特别引人注目的生活方式有抵触情绪,不适合把自己放在首位去面对流行	讨厌极为突出的保守派,按自己的人生方式去努力,要求有充足的自由时间,经济方面也追求富裕			
消费观念	重视品质,注重品位,拥有自己的生活模式,有计划地购物,并会利用降价的机会,对流行很介意,能适度地去把握流行	有品牌意识,并追求潮流,与其买许多便宜的物品,不如买高价时尚(哪怕少量)的商品	休闲方式	不喜欢过分刺激的运动,在家中以读书、做手工消磨时光,创造私人休闲空间	经常出入美容场所或进行健身运动,逛商场、品牌店是假日的良好去处

4. 着装TPO

在20世纪60年代的日本,TPO词汇曾一度异常流行。T指时间(time)、P指地点(place)、O指场合(occasion),这是一种在不同时间、地点、场合选择着装的构想方法。如果只为了追求自我感受进行个性化装扮,虽然强调了个性,但却缺乏与社会相互沟通、相互协调的基本功能。所以,TPO一直作为着装设计的前提条件被考虑。着装者必须要考虑着装的时间、地点、场合等,如上课、上班、外出公务、社交活动、休闲娱乐等着装目的,选择与着装目的相符的服装可体现着装者的良好品位。

例如在政府部门任职的公务员穿晚礼服上班,一定会感觉身份很不协调,与工作氛围也不相符。因此,服装产品设计一定要全面分析服务群体的TPO特征。

5. 季节变化

季节的不同会直接影响人们服装形态的变化,特别是四季分明的地区,更不能忽视季节对着装所产生的影响。

时尚是有生命内涵的,随着季节不同,服装功能与审美要求也会发生变化。在这里我们从另一个角度看一看时装与季节的关系,同时把握好时装经营的季节变化周期。

从服装消费的层面理解"季节"的概念,可把"季"理解为四季,"节"理解为各类节日。四季变化影响着服装流行与着装方式,人们的生活消费又都与节日有着密切的关联。因此,把握消费者在不同季节的着装方式,利用节假日进行服装营销已成为一种有效的促销活动。商家都纷纷在季节细分的基础上制订服装销售季节表。按不同的社会活动日、节假日,策划与之相对应的促销方式,具体见表1-1-3-2服装商品季节促销计划表。

初春,新旧岁交替之时,虽然天还很寒冷,人们却已有了春天的心情,这种

表1-1-3-2 服装商品销售季节表

季节名称	社会活动、节假日	促销主题
初春(1~2月)	探亲访友、寒假、滑雪、外出度假、情人节等,春装准备	新春快乐大减价、冬装清仓大减价、春节促销活动、春装上市、情人节优惠展销
春(3~4月)	"三八"妇女节、赏花、踏青等,冬春装换季	春季时装展销会、庆"三八"打折优惠、春装大甩卖
初夏(5月)	五一黄金周、旅游、母亲节	初夏旅行打折优惠、母亲节特惠、"五一"国际劳动节展销优惠
盛夏(6~7月)	"六一"儿童节、父亲节、"七一"建党日、暑假、毕业典礼、就职典礼等,春夏装换季	儿童服装展销会、夏装上市促销优惠、泳装发布会、"七一"党的生日、歌咏会表演装、毕业就职礼装、职业装展销
晚夏、初秋(8~9月)	开学典礼、教师节等,秋季着装准备	夏装大甩卖、秋装样品上市、开学、教师节特价
秋(10月)	"十一"黄金周、秋装换季	秋装展销会、"十一"特价
冬(11~12月)	圣诞节、岁末联欢、舞会等,冬装准备	滑雪服及各种冬装上市展销、礼服大全、圣诞节礼物

激奋的季节就是梅春。柔软温暖的安哥拉兔毛和马海毛毛衣,展示出略带浪漫格调的毛织物裙,正是节假日的最佳穿着。这时的着装不仅要漂亮,而且要富于个性。

春天是服装替换的季节,此时服装销售的主要品种有西服套装、裙套装、衬衣等。

初夏,这个季节的服装最富于变化,也最能体现个性风格,是一年一度最美好的季节。在气候宜人的季节,脱掉春季长衣,换上夏季短装,享受夏日服装给人带来的快乐。

盛夏,以泳装、沙滩装等为中心,以大圆领T恤、短裤、太阳裙等休闲夏装为主,凉爽、宽松等功能性强。

金秋,秋风送爽,针织质地的外套,薄棉质地的外套,保暖厚质地的外套、夹克等成为主流;长、短款的风衣更是多了一分优雅与潇洒。

秋去冬来,保暖的主题总会和每位消费者见面。冬日,毛衫、羽绒服等成为必不可少的服装,各种巧妙的搭配成为诠释时尚美的有效方法。大衣、短裙、保暖袜、长筒靴,短上衣与修身直筒牛仔裤,毛衣外面套上短袖风衣,保持温度的同时也体现了时尚。

二、审美需求

服装消费的审美需求由下列五个要素构成,即服装风格、服装的直观感受、服装的感性心理、服装的审美品位和服装的流行变化。

1. 服装风格

时代的变迁,历史的发展,文明的进步,精神需求的增强和提高,使艺术精神越来越走向和融入物质生产和生活,这就为物质产品平添了一个审美层面。人们的服装消费已经由单纯的物质需要,上升到追求风格与自身个性相吻合的审美需要。服装产品作为现代物质产品之一,既具有艺术的审美性,也具有能够体现其当代思想精神内涵和艺术特征的风格特征。

现代人追求自我人生价值,张扬个性,所以个性化、多样化的着装意识成为现代着装需求的代表。为更准确地获取消费者的需求信息,需从感性的角度对多样化的审美意识进行分析。人们通过整理分类,归纳出极有概括性的八种代表性风格。

八种代表性风格分别是:典雅风格、浪漫风格、古典风格、民族风格和都市风格、中性风格、休闲风格、前卫风格(图1-1-3-2)。

2. 服装的直观感受

服装给人们的生活增添了丰富的内涵,通过服装能体现出一个人的文化

图 1-1-3-2 服装风格分类

修养及个性。不同的人对着装美的需求各有不同,不同的国家与民族,有不同的风土人情、不同的审美情趣。在服装设计过程中,由于使用了不同的民族特色元素,从而形成了法国、意大利、日本、美国、中国、印度等服装的不同直观感觉。

中国元素设计汲取了大量中国传统的民族文化特点,如唐装、旗袍等高贵典雅的表现形式在现代服装中的体现。法国元素设计的特点突出了高雅浪漫的色彩。意大利服装的总体特征是善用强烈光感的、鲜艳明亮的色调,结合大胆的抽象图案及条纹和几何图案,表现出独一无二的南欧美感。美国元素设计则是随意、舒适与时髦、个性并存。美国人不拘小节,具有开放性的思维方式,服装强调合理性、经济性、功能性等。由工装及运动装变化而来的服装样式很多,牛仔装就是典型,体现了一种粗犷、放荡不羁的西部感觉。日本元素设计是与日本传统风格及日本风土人情相符合的设计。温柔秀美的淑女感和可爱感的女装设计,在日本总是有着根深蒂固的影响,也许是所谓优雅华丽的和服文化的延续,并且是日本男性要求的"大和抚子"意识的美的表现形式(图1-1-3-3)。

3. 服装的感性心理

服装的感性心理与生理年龄无关,而是指着装者的心理现象。以注重消费者的心理侧面,进行感性心理分类的方法是由日本"伊势丹"公司最先推出的。伊势

图1-1-3-3 服装的直观感觉

丹最早开始注重女性时尚的意识变化,在1975年秋冬季推出了"时尚为什么要问年龄?"等促销主题。他们认为,在日常生活中,人们对家具、服装等商品的选择都不应该有严格的年龄限制,因为体现精神内涵的心理年龄比人的实际生理年龄在时尚空间中显得更加重要。

虽然生理年龄是40岁,却想拥有20岁感觉的人,属于拥有年轻感类型的人;虽然只有18岁,却想在自己身上寻找到成熟女性感觉的人,则属于渴望成人感觉的人。人是可以通过装扮从感性上改变生理年龄的。不论男女,随着年龄的增大,人们总希望自己或多或少地看起来年轻些。

服装的感性心理大多分"年轻感"、"成熟感"、"高贵感"三种。

(1)年轻感:主要由学生和初涉职场的年轻女性为主。

(2)成熟感:以敏感的职业女性为主,她们在朴素、真实中表现美感,充分体现出当代女性自立自强的现代风采。她们是敏感、冷静、有格调的女性,以传统的格调为基础,表现只有成熟女性才拥有的高雅、清秀、高贵和成熟。

她们根据工作场所及性质,将服装感觉控制在纯粹的女性化范围内,使用优雅的言行举止,从各个角度表现出女性魅力,并能很好地采纳流行,得体地使用香水、饰物。

(3)高贵感:以30岁以上的成就女性及中年妇女为中心。她们既有一些保守的传统思想,又不愿被现代时尚潮流遗漏,加之又有大量的公务、社交活动,使她们不完全追逐流行,但一定要品质优良、具有时代感。

现代高贵感最基本的感觉是典雅,对流行的关注度也较高,在采纳流行的同时,更要表现出自我个性魅力,着装上十分注意与各种场合相呼应。

4. 服装的审美品位

服装的审美品位是对服装具有良好的审美趣味及较好的流行感受能力、辨别能力。由于每个人对服装审美能力的不同、反应态度的不同,因此我们把这种时尚的审美能力作为服装品位的分类基准之一。按人们对流行的采纳程度,可分成保守派、现代派、前卫派三种类型。

(1)保守派:该群体有着传统、稳重、谨慎、节制等特点。她们不太受流行的影响,有自己较为固定的穿衣模式,是社会中较为广泛的群体,消费能力较弱。

(2)现代派:对流行具有审时度势的能力,把流行作为"调味料"般,着装上注重显示个性,创造出现代感的服装形象,既不落后于流行,又不过于超越流行,总体上把现代感觉比较恰当地表现出来。这个群体的数量次于保守派,并有较强的消费能力。

(3)前卫派:指排除保守、正统的观念,创造先驱者的形象。它超前采纳流行,总是以崭新的个性姿态出现在人们面前，诸如演艺界塑造出的奇特新颖的舞台服装形象等。这些由设计师们挖掘出来的超前设计，是具有独特风格的作品，也是最有代表性的前卫派的服装形象。前卫派是三种类型中人数最少的，而消费能力却是最强的。

前卫、现代与保守在整个流行过程中，是不断进行位置转换的。如前卫风格的服装，稍加变化则可能成为现代感觉的时装，被大众接受，而随着时间的推移和服装潮流的转化，继续发展则有成为保守风格的可能性。如夏奈尔的套装，在当时的服装发布上，属于纯粹的先锋派或前卫风格，而到今天则是众所周知的保守风格的代表。

5. 服装的流行变化

服装的流行变化，实际上是指一种服装风格在一定时间周期内的流行变化。它包括服装的款式、色彩、面料和搭配方式等形成流行趋势的要素。流行趋势具有"倾向"的含义，"倾向"一词是服装产业界通用的专业术语。流行倾向是按照时装的主题风格（古典的、田园的等以感性类型分类）、时装要素（款式、色彩、材料、图案、服饰搭配形式）等相关方面的时装特点进行预测的。这种流行趋势的预测是服装企业商品企划（产品开发）、零售店进货计划的有力依据。

服装的流行变化具有渐进性与周期性两个特性。渐进性是指服装流行循序渐进地发生、发展；周期性是指服装的流行，是在以前流行过的色彩、款式等的重复再现。这种渐进性与周期性变化的原因是人们都具有"喜新厌旧"的腻烦心理，当某一款式或风格的服装流行了一段时间后，人们就会寻找另一种新的风格和款式，以满足其新鲜感和求异心理。比如一直穿淡雅、朴素色调的服装，就会想尝试一下给人生机勃勃的明亮色调。如此，合身与宽松、长与短、古典与前卫、软与硬等各种相对的款式与感觉，都会按一定的规律反复交替出现，以满足现代人的审美需求。

服装流行的渐进性发展分为三个阶段：第一阶段是新鲜，即不管是否适合自己，都要穿上看看；第二阶段是满足地进行各种各样的搭配着装；第三阶段是厌烦，即穿用时间过长、穿着者过多而产生的乏味心理。在种种心理变化过程的基础上，形成流行现象的产生与消失。每种流行倾向的产生，其持续的过程长短不一，在每个阶段的时间长短也不同。一次流行倾向可能持续一个季节，也可能持续数年。周期的缓急、持续时间的长短，都与最新流行的服装理念、风格及功能性的强弱等有着紧密的联系，具体参见表 1-1-3-3 流行周期分析表。

表 1-1-3-3　流行周期分析表

流行时间	流行原因
一旦流行起来就会有很强的生命力，持续时间长	• 恰好吻合了社会背景的服装 • 不限年龄也不限生活方式，适应群体范围广 • 适合多种场合的服装，适应性强 • 形式完美，并在功能性方面有极特殊的优点 • 与已有的服装容易搭配使用
基本上是在第一个阶段内就消失，但却能时而再现	• 色彩、图案、款式三要素中有一项与流行表现出来的特点相同 • 由于一些特殊要素的存在，比较容易被某些消费者接受 • 季节性较强的服装 • 与实用性相比较突出浪漫情感的服装 • 与已有的服装较容易搭配的服装
不会形成大的潮流，即使流行，寿命也很短	• 没有抓住轰动性服装的特点 • 只被特定年龄的人接受 • 不进行整体搭配，很难突出效果的服装 • 只适合于少数特定场合 • 因为印象强烈、鲜明突出，在同一季节中不能重复穿用的服装

复习与作业

1. 思考服装产品企划的内涵。

2. 思考作为企划专门人才，应该具备哪些能力，怎样才能具备这些能力。

3. 思考消费生活实际需求的含义及对消费生活的影响。

4. 思考消费生活审美需求的含义及对消费生活的影响。

5. 把不同年龄层次、不同职业的同学、父母、朋友等作为消费者，进行消费需求分析，并撰写图文并茂的服装消费需求文案。

服装产品企划实务

本章内容：1. 上一年同期产品营业实绩反思
2. 目标消费者定位
3. 情报收集、整理、企划与管理
4. 产品定位与产品设计
5. 模特样衣试制研究
6. 产品构成方法与产量判断
7. 材料计划
8. 内部展示会与展销会企划
9. 制作产品企划书

上课时数：40课时

教学提示：1. 讲解产品企划工作的步骤方法、内容,引导学生把握企划的整体方向。
2. 不断引导学生培养对市场敏锐的反应能力和判断能力,培养学生对流行的审度能力和预测能力,以具备企划师所特有的分析消费者需求及捕捉消费者需求趋向的能力。
3. 掌握新产品开发的创新能力,强调每一个企划环节的规范实践操作训练,强调在训练过程中对产品企划思路的总结。
4. 指导学生完成模拟产品企划工作,制作完整规范的企划决策文案,制作图文并茂的企划书,并针对企划书进行讲评。

教学要求：1. 了解产品企划的步骤、内容。
2. 掌握产品企划与决策思路方法。
3. 掌握销售业绩的要点及分析方法。
4. 掌握消费者定位的工作步骤,能够较准确地进行目标消费者定位的企划工作。
5. 掌握国内外流行情报收集、分析、整理、运用的方法及程序,能够准确预测流行与市场动向。
6. 掌握企划概念的立案方法,能够准确地完成产品定位企划工作。
7. 思考材料企划的意义,掌握制订材料策略,确定材料进货地点、材料计划的方法。
8. 制订产品构成策略的含义,掌握商品构成的方法。
9. 通过样衣制作与核查,改进实践,总结样衣试制、核查、改进的要点,掌握样衣试制、核查、改进的方法。
10. 制订产品展示会、订货会实施计划。
11. 产品企划实习:以当时的时间季节为起点企划第二年的产品,制作图文并茂、表现力强的企划书。

课前准备：1. 进入服装企业进行调研,总结归纳品牌企业的产品企划模式。
2. 进行深入的市场调研,总结归纳信息收集、分析、整理、应用的方法,引导学生进行流行与市场预测。
3. 制作企业的产品企划案例。

第二章

服装产品企划实务

产品企划方法、技术要求不是一成不变的,也没有统一的模式。根据企业经营的产品不同(如男装、女装、童装、时装、运动装、礼服、职业装、休闲装等),以及产品的档次不同,运用的产品企划方法也会不同。即使是同一企业经营的同一类型产品(如时装),面向城市或面向乡村等不同的销售地域,百货商店、专卖店、批发市场、网络销售等消费者的购买渠道不同,企划内容与方法也不尽相同。但万变不离其宗,企划基本步骤、方法等内容与架构是一致的。

从企划立案到商品展示,最基本的工作流程如下。

(1)反思上一年同期的商品营业实绩。

(2)消费者定位(目标顾客),明确设定商品面向哪个消费群体。

(3)把国内外流行情报的收集、分析、整理运用和纳入到企划程序中。

(4)产品定位与产品设计。

(5)制订材料策略,确定材料进货地点、材料计划。

(6)制订商品构成策略。

(7)样衣制作与核查、改进。

(8)制订商品展示会、订货会实施计划。

第一节 上一年同期产品营业实绩反思

进行某季节的商品企划,首先必做的工作就是总结经验并找出问题,找出失败的原因,制订避免类似问题产生的对策,即对上一年同期(上一年同一季节)的商品销售结果、商品自身情况等进行反思,并制订应对策略。

一、销售信息的资料收集与反思

1. 深入市场调研

市场调研前必须思考的问题有上一年同期的问题点有哪些?怎样收集相关信息?

在进行下一季产品企划的过程中,企划人必须利用大量的时间亲力亲为地深入到终端市场中,围绕老客户和目标消费者对消费需求和市场动向进行调查,掌握竞争对手产品的动向,调查自己公司上市的商品是否命中市场等焦点问题。

通过对消费者与经销商的调查,需要注意以下三点重要信息的收集。

(1)畅销商品为什么会很快脱销?

(2)推荐给经销商的货物为什么不能全部销售,以致降价而影响商家的营业额?

(3)购买了商品的消费者有过怎样的投诉?

这些具体的信息,都是新一轮商品企划与新产品开发设计、生产能够获得成功的重要依据。商场就是战场,不学会总结失败的教训,不脚踏实地地做好情报的收集与分析工作,成功也便遥不可及。

2. 组织反思总结会,集思广益找出存在的问题

反复召开反思会,针对前一年度的市场情报进行分析讨论。大多数企业把反思会作为一年一度的"惯例"活动,并将这一例会纳入每年度的工作计划中。

刚刚结束的上一季节,大家都在市场运作中亲身经历了实际过程,看到和思考了许多值得反思和总结的问题,召集企划负责人、设计师、技术负责人、生产制造负责人、业务员、售货员等部门经理及相关人员参加,通过总结会引发大家思考问题,使问题反映得更加强烈。

会议的宗旨是对问题达成一致共识,并制订出宏观指导性的对策,因此成为信息交流、协调关系、统一认识、统一市场运营方略、提高工作效率等的关键环节。

许多品牌公司,把反思会作为一线导购的"发泄"专题会。导购在发泄过程中会客观地反映出消费者的想法与需求,非常实际地发现各类产品的市场销售动态,决策者会从中获取造成产品不畅销、卖不出去的原因等第一手资料。

同时,还要明确决策失败的责任承担者,企划师、设计师、生产负责人等相关责任人会在反思会上认真总结,为下一季产品策划做好准备。

二、反思总结会的内容

对提出的问题,要面对产品的实物进行逐项、逐点的讨论,并且从正、反两方面辩证地分析总结并形成结论,同时对下一季节的产品开发决策做出初步构想。反思的着眼点,是产品畅销与滞销的原因分析。

1. 商品畅销的原因

畅销商品一般是指销售数量大、交易次数多的商品。服装商品畅销的原因一般体现在以下几点:

(1)产品内在质量可靠:结构合理,着用机能性、安全性能好等。

(2)价格合理,性价比高。

(3)产品定位准确,符合目标消费者的需求。

(4)材料舒适性良好,颜色图案具有吸引力。

……

针对畅销产品的情况还要做如下思考:

(1)下一季节是否还需要生产该产品,与上一季节相比其生产量应该是多少?

(2)是否需要在原基础上略为创新?

……

2. 产品销售不出去的原因

(1)价格过高。

(2)材料、颜色、图案等不好看。

(3)款式过于精致考究。

(4)由于机能性原因,反映穿着不方便的消费者很多。

(5)与其他公司相类似的同类产品竞争失败。

(6)没有保证交货期,上市时间过晚,以致错过最佳销售时机。

(7)缝制加工技术方面有缺陷。

(8)畅销的产品断码、断色、断货。

(9)材料欠缺不足,成为一般情况下滞销商品的原因之一。

(10)由于地域差别、销售场所层次的差别,形成了较大的价格差。

(11)消费者目标定位不明确、不清晰。

生产出来的大量产品,因为某些原因无人问津,卖不出去而造成大量积压的问题,这种失误一旦成为恶性循环,则会直接影响到企业的发展。因此,对以上问题的分析、反思与总结是至关重要的。

3. 其他问题

(1)是畅销产品,但生产量过大,超过购买力。

(2)交货期延迟,来不及赶上最佳销售时间。

(3)业务员能力低,没能正确地选择适销对路的销售渠道。

……

4. 焦点问题

(1)对产品生产量的判断与决策的反思:对于产品生产量的判断和决策的失误,是多品种、批量小的时装生产的失败。畅销产品的生产数量不足,销路不好的产品生产量过大等情况的出现,往往使企业造成重大的成本浪费。反思会正是为决策者提供可靠判断市场的信息渠道之一。

(2)对企业运营的全面质量管理问题的反思:品质管理、企业运营、质量管理是又一个需要反思的焦点。产品的品质是企业决胜的资本,从不同角度提出的问题,能够客观地反映出产品质量状况的优劣,即通过反思总结,研究对策并找出解决方案,遵循 PDCA 管理规律(plan.do.check.action),制订更完善的计划策略,实施更有效的管理方式。

反思会上精彩、生动的话题被不断涌出,虽然每个人都站在不同的立场和角度上,但对于企划者而言,却是最有价值的信息情报源。存在的真实问题会自然而然地呈现出来,是解决问题的依据,也是推进企业发展的重要智囊会。

作为会议组织者的企划人必须做到以下三点。

第一,洗耳恭听深入分析,旨在客观地分析大家指出的问题及造成失败的后果,其内外原因是什么。

第二,冷静思考统管全局。对大家各抒己见的意见要冷静地进行科学的判断,因为提出问题的人大多站在各自的立场上,有时只考虑自己范围内的得失,因此需要企划决策者统观全局。

第三,把握时尚进行有效判断。从全局出发,从市场环境的宏观、微观全面思考,根据神秘莫测的变化规律做出有效判断。如上一季畅销的服装在新一季节是否还会得到消费者的青睐,市场销售量还有多大等。

第二节 目标消费者定位

随着文明的进步,精神需求的增强和提高,人们对服装产品的需求越来越体现个性化,形成了多样化的市场需求格局。但对于企业而言,所开发的产品不可能符合每一位消费者的需求,因此,企业必须根据自身性质、特点、技术、资源配置等,把产品和服务准确定位于某一个顾客群体。消费者定位首先对顾客的基本类型进行划分,对选定的顾客群体进行分析,了解他们的生活方式、消费习惯、身份地位、品牌意识等。根据分析推断顾客群体的审美观念、消费动机、品牌敏感度以及认识品牌的途径;最后根据顾客的品牌观念、生活方式、文化品位、个性风格、价值取向、消费动机等共性特征,最终确定目标顾客群体的身份类型及个性风格。

一、目标顾客群体定位

目标,有靶子的意思。目标顾客群体定位是指在不确定的众多消费群体中,把哪个层次的消费群体作为本公司产品销售的服务对象,制订目标定位提案。这也是企划与市场营销的切入点和核心。

企划的担当者和设计师,一般都肩负着某企业品牌所针对的宏观目标消费者、顾客类型的定位工作,所以在季节产品企划过程中,需重点考虑 TPO 变化的同时,还要把握具体目标顾客群体的定位方向以及定位准确程度的调整等。

二、定位的要素

目标消费者定位要素主要包括消费者市场区域、消费者年龄层次、社会地位与购买能力、生活方式、消费观念、个人气质风格、对时尚的认知采纳及着装目的等。可表现为以下几点:

1. 目标市场定位

目标市场定位主要指产品面向国内还是国外市场,面向国内的具体的地域分以下四个部分。

(1)东部、西部、南部、北部、中部等。

(2)发达的大都市北京、上海、广州等。

(3)一般大、中型城市济南、洛阳、吉林等城市。

(4)小城市及乡村等。

在进行具体的市场定位时,需锁定具体某个地域,根据该地域的消费水平、文化环境、着装审美特征等进行与各地域相吻合的产品开发。

2. 目标年龄定位

因为不同年龄段的人,其身体自然状态、人生经历、生活环境等不同,着装的需求也各不相同,因此确定目标顾客的年龄定位,才能有针对性地设计开发出与年龄段相符的产品。

3. 目标职业定位

区分金领、银领、白领、蓝领等不同的职业层次、类型,因为不同职业具有不同的社会层次、职业环境、品位风格,对着装的需求也自然不同。确定为哪种职业类型的顾客消费群体提供产品,进行目标职业定位,有针对性地进行服装产品的设计开发。

4. 生活方式定位

每个人都有各自的人生观、价值观及其生活行为特点,自然就会形成各自不同的生活方式。因此,面对多样化的、个性的生活方式,选择其中具有某种共性的群体作为顾客目标群体颇为明智。

5. 时尚取向定位

每个人对时尚的感受、判断能力、反应态度等都各不相同,而每个人对时尚的审度能力及审美趣味决定了其对时尚的采纳程度。根据时尚的采纳程度又可将人们区分为前卫型、现代型、保守型三种类型。

时尚取向定位,是把某种类型的顾客消费群体作为某个企业产品服务所面向的顾客群体。

6. 着装TPO定位

选择与时间、地点、场合相协调的服装,可体现出着装者的良好品位。因此,根据外出服、礼服、职业装、家居装、休闲装、运动装等特定时间、特定场合的着装习惯,对产品的 TPO 进行定位,可体现着装者的审美情趣。

定位过程中要对 TPO 进一步细分,并设定更为具体的层次,以上是目标消费者定位的主要内容,采用"企划图表"的形式表示。图 1-2-2 为目标定位企划图,表 1-2-2 为目标定位企划表。

图 1-2-2　目标定位企划图

表 1-2-2　目标定位企划表

适用年龄	25~30岁	30~35岁	35~40岁	型号尺寸	S	M	L	
	50%	30%	20%					
生活方式	积极进取、自由独立生活、考究、自然优雅			时尚感度	前卫	现代	时尚	保守
					√	√	√	
种类	衬衣	外套	裤子	销售渠道	专卖店、商场			
	30%	50%	20%					
场合	公务	私人	社交	户外广告	电视、海报、广告栏			
	20%	50%	30%					
适合场合	办公室、公务、文秘			竞争品牌	梦特娇、伊韵儿、温妮			
着装风格	高雅、时尚、现代			共存品牌	盈彩美地、柏仙多格			
价位	高	中	低	销售面向区域	主要面向北京、上海、及青岛、长沙各大、中型城市			
	30%	60%	10%					

第三节　情报收集、整理、企划与管理

服装是最具代表性的时尚产品,是潜在市场预测难度最大的产品。因此,收集相关流行资讯、市场情报,并进行分析整理,进行流行预测、潜在市场估计判断,是决定产品企划成败的关键。

一、情报信息的收集

情报依据任务、接受人的不同,其内容也各种各样。情报价值的产生是相对的,它本身并不是单独存在的,因此,什么是情报、种类有哪些,表示起来非常难,但是为了方便从形态方面可以分成以下几种类型,见表1-2-3。

表1-2-3　情报的种类及特征

收集形态	读	听	看
情报形态	文字、数字	语言	图形、画像、实物、影像
情报媒体	书籍、报纸、论文、说明书、调查统计资料、企划书、目录、笔记等	演讲、讨论会、对话、论坛	照片、绘画、影像、样品、街头风俗等表演、陈列展示

1. 日常情报的积累

如果突然得到一些关于时尚的信息情报,并根据这些有局限性的信息判断下一年的畅销产品,这是不可能成功的。人们不可能只是根据瞬间情报就对流行或市场动向做出准确的判断,而是从中发现或者捕捉到一些具有重要参考价值的信息。

企划师、设计师、样板师等专业人士,要从日常情报入手,随时随地收集、积累信息,这样持续不断地接受大量情报,充分地掌握全面客观的信息,是决胜的关键。学会积累日常情报,是决策者必须具备的职业素质和职业行为习惯。

2. 信息的收集渠道

获得服装信息的媒体随处可见,包括国内外专业杂志、网络,专门提供海外情报的专业研究机构(如国际流行色协会),设计师发布会,各类时装音像资料,国内外服装企业产品展示会等,都是非常有价值的情报信息源。

此外,收集有关时尚的边缘信息也是至关重要的,如国内外的最新电影、电视、进货渠道等情报,本公司市场营销负责人、驻国内外办事处提供的情报等,都会成为产品决策的可靠依据。具有代表性的时尚信息情报媒体有以下几种。

(1)国内外时装杂志:

①代表性杂志:哈泼(*VOGUE*)、《纤研新闻》(日本报)、国际素材(英国)、《世

界时装之苑》(ELLE)、《时尚·COSMO》、《服装设计师》、《昕薇》、《流行色》、《现代服装》、《时尚先生》、《上海服饰》、《瑞丽·伊人风尚》等。

②不同风格的杂志：

• VOGUE,是欧洲女装的时尚先锋杂志,刊登了米兰、伦敦、巴黎、纽约、马德里等各大时尚大都市最新、最快的流行信息。

• LUOMO VOGUE,意大利版世界级男装时尚杂志,书中收录了顶尖品牌的最新款男装情报。

• WWD给所有时装界人士提供工作机会的信息,交流时装界的动向。

• 《装苑》,世界知名时尚杂志之一,囊括了国际最新女装、男装动态,抽象前卫但不失大众化的服装新款是该杂志的最大特色。

• CECI,定位于韩国的少男少女,从介绍新款服装到各式皮包、鞋子等饰品的搭配,都让人感受到韩流的强劲与前卫。

• CINDY THE PERKY,韩国知名的时尚杂志,集男装、女装于一体,全面诠释了韩国年轻人的穿着品位和审美观念。

• MENS NONNO,日本刊物,畅销于亚洲市场的年轻男性先锋时尚杂志,引领时尚酷男的潮流。

• FN,日本出版的世界著名的高级时装发布会图片集,包括世界各大服装品牌在米兰、伦敦、纽约、马德里等时装发布会的精选图片。

(2)国内外时装博览会与流行资讯发布会：

①国内：北京国际服装服饰博览会、大连国际服装服饰博览会、上海国际服装服饰博览会、北京国际时装周、大连国际时装周、上海国际时装周、中国(大连)国际服装纺织品博览会、上海国际服装纺织品贸易博览会、中国纺织品服装贸易展、国家级服装设计大赛等。

②国外：法国巴黎时装流行资讯发布会、意大利米兰时装流行资讯发布会、美国纽约流行资讯发布会、英国伦敦国际时装周、日本东京时装发布会等。

(3)国内外流行情报机构：国际流行色协会、CAUS美国流行色协会、ICA英国流行色协会、日本色研、中国流行色协会、CCI国际棉花评议会等。

按时间先后顺序整理的服装流行预测信息发布见图1-2-3-1。

二、市场活动情报的应用

1.服装情报应用流程

服装市场营销活动对情报活用的时候,通常按照以下程序开展。

(1)情报的收集(数据资料的收集)：收集最合适的资料,没有最合适资料的情况下,开展调查,举办听证会。

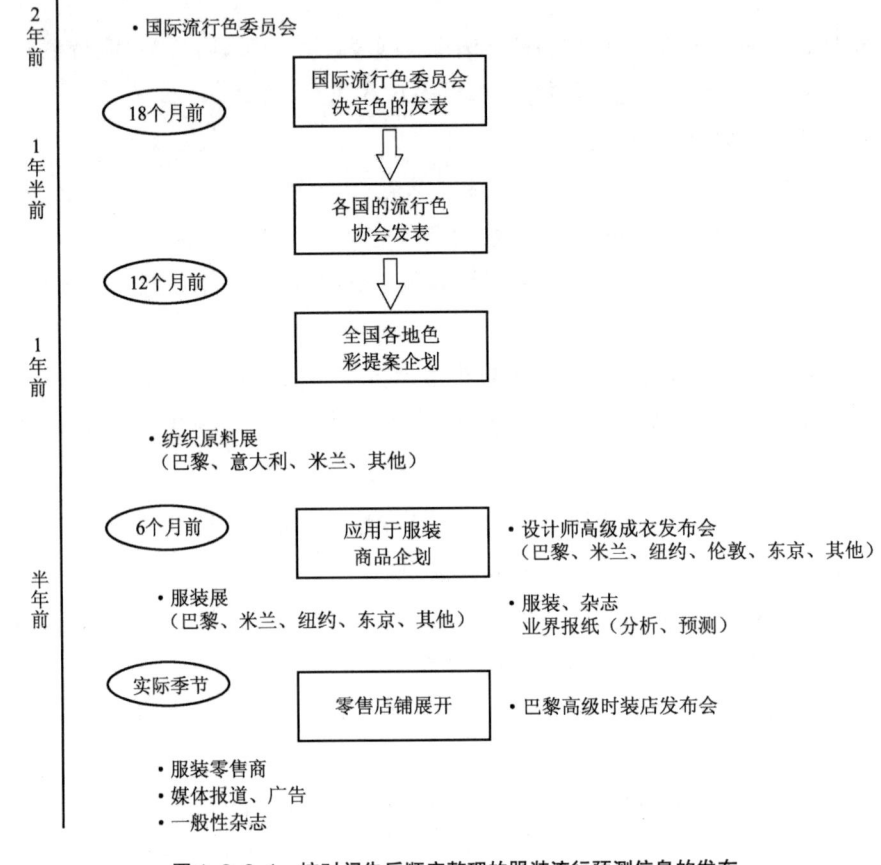

```
2年前 ─┤  • 国际流行色委员会
       │         ┌──────────────┐
       │ ⟨18个月前⟩ │ 国际流行色委员会 │
       │         │  决定色的发表  │
1年半前 ─┤         └──────┬───────┘
       │                ▼
       │         ┌──────────────┐
       │         │  各国的流行色  │
       │         │   协会发表    │
       │ ⟨12个月前⟩└──────┬───────┘
       │                ▼
1年前 ─┤         ┌──────────────┐
       │         │  全国各地色   │
       │         │   彩提案企划  │
       │         └──────────────┘
       │  • 纺织原料展
       │   (巴黎、意大利、米兰、其他)
       │         ┌──────────────┐
       │ ⟨6个月前⟩│  应用于服装   │ • 设计师高级成衣发布会
       │         │   商品企划    │  (巴黎、米兰、纽约、伦敦、东京、其他)
半年前 ─┤         └──────────────┘
       │  • 服装展              • 服装、杂志
       │   (巴黎、米兰、纽约、东京、其他)  业界报纸(分析、预测)
       │         ┌──────────────┐
       │ ⟨实际季节⟩│  零售店铺展开  │ • 巴黎高级时装店发布会
       │         └──────────────┘
       │  • 服装零售商
       │  • 媒体报道、广告
       │  • 一般性杂志
```

图 1-2-3-1　按时间先后顺序整理的服装流行预测信息的发布

(2)情报整理(选择情报、加工处理):评判收集的情报,把不要的情报丢掉。

(3)情报分类:按项目分类,找出情报的关键,产生新的事物。

(4)情报分析:领会情报之间的相互关系(时间序列、程序的关系、原因与结束的关系等),研究假设提取特征。

(5)情报活用:使用企划书、图表等,把分析的结果资料化传达给用户;借助于直观感觉、经验、判断力,预测能力产生创意,制订计划,提出方案实施、商讨实施的结果。

2. 市场倾向情报的含义

人们的生活方式在悄无声息地发生着变化,由此也引起了人们消费观念与消费需求倾向的变化。有关消费倾向变化的信息被称为"市场倾向情报"。

如果说对过去市场情况的总结——市场情报,是新一轮商品企划的重要依据,那么市场未来趋势的情报——市场倾向情报,对于商品企划而言同样重要。从目前到将来的市场流行趋势情报的收集与分析并应用于商品策划中,是非常重要的企划环节。

(1)捕捉消费者的价值观与消费观念的变化与新趋向。

(2)整理、归纳怎样抓住内在的实质性因素,分析产品个性特征是否与时代大环境相符。

比如受到经济危机和环境恶化的影响,消费者从使用一次性用品的开放性消费观念转化为环保节约型,因此高价格、结实耐用、不易受流行影响的服装商品也随之成为畅销品。此时如果企划开发许多流行性强、寿命短的产品,必定是失败的决策。

3. 环保理念与服装市场活动

近来越来越备受关注的是环保问题,"保护自然,人人有责"已经成为所有人的理念,由此形成了大力追捧有益于地球环保"绿色"产品的良好态势。在这种大环境下,将环保理念纳入时装流行趋势预测、商品企划、产品开发过程中则至关重要。如使用饮料瓶的再生纤维材料、化学合成材料的服装商品非常抢手,这就是以减少垃圾对地球污染为目的的废物回收再利用,而且这种材料柔软、舒适、有弹性,恰好符合人们的购买欲望。

4. 信息革命使市场活动国际化

信息技术的快速发展,使市场逐渐国际一体化,国家之间、地域之间的差别也越来越小,信息的快速传播使整个世界能够在同一时间内使流行趋势、价格发生同样的变化。信息社会决定了市场,谁先掌握信息谁就能掌控市场。全球化的现实,要求服装企划师、决策者必须掌握全球范围内的时尚流行趋势和市场动态。

比如,充分利用这种信息化效应,美国把一件T恤的加工费定为1美元,那么在日本、加拿大等国,加工一件T恤的加工费就必须低于1美元,否则在国际市场竞争中就不可能取胜。而日本、韩国、加拿大等国又充分利用国际互联网的信息资源,转到中国、印度、越南等拥有廉价劳动力资源的国家寻找加工厂,采取外单生产的形式加工产品,从而使OEM、ODM等加工型企业成为我国服装产业的主要运营模式。而由于人民币的不断升值和劳动保护法的实施带动了劳动力的升值,同样使许多外企撤走了发单生产业务,从而使OEM、ODM加工型企业向OBM自主品牌经营型转变显得更为迫切。由此可见,信息化使企划决策者对市场的把握能力提出了更高的要求。

5. 市场活动情报的收集方法与更新

对市场倾向情报的预测一般都采用以大消费群体为目标捕捉倾向信息的方法,但随着社会不断进步、经济不断发展,现代多样化、个性化消费时代的到来,也要求企划决策者必须改革原有的信息捕捉方式,准确有效地收集市场倾向情报。

我国开放的市场经济体制改革,使服装产业从不成熟阶段发展成如今的迅猛腾飞阶段,同时伴随着服装消费理念的不断变化,服装消费形态与服装市场也随之发生变化。

(1)服装产品层次分化:在中国经济迅速发展的过程中,服装市场出现了高档次产品与廉价产品两极分化的局面,这是一个有价值的市场背景情报,也是产品企划必须捕捉的关键点。以消费者需求导向为突破口,根据"两极"的具体情况,衡量出价值与价格的平衡关系,从而定准目标市场。

(2)大众化时代与多元化时代:大众化消费时代的市场倾向情报,一般以大众最大公约数为标准进行大批量生产,并称为"大众化市场倾向"。时至今日,消费者已日趋成熟,进入了个性化的消费时代,人们都不会随意穿着与别人相同的服装,网络流行语"撞衫"就反映了人们的这种着装心理。所以服装市场不断被细分,构成了目前多样化的市场格局。

这种市场倾向使提供商品的服装公司或企业的品牌形象差别异常鲜明,目标消费者更加明确,形成市场细分、化整为零、多元化市场的主流倾向。

6. 以需定产与市场倾向预测

市场倾向情报处理的具体工作任务,是对消费者的消费需求进行细分化的调查研究,为开发、生产产品的决策提供依据。

成熟的消费者虽然对自己的特质、个性、需求都非常清楚,但其个性化特征在企业按季节提供服装商品之前,只是抽象化的、概念化的,难以主动体现出来。这种个性、需求只有在与真实的商品相碰撞后,才能够具体地呈现出来,这是所有时尚消费产品与消费者需求之间存在的普遍性矛盾。而以需定产(消费者需求确定产品)是保证服装企业稳定发展的科学手段,市场倾向预测理论就是应对这种矛盾的科学方法。

由于市场倾向预测需要一定时间,为了保证产品企划、生产、产品的上市时间,必须制订市场情报收集分析与市场倾向预测的良好对策与实施计划。

服装产品的企划、生产至少要按一年春夏秋冬四个季节进行划分,企划→生产→销售一个运营循环过程至少需要三个月时间,三个月内必须完成企划、确定产品、材料生产准备(需要大量时间)、结构设计与工业化样板制作、生产技术文件准备、客户订货等所有环节,所以市场倾向预测计划首先要保证时间,尽可能提前进入这一工作环节。

商品企划的本质就是对生产什么产品、怎么生产、怎么销售等环节进行决策。产品决策必须保证市场预测的高度准确及策划结果赢得市场。

7. 材料市场情报

服装纺织材料的开发技术迅猛发展,新材料如雨后春笋般层出不穷,新材料主导流行的现象频繁出现,如果不掌握新材料的市场动向(尤其备受关注的环保材料、功能性材料等),就会影响商品材料构成,使产品脱离市场倾向的轨道,造成不可预知的严重后果。

近年来,新素材中许多的机能性纤维材料,通过了抗菌防臭等加工处理,因此大大提升了产品品质的附加值,也吸引着消费者的眼球,这些材料加工处理技术不断推陈出新,新型纺织种类繁多。最具代表性的有:杀菌加工、除臭加工、抗菌防臭加工、加热保温加工、吸湿发热加工、透气防水加工、脱水防水加工、吸水吸湿加工、保湿加工、抗起球加工、防紫外线加工、防辐射加工、防变形加工等。

8. 情报收集分析与运用的具体方法

情报收集之后,更重要的是灵活地运用这些情报信息,通过分析研究,从中提炼出对企划主题、产品决策有参考价值的重要信息资料。

在情报处理过程中要明确其核心目标,尽快获得重要的倾向信息,因此必须采用良好的信息分析、处理方法,以提炼出真正具有参考价值的情报。

值得注意的是,每一个公司的产品、顾客群体、产品风格、个性特征都不相同,因此情报的处理与活用也各不相同。情报分析与处理的基本方法步骤如图1-2-3-2所示。

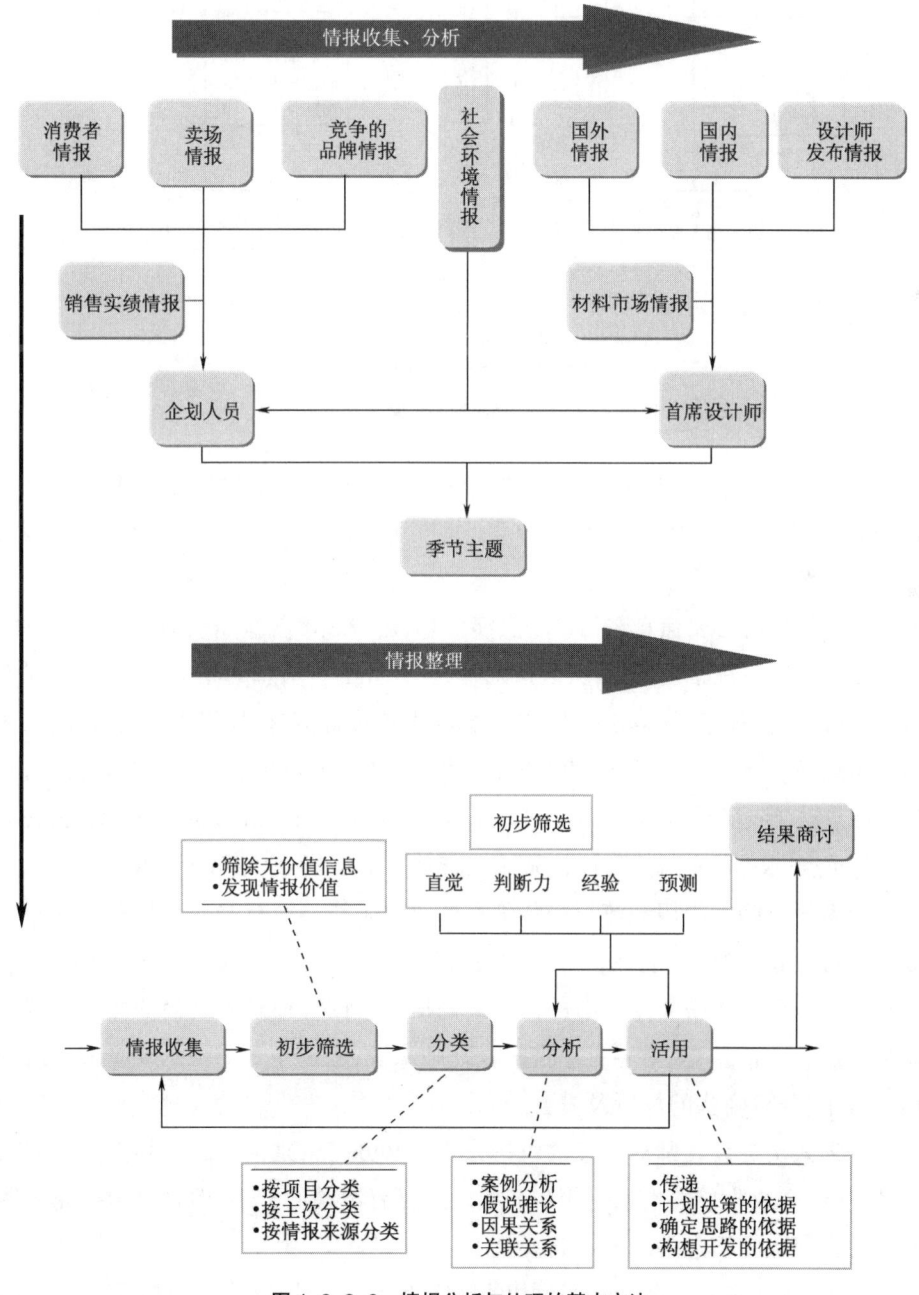

图 1-2-3-2　情报分析与处理的基本方法

三、情报企划的表现形式

产品企划是贯穿于从信息的收集分析开始到季节营销理念设定完成,其工作程序如图 1-2-3-3 所示。

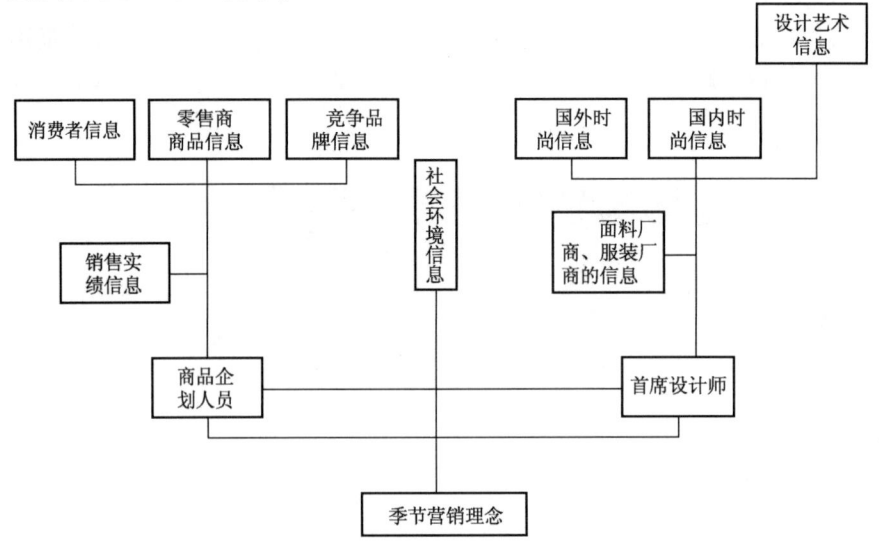

图 1-2-3-3　产品企划信息收集分析程序图

以企划人员与设计师(对零售业来说是搭配师)为主,针对各个季节设定经营理念,提出季节主题,开展信息收集、分析活动,把各种信息有机地结合起来,设定出季节经营理念。

产品企划的必要信息包括市场实绩信息、流行预测信息、社会环境信息三种。产品企划人员与首席设计师(服装搭配师)各有分工对信息的收集与分析;企划人员承担市场实绩信息收集分析工作,主要收集消费者信息、零售业商品信息、竞争品牌信息等。这些信息要同经营管理者、销售人员共同收集分析。参照本公司的销售实际数据,经过确认后提供给首席设计师。企划人员工作最重要的是把过去的信息作为重点,根据当前社会环境状况,预测未来,因此要不断地积累经营业务经验。

首席设计师承担服装流行趋势信息的收集工作,流行趋势信息有国外服装流行趋势信息、国内服装流行趋势信息、对服装有强烈影响的设计艺术信息等,还有领先企划工作一年半左右的面料厂商信息,国外面料展示会的信息及国内面料展示会的信息等。对零售业搭配设计师来说,服装企业的展示会是最合适的信息收集、分析确认的场所及机会。

企划人员与设计师对信息的收集分析未必分得特别清楚,企划人员对面料厂商、服装企业收集的信息比较多一些。虽然有不同的分工,但是关键要充分做好从各方面收集信息的思想准备。

在所收集的各种信息中,有可利用的信息,也有与企业方针、品牌政策不相适应的信息。因此要对收集的信息进行评价,选择有用的信息也是非常重要的一项工作。

产品企划工作中对季节理念、主题的设定,大多数是采用假设的方法,预先认可的事实存在预测或是准确的,或是不准确的现象。因此,为了提高产品企划预测的信息准确度,要对所收集的信息选择、分类、分析。通过大胆地提出假设,提出的假设多数是根据直观的感觉,按照假设—实行—验证反复进行,不断提高感觉判断力以及预测能力(图 1-2-3-4)。

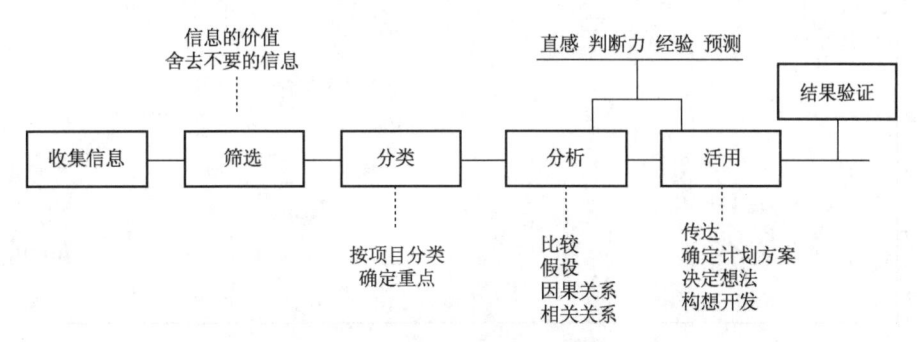

图 1-2-3-4　产品企划信息整理图

直觉的培养,可以从平常走出街头出入目标群体集中的地方,根据五官感觉体会等不断熏陶培养。信息并不是在需要的时候才去收集,应该是平时在看报纸、杂志、电视等媒体中一点一滴地收集、积累。

以下是采用企划图表的形式,分别表现对国外流行情报、国内流行情报、市场情报的分析及预测(图 1-2-3-5~图 1-2-3-8)。

风格:独立、追求个性
廓型:H型、A型、S型
款式:套装、连衣裙
面料:薄质
色彩:暗灰系列、黑色、白色、米色、咖啡色

图 1-2-3-5　情报企划——国内外流行情报

图 1-2-3-6　市场情报

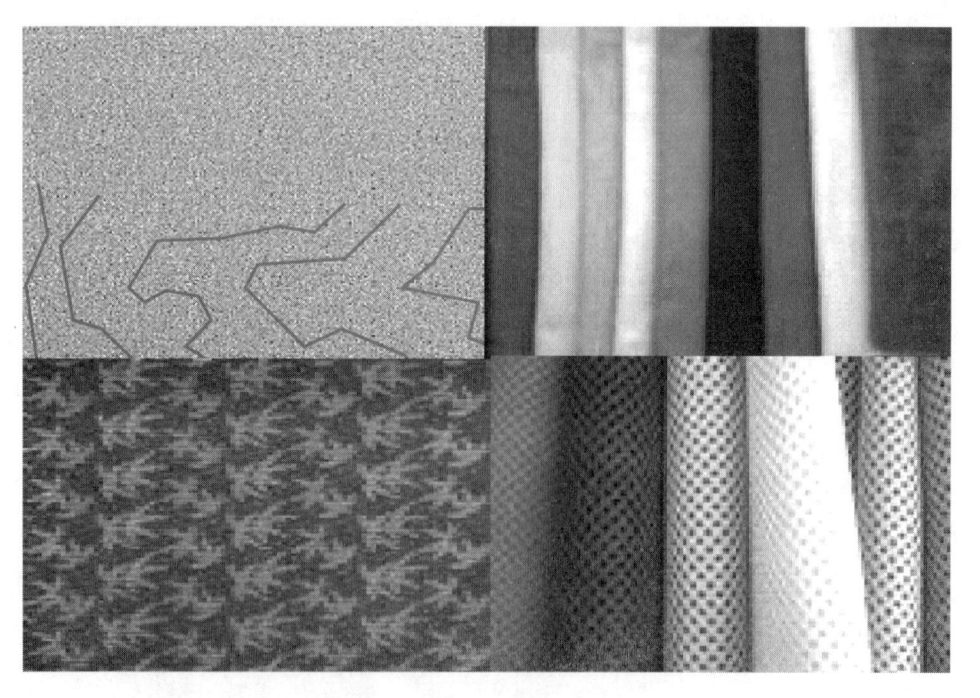

图 1-2-3-7　面料市场情报

风格：现代都市、休闲风格为主流
造型：既有随意、自然、宽松造型，又有分割、收腰的X廓型，但都具有简洁摒弃繁冗细节的特征，面料、廓型、简约风格的完美结合表达了全新的效果。
色彩：对比色、互补色自由组合，产生奇妙的效果，富有朝气。
面料：运用天然纤维棉以及被称为"夏天之王"的麻料，呈现出不同的异域风情。

图 1-2-3-8 流行预测

四、情报管理

服装营销活动是要不断解决问题，情报管理贯穿从顾客期待的商品企划开发、商品构成开始一直到生产管理、流通、店铺创建、销售等业务中。不能随意或凭直觉解决这些问题，否则会给企业的经营生产活动带来严重失误，因此，有必要寻找一种解决问题的方法和具体程序。

解决问题最基本的是发现实际与预期目标之间存在差距，为了解决其差距，制订计划或提出假设，实施检验实施的结果，进行修正活用于下一个问题或任务中，如图 1-2-3-9 所示。

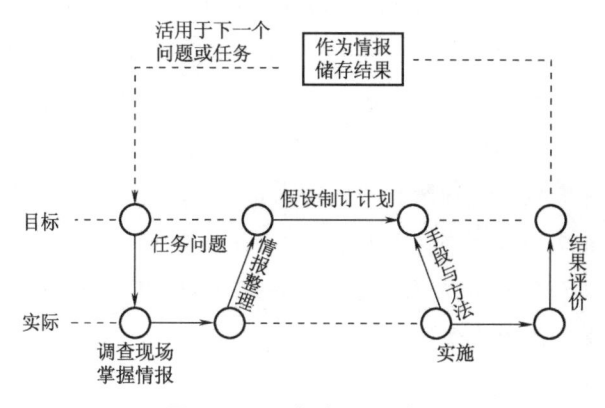

图 1-2-3-9 解决问题程序图

第四节　产品定位与产品设计

一、产品定位的含义和要素

产品定位是产品企划过程中，对选择怎样的产品特征及产品组合以满足目标消费者或目标消费市场需求的决策环节，是对目标市场的选择与企业产品结合的过程。通过产品定位将整体的商品战略与关于产品生产数量、成本、利润、产品上市时间等"数字"的决策计划等综合于一体，形成的商品企划核心方案。

成功的产品定位应该具备以下四个要素[1]：

1. 全面挖掘产品本身的特异点

产品的市场定位是对产品在未来的潜在顾客的脑海里确定一个合理的位置。定位的基本原则不是去创造某种新奇的或与众不同的东西，而是去打开人们心中原本想法的联想之结。产品定位的基础工作就是要全面透彻地研究产品的各种属性，以期从众多属性中挖掘出能让人眼睛一亮的直击心灵的定位点。

对产品属性的研究方法很多，最简单方便的是属性排列法。对每一属性进行横向和纵向分析。纵向分析就是客观地描述出产品每种属性的具体内涵和表现，横向分析就是结合主要竞争对手的产品，对其同种属性进行比较，评估与竞争对手产品相同属性的优劣，优劣的重要标准是能否突现产品的特异性。基于横向和纵向的属性分析，排列出可以选用的产品属性。

2. 深入了解竞争对手产品明确的定位

在筛选排列出定位中产品可用的属性后，再进行差异化剔除，就是把已经被市场上其他竞争对手的产品定位使用或表现过的属性予以剔除。因为首因效应的作用，消费者往往会深刻记住最初接触到的产品定位，把产品的这种定位形象牢固地和特定品牌关联起来。避免产品定位的雷同，寻找市场定位的空隙，是成功定位的关键所在。

研究竞争对手的产品定位，可以通过排比图法进行。所谓排比图法就是将挖掘出来的各产品属性排列出来，在每一属性上分别分析比较各个竞争品牌的各自定位表现，找出各竞争对手产品定位利用的产品属性，最后在此基础上确定本企业产品定位中应该避免利用的产品属性。

3. 充分研究消费者对产品的价值追求

消费心理学研究表明，能和消费者当前需要密切相关的信息，最能引起消费者注意并留下深刻印象进而产生兴趣。

---

[1]《产品定位最关键的四要素》来源：价值中国　2008/10/21 07：15　作者：吴玉龙。

对筛选出来的可供定位的产品属性进行差异化剔除后,并不意味着定位点就可以确定下来了,还需要对目标消费者购买该产品时注重追求的价值进行分析研究,把不能吻合消费者需求的、消费者不太关注的产品属性再予以剔除。

需要明确的是,如果经过上述筛选剔除后,依然保留有多个可以选用的产品属性,这时就需要结合企业的技术能力、企业历史、资源优势、企业核心竞争力等因素,进行优化选择。

4. 大力加强定位的宣传沟通工作

产品定位成功的最高境界应该是:当消费者见到或想到某个品牌的产品时,能立即联想到该品牌产品的某种独到个性特点,反之,当消费者想到该类产品的某个个性特点时,也能立即联想到某个特定品牌。

上述几方面工作完成了,只是提出了一种定位主张或定位方向,产品的个性形象也还只停留在企业自己心中,目标消费者并不知道该产品的个性。因此,定位工作的另一个至关重要的要素就是需要大力进行定位的宣传。把定位确定下来的产品独特个性形象与凝结定位内涵的具体符号(品牌),告诉目标消费者,让其知晓、熟悉,才能让消费者对该产品的鲜明特点产生差异性的深刻印象,从而形成品牌偏好,这种品牌偏好会引导消费者在选购该品牌商品时产生有利于促进其购买的产品定位的联想。

二、产品定位与产品设计

所有工业产品开发的基本步骤都是从概念设计入手,就犹如小说创作要有故事梗概,写文章要先写提纲一样,首先要以表达其核心思想、如何完成产品开发设计工作等为切入点,制订整体的指导方针(图 1-2-4-1)。

概念设计 ⇒ 基本设计 ⇒ 具体设计

设计产品开发的指导思想 | 提炼核心要素 | 制订实施计划

图 1-2-4-1 工业产品开发的基本步骤

为了确保产品符合定位的消费者需求,保证决策方案能够顺利实施,确保产品上市时间,产品定位与产品设计必须遵循以下三种程序。

1. 形成概念设计企划方案

针对初步确定的产品开发核心思想,面向定位客户、公司各部门等征求意见,关注他们对方案的反应并加以完善,直到获得共识,才能形成概念设计的整体企划方案。

2. 基本设计环节

概念设计完成后,便进入产品基本设计环节。基本设计是把概念设计具体化,提炼"做什么、怎样做"等产品开发(定位)的关键要素,以抽象的概念主题为指导思想完成产品设计。

3. 具体设计阶段

基本设计完成之后,接下来进入具体设计阶段。具体设计包括具体生产计划及日程计划,围绕谁(什么人)、何时(什么时间)、何地(在什么地点)、何目的(以什么为目的)、做什么(什么工作任务)五大基本要素制订决策方案,制订具体详细、切实可行的实施计划。

总体上看,概念设计→基本设计→具体设计的产品定位、产品设计过程,是从指导思想的宏观决策,到完成产品款式构成,制订材料计划、成本计划、产品销售方案,确定生产日程等微观决策的全过程。

三、产品定位与产品设计方法及表现形式

明确了产品定位的意义与决定产品定位成功的要素,还要掌握产品定位、产品设计的内容、方法及表现形式。

1. 概念设计

概念设计是指对产品的"形象"进行概括性的企划。

以情报企划为基础,概括性地描述消费目标群体在下一季可能购买的产品形象:如服装主题风格特征、色调、款式、材料特征等。

(1)根据对服装市场情报、市场导向情报的调查、分析与研究,预测最新的市场倾向及消费需求趋向,策划下一季产品的主体风格形象,如图 1-2-4-2 所示;提出材料类型、色调、款式要素(功能及结构)、价格水平等宏观决策意见等,并加以阐述;制作产品企划书,明确产品定位,最终确立决策方案。

(2)直观地表现产品具体风格的形象特征、色调、款式、价格水平等构成要素,制作体现产品形象风格的剪贴图。

图 1-2-4-2 产品定位——概念企划

(3)在产品策划核心方案中,对产品构成的内容进行说明,如图1-2-4-2~图1-2-4-4所示。

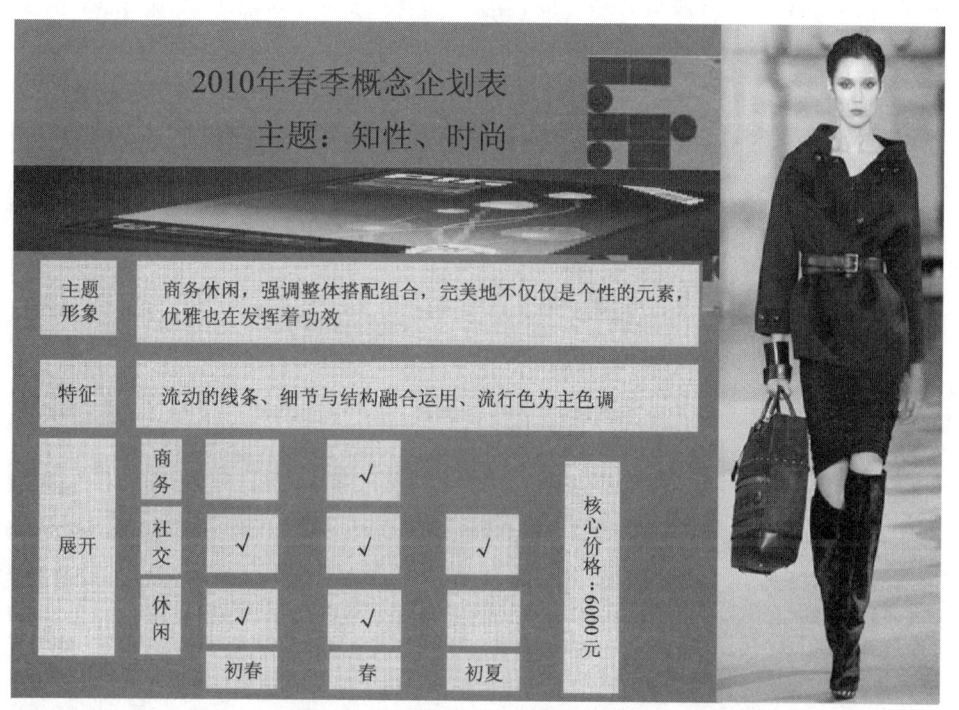

图1-2-4-3 产品定位——概念企划表1

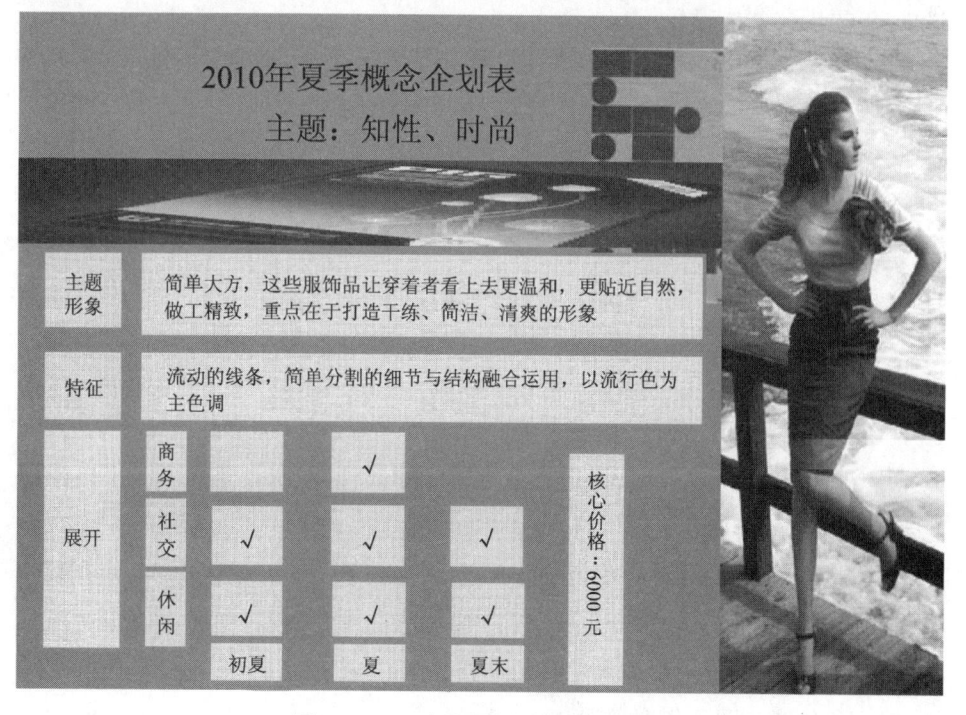

图1-2-4-4 产品定位——概念企划表2

2. 基本设计

(1)以概念设计提出的宏观决策方案为指导,认真理解核心方案的思想,针对实际产品欲采用的材料种类、颜色构成、款式构成、价格构成、品牌主题、商品构成、生产数量、利润计划等做出具体的决策计划(图1-2-4-5)。

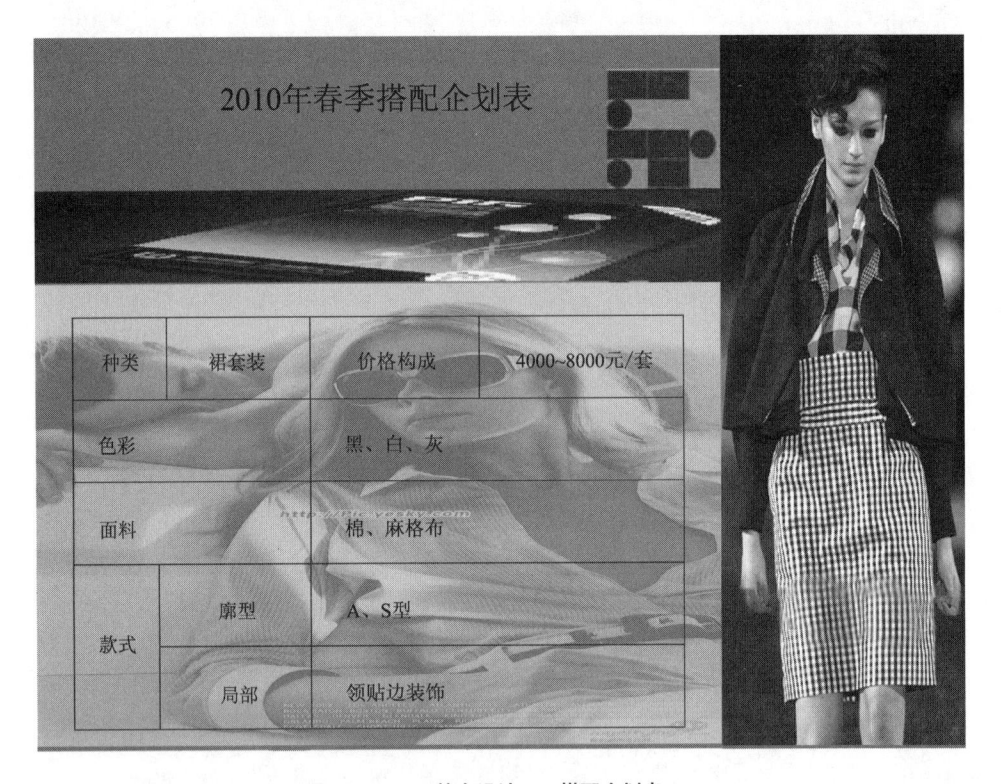

图1-2-4-5 基本设计——搭配企划表1

(2)再次确认实际产品的材料、色彩、款式构成等各要素,包括面、辅料的样卡、附属材料的料样、色卡等实物要素,制作直观形象、一目了然的搭配企划书(图1-2-4-6、图1-2-4-7)。

(3)归纳总结需要向具体实施者和目标客户说明的内容,制作商品企划说明书(图1-2-4-8)。

3. 具体设计

(1)制订产品销售方案,设定产品上市时间,明确交货期等(图1-2-4-9~图1-2-4-11)。

(2)制订生产计划:确定生产加工厂,核算加工费,制订具体实施运作方案和具体操作方法。

(3)制订生产日程计划:确定样板制作计划、生产指示书(详见生产管理部分"服装企业生产管理工作实务")。

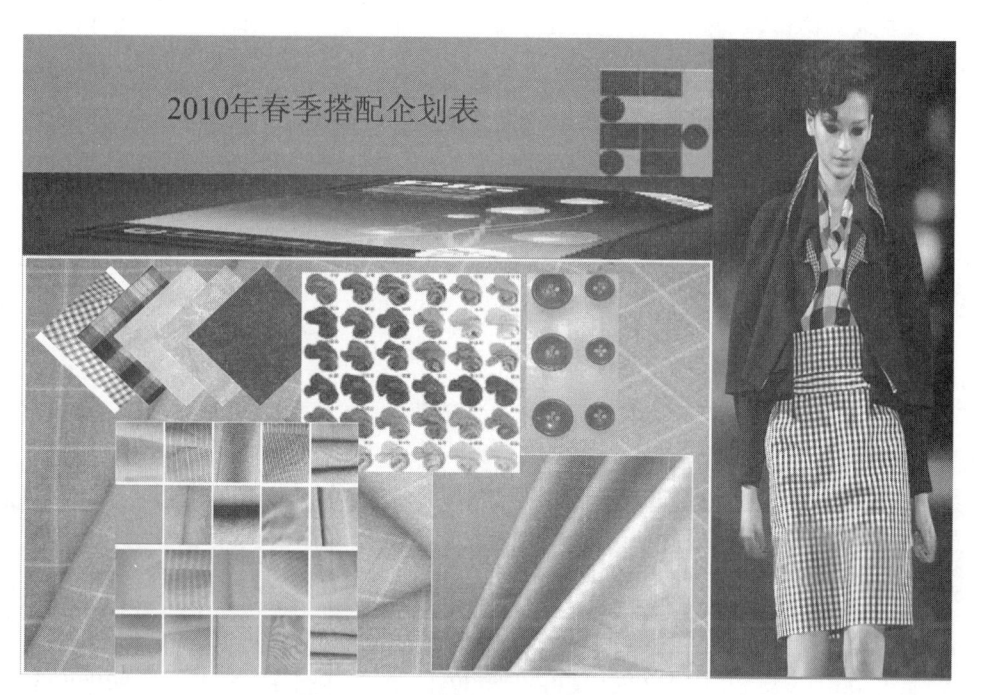

图 1-2-4-6　基本设计——搭配企划表2

款式			
颜色			
面料	棉、麻	棉、麻	丝、麻
型号	160/82A　165/84A	170/86A	
价格/元 （人民币）	2000~4000	800~1500	1200~2500

图 1-2-4-7　基本设计——搭配企划表3

图 1-2-4-8 基本设计——产品企划说明书

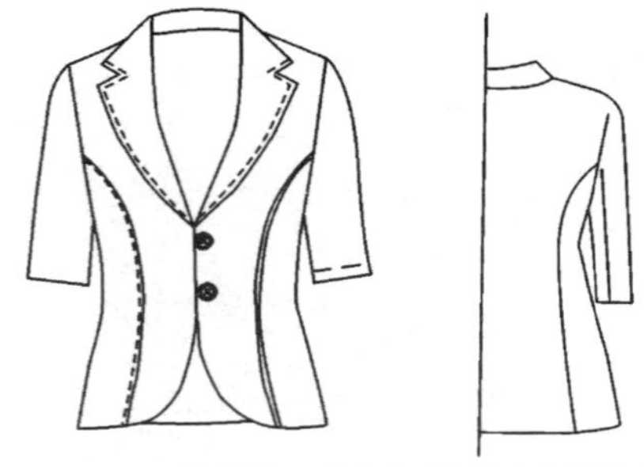

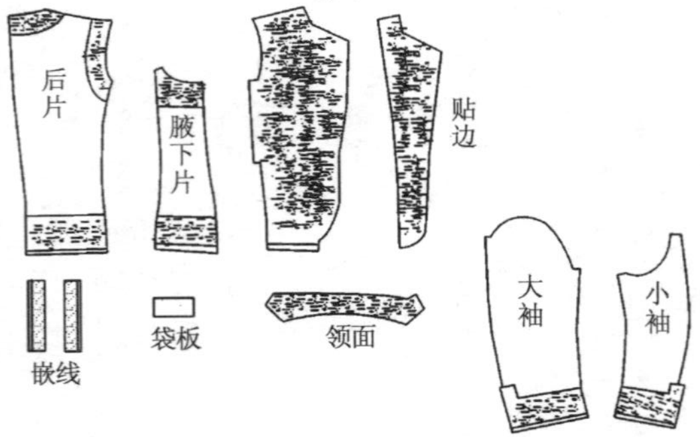

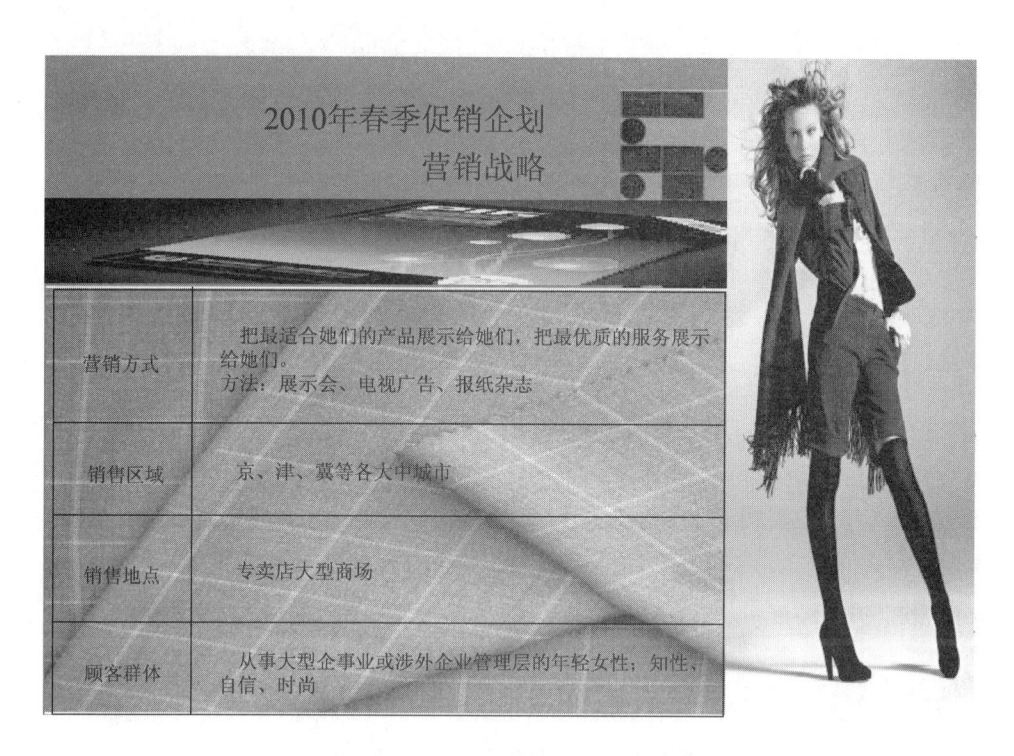

营销方式	把最适合她们的产品展示给她们，把最优质的服务展示给她们。 方法：展示会、电视广告、报纸杂志
销售区域	京、津、冀等各大中城市
销售地点	专卖店大型商场
顾客群体	从事大型企事业或涉外企业管理层的年轻女性；知性、自信、时尚

2010年春季促销企划 营销战略

图 1-2-4-9　具体设计——营销战略

<table>
<tr><th colspan="2">促销企划表</th><th>季节</th><th>春</th><th>初夏</th><th>盛夏</th></tr>
<tr><td colspan="2"></td><td>上市时间</td><td>2/15</td><td>4/15</td><td>6/1</td></tr>
<tr><td colspan="2"></td><td>季节主题</td><td>职业休闲</td><td>优雅浪漫</td><td>时尚现代</td></tr>
<tr><td colspan="2"></td><td>促销主题</td><td>穿出你的智慧</td><td>秀出你的美丽</td><td>展示你的能力</td></tr>
<tr><td rowspan="3">陈列展示</td><td>中心品类</td><td></td><td>西服、西裤</td><td>小外套、短裙</td><td>上衣、休闲裤</td></tr>
<tr><td>搭配重点</td><td></td><td>自然、舒适</td><td>简单、大方</td><td>简洁</td></tr>
<tr><td>陈列风格</td><td></td><td>色彩柔和</td><td>休闲</td><td>高雅</td></tr>
<tr><td rowspan="3">宣传</td><td>中心品类</td><td></td><td>西服</td><td>短裙</td><td>上衣</td></tr>
<tr><td>搭配重点</td><td></td><td>职业包</td><td>小饰品</td><td>饰品</td></tr>
<tr><td>模特形象</td><td></td><td>职业</td><td>端庄典雅</td><td>优雅高贵</td></tr>
</table>

图 1-2-4-10　具体设计——促销企划表

图1-2-4-11 具体设计——专卖店形象

4. 成本核算、定价

产品设计不仅包括技术和艺术问题,同时也包括经济问题。核算成本,确定价格是产品设计中不可缺少的一个环节。工作包括成本核算,初步制订进货计划,确定销售价格。

(1)成本核算的意义:确定销售价格和预测利润额是成本核算的重要目的。成本、利润、能够卖得出去(目标消费者能够接受)的价格是制订产品销售价格的三要素。产品的销售价格定为多少,是否有竞争力,价格是否过高,可获得多少利润等,都要根据该产品成本的高低判断、调整和决策。同样,材料的准备、采取的产品加工方式,也要根据成本核算的结果提出与之相适应的实施方案。

因此产品投入生产以前,首先必须进行成本核算,并作为成本企划的重要内容之一。目前越来越多的企业以最低利润为标准,所谓"最低利润"即以生产成本的50%或销售价的30%作为企业确定赢得利润额的基本方法。关于利润管理方面的相关资料,是由财务部门向公司提供的,公司企业的决策者根据这些资料判断是否能够完成预定的赢利计划,并进行合理调整。

(2)成本预算项目及方法:遵照成本核算规律以及长期实践积累的丰富经验,准确地进行成本核算,是企划决策者的重要工作。

①了解公司的支出情况把其作为成本核算过程中的参考依据。

②成本核算项目:成本基本要素包括材料费、劳务费、生产经费。服装产品材料费包括面料、里料、衬料、附属品等,可以分别核算。成本核算完成后通过决策主管认定,就成为公司的周转资金、经营计划制订等基本依据。同时,确认后的成本核算不能随意被调整,因此核算过程必须周密考虑、项目齐全,对劳务费、耗料等的计算也必须准确无误。

③成本核算一般采用成本核算表的形式表达,该核算属于商业机密,有些企业在公司内部也不能公布。表1-2-4-1是以上衣产品为例进行的单件产品生产成本核算,仅供参考。

表1-2-4-1 单件产品生产成本核算表

成本核算表		季节:××××年春夏女装		时间	×××年×月×日
		品牌名称:××××		负责人	
品种	上衣	预计生产数量	2000件	预计材料进货时间	×××年××月××日
产品编号	CX2009001				
成本项目	材料名称	规格	单价(元)	数量	金额(元)
面料	精梳棉	JC 60S/2×60S/2 144×76 3/1 斜纹	38	1.5m	57
面料合计					57
里料	美丽绸	283(72)×14.5(37)	15	1.4m	21
里料合计					21
衬料	领衬				0.5
	贴边衬				1
	牵条				0.1
衬料合计					1.6
辅助材料	垫肩		0.9	1付	0.9
	扣子		0.02	6个	0.12
	商标		0.2	1个	0.2
辅助材料合计					1.22
合计材料费					80.82
加工费					20
生产成本		合计材料费+加工费=80.82+20			100.82

注 最高销售价:330元,最低销售价:220元。

初期预计毛利润:销售价的50%。

(3)预算企划:预算决策是商品定位、成本核算完成后的又一项重要工作任务,也是掌控"数字"命脉的决策,即对企划的下一季产品需要投入多少资金,能获得多少利润,库存量控制大小等的决策。这是关系到公司利润的更大决策,必须要通过公司高层决策者的确认和认可才可生效。通常情况下,预算企划是利用生产、销售企划表来表达的,见表1-2-4-2。

表1-2-4-2　生产、销售企划表

××××年春夏商品		生产、销售企划表								品牌名称:××××		
		首批库存		新产品生产		总产量预算		销售计划			销售成本	毛利润		季末库存
		数量	成本	数量	成本	数量	成本	销售率	数量	金额		金额	率	成本
库存	继续													
	处理													
新产品生产														
合计														

该企划表既适合于公司所有产品的总企划,又适合于每一个产品的企划。该表中涉及产品的具体生产实施计划要根据企划方案来操作。

企划方案一旦开始实施,企划内容就成为本企业经营的商品投入大量的资金,因此它是否能够成功地命中市场直接关系着企业的命运。这不是企划者个人能够承担的责任,所以经营者不会做企划方案的旁观者,只有企业决策层才拥有对企划的最终决策权,即企划方案实施前必须得到公司决策层的认可。

(4)企业对预算审核的确认:一般情况下,一个企业都会经营多个品牌的产品,经营者、决策者必须综合企划者、设计师所负责的品牌实施企划方案,宏观调控、全面协调。

①根据公司规模及整体实力判断能够实现的销售额、资金周转、利润计划等,权衡每一个品牌企划的资金投入,预测赢利状况,以过去企业运营的规律确认企业的经营计划,并做出最终决策。

②决策层团队要反复核实企划者提供的数字计划,确认数字的精确度,预测商品占领市场的实力。

③根据社会经济环境、公司现有竞争力等进行综合考虑,判断是否能够达到企划的预期目标,对通过怎样的努力才能达到企划的预期标准提出结论性的意见。

④确认公司实施该企划的整体运作,大约需要几个月的时间,需要多少资金,资金周转的周期,并尽量进行精确的计算,最终形成一个合理、可行的资金计划。

(5)召开前期研讨论证会:为了论证企划中提出的"数字"(生产、销售、利润、库存)方面的科学性,决策者要召集决策团队召开前期论证会,倾听企划者对各自企划案的陈述说明,确认商品内容,对企划的成功与否进行可行性论证。

研讨论证的过程大致如下:

①参会人员的选择与组织：召集与企划人员无明显利益关系的旁观者一起参加会议。参会的决策者对企划内容不一定掌握得详细具体，而企划部门的管理者对企划内容了解得比较具体，又会很自然地站在企划者的立场上。因此要选择一些专业的、与企划者无利害关系的企业中层干部、董事等，站在公司发展的大局上客观思考问题的第三者参加论证会，以保证做出客观判断。

②展示企划样品：请试衣模特或公司员工穿着实物样品展示着装效果，如果实物样品没有完成，要准备好形象地表达商品形象的企划书等资料，便于逐项通过审查。

③论证会答辩准备：论证会是最紧张的时刻，企划者为了应对决策者提出的各类问题要充分做好准备，需要向决策层说明的内容大致有。

- 企划的产品是怎样的？
- 生产什么，生产多少，什么时间开始投入生产？
- 什么时间面向哪个消费群体销售？
- 能获得多少利润？
- 准备多少库存量？

④数据说明：对商品企划中提出的每一项数据都要进行详细说明，每一项数据都必须有可靠的依据。提供的依据要有足够的说服力，如果提出的数据不准确，就等于企划方案无效。

论证会上对数据的说明，一般都是相对于上一年同期的业绩的比较，这对上一季成绩不理想的企划人员来说更是残酷的，所以要做好充分的准备。

第五节　模特样衣试制研究

模特样衣是指根据效果图第一次试制的实物样衣。这件实物样衣不一定能够被确定为商品而进行批量生产，而是要通过模特试穿，按照一定的程序进行确认、修正、评价和严格筛选来确定。

一、模特样衣试制

1. 审查效果图限制试制次数

为了尽量减少浪费，首先需审查效果图或对试制次数进行限制。在绘制效果图阶段，企划师对设计师设计的款式进行粗略的筛选。哪些可以进行模特样衣试制，企划师具有决定权，因此产品的销售成绩是否突出，企划师必须承担责任。

每个企业都有若干名设计师，在设计审定过程中，设计师分别提供自己设计的若干服装款式，并说明设计构思、设计意图、材料使用计划等。参加筛选的款式远远多于产品计划数量,因此设计师之间的竞争也很激烈。

2. 保证模特样衣试制成功率

样品的成本非常高,比如西服、大衣等比较高档、技术含量较高的样衣,一款就需要多环节加工费用,比如样板制作费、材料费、制作费、组织管理费等。如果是高档成衣,费用还会成倍增加,所以设计师必须具有高度的责任心,尽量保证样衣试制的成功率,避免重复制作造成的成本浪费。当然,一般样衣制作一次性成功的例子是很少的,试制成功次数为2~3次则比较正常,屡屡失败的情况也是经常出现的,其结果是直接造成成本的浪费。

二、模特样衣的评价

样衣通过审查后便进入模特样衣试制阶段,对试制完成的样衣要进行整体效果的评价,找出存在的问题。

(1)样品是否真实地表达出设计师的设计意图,着装效果与设计师描绘的效果是否相符?

(2)着装效果虽然很完美,但结构设计不合理也影响服装的功能性。

(3)样板不够科学,不适合于工业化生产。

(4)材料质感与款式搭配不够协调,材料与样板的关系不协调,以影响整体效果。

(5)色彩搭配不够协调,使整体效果大打折扣。

总之,对发现的问题要认真研究以找出实质性的原因,不断修改直至达到预期效果,模特样衣的试制工作才算完成。

三、在模特样衣中筛选可批量生产的款式

模特样衣制作完成后,对其再次进行筛选,通过对众多试制样品的相互比较,广泛征求第三者的意见,对实物进行缜密的评价,最终筛选出符合计划款式数量的模特样衣,确定为可投入生产的产品。

1. 倾听第三者的意见和感受

倾听参加试制样品审定研讨会的企业经营决策层、参会业务员、客户和其合作方、公司销售人员的意见与建议等。这些优秀的职业人员都具有非同一般的职业敏感性,具备对市场、时尚特有的审度能力,而企划师在专业领域中有时对消费者朴素客观的需求会感觉麻木,所以必须善于诚恳地倾听他人意见,获取大量各种不同的市场信息。

(1)直观的第一感觉:这个产品能卖得出去吗?

(2)价格定为多少才合理?

(3)如果有不足,不足之处在哪?

(4)如果是你,你会穿吗?

(5)产品有创意吗,能够给人以强烈的新鲜感吗?

(6)符合当代的时尚审美要求吗?

2. 根据大家的意见做出如下判断

(1)该产品是否能够赢得目标消费群体的喜爱?

(2)最高零售价格设定为多少?

(3)根据成本因素判断能创造多少利润?

(4)产品的加工数量应确定为多少?

(5)如何降低生产成本?

产品生产数量直接影响到成本的高低,产量越少成本越高,所以要尽量保证集中生产。从审美层面看,非常奢华但价格昂贵的产品,属于服务于一小部分的目标消费群体,不宜大批量生产。因此,企划师要综合各方面的意见,预算零售价格的高低,在同等条件下,应选择产量较大的款式,以降低成本。对产品品质高、成本高的产品,要尽量采用降低材料价格、优化缝制生产技术与生产方式、增加生产数量等方式降低成本。

第六节　产品构成方法与产量判断

劳动产品通过交换过程换回了货币就转化为商品,如果劳动产品通过交换过程没有卖出去,仍然是劳动产品而不是商品。所以,产品是生产出来的,商品是交换出来的。在激烈的市场竞争环境中,如果生产出来的产品不能形成商品,将给企业造成极大的损失。因此在服装产品工业化生产过程中,确定所企划服装产品的生产数量,要从分析产品构成着手,制订产品构成计划,以确保产品能够转化为商品。

一、产品构成的意义

产品构成的方法是销售企划的重要组成部分之一。每个人或许都有过这样的购物经历:走进购物场所,看到商场内摆有种类繁多、各种风格类型的商品,眼花缭乱却不知该选哪一款。其原因就是这种商场大都企图以量取胜,在进行商品准备的过程中,没有考虑到消费者的购买需求和商品构成。这对于消费者而言,其实是什么商品都有,而看上去什么都没有。

因此,如果制订了产品构成计划,就有了向消费者说明品牌理念的机会,消费者通过视觉、听觉的感受能买到符合他们消费需求的商品。

二、产品构成的方法

产品构成的方法有多种,常见的产品构成方法有以下三点:一是以符合客户

(目标客户)需求为核心的产品构成;二是以符合消费者(目标消费者)需求为核心的产品构成;三是根据社会、经济发展等要素对服装消费需求的影响,按高档价格、中档价格、低档价格等档次进行的产品构成。

1. 以符合客户需求为核心的产品构成

(1)概念产品:是诠释品牌理念,夸张地表现消费者需求形象的概念产品,是起到"第二次"有效招揽顾客作用的产品,同时也是一种"信息"产品(收集顾客对商品反映的接收器)。

(2)提升利润的产品:销售量大、价格适中的商品,既具有便宜的价格,又具有强烈的时代感,是以具有高度流行感、低价格商品为中心的产品构成。

(3)客户订购产品:特定客户订购的独特(独一无二)的产品。

(4)客户展示会、促销等使用的特价商品:利用低价格商品激发消费者的购买欲望,这些特价商品往往是待上市的产品。

(5)剩余库存产品:前一周期季节未销售完的剩余产品。

以客户为目标的产品构成,由于风格形象、需求各异,所以操作难度较大。

以符合客户需求为核心的产品构成方法,首先要明确每种产品的属性,然后按一定的规律判断每种属性的产品构成比。其判断的依据和规律大体有以下三种。

● 适合于批量生产、能够提升企业利润的产品构成,其所占的比例应该最高。

● 客户订购的特殊产品,有时因成本较高不适合于批量生产,商品构成所占的比例应该相对较少。

● 特价促销商品,销售价格低没有利润可得,商品构成所占的比例应该相对较少。

2. 以符合消费者(目标消费者)需求为核心的产品构成

品种数量的把握是产品构成的又一项重要内容。品种数量过多,就形成了多品种、小批量的生产结构,容易造成一定量的损耗,使成本增高,影响销售额(图1-2-6)。

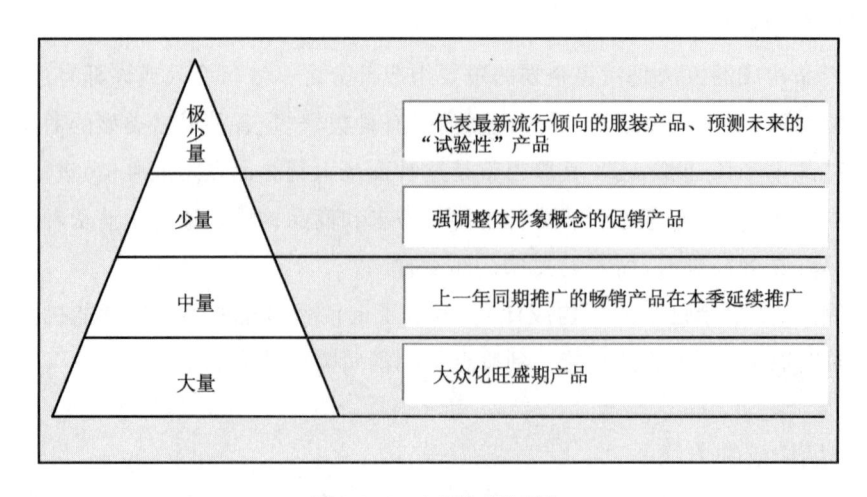

极少量	代表最新流行倾向的服装产品、预测未来的"试验性"产品
少量	强调整体形象概念的促销产品
中量	上一年同期推广的畅销产品在本季延续推广
大量	大众化旺盛期产品

图1-2-6 产品构成比例表

3. 以高档价格带、中档价格带、低档价格带等档次进行的产品构成

根据服装产品目标市场定位,在同类产品或一个产品类别中,研究产品最低价格和最高价格的差,产品价格带的宽度决定了所对应的消费层次及数量,科学合理的高、中、低档组合或分级,可以赢得更宽泛的消费层次。

对于企业而言,低价格带是企业保成本的价格带;高价格带是以获取最高利润价格为目的的价格带;中档价格带是消费者能够接受的价格区域。

三、生产数量的确定

科学合理地确定所开发的每款产品的生产数量,与商品构成有着同样重要的意义,这是关系到企划部门整体策划成败的一项重要工作。即使再畅销的产品,其生产数量远远大于市场需求量,同样也会造成销售剩余产品的库存积压,使有利润变为无利润;如果生产数量过低,假如实际市场需求量大于生产量的10倍,那么产品刚刚上市就断货脱销,同样会造成利润的损失。因此,开发出了畅销产品还不是最后的成功,丢掉市场同样是最大的失败。

1. 生产数量判断的难点

生产数量计划员一般都是根据业务部提供的销售计划表来决定产品的生产数量。销售计划表包括销售对象、需要什么品种款式、需要多少数量等内容,计划员收集归纳这些数据来预算生产数量。

但是业务部门提供的往往都是希望实现的数字,并不是精确的销售数字,等到产品展销订货会结束后,各产品的具体订货情况才能最终呈现。与此相矛盾的是,像材料等生产前准备需要花费很长一段时间,因此订货会之后再做生产准备就不能保证商品及时上市。所以在产品展销订货会的前2个月到半年,就必须预估订单等待生产。

产品开发、生产、上市之间的矛盾,使设定生产数量成为难度最大的工作,只能凭借经验、灵感和直觉来完成,特别是首批订单原材料数量的判断更是对企划人员的考验。

另外需要注意的是,如果公司有委托销售业务的话,还要考虑退货风险,为此必须确认被委托商家的销售能力,对销售数量预计过多的要按比例减少。

2. 业务部门要对所提供的数字资料有高度责任感

虽然对生产数量判断和最终设定是否成功的责任均由企划部门承担,但作为公司一员,必须具有高度责任感,对自己提供的预计销售数量要尽量寻找可靠的依据,提供的数字资料表也要尽量详细、准确。应该注意的问题是,对预估销售数量的计算是根据商品销售过程中每一个回合的周转对各品种所需数量的计算。

表1-2-6为销售数量预算表。

表1-2-6 销售数量预算表

款式编号:2009LL—0056

颜色×型号×销售周转次数	商店数	生产数量
5×5×第1回合	25×3	75
5×5×第2回合	50×3	150
5×5×第3回合	75×3	225
5×5×第4回合	100×3	300
5×5×第5回合	125×3	375

所谓的每一个回合的周转,即表中的(5×5)25件产品全部销售完成。

为了保证所提供数字的准确性,业务负责人要掌握订货客户销售场所的特征,以提高生产数量的预算精确度。

3. 广泛听取意见以提高判断力

产品正式投入生产前要确定生产量,在模特样衣制作阶段,决策层就开始针对某款服装可能的市场销售量下达生产指令,比如哪一款服装可能很有市场、生产量应该是多少,某一款可能卖得出去、可以少量生产等。但通常业务员对产量的判断更加准确,因为他们在销售第一线,掌握着前一年同季的销售业绩资料及流行的大量信息,是紧跟流行和市场前沿的前卫者。毫无疑问,决策层的科学决策取决于对大量一线信息的深层次的分析研究。决策层的这些指令也是对企划部门工作的肯定,但是,一旦商品构成脱离了市场需求,生产量预测出现失误等,责任还要归于企划部门。所以成功的企划师既要具有广泛听取意见的素质,又要具有敏锐的分析能力、准确的判断能力。

4. 产品品种数量的构成要点与销售率

(1)小批量使材料成本增加,利润降低。

(2)小批量生产容易造成生产效率低、产量低、加工费增加、质量不稳定等问题。

(3)小批量生产由于品种基数大,使销售剩余产品的比例相对增多、仓储成本增加,大量库存不能创造利润,造成利润休眠。

(4)产品品种数量与销售率:有一种称为 ABC 顺序分析的销售业绩分析方法。其具体分析过程是按各品种销售额的多少,从多到少顺序排列,然后分析销售率。

分析的结果是季节销售结束后按各品种销售数量的多少排列,排在前5位的畅销品种销售量之和占所有品种的60%左右。无论是由 100 个品种构成的商品结构,还是由 200 个品种构成的商品结构,前 5 个品种的销售额总量都占总销售额的 6 成左右。那么排在最后的品种实际上就相当于徒劳无功的摆设,这是值得企业经营者关注的。

今天的消费市场日渐成熟,个性不同的人们需求也各异,而企图利用多品种拥有所有的消费者,实际上是根本不可能的。企业为了保证效益也不应被动地受到牵制,品种应尽量做到少而精。

第七节　材料计划

以产品品种数量构成、生产计划为依据,以保质、保量、低成本、保证材料供应时间为目标制订材料计划。特别是服装产品的材料计划还要考虑服装材料的流行性、新材料的快速更新、材料生产加工所需时间、不同购货渠道的成本等各类因素的影响。因此,在产品企划的过程中,必须科学地制订材料计划,从而保证正常生产和工期以及避免材料成本过高等现象的发生。

一、材料采购的实务要点

材料采购是一个复杂的过程,涉及材料市场流行分析、材料性能及风格特征、材料生产加工常识、购货渠道与材料成本等方面的综合内容。

1. 搜寻材料与情报掌握

(1)扩大视野,全面掌握材料市场。

(2)听取服装面料供货商介绍材料企划内容,并收集材料样品。在时间允许的条件下最好直接到生产厂家进行考察和选购材料,也许会有意想不到的收获。

(3)从全新的材料中寻找全新的灵感。

(4)为追求个性差别的需要开发具有独特质感风格的材料,而委托材料制造商试制。

(5)为了体现自己独特的颜色效果,同样需要委托材料制造商的试染料样。

有时材料准备需要相当长的时间,所以材料计划过程中必须预留出材料的生产加工时间,甚至必须提前一年设计织造出第二年需要的材料。

2. 企划者和设计师合作完成

由于企划者负责材料采购,所以对材料供应商、不同风格服装面料的产地及生产厂家都了如指掌。为了提高工作效率,设计师要跟随企划师共同到材料市场进行广泛的市场调查,以获得大量最新信息。

材料的选择主要以设计师的感觉为核心,企划者主要对材料的物化性能、是否满足工业化生产、价格是否符合成本要求、材料质感风格是否能够体现出品牌的整体形象特点等方面进行把关。

3. 注意积累与材料相关的各类知识

材料计划是一项非常耗时的工作,企划者是否具备材料的相关知识,直接影响到企划的工作进度。

4. 尽量实现垄断性材料采购

目前许多企业都实施垄断性材料采购和使用战略。市场竞争日益激烈,使用的材料越是别具一格,与同类企业的竞争就越占优势,因此通过材料创造个性是满足消费者个性化需求的良好途径。

服装面料包括面料、里料、衬料、扣子等。不论哪类材料与其他企业的差别化使用都很重要,面料更是核心。随着服装产业发展已经形成的多品种面料市场,材料供应商们都企划开发出丰富的、各具特色的类型材料,一旦选中自己所需的材料,要尽量进行垄断,以减少与其他企业雷同使用的机会。

然而,材料供应商同样希望销售更多的商品,所以两者要进行协商。如果难达共识,即同种材料还有可能面向其他服装企业销售,那么首先要与供应商砍价,因为相对而言垄断采购价格相对要高些,同时可以改变色调,创造出符合本公司个性要素的色彩。

总之,为了实现材料垄断,必须提早进行材料企划,提早准备材料。

5. 确保材料提供的时间

确保按期提供服装面料,是服装企业面临的严峻挑战。特别是服装面料,从面料的选择确定,到样品的试织、试染,买卖双方的交涉与采购合同的签订,再到材料的批量生产等,都需要相当长的时间。而服装企业又必须保证服装产品的生产工期,保证产品按时上市,为了确保材料的提供时间,必须做到以下三点。

(1)采购合同中重点标注交货的最晚时间。

(2)掌握各种面料的生产时间常识。植物纤维、毛纤维、化学纤维等材料组织不同,织造生产所需的时间就不同;材料产地与生产厂家不同,其所需时间也会不同。因此,材料企划者必须掌握在正常的情况下,不同材料的生产加工时间等常识性知识,如格子面料等色织物的生产至少需要半年以上。表1-2-7是各类材料生产时间的参考数据。

(3)对材料生产实施质量监控:材料能否保质保量、按时到位,是一场时间战。在面料生产过程中,一定要监控材料风格、色差等质量问题,避免出现与订货要求不相符的现象,并检验该材料的缝制性能是否适合于工业化缝制生产。产品返修再加工势必会影响按期交货。

6. 材料定购生产的技术性

服装面料种类繁多,只从主料定购生产过程就能发现材料的定购生产涉及诸多技术问题,如生产数量预测、耗料计算、根据商品上市时间确定材料投入生产时间等。因此材料订购生产的技术性很强,以下是目前常见的材料订购生产的技术性处理方法。

表 1-2-7 各类材料生产时间参考表

项　　目	准备工程	织染工程	整理包装检验(天)	合计时间(天)
色织物:棉、麻等纺织物	纱线准备:15~25 天 染线:8~11 天 浆洗:15 天 整经:8 天	300m/匹　织造 10 天 600m/匹　织造 20 天	7~10	80~90
色织物:化纤、丝织物	纱线准备:20 天 染线:8~10 天 整经:8 天	205m/匹　织造 7 天	7~10	46~55
后染织物:棉、麻等纺织物	纱线准备:15 天 浆洗:10 天 整经:3~5 天	300m/匹　织染 30 天	染后整理:30	80~90
后染织物:化纤、真丝织物	纺纱、织造、染色:60~90 天		染后整理:30	90~120
色织毛织物	染线:15 天 整经、织造:15 天		整理:4~5 检验修补:4~5	50~55
后染毛织物	坯布生产:30 天(20 匹×2 台)		染后整理:16 检验修补:20	46~50
手工印花	绘制印花图形:7~15 天 取印花模板:7~10 天 配色、印染:2~5 天	1 日/台 7~8 匹	4~5	22~36
机器印花	绘制印花图形:30 天	1 日/台 200~300 匹	4~5	35~36
针织材料	针织线:60~90 天 染线:6~10 天 络纱:3~5 天	编织:40~50 天	先染:7~10 后染:10~15	100~150

(1)追加生产技巧:为了增加保险系数,各公司大多采取首批少量投入生产,待产品的市场占有情况明了后再追加生产的方法。

(2)时间保证与企划决策:即使在生产企划之前就开始进行材料的订购生产,但最后仍然不能保证交货期,以致影响服装产品按期投入生产的现象仍然存在。作为企划决策者,要根据产品企划的整体情况做出决策,有时对有可能不能保证按期交货的材料也不得不冒险订购。

(3)特殊情况应对技术:有时客户或业务部门对企划产品样不予认可,不得不终止生产,这时应对已经开始订购生产的材料进行有效处理以减少损失,处理方案包括以下三点。

①能用于其他产品的尽量用于其他产品。

②请材料供应商转卖。

③做下一年产品生产使用。

(4)材料订购生产要科学地利用有限时间,对短时间内无法生产完成的材料提早企划、提早决策、提早订购生产,以做好材料准备。有些优秀的企划者甚至可以在两年前就开始进行材料开发,为材料订购生产赢得时间。

二、材料构成方法

寻找与商品企划方案相符合的产品材料,一定会收集大量不同种类的材料作为备选,伴随商品企划方案的逐渐完善,完成这项工作至少需要四个月。

材料构成,首先要明确材料的使用目的,根据前一季节应季的流行动向,归纳出下一季的商品形象,确认利用材料体现商品形象主题风格的方法,以材料的使用目的为依据进行材料构成。

1. 用色调体现主题

利用类似色调、三原色、褐色系色调等体现品牌主题的战略。

2. 用图案体现主题

利用格子、条纹图案等体现品牌主题的战略。

3. 用质感体现主题

利用真丝柔滑的质感或棉质感体现品牌主题的战略。

4. 利用不同材料组合体现主题

比如针织与机织棉布材料组合、人造革与棉布组合、图案面料与单色布组合等。

有些品牌店摆着丰富多样的商品,但却给人杂乱、没有品牌特征的感觉,造成这种感觉的直接原因就是没有把握好材料构成企划,无原则地随意选用面料。什么都有反而会失去商品的整体魅力,所以必须高度重视材料构成这一环节,掌握材料构成的基本方法,积累丰富的材料构成经验。

三、订货合同的履行

材料一旦被确定,要尽快告知材料供应商,并签订具有法律效应的订货合同,以保证材料生产的供应时间。合同必须明确表达出什么时间使用、大约需要多少数量等具体信息。

产品企划方案未确定以前,产品生产合同签订时间、产量、单件产品准确用料等都是不确定要素,而材料准备要提前开始,所以对材料订购生产只是处于"预估"状态,一旦预定材料与最终企划决策结果不同,对已经定购的材料会出现两种结果:一是完全不使用,二是使用一部分。在这种情况下最敏感的问题就是如何履行合同,一般常见的处理方法是以下三点。

(1)不能履行合同,给材料供应商带来麻烦和损失。

(2)履行合同,但本企业会积压材料,增大库存成本。

(3)委托材料供应商廉价处理转卖。

在企业实际的运作过程中,类似情况的出现有时是不可避免的,这也是业内人士一直以来十分关注和需要解决的重要课题。尽可能周密地策划,并把类似问题的可能性控制在最小限度内,是对企划师们最大的挑战。

四、材料购买的方法与原则

代表企业购买大量的材料,必须对企业负责,企划人还同时肩负着向样板师、加工制作主管、加工厂及业务部门、客户准确传达信息的责任,因此,必须认真确认下列关于原材料进货的各项事宜。

1. 对购入材料的确认

(1)确认材料名称的规范性:确认是否使用品质表示的规范名称,同时确认混纺、交织等材料成分的比例(如聚酯纤维65%,棉35%),还有如毛、麻、丝绸等固有名称的规范使用。

(2)确认材料的幅宽与长度:随着纺织设备的进步,服装面料的幅宽类型越来越多。幅宽是计算单款裁剪用量、批量生产耗料的关键要素,也是根据材料有效使用面积判断面料价格高低的重要依据。

(3)材料性能:关于热缩率、缩水率、色牢度、耐晒度、耐磨度等消费使用过程中经常提到的问题,还有起球、起皱、面料是否涩滞、能否熨烫等直接影响缝制加工等的特性,都要认真确认,并对服务对象希望获得的信息尽可能地交代清楚。

(4)做好材料性能试验:纤维、纺织技术的不断进步,开发出新的、复杂的材料性能,这给缝制加工增加了许多难度。

材料供应商很少考虑产品加工过程的难易程度,只是开发自己认为理想的产品;只有材料使用者购买使用后才能验证材料使用的难易程度。为了解决这一矛盾,必须进行材料性能试验,将材料的不良性能纳入危机管理中,既作为评价材料性能的依据,又作为记录自己商品特征的备案。

(5)确认进货单价:材料单价是生产成本核算、制订销售价格的依据,进货订单的数量越大,单价就会越低。与材料供应商进行价格谈判时一定要掌握这个规律,为企业节约开支。

2. 科学确定进货渠道

进货渠道的中间环节越少,价格越低。因为从原产地到供货商的每个环节,商家都会从中获得利润,从而使价格不断升高,如图1-2-7所示。

3. 把握从订货到交货全过程所需时间

(1)明确一次性订货到交货所需时间。

(2)追加订单,要留出足够时间以保证生产所需。

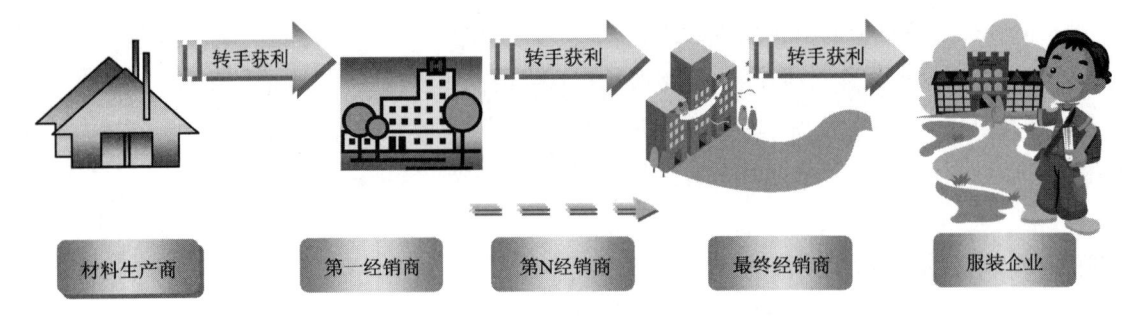

图 1-2-7　服装企业进货渠道

(3)对工艺复杂、容易延期交货的材料加强合同管理、货期管理。

(4)运用 IT 技术进行供货商信息管理:建立关于材料供应商名称、所在地、生产材料种类等信息库,通过电子商务有效利用互联网实现产品调配等网络业务管理。

4.材料成功采购的要点

采购业务是公司与公司之间的业务往来,保护本公司利益是业务员的使命,所以在材料采购过程中一定要进行严格的自我管理,牢记材料进货要点。

(1)确认绝对没有比自己决定要购买的材料、物品更好的。

(2)确认价格,对该价格的合理性进行准确判断和确认。

(3)仔细确认该材料是否存在影响加工生产的不良特性。

(4)确认购买量,避免出现过剩现象。

(5)是否存在不能保证交货期的可能性,确认材料的各个流通环节。

(6)是否存在成本过高的现象,仔细调查材料的流通渠道。

(7)确认是否存在不利于公司利益的付款条件。

(8)测算使用这种材料加工的产品价格是否与预算价格相符。

(9)自己不明白的东西要虚心求教。

(10)在不会出现影响公司形象的情况下开展进货业务活动。

第八节　内部展示会与展销会企划

一、内部展销会与展示会的区别

1.内部展销会

内部展销会是向客户披露开发新产品的会议,主要目的是征求客户对新产品的看法,听取客户提出对如何提升新产品整体效果的合理化建议,也是以企划部门为中心举办的促销活动。

2. 内部展示会与展销会的区别

(1)内部展示会在展销会之前举行,规模相对较小,主要面向订货量大的重要客户的小范围的洽谈订货会议,是与重要客户针对新产品策划的市场前景做出判断、共商调整计策的会议。它既保证了核心订单的提前投产,又给生产计划调整留出了富裕时间,更重要的是使商品提前上市,对产品的市场前景进行考验,给判断企划内容、生产数量的决策是否正确提供准确可靠的依据。

(2)展销会则是季节性产品全面对外开放的仪式,是季节性产品订货会,尤其对于远距离或小规模客户,展销会更是双方重要的洽谈商机。

参加了内部展示会并为服装企业提供参考建议的客户,在展销订货会上重点要针对内部展示会上未能看到的代表性产品(代表消费者需求趋势的、体现流行趋势的作品)提出建议,以缩小洽谈范围。

二、展示会的准备

对于企划者而言,展示会是决定生产活动成功与否的最后环节,所以样品准备阶段一定要认真细致、全面,体现整体搭配的协调性,以便达到预期的订货效果。尤其对代表性的主打商品,更要以最完美的效果展示。

(1)业务员培训。展销订货会之前,就如何向客户讲解、推销商品对所有营业员进行培训。培训内容大致有:企划意图,流行要点,材料的质地特征,销售与进货日期,顾客定位、价格,如何应答客户对商品可能提出的问题等。

(2)将材料的名称、质地、商品价格、型号系列、商品特征等内容,一目了然地标注在每件商品上。

(3)准备订货单。

(4)准备说明商品设计理念的宣传资料。

(5)准备订货会的展示陈列。

以设计师为中心协同促销部门、技术部门、广告设计等,在企划人的监控下完成。

三、生产销售会议

生产销售会议是生产部门与销售部门的协调会,主要是对各部门的计划与现状之间的协调。

原则上营业部门不会干涉企划部门的企划工作,但由于真正把产品销售出去的是营销部门,所以实际上营销部对企划具有很大的指导作用。企划的结果必须得到营销部门的确认,在产品企划即将结束时召开生产销售会议,根据展销订货会的订货情况,确认销售预算量是否合理,并站在双方立场上商讨交货期的合理性、必要性及科学性。

营销部在预算销售额时要以月为单位进行核算(表1-2-8)。

表 1-2-8 营销部制订的销售额预算表

产品号	7月	8月	9月	10月	11月	12月	数量合计	单价	销售额
LK086	600	560	700	360	150	30	2400	600	1440000
JC087	560	400	620	350	130	—	2060	560	1153600
BS083	610	480	790	350	150	40	2420	300	726000
RF081	480	400	600	260	130	—	1870	760	1421200
QE084	400	350	510	250	120		1630	680	1108400
MF085	500	440	690	350	100	—	2080	420	873600
…	…	…	…	…	…	…	…	…	…

如果出现销售预计量不能满足客户订货量需求，或没有追加产量的时间或生产的产品过剩等情况，必须通过产品生产销售会议进行整体协调，这是生产销售会议的中心议题。通常采取的方法有以下三点。

(1)集中内部展示会、展销会上客户所有订货情况的资料，包括订货品种类型、款式数量等；

(2)综合分析比较：将客户对产品的需求与销售部的销售预算量进行比较分析。

(3)判断：确定的销售量预算与订货会订货量的差距。产品生产所需材料是根据企划者的感觉提前预测并订货的，所以出现销售部订货量与生产数量计划不相符的情况是非常棘手的问题，必须按照实施情况进行协调。

比如，不足产品能够进行追加的立即进行追加生产；不足产品无法进行追加生产时，首先按着满足重要客户、上一年销售业绩突出的客户、一般客户的顺序进行商品分配；产品过剩时，如果可能进行数量调整要进行减产处理。

(4)产品过剩来不及消减产量时，企划部门就要恳请销售部门大力协助，共同完成销售任务。

在生产会议上可能遇到的问题还有：关于产品数量的调整，或按客户要求交货期能否提前，再有款式、面料是否能够按客户要求进行更改等。各类问题的解决都需要得到确切的答复，因此，设计师、生产部、技术部等均要参加生产销售会议，以便共同做出判断并最终决定。

第九节 制作产品企划书

企划过程中的各种成熟的构思、方案、策略、方法、计划等，都需要归纳整理成书面方案尽快传达给客户、业务、设计、生产制造等所有相关部门，以统一认识、达成共识和推广实施。因此需要制作成赏心悦目、形象生动、一目了然、通俗易懂的产品企划书，以及由材料料样组成的材料构成企划书。图文并茂、表现力强的企划书制作技法，既可以利用计算机制作，也可以采用图片剪贴的手段来完成。采取图片展示的形象表达方式，使人一目了然地全面了解产品的整体形象。

一、产品企划书的种类

1. 消费者定位企划

表达产品目标消费者风格形象的企划书被称为消费者定位企划。

2. 情报企划

表达流行趋势与市场情报分析、处理与应用的企划书被称为情报企划。

3. 产品定位企划

表达商品形象风格倾向企划被称为产品定位企划。

4. 色调提案的色彩企划书、搭配提案的搭配企划书

5. 设计企划

设计师为了统一大家的想法，各自挑选能够体现自己构思的杂志图片、时装画和具有代表性风格的材料、主题色彩等，并分别剪贴起来，用文字对设计形象进行描述和说明，这项工作被称之为设计企划。

6. 材料企划

收集有代表性的服装纺织面料，并剪成小块料样贴于企划书上，用以说明材料构成。这项工作通常与设计师有着非常密切的关系（从某种意义上说，这是决定设计师工作成败的重要环节）。设计师总是时时刻刻、不断地收集流行情报，通过大量的信息积累不断激发出各种灵感，在发现新事物、跟踪市场前沿等方面，要比企划人更敏感、更具优势。

二、产品企划书的制作要点

产品企划书是企划人对自己构想的归纳，是决策层要商讨的内容，更是争取通过决策层决策的重要文件。其重要的是获得设计师、业务、生产制造、技术等所有相关部门主管认同，同时提供在商场竞争中对消费者具有说服力的重要资料。所以企划人掌握高水平企划书的制作技能是非常重要的。

产品企划书的制作方法大体有五个方面。

1. 明确企划构想的背景，找准定位

在分析社会、经济发展的背景下，预测消费者对服装消费需求的变化倾向，掌握环境的变化、国内外流行的变化、价值观与价格的变化等，由此确定企划目标。因此，企划中必须反映出市场动向及明确观点。

2. 把握定位消费者需求，设定企划主题

把握流行趋势、市场动态，设定商品的基本主题风格，着重表现消费者购买意欲、目标消费者定位、材料特征、款式特征等。

3. 确定产品构成企划要点

(1)重点是预测市场竞争倾向，提出如何提升销售额的构想，确定企划主题项目的销售额构成比，并提出依据。

(2)针对上一年同季存在的问题制订对策，进一步确定顾客群体、业务等方面存在的问题，并决定采取怎样的措施解决。

4. 分析和准确把握市场竞争关系

分析销售竞争环境是企划的重要因素。深入了解大、中、小型企业所采用的不同竞争战略战术，知己知彼、百战不殆，才能把握自己的竞争战略方向。

5. 企划书中确立的数据表

明确所开发产品的生产数量与成本、销售额、利润率、库存计划数量与成本等，同时，预算需要投入资金总量及佐证材料。总之，企业要根据所有企划书中的数据制订公司的整体资金投入计划。

以上是产品企划书制作的基本方法，值得特别注意的是，对企划内容的描述不能写成长篇大论的文件，要点需清楚明了、简明扼要。对那些决策者、业务部门、客户难以明白的专业事项，没有必要做详细的书面解释，这些细节问题口头说明会更有效果。

在企划书制作过程中，要把许多经典创意、精彩的构想形成提案或报告，清楚明了地表达出来，因此基本的写作能力也是企划人职业素质的要求之一。

复习与作业

1. 思考产品企划的步骤内容。
2. 对产品企划思路的思考和总结。
3. 在一个企划小组中以某企业的企划师身份制订下一年应季产品。
4. 应用计算机制作图文并茂的企划书及文案。

第二篇
生产管理

服装生产管理概述

本章内容：1. 生产管理的历史发展与进步
2. 服装产业特征与服装企业运营管理

上课时数：4课时

教学提示：1. 针对性地讲解生产管理的发展历史，重点讲解生产管理的思想方法、思想理论。
2. 论述生产管理的发展过程，分析生产管理的工作并总结归纳服装生产管理的特征与具体管理工作。
3. 引导学生把握生产管理思想、理论在实际生产活动中的应用，核对现代服装生产管理实践的指导，并布置本章作业。

教学要求：1. 使学生了解达·芬奇对生产管理的思想认识。
2. 使学生了解工业化生产过程中生产管理技术的内涵。
3. 使学生了解动作研究之父弗兰克·吉尔布雷思的动作研究，研究其在生产管理中的重要作用及意义。
4. 使学生了解服装产业的特征及服装企业运营管理特征，明确实际服装企业生产管理的范畴及具体工作内容与要求。

课前准备：进入企业调研，了解目前中国不同经营模式下服装企业运营的管理现状，总结归纳服装企业生产管理特征，并作为教学案例。

第一章

服装生产管理概述

第一节 生产管理的历史发展与进步

对生产管理的思考具有悠久的历史,从古埃及金字塔的建造,到欧洲文艺复兴时期以画家、科学家著称的奇才达·芬奇的作品,都蕴涵着对生产管理的思想认识。

生产管理是指在预期时间内,为了实现最少的投入的费用,为了有序地完成优质的产品生产而进行的计划、组织、实施、控制、评价等一系列活动。生产管理活动不是制作某产品的高超技术,而是使工作高质量运行的技术,是保证高效、低耗、灵活、准时地生产优质产品,以提供满意服务的技术。

服装工业化生产,意味着在规定的时间内由许多人共同作业,完成批量服装产品生产任务。这不仅仅涉及熟练、完美地缝制加工技术,还涉及从哪里接受了工作任务,什么时间完成,完成后再交给谁,怎么才能高效、高质量地完成等一系列复杂过程。如果没有严密的工作计划、实施方案、缝制技术标准、步骤顺序、整体组织等,是不可能快速生产出优质产品的。

使工作高质量运行的管理技术,完全产生于工作现场实际。在古埃及金字塔建造过程中,也许正是因为有了高效、快乐、正确的建造等关于生产管理的思考,才创造出了世界奇迹。

一、达·芬奇具有生产管理的思想认识

1970年在意大利安普洛西亚图书馆发现了达·芬奇的科学文献,书中描述了达·芬奇是如何观察劳动者用铁锹挖沙土的作业状态。

铁锹插入沙土→铲起沙土→扔出沙土→回到初始姿势→余裕时间

完成一次挖泥沙的工程需要4个节拍,再加1个节拍的余裕时间,共5个节拍为一个标准的作业循环过程。当时没有秒表,达·芬奇就将1小时划分为3000

个节拍,每个节拍为 1.2 秒。余裕时间是一个作业循环完成之后对动作姿势进行调整的时间。作业时间加余裕时间就等于标准作业时间。可见,在文艺复兴时期的达·芬奇,就已经开始思考作业必须考虑余裕时间。

达·芬奇对作业研究、标准工作量等人体工程学的探索研究,是生产管理倡导回归人性化的开始。

二、物品生产制作技术之外的又一项重要技术——生产管理

1830 年,英国剑桥大学科学家、教授巴贝奇(C.Babbage)对制造缝纫机针的 16 个工艺工程进行了具体分析,运用刚刚发明的秒表测定作业时间,研究成本、加工费的核算,确定 1 小时内加工生产 494 根机针的标准工作量。在《机器与制造业的经济学》一书中,他阐述了物品制作技术之外还有一项重要技术的观点。也就是说,除了服装结构设计与样板制作作业中,滚轮、规尺等工具的使用方法,缝制作业中缝纫姿势、拿针方法、熨斗作业方法、对缺点不足的修正等劳动技术要领之外,还有劳动分工、质量控制等推进工作高效、低耗、有序进行的管理技术。

巴贝奇同时论述了高效率生产的原则就是劳动分工,分析了劳动分工使劳动生产率更高的原因。劳动分工的价值主要在于以下五个方面:

(1)劳动分工可以节省学习操作技能的时间,可以节省学习中所消耗的材料和费用。

(2)可以节省转换工序所消耗的时间。

(3)同一工序反复操作,其熟练程度越来越高,能够大幅度提高作业速度。

(4)能够促进专业工具和设备发挥其最大功效。

(5)使降低成本、降低价格成为可能。

三、生产管理在美国工业发展过程中的表现

1850 年,美国辛格 (I.M.Singer) 缝纫机公司以生产大量缝纫机获得成功,1861~1865 年,这些缝纫机被用于南北战争生产军服。1860 年该公司开始生产牛仔装。1900 年初,福特汽车开始利用皮带传输机生产流水线,确立了汽车大量生产的流水生产方式,随后牛仔装生产也引入了福特式流水生产线。

在工业化大生产时期,美国工程师泰勒(F.W.Taylor)对用铁铲装铁砂作业进行了研究,通过计算作业时间值等时间分析研究,开始实行作业时间、作业顺序、作业条件等标准化作业管理。他对人类的劳动能力进行了科学分析和系统化,被后人称为"泰勒体系"。为了确定机械加工和切削的最佳方法,泰勒进行了金属切削作业过程标准化、合理化的研究,并于 1889 年与冶金专家怀特(J.M.White)发明

了高速钢,使切削速度提高了 4~5 倍。通过搬运铁块、铲铁砂和煤块、金属切削 3 项实验,把工人的作业过程分解成若干基本部分,使工人选择最佳的操作方法和劳动工具,以确定标准化的作业过程、标准的动作和标准的定额时间,建立保证最高劳动生产率的标准体系。它标志着在工业生产中,由零部件标准化发展到操作工艺过程标准化,从技术标准化扩展到管理标准化。这种以标准化为核心的管理方法开拓了科学管理的新天地,为美国的经济发展做出了巨大贡献,泰勒也由此被人称为"科学管理之父"。

与此同时,美国标尺研究者巴思(C.G.L.Barth)制作出了计算切削速度的计算尺。1917 年,干特(H.LG annt)设计出了生产管理计划控制图表,这是实绩与计划对比、把握季度状况的日程计划表,时至今日依然是制作计划控制图表的基础。

四、动作研究之父吉尔布雷思

动作研究是研究和确定完成一个特定任务的最佳动作的个数及其组合。弗兰克·吉尔布雷思(Frank B.Gilbreth,1868—1924)被后人公认为"动作研究之父"。

弗兰克·吉尔布雷思对动作的研究始于早年对建筑工人砌砖的研究。1885 年,弗兰克通过了麻省理工学院的入学考试,却因家庭困难没有入学,而进入建筑行业,并以一个砌砖学徒工的身份开始了职业生涯。后来,他成为一名建筑工程师,被晋升为承包公司总管,不久又成为独立经营的建筑承包商。在工作中,弗兰克发现了工人们砌砖的动作各不相同,速度也有快有慢。由此他对砌砖动作和速度的关系产生了兴趣。他仔细观察砌砖工在工作中使用的各种动作模式,探索究竟哪一种动作模式是最好且效率最高的。在此基础上,他还把工人所做的工作和使用的工具与工人的动作联系在一起进行了进一步研究,并制订了一种经过改进的工作方法。例如,在砌外层砖时,他把砌每块砖的动作从 18 个减少到 4.5 个;在砌内层砖时,把动作从 18 个减少到 2 个,使每个工人 1 小时内砌砖数从 120 块增加到 350 块。他还想出了一种堆放砖的方法,使工人不用像往常那样检查砖的哪一面最好;他又设计出一种可调整的支架,使工人不必像往常那样弯腰取砖;他还调制了一种有精确浓度的灰浆,使砌砖不必多余地用泥刀涂抹。总之,弗兰克通过对工人的动作进行了科学的研究和分析,制订出更有效、省时的砌砖方法,并开始以研究作业的最佳方法作为他的终身事业。

1904 年,弗兰克同美国第一个获得心理学博士学位、被称为"管理学的第一夫人"的莉莲·莫勒(Lillian M.Gilbreth,1878—1972 年)结婚,从此两人共同开始了改进工作方法的探索。吉尔布雷思夫妇在动作研究中主要采用观察、记录并分析的方法,为了分析和改进工人完成一项任务所进行的动作和顺序,他们率先将摄影技术用于记录和分析工人的各种动作中。由于当时的摄影技术无法确定一个动作所花费的时间,他们还发明了一种瞬时计,可以记录 1/2000 分钟的时间。用这种瞬时计进行现场摄影,就可以根据影片分析每个动作并确定完成每个动作所需要的时间。为了在影片中更清楚地描述一组动作顺序,他们在工人的手上绑上一个小电灯泡,能显示出动作轨迹。这样,所拍摄的影片中的灯光轨迹就表示完成某一工作所用的动作模式。但是,这种没有变化的灯光轨迹却不能确定动作的速度和方向。因此,他们又在电路中增加了一个间断开关,使得灯泡可以时亮时暗,这样就可以利用这种装置从影片拍摄灯泡轨迹的长度和方向来确定动作的加速、减速和方向。

吉尔布雷思夫妇通过对手的动作分解研究,发现了工人一般所用的动作。吉尔布雷思把手的动作分为 17 种基本动作,并把这些分解动作设计了基本动作的符号和名称。

吉尔布雷恩夫妇为了记录各种生产程序和流程模式,制订了生产程序图和流程图,这两种图至今还被广泛应用。吉尔布雷思夫妇除了从事动作研究之外,还制订了人事工作中的卡片制度——这是现行工作成绩评价制度的先驱。他们竭力主张管理和动作分析的原则可以有效地应用在自我管理这一尚未开发的领域中。他们开创了对疲劳这一领域的研究,该研究对工人健康和生产率的影响一直持续到现在。

吉尔布雷恩的研究领域远远超出了动作研究的范围,他致力于通过有效的训练、采用合理的工作方法、改善环境和工具,使工人的潜力得到充分发挥,并保持健全的心理状态。总之,他致力于改善劳动者及其工作环境。他把全新的科学管理应用于实践,从而更易被人们所接受,并取得成功。人们可以根据他的工作成果制订更好的动作模式,提高生产率,并以此健全激励报酬制度。吉尔布雷恩的思想对后来行为科学的发展也有一定的影响。基本动作符号的设计至今已有 100 多年的历史,但其工程分析的手法、工程记号等均被现代人广泛应用于作业动作分析与研究中。泰勒开创的时间研究与吉尔布雷思开创的动作研究被合称为"动作时间研究"。

通过上述生产管理发展过程中的重要事件与人物。使我们更加明确生产管理的目的意义及在促进工业化生产中的作用。

第二节　服装产业特征与服装企业运营管理

一、服装产业的特征

服装商品的制作完成有三种形式,第一种是给自己设计制作服装;第二种是单量单裁的高级时装定制;第三种是成衣批量生产。

给自己制作服装只需要考虑所适应的季节、穿着场所及穿着目的,然后随心所欲地选择流行的材料、色彩图案、造型,进行自己喜欢的款式设计。

为他人制作服装,包括定做和成衣两种形式。高级时装定制,是指单件定做的服装,存在唯一性;成衣生产则是以未知的多数人为目标对象进行批量生产,是目前服装产业发展的主流。

服装产品的生产制作模式及服装产品所特有的审美性、结构功能性等决定了服装产业的两个重要特征,一是服装产业是劳动力密集型产业;二是服装产品的时尚性。

1. 劳动密集型产业

(1) 含义:劳动密集型产业是指单位劳动占用资金少或资本少,技术装备程度低,容纳劳动力较多的产业。劳动密集型产业是一个相对范畴,在不同的社会经济发展阶段有不同的标准。随着生产力的发展和科技进步,劳动密集型产业会转化为资金密集型或技术密集型产业。服装属于劳动力密集型产业,服装生产的工序多、流程复杂,人员构成结构复杂,生产过程中手工操作程度较高,很难完成自动化生产。如何组织好生产流水线,充分发挥每个职工的潜力,真正做好人机配合,是服装生产优劣的重要标志。

(2) 服装产业的经营模式:目前,国内外服装企业公司的经营模式有两种,一种是自主开发产品,即自己拥有加工厂,产品企划及批量生产均由自己的企业完成;另外一种是企业自身没有加工厂,最多只有样衣加工车间,批量生产依靠委托外协加工厂,甚至样衣也委托制作,这些服装加工厂被称为"服装企业的订单加工厂"或"外协协议加工厂"。

服装产业发达的国家,一般服装企业只负责进行产品企划,批量生产全部委托订单加工厂负责,而产品企划获得的利益远远大于加工企业。就我国目前服装产业的发展而言同样具有这样的发展趋势,因此服装工程管理的模式也同样会发生相应的变化。

2. 服装产品的时尚性

服装是一种时尚消费品,流行性很强,同时消费者需求个性化、多样化,不同的服装既可以体现着装者的社会地位、品位,又体现着装者的外在美感,这就决定了服装市场的不稳定性、多品种、小批量已经成为当今服装生产的重要特点。在品种频繁变换的生产中,组织好生产资源,最大限度地提高生产效率、提高产品品质、降低成本费用,是服装产业的目标。

二、服装产品生产管理实务图(图 2-1-2-1)

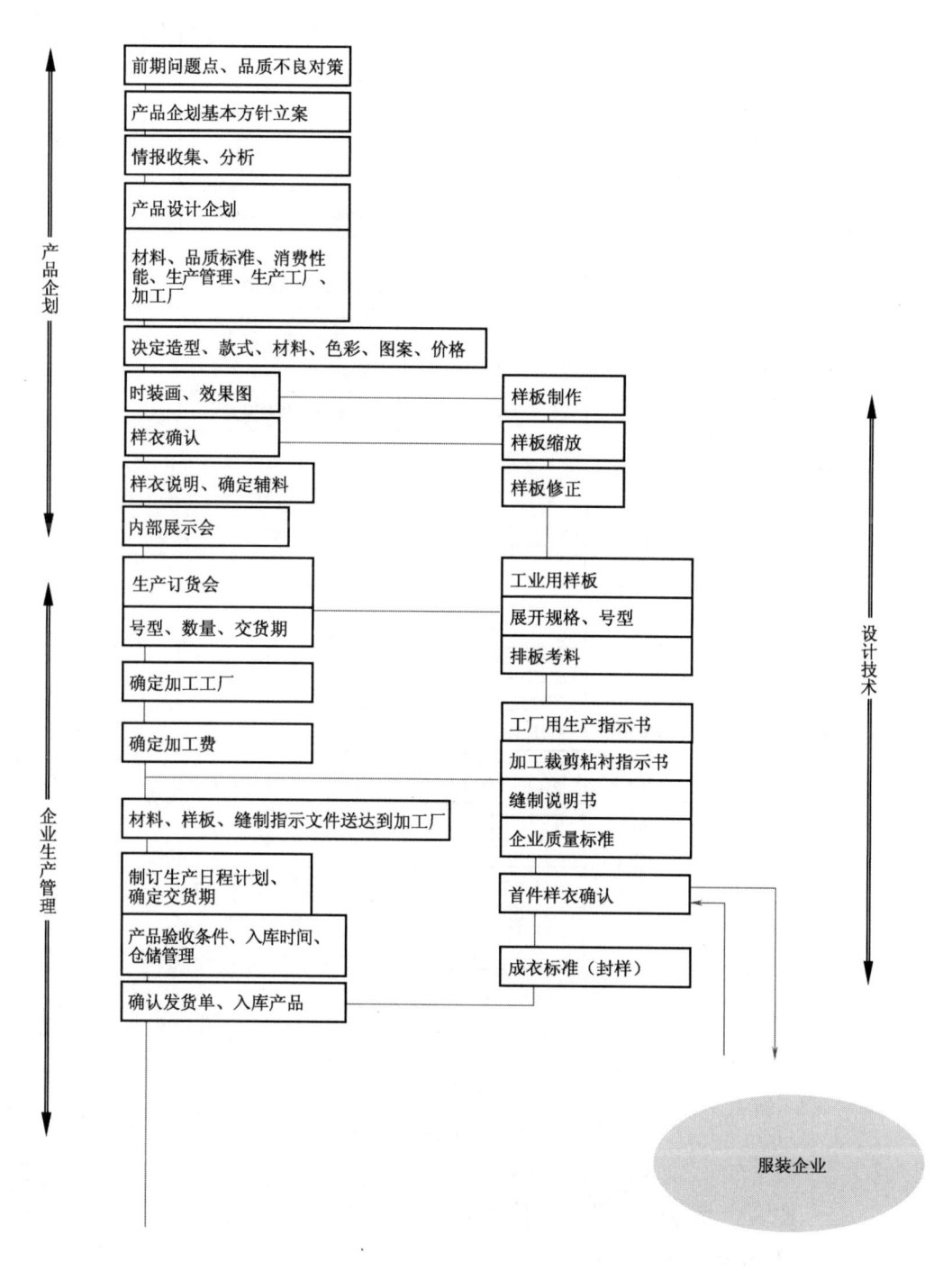

```
产品企划
├── 前期问题点、品质不良对策
├── 产品企划基本方针立案
├── 情报收集、分析
├── 产品设计企划
├── 材料、品质标准、消费性能、生产管理、生产工厂、加工厂
├── 决定造型、款式、材料、色彩、图案、价格
├── 时装画、效果图 ─────── 样板制作
├── 样衣确认 ─────────── 样板缩放
├── 样衣说明、确定辅料 ──── 样板修正
└── 内部展示会

企业生产管理
├── 生产订货会 ────────── 工业用样板
├── 号型、数量、交货期 ──── 展开规格、号型
│                        └── 排板考料
├── 确定加工工厂
├── 确定加工费 ────────── 工厂用生产指示书
│                        ├── 加工裁剪粘衬指示书
├── 材料、样板、缝制指示     ├── 缝制说明书
│   文件送到加工厂          └── 企业质量标准
├── 制订生产日程计划、       首件样衣确认 ◄── 服装企业
│   确定交货期
├── 产品验收条件、入库       成衣标准(封样)
│   时间、仓储管理
└── 确认发货单、入库产品
```

设计技术

(接下页)

图 2-1-2-1

(接上页)

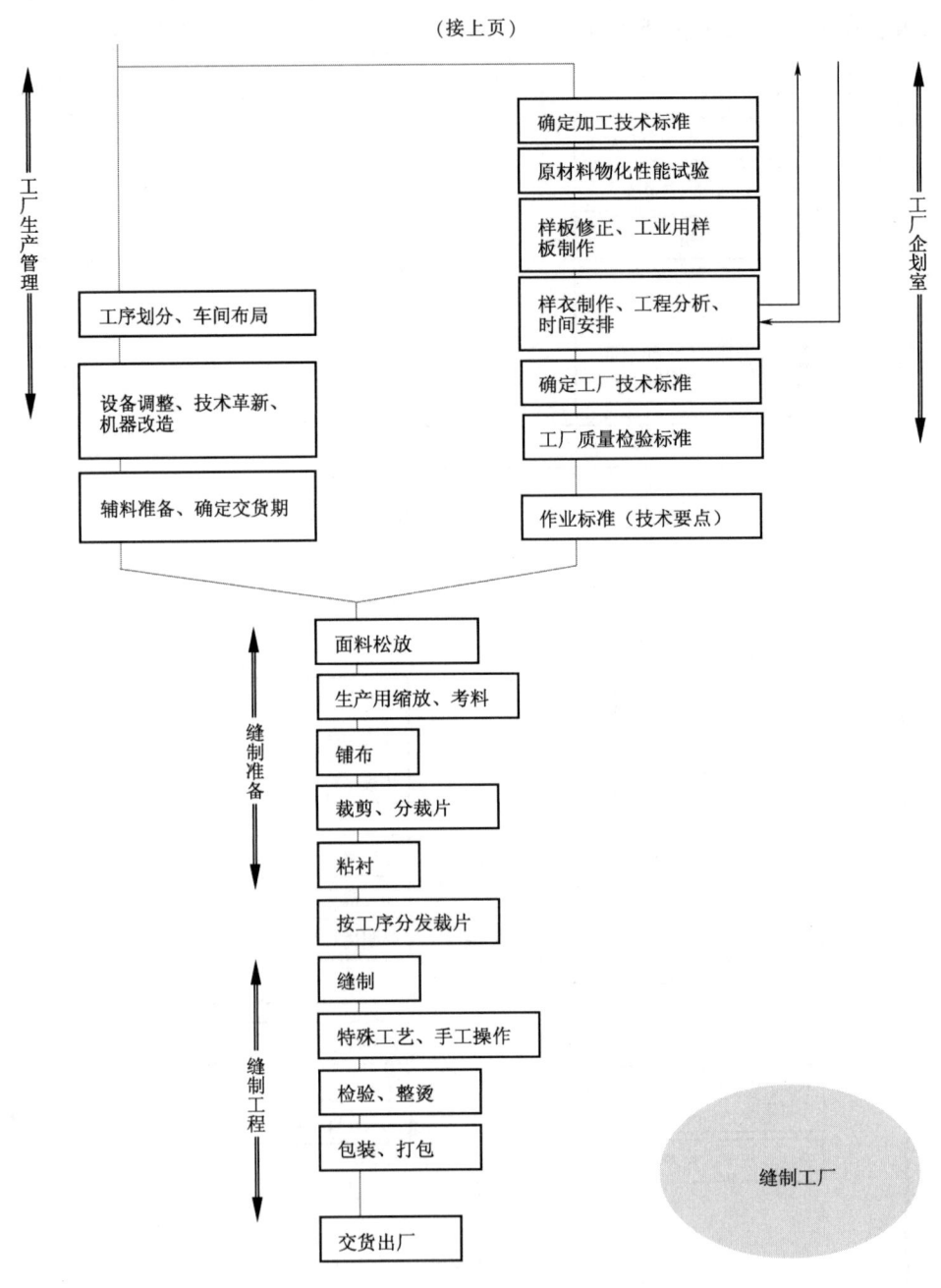

```
                            ┌─────────────────┐
                            │ 确定加工技术标准 │
                            ├─────────────────┤
                            │原材料物化性能试验│
                            ├─────────────────┤
    ↑                       │样板修正、工业用样│           ↑
    │                       │板制作            │           │
    │      ┌──────────────┐ ├─────────────────┤           │
    工     │工序划分、车间│ │样衣制作、工程分析│           工
    厂     │布局          │ │时间安排          │           厂
    生     ├──────────────┤ ├─────────────────┤           企
    产     │设备调整、技术│ │确定工厂技术标准  │           划
    管     │革新、机器改造│ ├─────────────────┤           室
    理     ├──────────────┤ │工厂质量检验标准  │           │
    │      │辅料准备、确定│ ├─────────────────┤           │
    ↓      │交货期        │ │作业标准(技术要点)│           ↓
           └──────────────┘ └─────────────────┘
```

```
              ┌──────────┐
              │ 面料松放 │
    ↑         ├──────────┤
    │         │生产用缩放、考料│
    缝         ├──────────┤
    制         │   铺布   │
    准         ├──────────┤
    备         │裁剪、分裁片│
    │         ├──────────┤
    ↓         │   粘衬   │
              ├──────────┤
              │按工序分发裁片│
              ├──────────┤
    ↑         │   缝制   │
    │         ├──────────┤
    缝         │特殊工艺、手工操作│
    制         ├──────────┤
    工         │检验、整烫│          ( 缝制工厂 )
    程         ├──────────┤
    │         │ 包装、打包│
    ↓         ├──────────┤
              │ 交货出厂 │
              └──────────┘
```

图 2-1-2-1 服装产品生产管理工作实务图

三、服装企业运营管理与分工

1. 各职能部门分工

(1)企划部：筹划生产产品的品种等内容，在前面已有介绍，这里不再赘述。

(2)开发设计部：根据企划部针对产品开发进行的整体策划进行设计实施，设计出具体的产品。

(3)生产部：负责将设计部门设计的产品及相关信息传达给加工厂，并为了使生产加工厂保证交货期要实施一系列的管理。

2. 各职能部门的协作

工作职能有了具体分工，在完成工作任务过程中还需要进行有效的分工协作，协作内容包括以下四个方面。

(1)企划师(企划人员)与设计师：消费者形象定位、产品风格形象定位等商品企划决策工作。

(2)企划师与样板师或样板工作室：关于产品形象的具体效果、要求及体现技术方法等。

(3)企划师与生产部或生产部负责人：关于品质、成本、生产加工费、交货期等。

(4)样板师(样板工作室)与生产部：确定具体实施方法、交货期等。

负责商品企划、服装设计、结构设计与样板制作及直接与生产加工厂接洽等不同岗位的工作者，在企业都分别承担着相应的工作。服装企业中各职能部门之间也具有密切的关联性，其关联关系见表2-1-2。

表2-1-2 服装企业职能部门关联关系表

工作种类	MD 企划师	D 设计师	P 样板师	生产部
对上一年业绩及问题进行确认、反思	◎	○	○	○
目标消费者定位	◎	○		
情报收集、分析、处理	◎	○		
产品企划立案(宏观概念确立、制订数字计划)	◎	○		
产品设计、制订材料构成计划(品质标准、生产能力)	◎	○		
产品定位(产品风格形象定位)(款式、材料、色彩、价格)	◎	○		
时装画、效果图绘制		◎		
原材料供应商与技术人员的会谈	◎	○		
基本样品制作方法，主、辅料等的商讨研究	◎	○	○	
材料物化性能试验(包括扣子等附属品)	◎	○	○	
样品研讨会	◎	○	○	
展示会、内部展示会(商品说明)	◎	○	○	○
生产、销售、展销订货会(订货预测、生产数量、日程计划、生产体制)	◎	○	○	○
确定加工厂(技术水平、工厂适应性、预计工期)	○			◎
制订资金计划、裁决批准	◎			○

续表

工作种类 \ 职业	MD 企划师	D 设计师	P 样板师	生产部
设计与技术会谈(品质标准、条件、加工难易程度、附属资料)		○	○	◎
预算加工费(生产数量、加工时间、难易程度、公道利润)	○	○		◎
加工订单(委托书)制作(加工成本确定)				◎
各类材料交货期确认(纽扣等附属品的发货)				◎
加工厂运转条件会谈(材料投入日期、数量、交货期、方法)				◎
生产指示(材料、样板、缝制加工方法文件、生产指示书)				◎
确认入库产品品质			○	◎

注 ◎主持；○参与。

确定了产品的生产数量、颜色、号型分布等重要内容后，再制作成通俗易懂的生产技术文件。生产技术文件是传达标准、重要数据、信息等的重要指导性文件，必须做到完整、准确无误。

在语言传递信息的过程中总是或多或少地出现一些失误，工作过程中使用语言传递信息，同样会因为使用的词汇、表达方式等不同，造成接收信息者判断的失误。这不仅会给公司、企业、加工厂等相关部门带来麻烦，也会因此失去许多机会。

特别是服装企业与加工厂不在同一处，或委托外协订单加工，加工厂也许在其他城市，企业与加工厂之间因此有一定的距离，这就更需要保证情报信息的准确性。形成规范的书面文字形式，制作成生产技术文件，是最有效的科学方法，也是一项至关重要的工作。

生产工艺技术文件包括加工、裁剪、粘衬指示书、缝制方法说明书等，这些文件可以准确无误地转达产品企划的意图以及各种计划、部署和技术质量要求等。

3. 工作任务

(1)产品企划工作：服装企业的企划师、设计师承担着某个品牌产品开发的产品企划任务。产品企划从总结上一年开始进行目标消费者定位，做出新产品的开发决策。

①从业绩与不足两方面整理上一年同季节存在的问题。

②市场情报的分析与利用：消费需求心理的变化非常复杂，有时和社会、政

治、经济、战争、自然环境等发展变化有着密切的关系。如我国在改革开放前后，经济发展比较缓慢，人们非常关注于产品质量的好坏、价格的高低；经济快速成长期，新商品纷纷快速上市，人们大量消费价格便宜、精美的好产品，进入一次性的消费时代。近年来，人们高度重视保护大自然，追求环保的消费理念，具有环保性、时尚潮流的需求越来越强烈。这给服装新材料的开发使用、技术进步提供了不可错过的大好时机。

市场、流行等情报网络也迅速扩展到全世界，国际背景在很大程度上影响着消费者的价值观，决定着消费者的消费需求。

③上一年同季节非常畅销的产品是否依然继续生产：决策过程中必须慎重的是去年的畅销产品今年未必能够畅销，特别是受到流行的影响，即使价格再便宜也卖不出去。

④上一年同季节卖不出去的产品有哪些，原因是什么，企划师必须具有准确的判断力和正确的决策能力。要排除各种意见的干扰，避免出现生产大批量产品卖不出去的情况，以及畅销的产品生产数量不足等决策性失误。

⑤制作企划书文案，如图 2-1-2-2、图 2-1-2-3 所示(详见第一章《商品企划》)。

(2)设计技术工作：设计技术工作包括选择材料、图案花色设计、着装形象效果图、结构设计、样衣用样板制作等，而之后将要投入样品加工生产的产品作为最基本

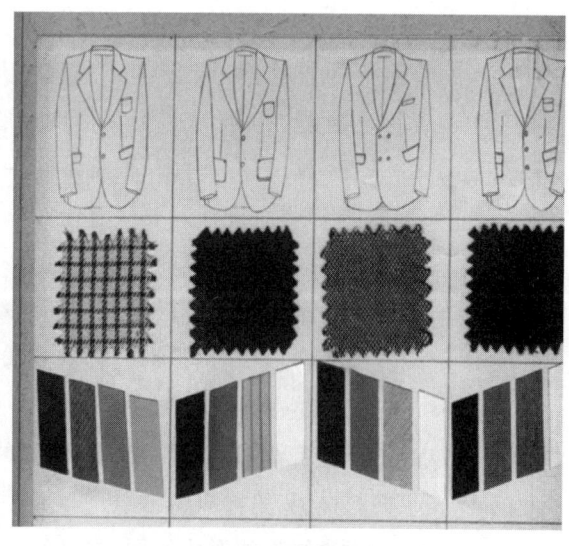

图 2-1-2-2　目标定位企划　　　　　　　图 2-1-2-3　商品构成与搭配企划

的样板,也被称为初始样板,又称为设计样板、样衣样板、模特样板、第一样板等。

①初始样板制作:初始样板制作首先从结构设计开始,根据款式采取原型或立体裁剪的方式进行结构设计。

流行廓型直接影响结构设计与样板制作时余量的处理与把握,比如流行自然宽松型、H型、S型、A型等。结构设计过程中要认真理解流行廓型的特点,根据其特点确定腰围、胸围、肩宽、臀位等余量,否则会给人以缺乏时尚流行感和强烈的陈旧感。

高质量完成初始样板的结构设计后将其作为样板基本型,其他款式的服装结构设计可以在初始样板基础上进行变化和展开,特别是系列服装的结构设计,只是变化领子、袖子等局部细节。

甚至不同品种之间的变化调整,如在衬衣基础上变化展开西服,再在西服基础上变化大衣等,这样根据衬衣、西服、大衣等之间的着装关系确定余量的留放。

②样衣制作:样衣是产品展销会用的,在制作过程中的标准极其严格,可能需要多次、多方会谈修改才能完成。目前中国企业的样衣制作大多在公司内部完成,而国外的一些企业是没有样衣制作车间的,因此,在组织样衣制作过程中要做好委托制作计划,选择合适的样衣制作加工厂,其中缝制方法、品质要求由样板师、样板制作部门(或结构设计样板工作室)提供。

③样衣修正(校验、核对):设计师与样板师要共同对样衣成品进行确认,确认是否与企划的产品形象、效果图相吻合,缝制方法、材料、可缝制性、成本计划是否与企划要求相符等。

样板与材料、缝制方法之间的协调是修正的重点,因为一旦出现样板与材料、缝制方法不协调的情况,通过样板修正依然不能解决问题的话,就有可能出现以下严重后果:

- 产品投入批量生产过程中大幅度变更材料;
- 缝制完的成品容易出现变形,缝制品质差;
- 延误加工时间、很难做到保质、保量等。

企划师、设计师要联合针对以上问题做出判断,进行纠正。涉及材料问题时,有必要向材料供应商提出材料改善的建议。如果材料无法变更,又无法使用,还必须做出是否终止产品生产的判断。

④样板校对(核对):样衣校验后,对材料的伸缩度、薄厚等与样板的适应性进行调整,并制作工业用样板。

⑤工业用样板制作:在初始样板的基础上制作工业用样板。工业用样板包括面料样板、里样板、衬样板、零部件样板等。不同的服装企业,给加工厂或加工部门提供样板的形式不同,常见的有以下三种方法:

第一种是完全提供。

第二种是只提供面料样板(里料、衬料等样板只是提供制作方法),由加工厂严格按企业提出的技术要求及标准自己制作。

第三种是只提供面料的身、袖、领等重要样板,对于领面、贴边、袋布、衬、里等样板,只提供制作方法,由加工厂严格按着企业提出的技术要求及标准自己制作。

总之,结构设计与样板制作不只是单纯的样板制作技术,还能体现企划、生产的内涵。样板师的工作目标是与设计师共同创造新的服装商品,塑造更完美的服装造型,因此它们起着衔接服装企业与加工厂的桥梁作用,也是使设计真正形成产品的重要环节。

样板师针对加工厂还承担着以下两点工作:
- 编制准确传达方法、标准指示的缝制方法说明书。
- 对工厂制作的样品进行确认,包括缝制方法、成品尺寸是否正确,绱领、绱袖技术、质量是否完美,并针对具体情况从缝制方法、知识等方面给加工厂提出要求。

⑥现代计算机技术的应用:CAD、CAM等计算机样板辅助设计、辅助制造的应用,提高了样板的正确性、统一性,不仅提升了整体标准化程度,而且节省了作业时间,更重要的是带来了岗位工作内容的变化。即使经验不足、技术不熟练的操作人员一样能够制作出相同质量的产品,因此作为操作人员必须不断掌握计算机应用能力。

(3)生产主管部门工作:

①企划部门制订了生产计划后必须向承担生产部门说明下列内容:
- 商品的特征。
- 所使用材料的供货商及材料的价格。
- 材料的到货时间。
- 生产数量。
- 交货时间。

②生产部根据企划部门下达的生产任务和要求,做好一切生产前的准备工作,其典型工作任务如下:
- 接受企划部门对产品生产加工任务的委托。
- 选择具备胜任加工生产能力的加工厂,确认工厂的技术水平,能够保质保量地完成生产任务,制订生产时间、生产数量等具体的生产日程计划。
- 必须保证面料、里料、衬料、辅料、附属品等材料的交货期。
- 委托外协发单加工时为了使加工厂能够接受自己公司的任务,要留出一定的时间了解对方,把握加工费的价格,传达自己公司的意向;通过谈判签订加工合同。作为服装企业的主管经理还要协商付款条件。

- 与技术主管就产品品种类别、交货期、缝制方法、样板制作等沟通和交换意见。为避免影响生产日程,要准确核对材料的准备计划,并把工厂生产有关的所有文件资料送到加工厂。
- 将材料的使用量、材料的品质、可缝制性能等情报信息准确传达给加工厂。
- 确认加工厂的生产能力是否能够保质保量地按期交货。
- 负责与营销部门就客户订货的产品种类、数量、交货期等事项进行协商。
- 确认成品仓库的地点,与物流部门协调好日程计划,为确保仓储(仓库)计划的实施做好各项核实工作。
- 交货时的品质检验。
- 在裁剪、缝制加工等生产过程中,出现预料之外的特殊情况或未按工期完成生产加工任务时,必须具备应对紧急情况的能力,特别是各方的协调能力,做好相关协调交涉工作。

总之,作为生产承担者,必须具有与合作伙伴就所有部署进行协商的交涉能力,承担着使双方的全部条件达成一致,全面配合生产的重要职责。

复习与作业

1. 思考达·芬奇的生产管理思想内涵以及对生产管理发展的影响。
2. 思考产品制作技术与生产管理技术的关联性与内涵。
3. 认真分析我国目前服装产业的发展现状、企业经营模式、生产管理现状。
4. 认真分析服装生产管理所包含的内容、方法以及生产管理的范畴。

服装企业生产管理工作实务

本章内容：1. 加工、裁剪、粘衬指示书的制作
2. 缝制方法说明书
3. 制作工业用样板
4. 样品制作
5. 委托外协加工管理

上课时数：20课时

教学提示：1. 重点讲解生产管理文件的内容和制订方法；明确讲解生产技术文件的完整内容；讲解制作生产技术文件的规范方法；全面完整地指导生产技术文件的制作。
2. 指导学生对第一章复习及作业进行交流和讲评，并布置本章作业。

教学要求：1. 使学生明确生产技术文件在生产管理过程中的重要作用。
2. 使学生全面了解加工、裁剪、粘衬指示书的内容；熟练掌握加工、裁剪、粘衬指示书的制作方法。
3. 使学生全面了解缝制方法说明书的内容；熟练掌握缝制方法说明书的制作方法。
4. 使学生了解制作工业用样板的标准、要求；掌握工业化样板标准、要求的制订方法。
5. 使学生了解样品制作的意义、方法；明确需要通过样衣制作解决的问题；明确通过样衣制作需要确认的标准要求。
6. 使学生了解委托外协加工的意义及利弊；明确外协加工管理的意义及重要性；明确外协加工工厂选择标准、外协加工管理内容方法；熟练掌握外加工生产委托书、缝制方法说明书、附属品说明书、品质检验说明书等管理文件的编制方法。

课前准备：收集企业常用的生产管理技术文件；委托外协加工管理文件；制订全部生产技术文件作为案例。

第二章

服装企业生产管理工作实务

第一节 加工、裁剪、粘衬指示书的制作

加工、裁剪、粘衬指示书,是把产品生产任务的数量以及面料的规格、性能等质量要求与裁剪、粘衬技术标准和粘衬设备的条件,编制成为指导生产的技术文件,传达给生产加工厂。加工、裁剪、粘衬指示书的格式见表2-2-1-1、表2-2-1-2。

一、加工、裁剪、粘衬指示书表头填写(图2-2-1-1、图2-2-1-2)

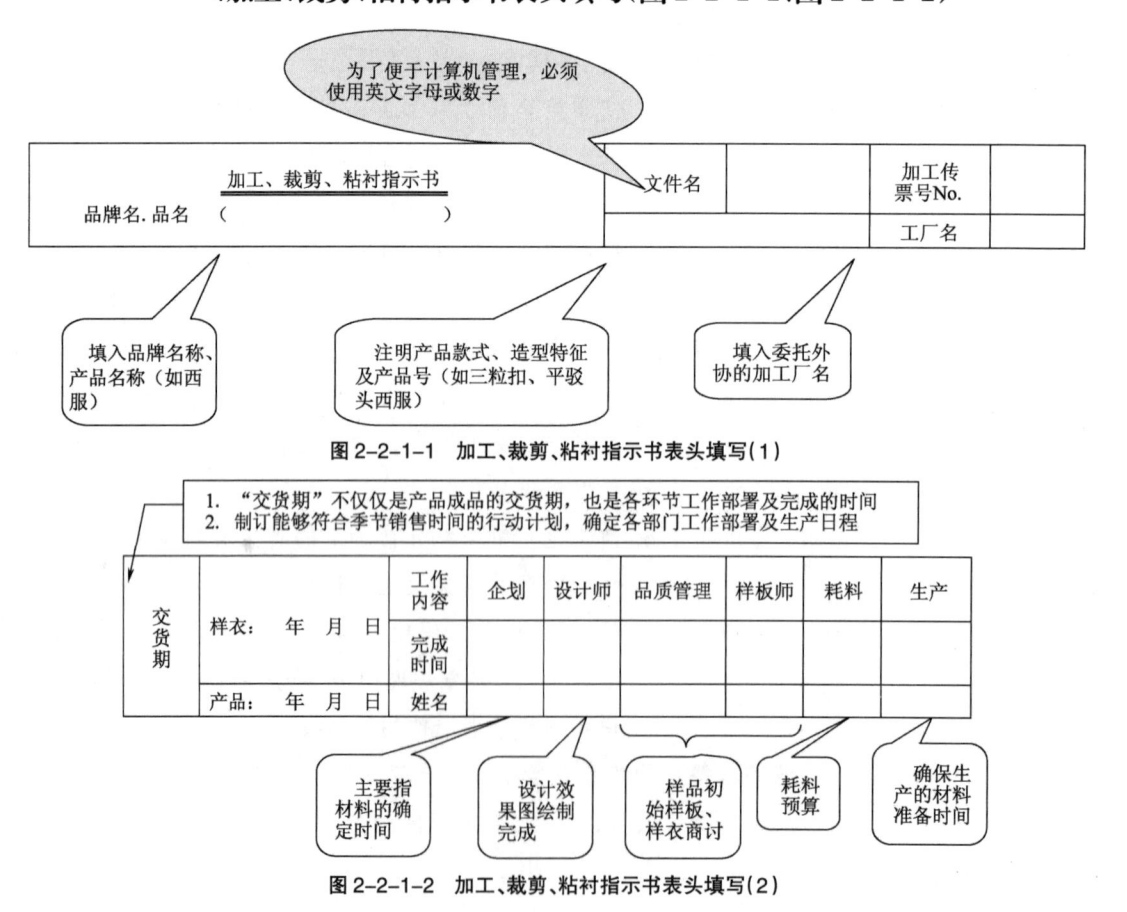

为了便于计算机管理,必须使用英文字母或数字

品牌名.品名	加工、裁剪、粘衬指示书 ( )	文件名		加工传票号No.	
				工厂名	

- 填入品牌名称、产品名称(如西服)
- 注明产品款式、造型特征及产品号(如三粒扣、平驳头西服)
- 填入委托外协的加工厂名

图2-2-1-1 加工、裁剪、粘衬指示书表头填写(1)

1. "交货期"不仅仅是产品成品的交货期,也是各环节工作部署及完成的时间
2. 制订能够符合季节销售时间的行动计划,确定各部门工作部署及生产日程

交货期	样衣: 年 月 日	工作内容	企划	设计师	品质管理	样板师	耗料	生产
		完成时间						
	产品: 年 月 日	姓名						

- 主要指材料的确定时间
- 设计效果图绘制完成
- 样品初始样板、样衣商讨
- 耗料预算
- 确保生产的材料准备时间

图2-2-1-2 加工、裁剪、粘衬指示书表头填写(2)

二、注明加工生产数量(图 2-2-1-3)

> 1. 企划人员以既不会积压也不会脱销为最佳预期目标,判断和设定产品的生产数量
> 2. 与客户会商,根据展示会的效果对生产数量进行调整,再形成最终的计划决策方案

色号	色名	配色	平缝线	明线	加工数量					合计
					型号					
					155/76A	160/80A	165/84A	170/88A		
					100	200	200	100		600
				合计	100	200	200	100		600

图 2-2-1-3 注明加工数量

三、明确材料特性

服装产品正式投产之前,首先要详细了解材料的特性。材料特性内容见表 2-2-1-3。

材料的特性直接关系到工厂现有的加工技术能力、经验、设备条件等是否能够完成产品的加工任务。

1. 物理性能试验

样板制作人员负责,由材料实验室(或委托材料试验部门)对样品面料及所有附属品进行物理性能试验。

表 2-2-1-3 材料特性表

材料的变化(材料性能)								
蒸汽伸缩率				粘衬过程伸缩率					
面料	纵向	1%	伸	缩	面料	纵向	1%	伸	缩
	横向	0.5%	伸	缩		横向	0.5%	伸	缩
		%	伸	缩			%	伸	缩
		%	伸	缩			%	伸	缩
粘衬后恢复率				(恢复后)缝制过程整烫蒸汽伸缩率					
面料	纵向	0.1%	伸	缩	面料	纵向	0.3%	伸	缩
	横向	0%	伸	缩		横向	0.3%	伸	缩
		%	伸	缩			%	伸	缩
		%	伸	缩			%	伸	缩

2. 辅料试验

对里料、衬料、垫肩、胸绒、扣子、拉链等辅料的试验,以及辅料与面料匹配度的试验。

(1)扣子:遇水脱色试验,一旦脱色会造成面料污染。

(2)里料:检验面料与里料的伸缩性比例是否一致,舒适性、缝制难易程度等。

(3)衬料:检验衬的黏合牢固度、黏合后是否变形、黏合收缩关系等,观察粘衬后外形是否发生变化。

(4)其他:检验织物纱向是否顺直、有无疵点等问题。

3. 进行缝制试验

通过材料缝制、熨烫等工艺加工试验,检验缝制加工过程中容易出现的缺陷。如果材料经熨烫等工艺加工容易发生变形等过大的变化,必须由企划负责人或设计师向材料供应商提出改善和要求的意见。

4. 品质确认

对肉眼能够发现的缺点,根据品质标准所允许的范围进行确认。

(1)布纹纱向弯曲率的允许范围(允斜度):撕开机织面料时,有时会发现切面是斜的,这不仅仅是由于用力过强引起的变形,还可能是因为织物的经纱与纬纱都不是绝对相互垂直相交的。针织物是按照同一方向环绕编织而成的,同样存在不能垂直通过水平线的现象,造成布纹弯曲。

布纹纱向顺直与否影响产品成品造型的稳定性,布纹纱向弯曲会造成成衣产品扭曲变形,直接影响产品质量。新产品未用时看不出来,但一经水洗就会暴露出来。

批量生产与单品制作不同,不能通过归拔拉伸使纱向顺直后再裁剪。所以必须选择布纹纱向弯曲度在允许范围内的材料,见表2-2-1-4 布纹纱向弯曲率的允许范围。

布纹弯曲度的计算方法如下,并参照图2-2-1-4。

$$布纹弯曲率(\%)=\frac{偏差距离(b)}{幅宽(a)}\times100\%$$

(2)污渍、疵点等材料品质缺陷:根据企业质量技术标准中的规定进行处理。

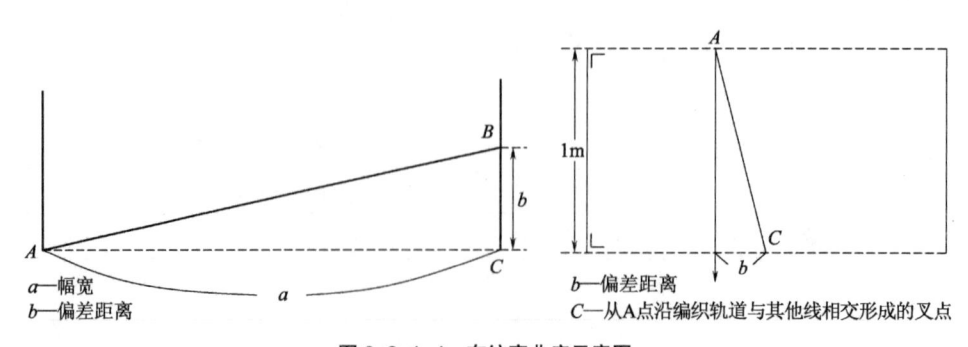

a—幅宽
b—偏差距离

b—偏差距离
C—从A点沿编织轨道与其他线相交形成的叉点

图2-2-1-4 布纹弯曲度示意图

表 2-2-1-4 布纹纱向弯曲率允许范围(允斜度)

项目		材料类型		允许范围
布纹纱向弯曲率	布纹弯曲纬纱(偏差)	机织物	净面面料	2%以内
			格子、条纹	1.5%以内
		编织物	竖针织	2%以内
			横针织	
			格子、条纹	
	布纹弯曲(轨迹弯曲)	编织物	净面面料	2%以内
			纵向花纹	1.5%以内

5. 材料松放处理

织物在纺织印染的过程中,经、纬纱均可能会受到各种各样不同方向力的作用,暂时性伸长,线、布在印染及纺织完成后的缠卷过程中,所受的外力都可能造成织物扭曲变形、拉长等现象。

加工完成并通过包装处理后的材料处于高度"紧张"状态。使用这种因受外力变形的材料进行服装产品的批量生产,材料放松恢复自然状态后,就会造成成品变形、成品尺寸误差(成品尺寸不足)等后果。因此,必须给予材料一个自然放松的环境,使其恢复自然状态。

材料松放处理,又称为醒料、湿润预缩、缩绒等,给予适当的湿度和温度条件,打开织物布卷,松放材料,解除织物的紧张状态,舒缓材料线纱,恢复自然平衡状态。在醒料过程中,织物材料的尺寸变化称为松放收缩。

但过长时间或给予过多的水分会破坏材料的手感,所以要根据纤维的种类、材料成分及含量、织物结构、重量等,判断材料是否需要舒缓处理,是否需要设定湿度、温度等条件。确定方法要通过几种简单的试验,试验项目参照加工、裁剪、粘衬指示书中(表 2-2-1-3)的"材料特性(材料的变化)"表。

(1)蒸汽伸缩率试验:蒸汽造成材料伸缩变化的试验,如图 2-2-1-5 所示。

①按 30cm×30cm 的尺寸要求,裁剪一块准备投入使用的服装面料备用。
②做好经纱纱向记号。
③在 20cm×20cm 的位置打十字线丁,做好记号标记。
④使用蒸汽熨斗均匀地喷射蒸汽。
⑤喷射蒸汽后重新测量 20cm×20cm 十字标记之间的距离,计算尺寸变化率,将结果填入"受蒸汽后材料变化率"一栏。
⑥尺寸变化率计算方法:

$$材料变化率(\%) = \frac{变化的尺寸}{20cm} \times 100\%$$

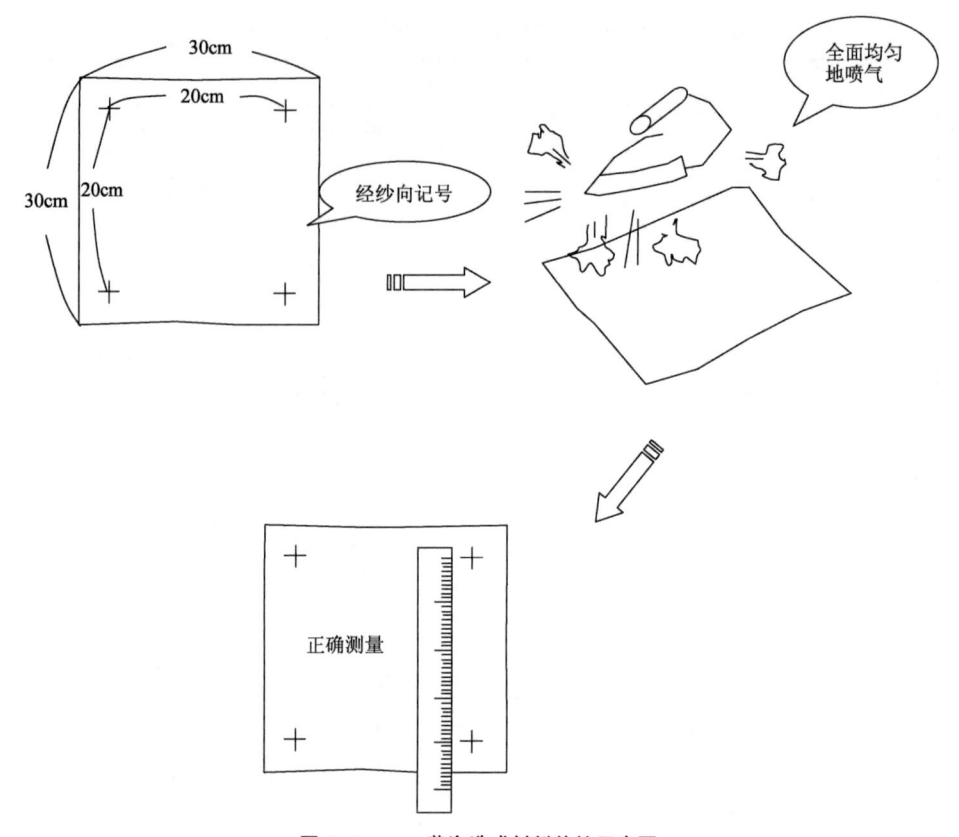

图 2-2-1-5　蒸汽造成材料伸缩示意图

例：如受蒸汽后经向为 19.8cm，收缩了 2mm；纬向为 19.9cm，收缩了 1mm。

$$经向材料变化率(\%)=\frac{变化的尺寸(2mm)}{20cm}\times100\%=1\%$$

$$纬向材料变化率(\%)=\frac{变化的尺寸(1mm)}{20cm}\times100\%=0.5\%$$

1mm、2mm 等很小的数字，看似微不足道，但如幅宽为 150cm 的面料，材料变化率若为 1%，则等于幅宽窄了 1.5cm；身长为 100cm 的大衣，经向变化率如为 1%，就等于身长短了 1cm。因此，这些数字变化的重要性已经一目了然了。

⑦根据试验结果得出结论：伸缩率在 1% 以上的都必须进行材料松放、润湿预缩等处理。

如果材料经销商已经对材料进行了松放处理，可以不进行蒸汽试验。

(2)粘衬过程伸缩率试验：材料经过黏合机热处理后的变化试验。

为了便于缝制和保持穿着、水洗不变形，服装生产过程中通常会有面料粘衬工序，并且对衬的黏合牢度有较高要求，必须保证黏合衬在制作和消费者穿着、洗涤过程中不脱落。目前黏合衬多为树脂衬。保证黏合衬黏合牢度必不可少的条件是：

①温度：使树脂黏合剂充分融化的温度。

②压力：融化的树脂与面料之间的压力。

③时间：树脂融化与施加黏合压力的时间。

目前粘衬工序都是使用黏合机来完成，涤纶等合成纤维、混纺织物等材料，经过黏合机给予的温度、压力等，会发生收缩变化，这称为"热收缩"。样板制作与裁剪过程中，应预留必须的热缩量。

黏合机热收缩变化率的实验方法如下：

①按 30cm×30cm 的尺寸要求，裁剪一块准备投入使用的服装面料。

②做好经纱纱向记号。

③在 20cm×20cm 的位置打一个十字线丁，做好记号标记。

④将小于面料 2~3cm 的黏合衬，经向摆放于面料之上。

⑤放入黏合机。

⑥再次测量 20cm×20cm 十字标记之间的距离。

⑦如果尺寸发生变化，计算出尺寸变化率，将结果填入"粘衬过程伸缩率"一栏。

⑧将试验面料自然放置一天后，再次测量 20cm×20cm 十字标记之间的距离，如略有恢复，则填入"粘衬后恢复率"栏目。

有些材料，在梅雨等空气湿度较高的季节，有时会出现收缩率消失而恢复到原来尺寸的现象，这种变化必须引起注意。织物由于水分含量增减而发生的伸缩变化称为"吸湿伸缩率"。

(3)缝制过程整烫伸缩率：生产过程熨烫引起的材料变化试验。

有些粘衬后的材料，在加工生产过程中经过蒸汽熨斗熨烫还会发生伸缩变化。因此熨烫材料伸缩变化试验也是非常必要的。以下是使用"粘衬过程伸缩率试验"后的面料的实验方法。

①在 20cm×20cm 的位置，使用十字线丁的标记方法做好记号。

②蒸汽熨斗喷气。

③再次测量 20cm×20cm 十字标记之间的距离。

④与粘衬后恢复的尺寸进行比较，有收缩量时将其填入"(恢复后)缝制过程整烫蒸汽伸缩率"栏目，作为判断在缝制过程中控制熨斗蒸汽量的有利依据。

四、粘贴样品材料料样(图 2-2-1-6)

(1)对大图案、有方向感的面料，要另外准备能看清楚的大块面料，并做好"另见其他材料料样"的标注。

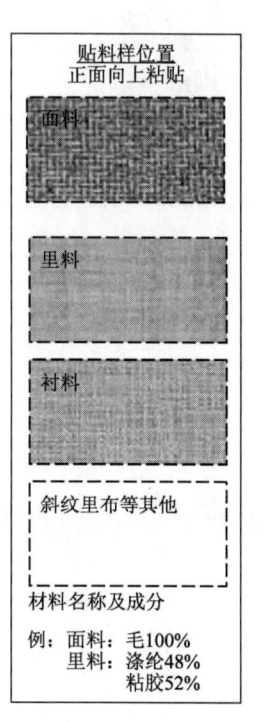

图 2-2-1-6　粘贴样品材料料样

(2)裁剪时也要贴好材料样品料样。

(3)清楚地表示正反面。

(4)清楚地表示布绒的倒向、光泽度的方向。

五、黏合衬的选择

根据服装款式造型及工艺加工的要求,为了达到理想的设计造型效果、提高服装面料的加工性能及其抗皱性能和强度等目的,在服装的领子、驳头、贴边等部位需要粘贴黏合衬。

黏合衬的选择方法:

(1)如图 2-2-1-7 所示,准备 1 块约 20~30cm 见方的面料。

(2)准备 1 块 10cm×15cm(15cm×20cm)大小的黏合衬(一定要小于面料)。

(3)按照黏合衬制造商指定的温度、时间、压力要求,设定黏合机条件数据,将放好黏合衬的面料送入黏合机。

(4)取出黏好衬的面料进行观察,观察要点如图 2-2-1-7 所示。

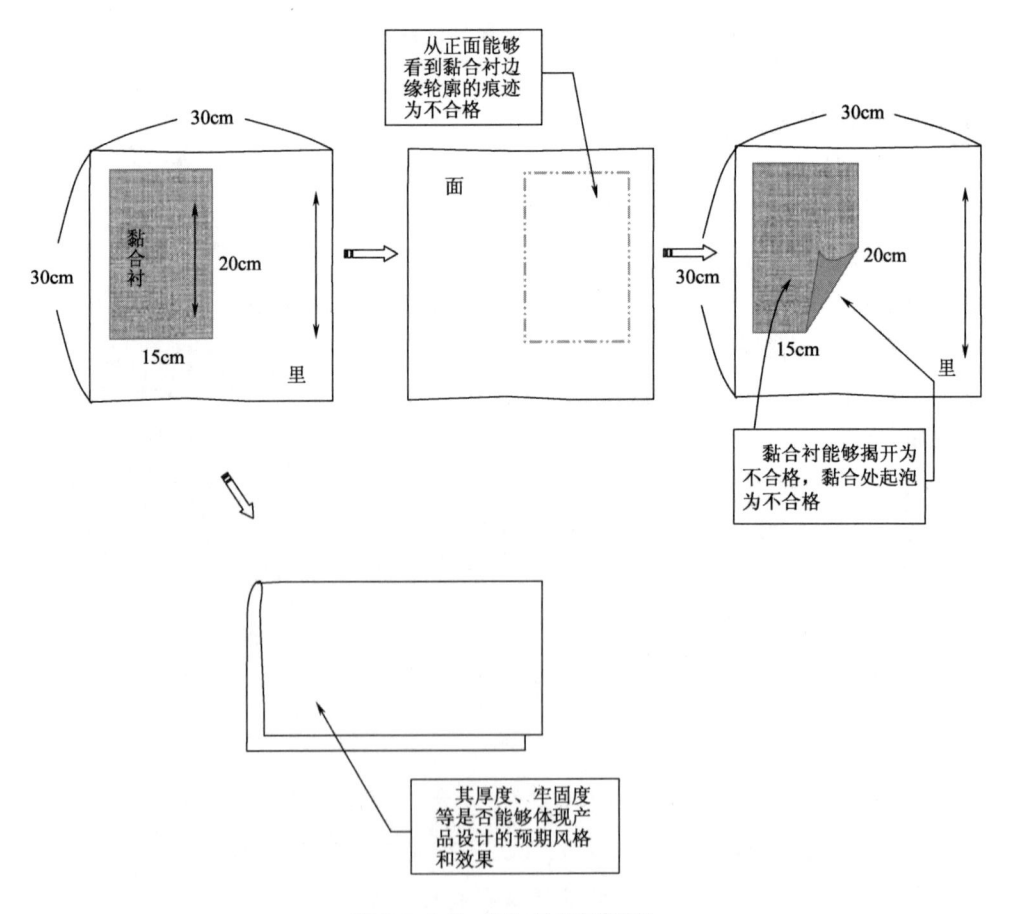

图 2-2-1-7 视觉、触觉观察确认

①视觉观察：
- 从正面是否能够看到黏合衬边缘轮廓的痕迹。
- 黏合衬是否能够被剥离。
- 是否起泡(衬与面料之间是否有空气进入现象)。

②触觉感受：平放观察然后对折，通过手的触摸感受其厚度、质感、牢固度等，确认该面料是否能够充分体现产品设计的预期风格形象和效果。

六、按制造商要求的粘衬条件设定调试黏合机(表2-2-1-5)

温度、压力、时间三个条件直接影响黏合衬黏合的牢度，根据黏合衬材料的特性，熨烫的温度、压力、时间这三个条件会有所不同，所以，必须对所使用的黏合衬及温度、压力、时间等条件进行说明。

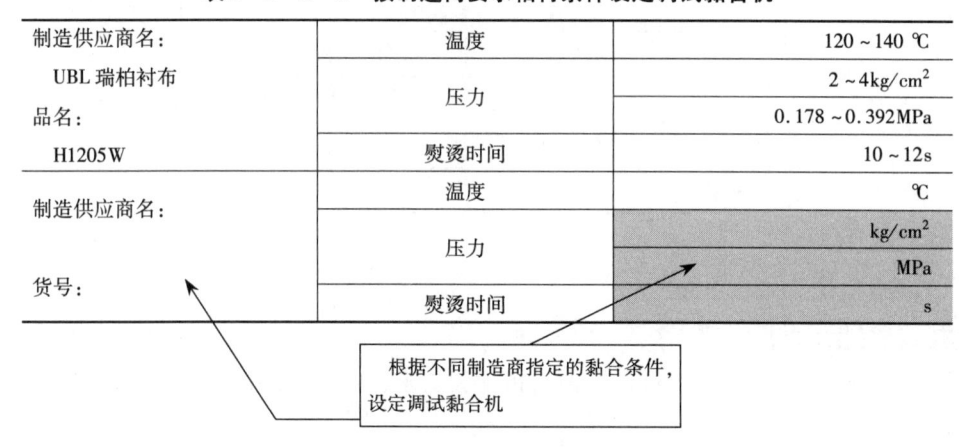

表2-2-1-5 按制造商要求粘衬条件设定调试黏合机

制造供应商名： UBL 瑞柏衬布 品名： H1205W	温度	120~140 ℃
	压力	2~4kg/cm²
		0.178~0.392MPa
	熨烫时间	10~12s
制造供应商名： 货号：	温度	℃
	压力	kg/cm²
		MPa
	熨烫时间	s

根据不同制造商指定的黏合条件，设定调试黏合机

七、衬料明细表(表2-2-1-6)

(1)必须清楚地写明每个部位所使用黏合衬的制造供应商名称。
(2)必须清楚准确地写明每个部位所用黏合衬的货号。

表2-2-1-6 衬料明细

衬料明细(供应商名·货号)					
前身衬	UBL瑞柏衬布	H1205W	卡夫衬		
增补衬	UBL瑞柏衬布	H1205W	加固衬	UBL瑞柏衬布	H1205W
贴边衬	UBL瑞柏衬布	H1205W	袋布衬	UBL瑞柏衬布	H1205W
领衬	UBL瑞柏衬布	H1205W	袋盖衬	UBL瑞柏衬布	H1205W
底边衬	UBL瑞柏衬布	H1205W	滚边衬	UBL瑞柏衬布	H1205W
腰衬			袖窿衬	UBL瑞柏衬布	H1205W
口袋衬					

八、松放醒料、润湿预缩要求

为了确保服装款式造型和成品尺寸不变形、伸长，必须在裁剪前对面料进行松放，做恢复自然状态的处理，称之为松放醒料、润湿预缩。并将要求填入醒料松放一栏。如图 2-2-1-7 所示。

松放：打开布卷，自然放置一段时间，以恢复到自然状态的处理

对是否需要松缓提出要求

润湿预缩：给予材料一定的蒸汽，在一定的湿度环境下，使因受外力造成的材料变形、尺寸变化等恢复到自然状态

对是否需要润湿预缩处理提出要求

表 2-2-1-7　松放醒料、润湿预缩表

松放醒料	润湿预缩
是·否	是·否
是·否	是·否
是·否	是·否
是·否	是·否
是·否	是·否
是·否	是·否
是·否	是·否
是·否	是·否

九、粘衬指示图

对黏合衬裁片数、黏衬位置做出指示和要求，如图 2-2-1-8 所示。

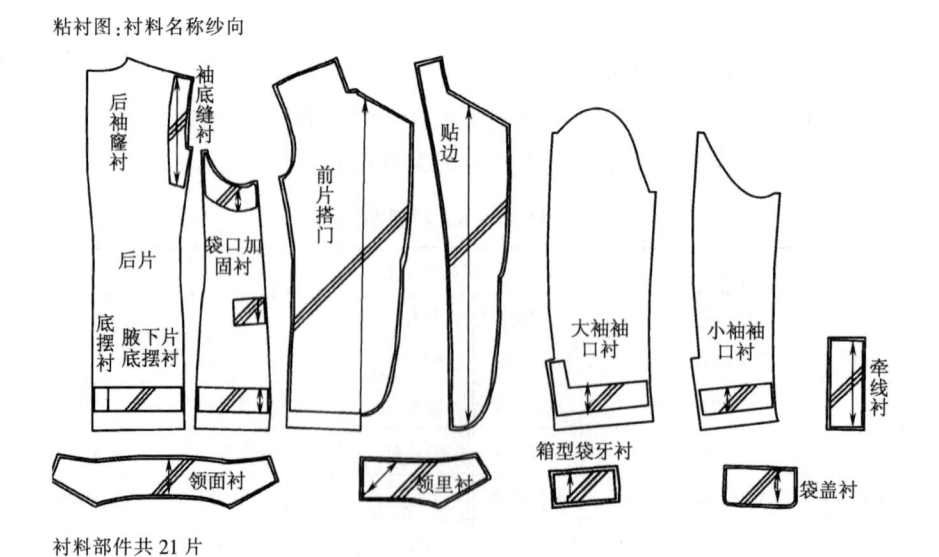

粘衬图：衬料名称纱向

衬料部件共 21 片

图 2-2-1-8　粘衬图

十、裁剪要求(表2-2-1-8)

表2-2-1-8 裁剪要求

		(每匹布规格)幅宽×长	单件耗料(幅宽×长)
裁剪	面料	1.50m×98m	1.45m×1.45m
	里料	1.50m×100m	1.45m×1.1m
	衬料	0.9m×100m	0.85m×0.9m

样品制作及批量生产所需材料,每匹布的幅宽、长度规格,对单件耗料及批量生产用料数量的核算非常重要

幅宽=幅宽-布边宽
长:指在幅宽的条件下进行排板,单件所需的实际用料长度

指示说明排板时裁片样板是否同一方向排列 这与材料的图案、毛绒倒向、光泽效果有关

面:同向,可交叉套排
图案(是·否)
毛向(顺·倒)

里:同向,可交叉套排
衬:黏合面向上铺布

指示说明排板过程中裁片样板是否可以颠倒方向、交叉套排
交叉套排可节约大量材料

十一、排料核算耗料及样板方向指示

排料即把工业化样板按照幅宽,在保证纱向的同时,以最少耗料为目标排列,同时核算单件产品耗料。

工业化样板排料要求:

(1)在幅宽内,以最经济的排料方法、最少的材料用量为目标,在材料特性允许的情况下交叉套排,这是最经济的排料方法。

(2)遵循面料毛绒导向、光泽、花色的方向要求。

(3)保证样板纱向与材料纱向一致。

(4)根据不同的裁剪条件、裁剪方法(手动裁剪、CAM自动裁床全自动裁剪),留出相应的余量。

(5)根据加工厂裁剪台的长度合理排料。

按照以上要求进行排料,既可以提高排料效率,又可以节省原材料,降低制造成本,如图2-2-1-9~图2-2-1-11所示。

有效使用量=长×幅宽

图 2-2-1-9　面料排料图例

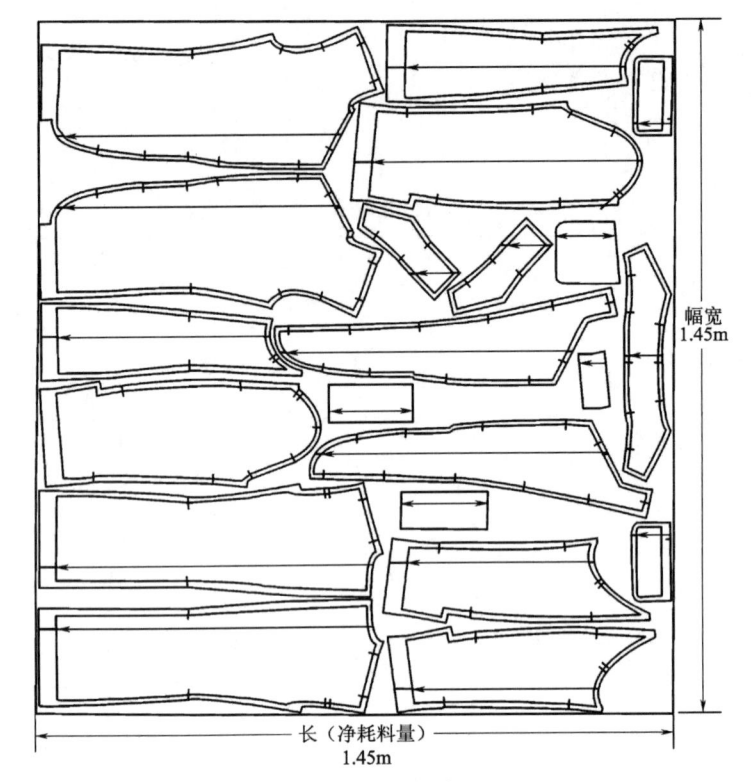

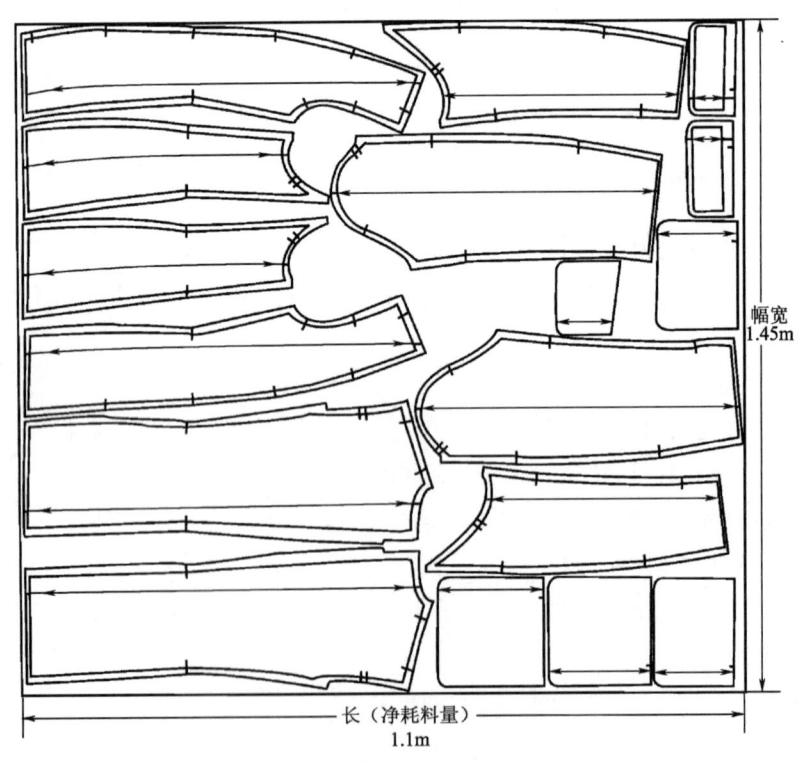

有效使用量=长×幅宽

图 2-2-1-10　里料排料图例

幅宽 0.85m

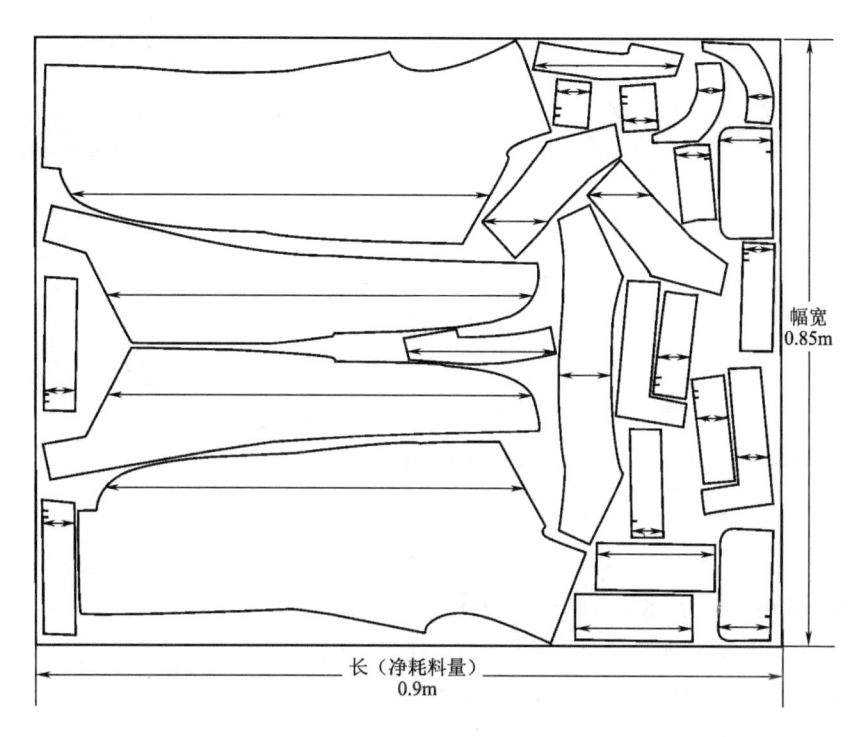

长（净耗料量）
0.9m

材料利用率（有效使用量）=长/幅宽

图 2-2-1-11　衬料排料图例

第二节　缝制方法说明书

方法包括做什么、怎么做、怎样的程序等。缝制方法说明书是向生产加工厂及工厂生产作业者传达企划决策内容的生产工艺文件，包括规格尺寸、样板制作、缝制方法、缝制设备机器使用、附属品等各种品质要求、技术标准、操作方法等。为了保质保量地完成生产任务，企业要采取图文并茂、一目了然的形式将预期的缝制方法决策编制成书面文件，即缝制方法说明书，见表 2-2-2-1、表 2-2-2-2。

一、绘制产品款式图

产品款式图不是效果图、时装画，绘制过程中要保证与产品成品的真实比例完全一致。身长、袖长、领子的大小、明线宽度、扣子的间隔、口袋的位置等，必须严格按照样板的比例绘制，如图 2-2-2-1 所示。

二、材料料样粘贴（图 2-2-2-2）

材料料样粘贴是确定样板缝头、缝制方法及设备选择等的参考信息。衬料以

图 2-2-2-1　产品款式图

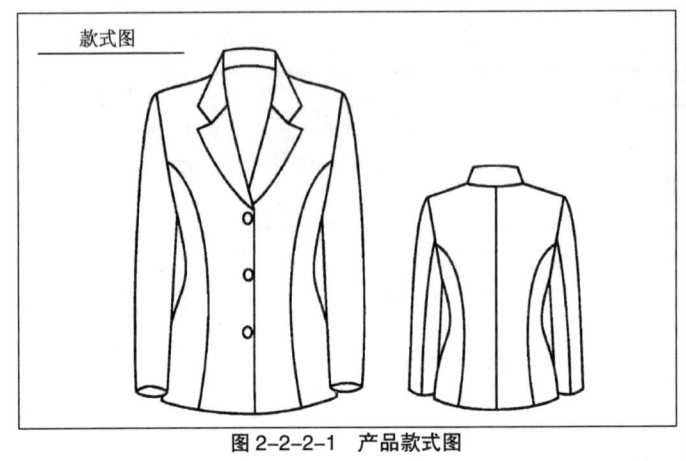

外的所有料样都必须粘贴在缝制方法说明书中（衬料料样粘贴在加工、裁剪、粘衬指示书中）。

三、样板部件、尺寸标注(图 2-2-2-3)

为了保证缝制质量和对缝头等提出标准要求，在缝制方法说明书中要将样板部件、尺寸标注标注清楚。

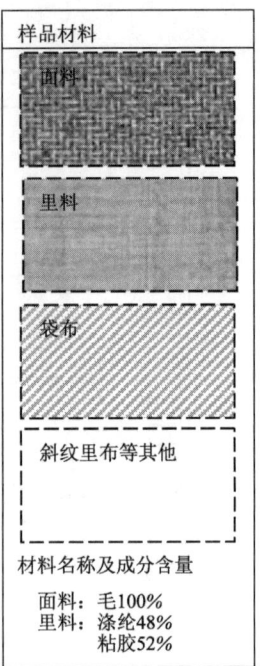

图 2-2-2-2　材料料样粘贴

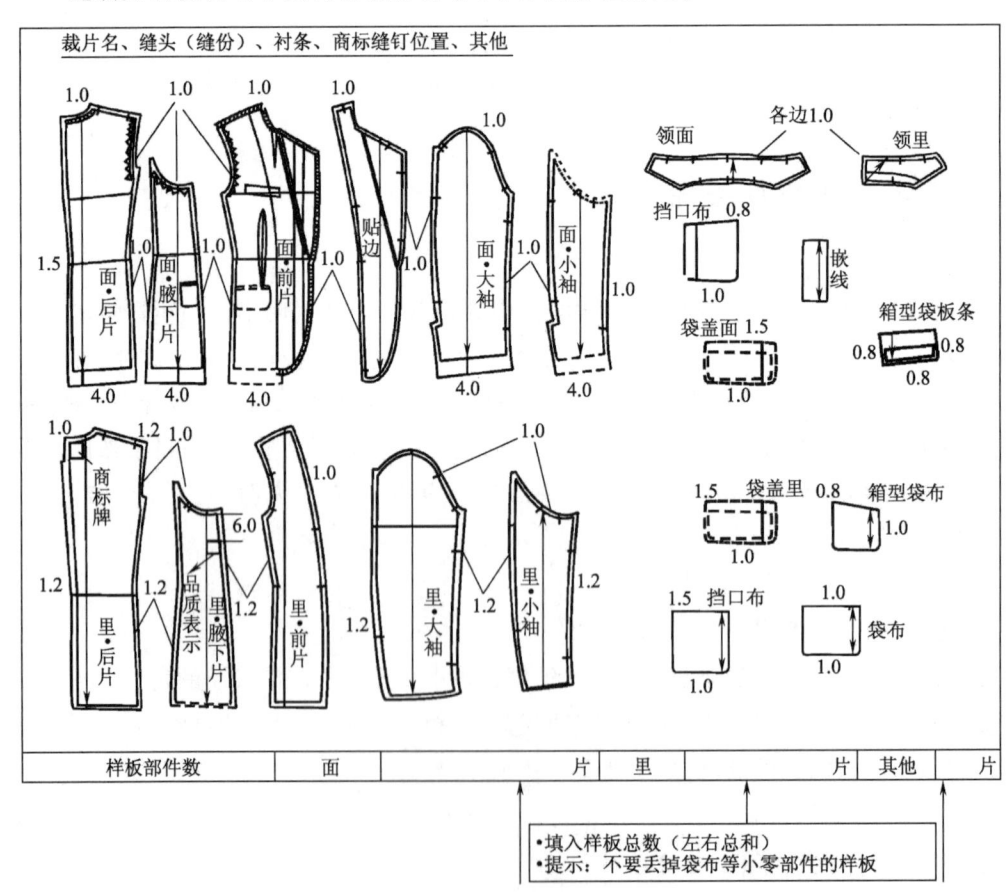

- 填入样板总数（左右总和）
- 提示：不要丢掉袋布等小零部件的样板

图 2-2-2-3　样板部件、尺寸标注

(1)准确标明面、里样板的名称、部件数量。
(2)对折裁剪的小样板要以打开的状态标注。
(3)左右对称的样板只需表示右片(左片)。
(4)标注纱向要求。
(5)标注粘衬位置、衬的种类,需要分别核算使用量。
(6)标注商标名、品质标牌的缝钉位置。

四、预估附属品的使用量(表 2-2-2-3)

为了便于附属品的采购和保证质量,要预估附属品的使用量。
(1)对照款式图、衬条粘贴部位图,对应性地填入一件产品的使用量。
(2)标清所使用的黏合衬条是直纱、半斜纱、斜纱等哪种类型。
(3)双纱衬要标注使用部位,是边缘部位使用,还是中间部位使用。

表 2-2-2-3 预估附属品使用量表

附属品明细	扣(2·4眼)	2.2cm 3 粒	附属品明细	直纱衬条(10)mm	70cm
		1.3cm 4 粒		半斜纱衬条(10)mm	190cm
	受力扣	粒		双纱衬条(贴边缘)	90cm
	拉链	cm 条		吊牌	√
		cm 条		商标	√
	垫肩	货名		品质表示	√
	胸线	货名		备注	

五、设定缝制机械设备条件(表 2-2-2-4)

加工缝制过程中,缝制机械设备与工具的使用必须与材料相匹配,因此必须

表 2-2-2-4 缝制机械设备条件表

	项目	针型号	线纱支型号	色号	针距
缝纫设备·线·针·附属工具零件	平缝(面、里)	12#	精纺60英支/3	驼色	20~22 针/5cm
	明线	12#	精纺60英支/3	驼色	22~24 针/5cm
	缲边	14#	精纺60英支/3	驼色	15 针/5cm
	暗缝	14#	长丝50#	驼色	
	平眼锁眼				
	圆头凤眼锁眼	16#	包芯长丝30#	驼色	扣眼大小:2.5cm
	打结	14#	长丝50#	驼色	28 针
	钉扣	14#	精纺60英支/3	驼色	25 针
	平缝(面、里)	10#	长丝50#	驼色	25 针/5cm

· 在"附属工具零件"栏目中填入关于所需设备辅助工具、部件等的指示要求
· 薄料、针织材料缝制加工时,必须将"使用塑料防缩压脚"等设备的特殊辅助工具条件填写清楚

对线的粗细、针的粗细、针尖的形状、针距等提出明确的要求。如果是缝制过程中容易收缩、线迹调整难度比较大的材料,要适当调整缝纫机设备,对压脚压力、夹线器、送布牙高低等给予明确具体的指示。

缝制里子等用薄料、针织等伸缩性强的材料时,要在设备条件栏目所规定的内容以外,特别对缝纫设备的条件提出明确的要求。因此,作为样板师及相关技术工作者,必须具有一定的设备知识和使用常识,具有设备使用的基本能力。

六、样板成品尺寸

确认样板成品尺寸的标准和依据,见表2-2-2-5。

表 2-2-2-5 样板成品尺寸表

规格	型号	B	W	H	身长	小肩宽	袖长	袖口
尺寸	165/88A	94	78	98	58	12	54	24

七、缝头处理的指示要求(表2-2-2-6)

劈缝、倒缝,倒向哪个方向等缝头的处理方法不同,样板缝头的拐角形状不同。如果出现错误,会造成缝头量不足,直接影响是否能够顺利缝合,甚至于可能出现批量性的废裁片,造成巨大浪费。因此,缝头的处理方法必须在指示书中明确说明(工业化样板的缝头留量标准将在下一节介绍)。

表 2-2-2-6 缝头处理指示表

		面	里
缝头的劈缝、倒缝及方向要求	肩	劈	后倒
	侧缝		
	背中缝	劈	右倒
	过肩		
	腰缝		
	省缝	劈	
	拼缝	劈	中心
	袖下缝	劈	外袖
	袖隆	袖	袖

八、产品缝制方法说明(图 2-2-2-4)

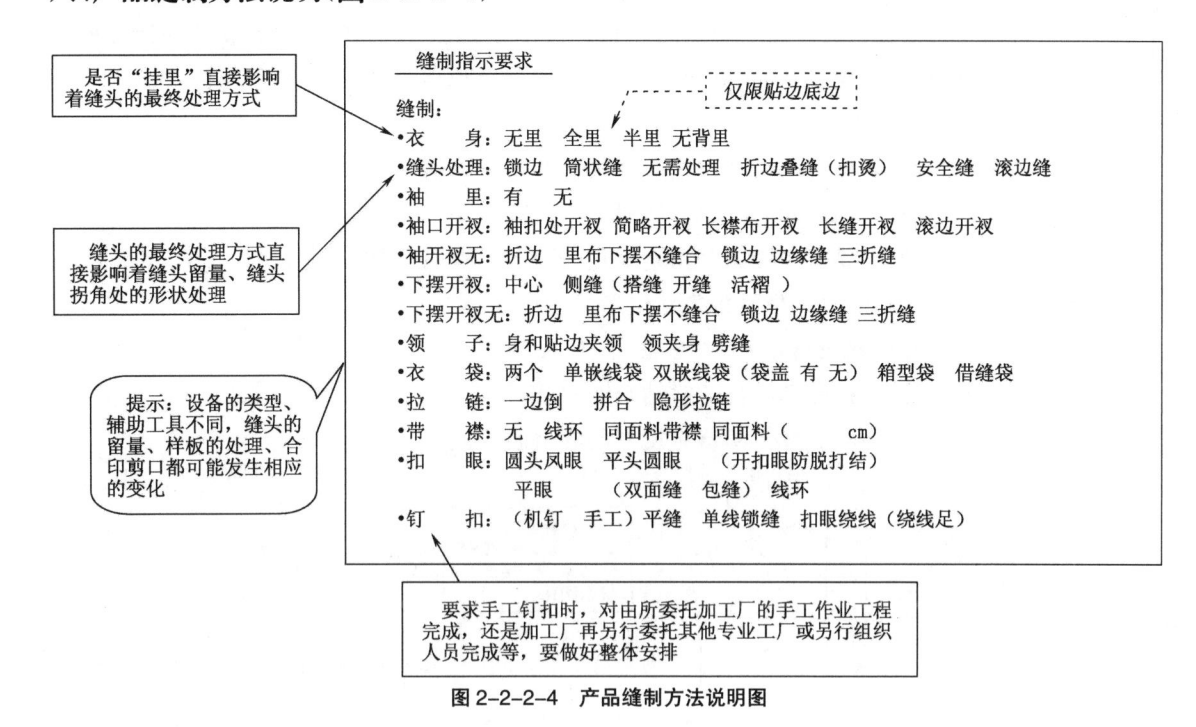

```
                    缝制指示要求
  是否"挂里"直接影响
  着缝头的最终处理方式     缝制:                    仅限贴边底边
                    ·衣    身:无里  全里  半里  无背里
                    ·缝头处理:锁边  筒状缝  无需处理  折边叠缝(扣烫)  安全缝  滚边缝
                    ·袖    里:有  无
  缝头的最终处理方式直    ·袖口开衩:袖扣处开衩  简略开衩  长襟布开衩  长缝开衩  滚边开衩
  接影响着缝头留量、缝头    ·袖开衩无:折边  里布下摆不缝合  锁边  边缘缝  三折缝
  拐角处的形状处理       ·下摆开衩:中心  侧缝(搭缝  开缝  活褶 )
                    ·下摆开衩无:折边  里布下摆不缝合  锁边  边缘缝  三折缝
                    ·领    子:身和贴边夹领  领夹身  劈缝
  提示:设备的类型、       ·衣    袋:两个  单嵌线袋  双嵌线袋(袋盖 有 无)  箱型袋  借缝袋
  辅助工具不同,缝头的    ·拉    链:一边倒  拼合  隐形拉链
  留量、样板的处理、合    ·带    襻:无  线环  同面料带襻  同面料(     cm)
  印剪口都可能发生相应    ·扣    眼:圆头凤眼  平头圆眼   (开扣眼防脱打结)
  的变化                      平眼    (双面缝  包缝)  线环
                    ·钉    扣:(机钉  手工)平缝  单线锁缝  扣眼绕线(绕线足)
```
要求手工钉扣时,对由所委托加工厂的手工作业工程完成,还是加工厂再另行委托其他专业工厂或另行组织人员完成等,要做好整体安排

图 2-2-2-4 产品缝制方法说明图

第三节 制作工业用样板

工业用样板是为了加工生产出品质均一的产品,通过结构设计、初始样板(样品样板、模特样板)制作,再以初始样板为基础,制作出工业化、批量化裁剪生产用的标准化基础样板。除面样板外,还要制作出里子样板、衬样板等。

对于服装产品而言,要生产出优质产品必须保证缝制方法、使用材料、缝制工厂的设备设施条件、缝制的程序、产品成本等与服装款式之间高度协调。在此基础上更重要的,是有可操作性、批量生产性、经济性的工业化样板设计。

另外,批量裁剪材料都是单层平铺在裁床上,所以既要对折裁剪的裁片,也要制作成展开的工业用样板。

一、制作的基本要素

服装款式、结构设计、样板缝头(缝份)、合印剪口、样板内部结构、纱向、对图案条格线等要素,共同构成工业化样板。因此,正确理解各要素的功能、作用并灵活掌握,才能设计制作出好的工业用样板。

有些服装企业除了制作服装衣身面、袖面、领里等主体构成部分的样板,领面、贴边、袋布、口袋样板、里样板、衬样板等也要提供给加工厂。按型号展开缩放样板也是工业用样板制作的重要工作之一。

二、核对订正及要求

样板核对时需要确认的内容有很多,从制作样品样板开始,就要对产品的品质、感性印象、工业化批量生产、成本等有意识地反复进行分析研究。

1. 成品尺寸核对订正

(1)样板基本尺寸与相应部位成品尺寸核对。

(2)相同尺寸的各部位核对。

(3)需要留有缝制时的吃缩量、拉伸差量的各部位尺寸核对。

(4)缝头量、缝份拐角部位形状与尺寸核对。

2. 形状核对订正(图 2-2-3-1、图 2-2-3-2)

(1)样板外围线条的联结圆顺状态。

(2)袖窿、袖山、领窝等尺寸的核对及形状。

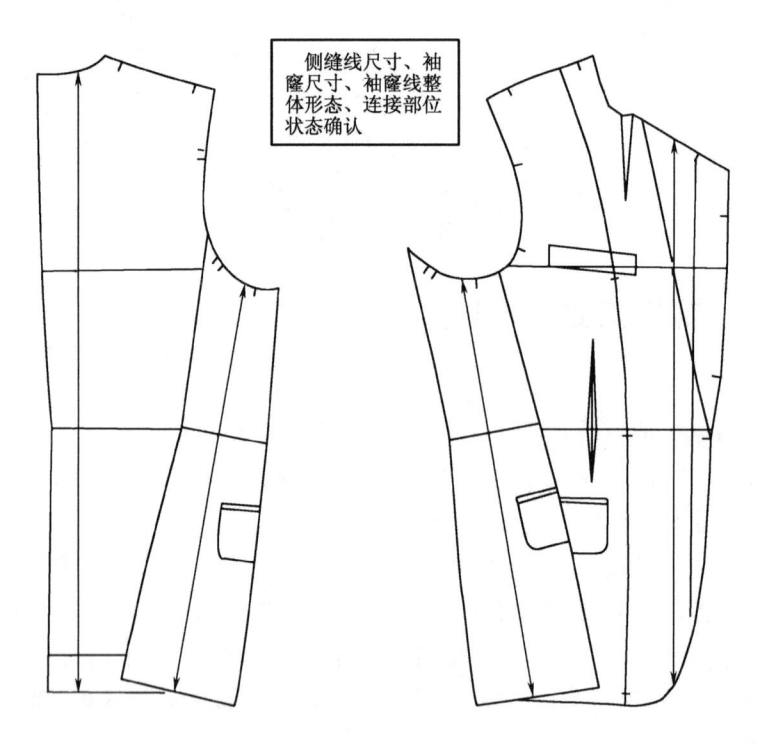

侧缝线尺寸、袖窿尺寸、袖窿线整体形态、连接部位状态确认

图 2-2-3-1　形状核对订正(1)

三、缝份拐角的制作与要求

放缝头后制作缝份拐角的形状。

一片样板相邻的两个缝头,先处理首缝部位。如后身片、后中缝与领窝,因先缝合后中缝,所以先延长后中缝线,后延长领窝缝头线,并使缝头线与后中线延长线相交成直角;肩缝与领窝,先延长肩缝线,后延长领窝线,并使缝头与肩线延长线相交成直角(图 2-2-3-3)。

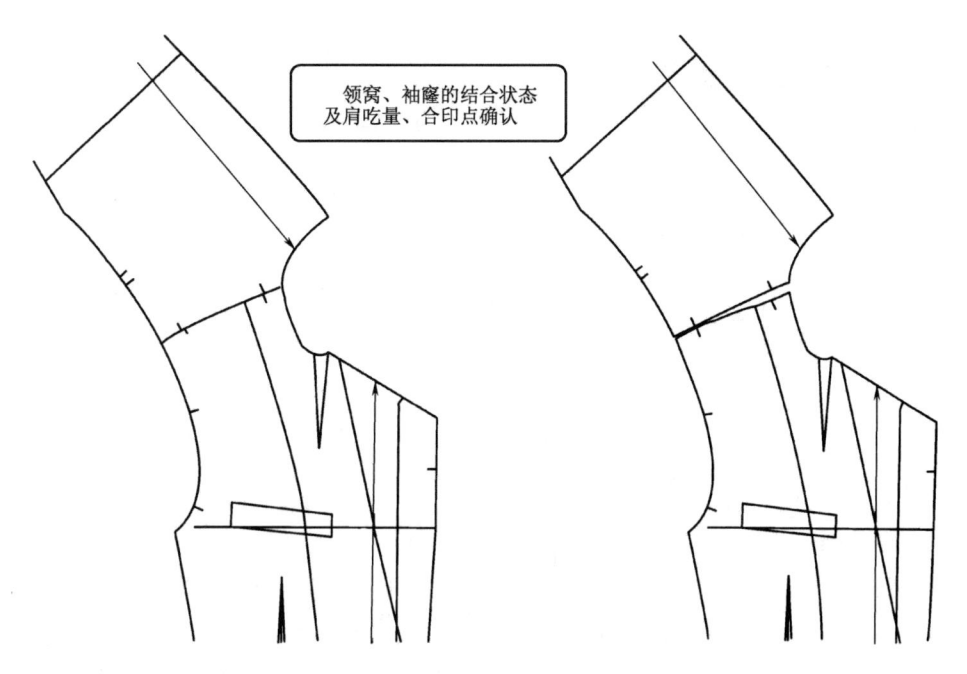

图 2-2-3-2　形状核对订正(2)

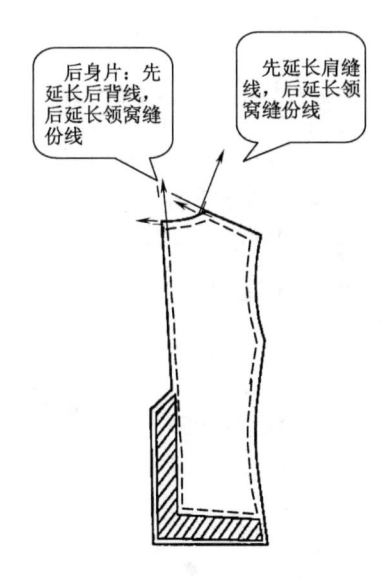

图 2-2-3-3　后片缝份拐角制作

两片缝合时样板缝头尺寸必须相吻合。卡夫、领子等缝头拐角也一定要与缝线迹延长线成直角。

1. 与缝线迹延长线成直角的缝份拐角制作方法

样板缝头要尽可能地倒向锐角一侧,这样既可以提高排料划样坯的效率,又可以提高裁剪、缝制的正确率(图 2-2-3-4)。

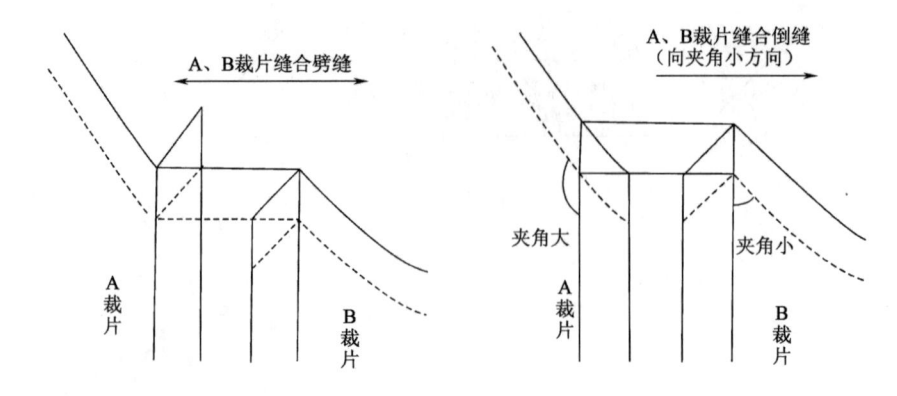

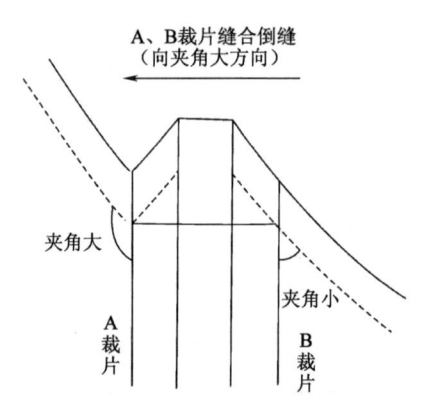

图 2-2-3-4 裁片缝合倒缝方向

2. 缝头拐角的对称

服装样板缝头拐角制作时，缝合的两片缝份拐角必须对等，否则就容易引起裁剪偏差、缝制缝头不足、开线等情况，从而降低缝制的工作效率和质量。

3. 袖口、底摆

袖口、底摆折边时，补齐折边后与接缝部位的尺寸差做出拐角缝头，如图2-2-3-5所示。

图 2-2-3-5 袖口缝份拐角制作

四、缝份及要求

充分考虑缝制方法，从使用材料、裁剪方式、缝制、缝份的处理方法等方面考虑，包括确定缝份的大小、缝份的宽度等条件的要求，如图 2-2-3-6 所示。

缝份要与样板结构线平行，相缝合的两片样板缝份宽度一般是一致的。但是根据缝份的处理方法，如折边叠缝（扣烫）等，两片的缝份宽度不同。

款式设计中有明线的部位，根据明线宽度和材料厚度，在明线宽度的基础上

图 2-2-3-6　样板缝份确定

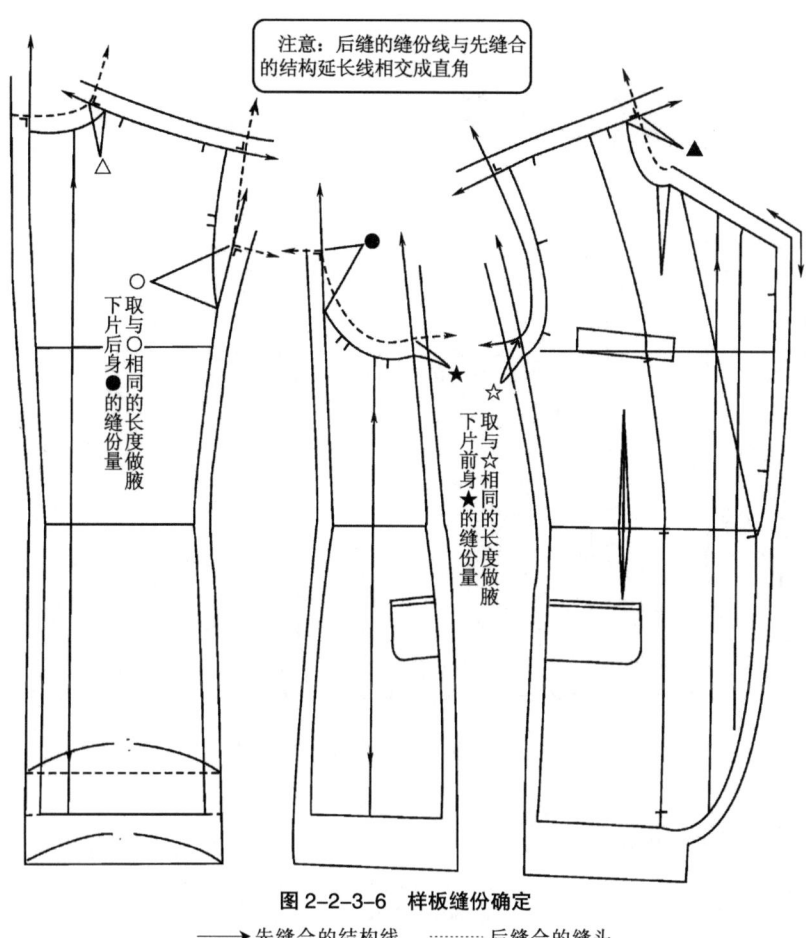

⟶ 先缝合的结构线　┄┄┄┄ 后缝合的缝头

再加放 3~5mm 的厚度余量。

五、剪口与合印点及标准

1. 剪口

剪口,是裁剪时在裁片边缘做标记记号的方法,为此要在样板上的合印点(合印点即相缝合两裁片的吻合点)位置、缝头处等需要做记号的部位剪出三角状剪口,便于裁剪时给裁片打剪口。

2. 剪口的功能

(1)标示缝头宽度。
(2)标示前后、上下、左右等的方向。
(3)两片裁片缝合过程中用以对照核对尺寸的合印点。
(4)保证款式、造型的准确性等。

3. 开剪口的注意要点

(1)剪口决定的不是缝头边缘的尺寸,而是保证结构线的尺寸,因此剪口方向必须与结构线呈直角(图 2-2-3-7)。

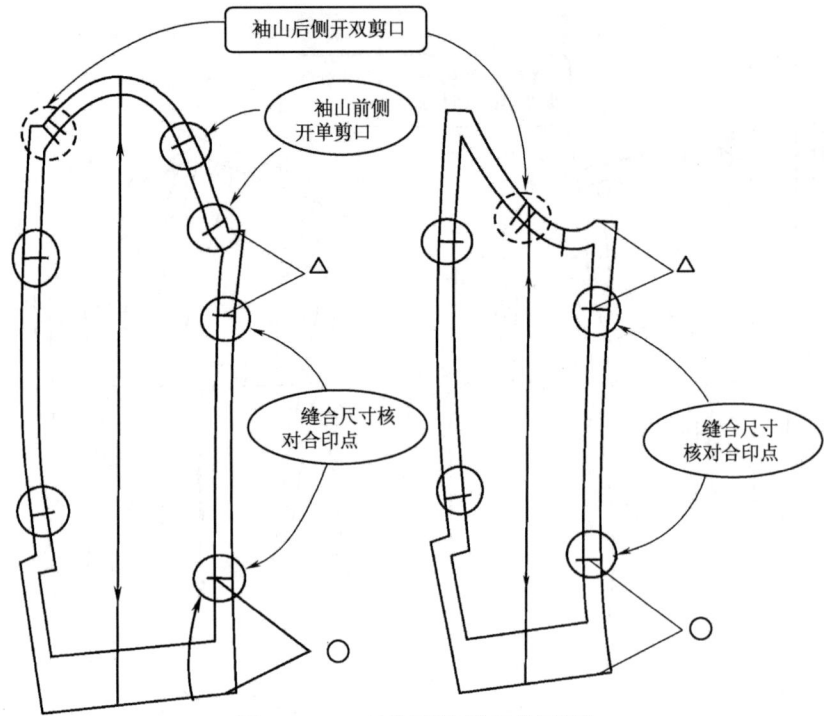

图 2-2-3-7 袖片开剪口的要求与标准

(2)衣身片开剪口的要求与标准(图 2-2-3-8)。

图 2-2-3-8 衣身开剪口的要求与标准

六、部分口袋的样板制作方法及要求

下面以明贴袋、褶裥袋(箱型袋)、借缝袋的样板制作来加以说明其制作方法与要求。

1. 要求

(1)与袋布缝合时,袋布必须与面料同纱向。

(2)口袋方向正确。

(3)口袋长短与衣身相吻合。

(4)曲线部位造型线必须相互吻合。

(5)口袋的结构设计与样板制作都在衣身片上完成,之后再另描为工业用样板。

2. 制作方法

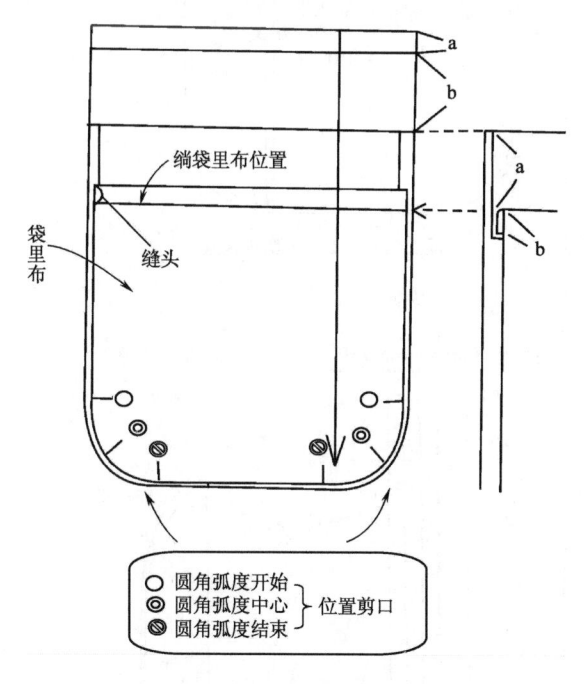

(1)明贴袋(图 2-2-3-9)。

图 2-2-3-9　明贴袋样板

(2)箱型袋(图 2-2-3-10)。

(3)借缝袋(缝内袋)(图 2-2-3-11)。

借助于服装的结构线缝的位置,在缝上设计制作的口袋称之为"借缝袋"(缝内袋)。如借助上衣的公主线、刀背线以及其他结构分割线的位置等,在缝上留的口袋。

图 2-2-3-10　箱型袋板条

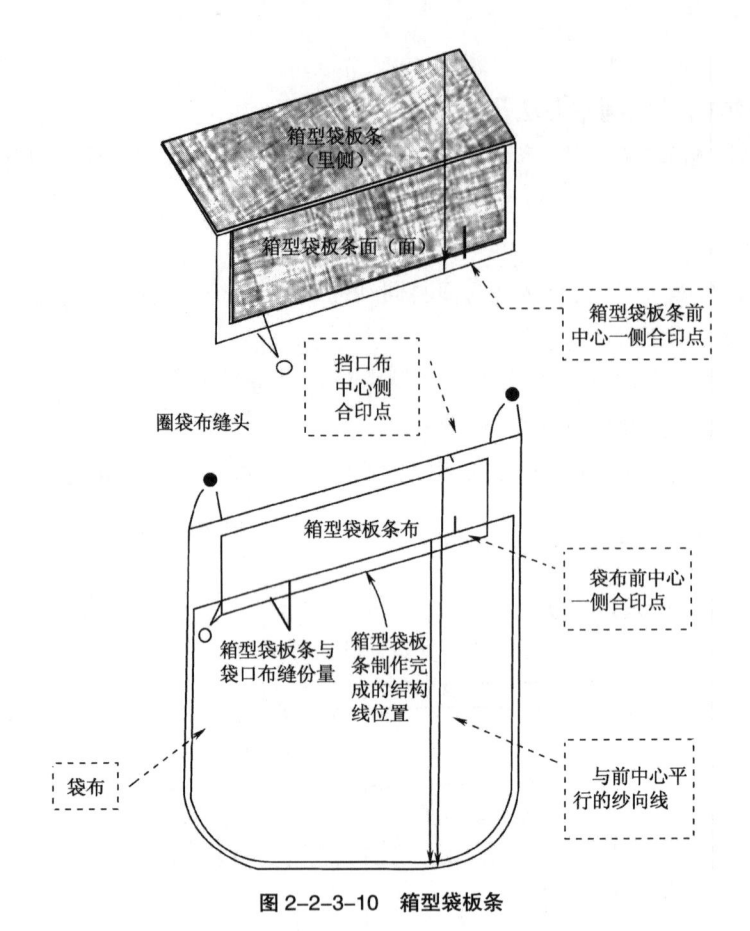

图 2-2-3-11　借缝袋样板

七、里样板的制作方法及要求

(1)里样板的制作要考虑款式设计、面料薄厚及伸缩性等条件。

(2)根据服装穿着时的运动状态,适当加放必要的机能性余量。

(3)为了避免出现里、面缝合时,里子尺寸量不足引起伸拉变形,需适当加放缝头余量。

(4)留背中缝余量。线迹叠缝量(余折缝头量)的确定方法,如图2-2-3-12所示。

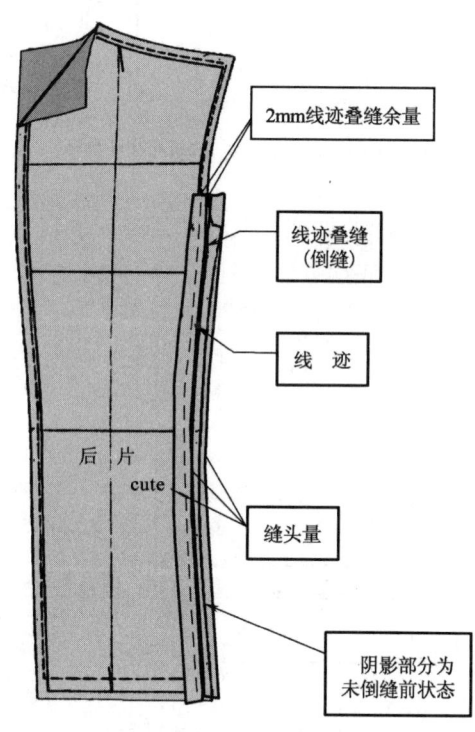

图 2-2-3-12　线迹叠缝量图示

①面、里留有相同余量,缝合过程中在留出2mm的位置走线缝合,所余出的2mm作为线迹叠缝余量。

②面料较厚时,里子的缝份量与面料缝份量相同,因面料薄厚形成的差量为线迹叠缝余量。

③纵向有弹性特点的面料,放里子缝份时要平行于线迹加放所需的余量。

(5)防止因内部固定吊拉面料而预留余量。在技术标准中规定(做好了剪口标记)的位置,将面、里固定在一起,在此位置要预留出防止因固定吊拉面料的余量。对弹性面料、里子要适当多加放余量。

(6)袖底缝余量。绱袖结构的服装,需要按面料厚度、弹性状态等留出相应的余量,如图2-2-3-13所示。

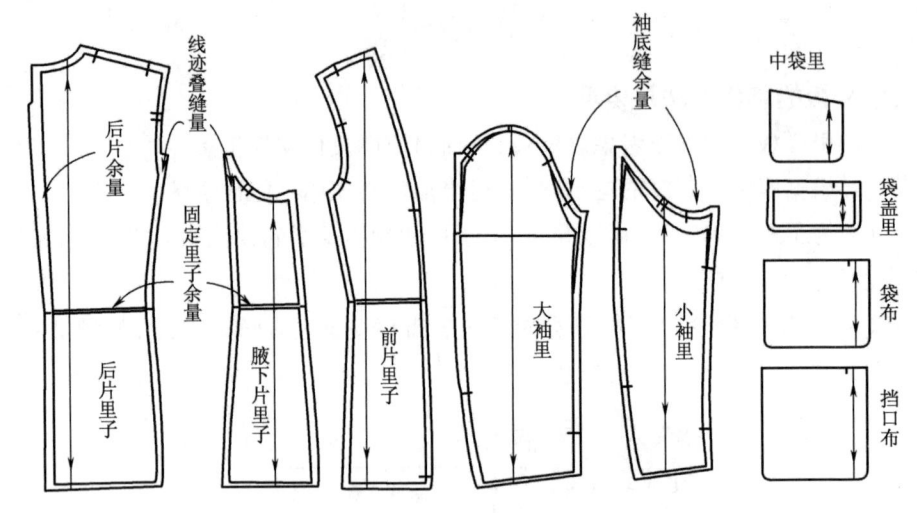

图 2-2-3-13　前后身、袖、袋布里子样板

(7)底摆缝头(缝制尺寸)的处理与余量的控制方法。

①里子留余量的折边收底摆方法,如图 2-2-3-14 所示。

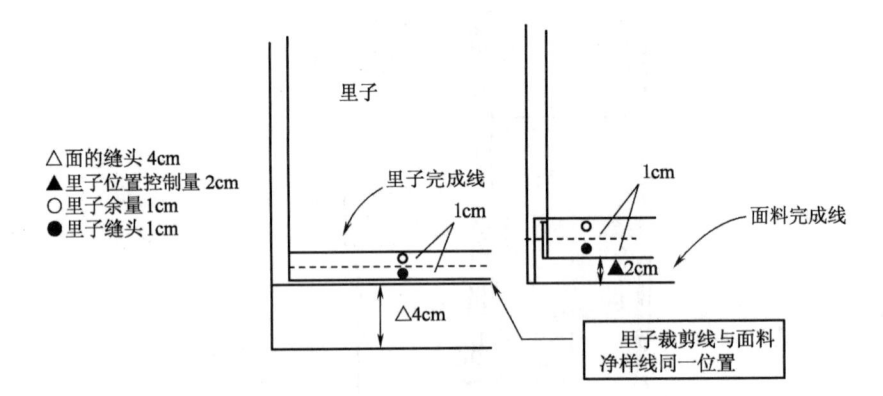

图 2-2-3-14　里子留余量折边收底摆方法图示

②里子与面料不缝合的底摆处理方法,如图 2-2-3-15 所示。

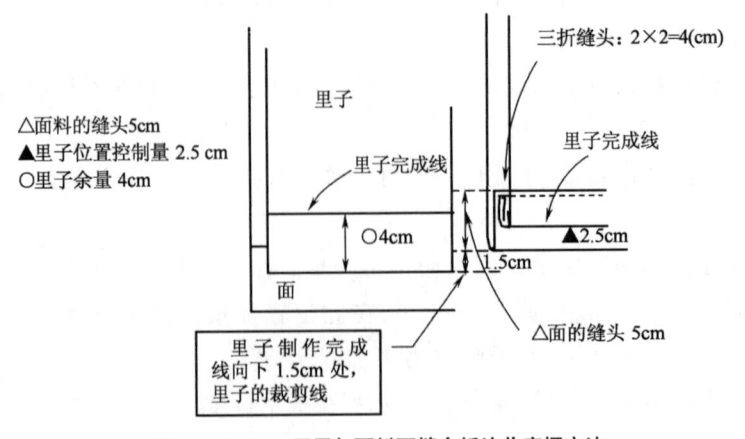

图 2-2-3-15　里子与面料不缝合折边收底摆方法

(8)挂里子的服装类型示意图(图2-2-3-16)。

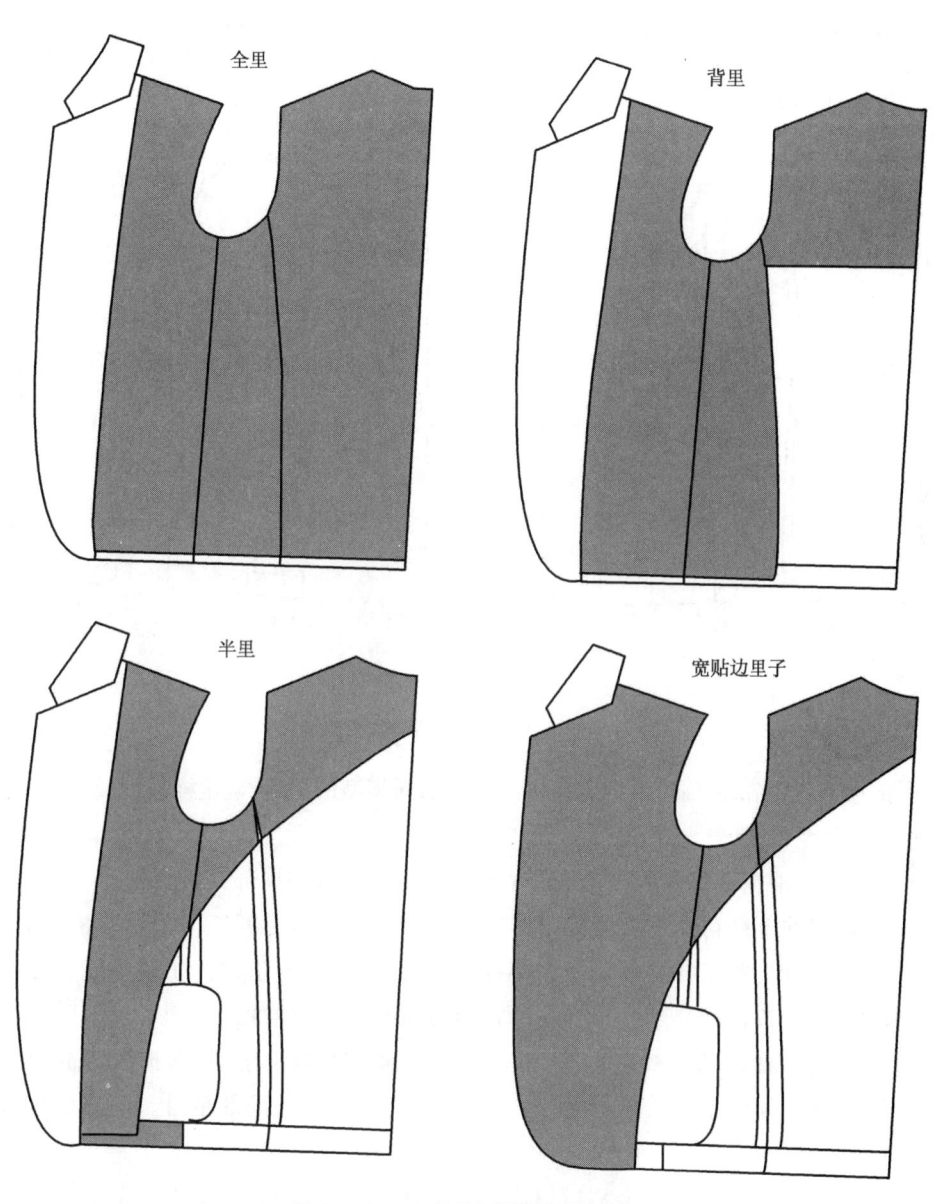

图 2-2-3-16　挂里子服装类型示意图

八、衬样板的制作要求(图 2-2-3-17)

要以保证服装产品款式廓型、加强廓型效果、防止变形、提高产品结实耐久性及容易缝制等为目的,进行衬样板制作。

衬有非黏合衬、黏合衬两种类型。批量生产过程中为了便于生产和提高工作效率,一般都选用黏合衬。

黏合衬是将树脂胶喷洒在衬布上。衬布分为纺织物、针织物、无纺布等种类,

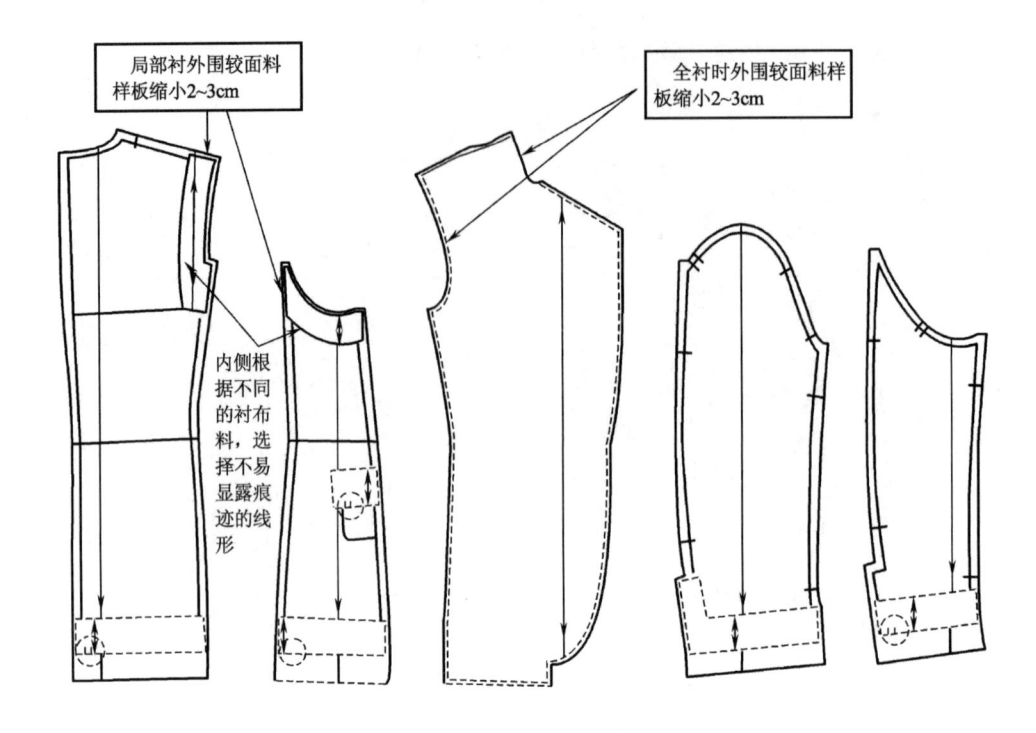

图 2-2-3-17 衬样板制作要求图示

衬条包括完全粘着、临时性粘着两种。根据不同类型的衬料,确定样板型及纱向等。

1. 衬样板制作

衬样板根据部件粘衬要求,分为衣片部件全粘衬和局部粘衬两种。

(1)部件全粘衬的样板制作:部件全粘衬时,为了避免衬胶污染黏合机台面,造成裁片污渍,要求衬样板比面料部件周边均小2~3cm。有时为了减小缝头部位的厚度,也会按比面料部件小5cm(周边)的标准制作衬样板。

(2)局部粘衬的样板制作:为了达到既不破坏面料手感,又保护款式造型的目的,或发挥加强某种效果的功能,只在必要的部位进行局部粘衬。局部粘衬需要注意的问题有:

①做好特殊记号:与全粘衬相比降低了作业效率,同时容易出现粘错位置的现象。为此,必须在衬样板与面料样板相对应的位置,使用区别于其他记号的方式做好标记。

②避免显现衬布边缘痕迹:局部粘衬有时容易显现粘衬边缘的痕迹,所以根据不同衬布对选择怎样粘衬的技术方法等有了更高的要求。特别是根据不同黏合衬衬布的特点,采取不同的衬样板制作方法,可以避免显现衬布边缘痕迹。

- 无纺衬的情况下,选择横、纵、垂直水平线形。
- 机织、针织衬布,选择大弧形等。

这只是最基本的考虑方法,最终还是要根据面料、款式、缝制方法的要求而决定。黏合衬的选择要依照样品试验效果认真研究。

2. 衬的纱向确定

衬的纱向最基本的要求是与面料的纱向一致，但有时为了使面料更容易缝制，或着装时材料的活动状态更自然等也会改变衬料的纱向。

领里等面样板有"斜纱"标示时，无纺衬与针织衬布衬的纱向必须是"直纱"。

九、记号标识及标准要求（图 2-2-3-18）

1. 纱向线

工业用样板的纱向线位置及方向必须准确无误，这决定了样板缩放、排料画板的精确度和效率，同时纱向线位置及方向不准确也是造成裁剪指示错误的重要原因。其标准要求如下。

(1) 从部件的一端边缘至另一端边缘。

(2) 前片、后片、领子、贴边等部件的纱向线：从一端边缘至另一端边缘时，要通过中心线；样板不在中心线或延长线上时，向样板方向移动，但不能偏移。

(3) 一片袖：纱向线画在肩的位置，内袖画在侧缝位置。

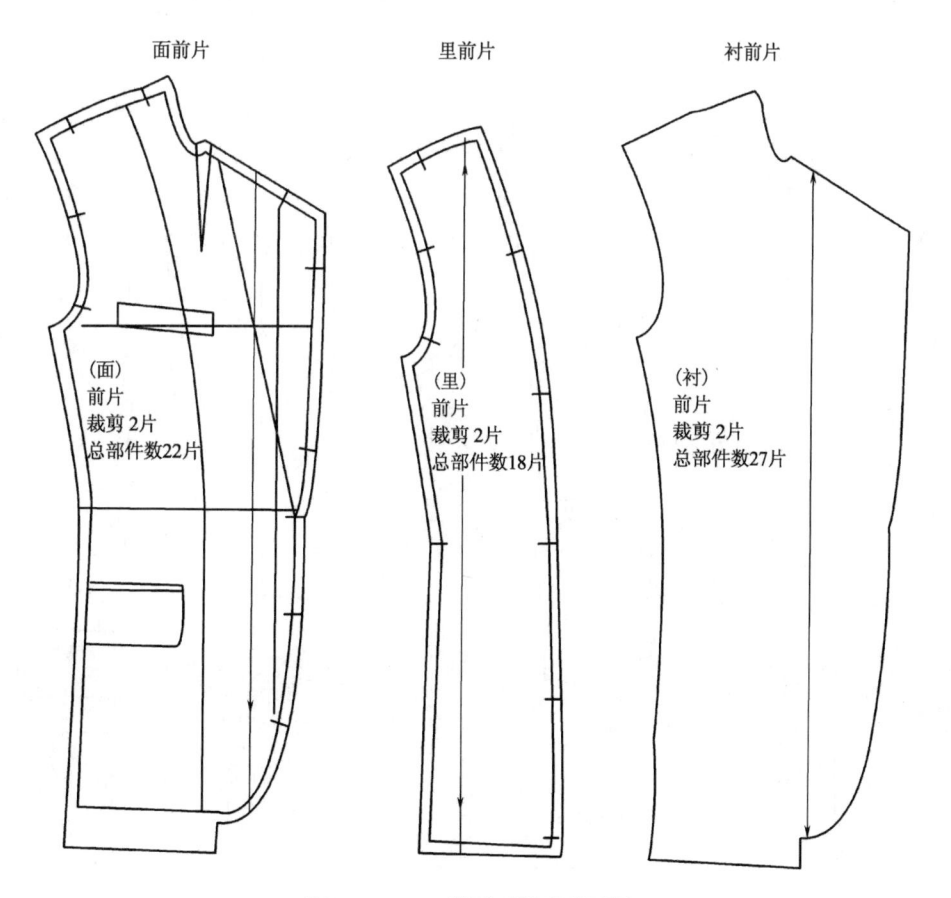

图 2-2-3-18　样板记号标识（西服）

(4)附属零部件:标在明显的位置,从一端边缘至另一端边缘的位置。

(5)对折裁剪的部件:标注在中心位置。

(6)标注箭头方向:要求所有的部件必须都统一为同一方向。

2. 样板识别性内容的标注

(1)在面料样板正面标注的内容:

①样板制作完成时间。

②品种类型。

③部件名称。

④部件裁剪数量。

⑤部件总数。

(2)黏合衬标注:标注在粘贴面,可用不同颜色的标志区分。

①面前片:黑色。

②里前片:蓝色。

③衬前片:红色。

因为样板部件很多,同期又同时生产几个种类的产品,为了避免出现样板交叉错误,便于管理,通常利用英文字母按一定的规则,做出规范化、标准化的标识(图 2-2-3-19)。

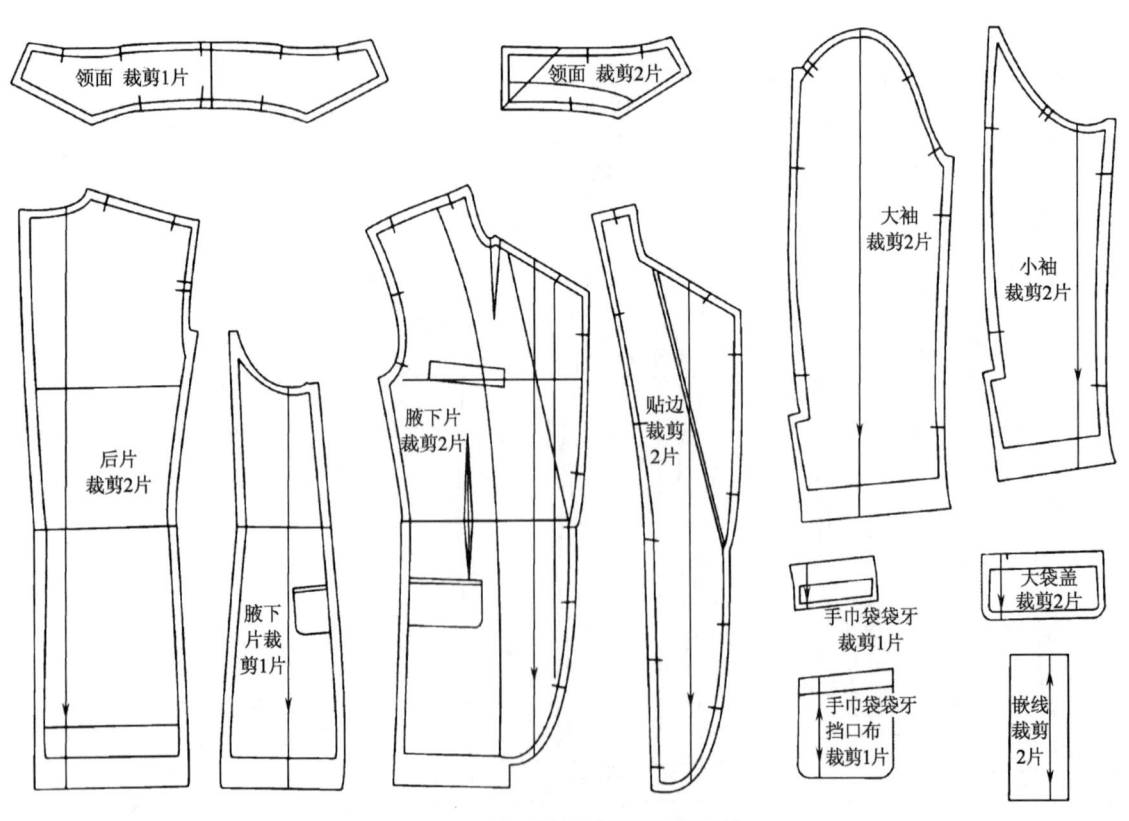

图 2-2-3-19 成品面料样板例(西服)

十、型号展开与样板缩放

服装成衣商品市场定位所面向的是一个群体目标,所以需要许多型号,工业化批量生产不同于单件单裁,适应于工业化生产的型号展开方法就是样板缩放。

样板缩放,就是按照定位消费群体基本相同的体型特征,以通过立体裁剪或平面结构设计制作出的核心号型样板为基本型,按一定规律放大、缩小,缩放出不同型号样板的技术。

为了保证服装整体造型效果,缩放规律是以人体的基本结构为基础,来确定或加放或缩减的位置与尺寸。以基础型号加大或缩小的尺寸差称为缩放节距,在此数据范围内,可根据基本号型确定下一个号型的节距。

型号的缩放,不只是单纯加大或缩小裁剪尺寸,如果型号之间缩放间距大,则容易变形。因此样板缩放,只能一个型号一个型号地缩放。

随着科学技术的进步,服装产业发展也逐步走向智能化、现代化。目前许多服装企业及服装加工厂都使用服装 CAD 计算机辅助设计,从结构设计到工业化样板、样板缩放、排板考料等均利用 CAD 完成,这一内容此书不详细讲解。

1. 面料样板缩放图

利用 CAD 缩放时,经核对无误后,面料样板缩放会同时完成缝头加放(图 2-2-3-20)。

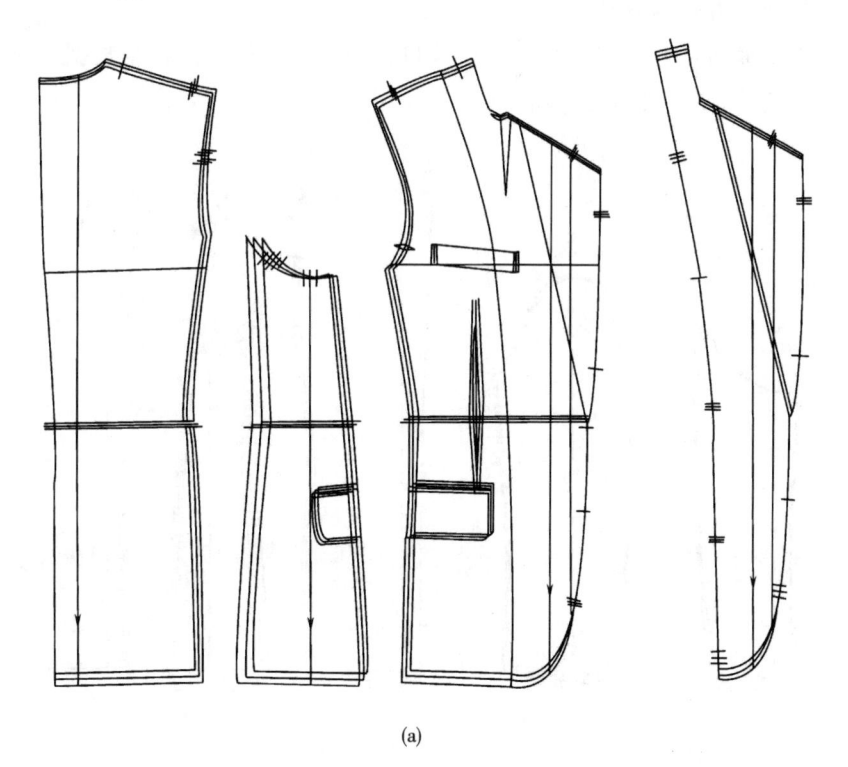

(a)

图 2-2-3-20

(b)

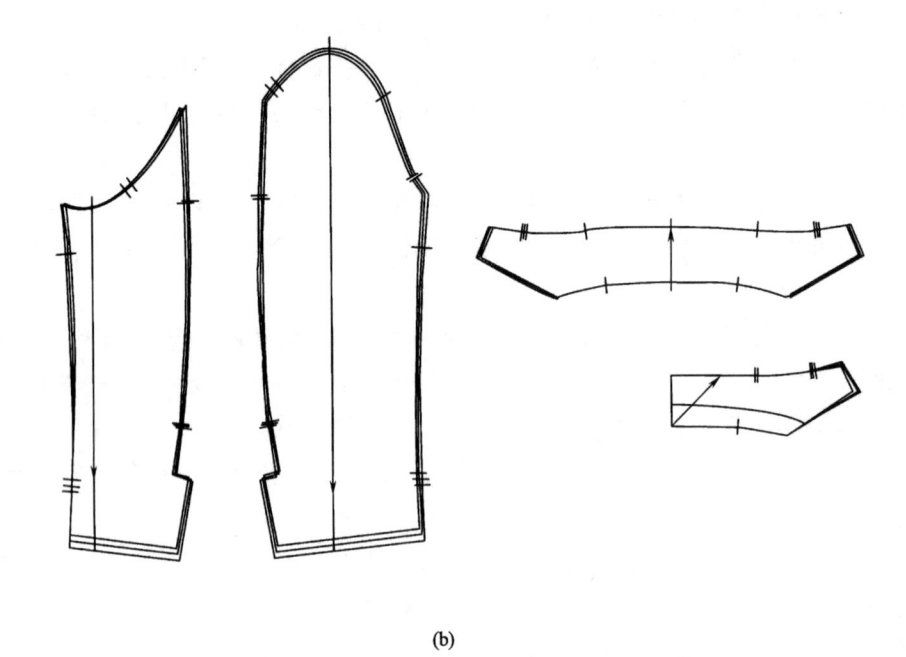

图 2-2-3-20　面料样板缩放图

2. 里子样板缩放图

里子样板利用 CAD 缩放时,计算机会根据面料样板的信息数据,完成里子样板的缩放(图 2-2-3-21)。

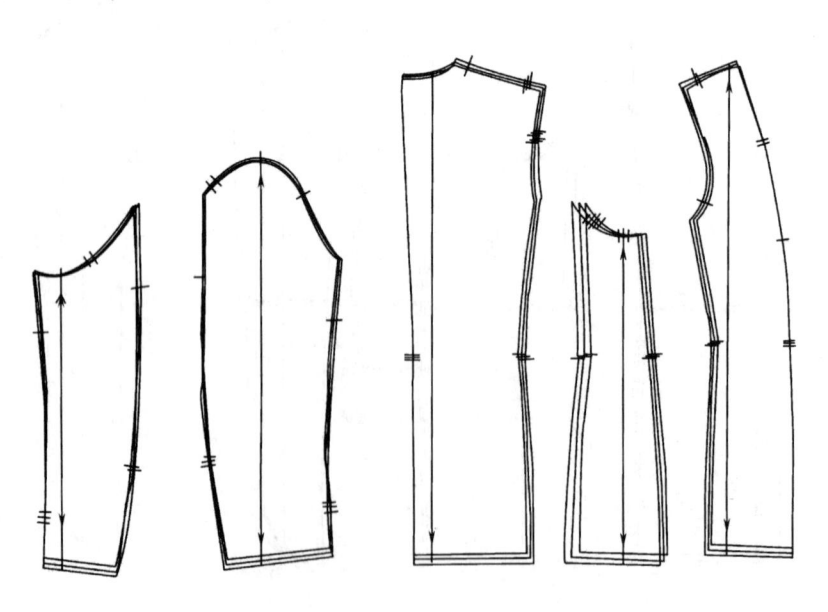

图 2-2-3-21　里子样板缩放图

3. 衬样板缩放图

利用 CAD 缩放时,计算机会根据面料样板的信息数据,直接完成衬样板的缩放(图 2-2-3-22)。

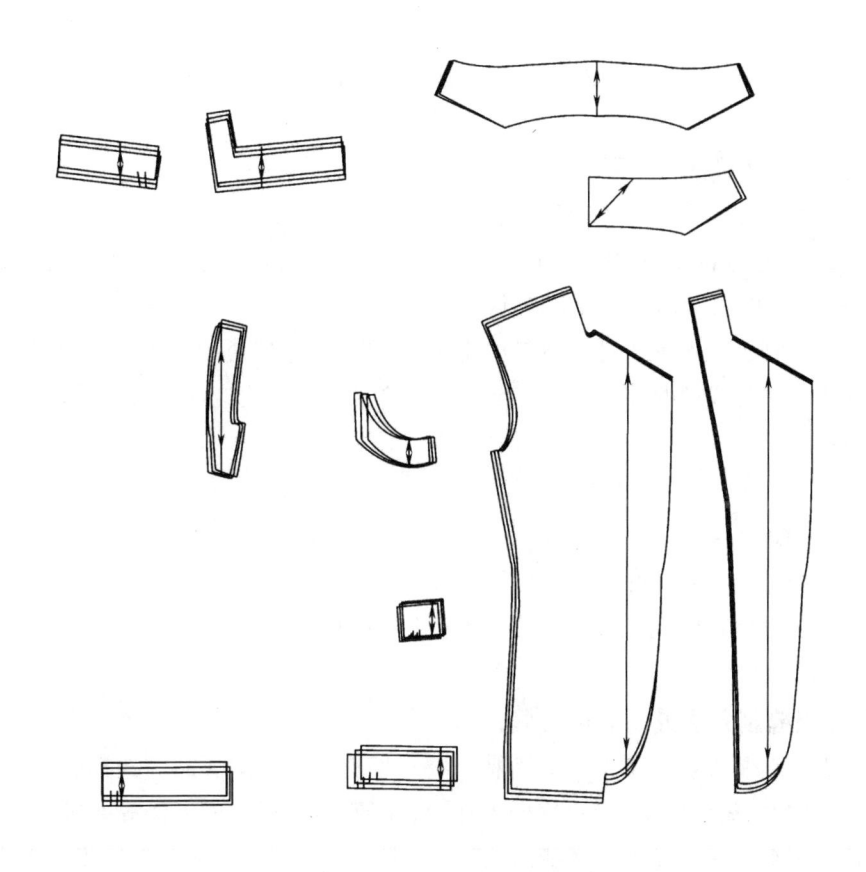

图 2-2-3-22 衬样板缩放图

第四节 样品制作

一、规格标准

商品从企划开发到设计再到商品上市,要通过企划、技术、生产等各个环节,是否能够按照企划决策的产品规格要求完美地制作出产品,要根据样品实物来确认,需要确认的内容包括以下几方面。

1. 风格形象

风格形象主要指廓型、款式、整体尺寸、比例等。

2. 技术与品质标准

(1)款式、样板与材料的吻合度。

(2)样板的比例及余量。

(3)成品尺寸误差。
(4)缝制说明书中标准要求的执行情况。
(5)垫肩、胸绒、拉链等附属品与款式、样板、面料的吻合度。
(6)缝制过程中存在的问题及相应的解决办法。
(7)运动量、余量、穿脱的方便程度及着装舒适性等机能性确认。

二、成品尺寸确认

样板尺寸和样品尺寸确认注意要点。

(1)一般情况下,腰围、臀围尺寸容易发生变小或变大的现象,因此要对照材料、缝制效果、样板等进行认真确认。

(2)西服、衬衣等通过平面裁剪完成的服装,采用普通的方法检验;对采用立体裁剪方法完成的服装,要选择与该品牌产品定位相适应的及对应型号的人台着装确认。

三、外观检验

检验外观效果的好坏、材料污渍、破损等情况,出现不合格现象,要分析问题的原因,从材料、样板、缝制、整烫等各环节进行检验。

四、按照缝制方法说明书进行确认

根据缝制方法说明书中对面料、样板、里料、衬料、附属品等选择的要求,对明线的宽窄、绗缝固定、绱垫肩的方法、钉扣的位置、缲缝的方法等要求,确认是否按照标准完成了样品的缝制,缝制过程所使用的方法是否与缝制说明书中的要求相符。

五、工厂的样衣试制

批量生产前,加工厂还需要按照服装企业的要求和提供的样品实物进行样衣试制。为了避免批量生产出现品质不良问题和工期延误问题,工厂必须按商家提供的技术文件资料与样品进行投产前样衣试制。根据样衣制作情况,加工厂或所委托的外协订单加工厂要与服装企业之间就样衣制作过程的各类信息进行交流和确认。

这个确认的过程,既要执行缝制方法说明书中的要求,还要根据工厂使用的设备种类,探讨是否还有更加适合该工厂生产设备、生产技术能力的方法,修改制订更能够适合工业化批量加工生产的方案,并争取获得企业的认同。

1. 企业(发单方)需要与加工厂确认的事项

(1)试制完成的样衣是否符合所企划的形象和要求。

(2)面料手感、风格、颜色、花色的效果。

(3)款式、廓型。

(4)缝制方法。

(5)是否符合质量标准。

2. 加工厂(订单生产方)需要与企业确认的事项

(1)是否按照企业的要求完成,企业是否满意。

(2)工艺工程分析及工序划分(生产流水线作业工程设计)的研究、时间计划的制订,确定生产数量及交货期。

(3)设备的研究、配置与生产现场布置。

(4)是否与预算加工费用相吻合。

3. 样衣试制报告

样衣确认的结果及工厂的提案,要制作成样衣试制报告,对诸事项做好备案记录。如果试制的样衣是合格品,服装企业的设计技术主管部门要向加工厂发出可以批量裁剪的通知,工厂进入生产启动状态。

六、样衣检验项目及内容

1. 外观(表2-2-4-1)

表2-2-4-1 样衣外观检验项目及内容表

项目	内容
领子	领型、领头翘度、翻领展开量、领里、贴边止口吐量、驳口(翻领)位置、领口线、串口线、领座等
前片	前门襟打绺、前门襟止口反吐、前门襟变形、前门襟搭合错位、前门襟底边上翘、前门襟底摆牵吊、抽带状皱褶、省尖起泡、口袋形状走样、口袋位置移动等
后片	垫肩位置及平服度、后领窝皱褶、后底摆上翘、后开衩搭合错位等
袖子	袖子前后位置错位、袖型扭曲变形(扭劲)、袖山吃势不均、袖山凹皱、出袖条痕迹、袖口吐止口量不合适、止口反吐、内固定牵吊、内固定遗忘

2. 材料(表2-2-4-2)

表2-2-4-2 样衣材料检验项目及内容表

项目	内容
面料	里、面是否分清,倒顺毛方向、对条格、颜色是否错误,是否存在织物伤残、污渍、油渍、跳针、起球、抽丝、拔丝以及拆痕针眼等
里料	污渍、油渍
衬料	黏着度不够、开胶、起泡、渗胶、粘衬痕迹、熨烫痕迹等
牵条	牵条痕迹、开胶

3. 缝制（表2-2-4-3）

表2-2-4-3　样衣缝制检验项目及内容表

项目	内　　容
线迹	线迹是否美观，针码、线迹是否顺直、跳针，线是否紧、抽皱、开线
装饰线	线迹是否美观，针码、线迹是否顺直、跳针，明线宽窄，线迹接头起始回针，线的粗细是否符合要求
裁片缝合	错位、线迹松或紧、脱线、缝头偏移、拔丝、断线
暗缝	跳针、开线、脱线，缝份大小是否合适
绱里子	里子牵吊、里子脱垂
内固定	固定牵吊、遗忘固定，内固定位置不准
绱垫肩	垫肩位置、钉垫肩方法、牵吊不平服
滚边	扭曲变形、牵吊、脱线、滚边宽度不合适

4. 熨烫（表2-2-4-4）

表2-2-4-4　样衣熨烫检验项目及内容表

项目	内　　容
面料	缝头露出痕迹、颜色变化、烫出亮光、热缩、烫皱、蒸汽痕迹、熨烫不到位
里料	整烫收缩、熨烫不到位、水渍

5. 整理（表2-2-4-5）

表2-2-4-5　样衣整理检验项目及内容表

项　目		内　　容
收边处理	手工缲边	针码是否均、正面是否露线迹、漏缲
	锯齿缝	
	星点缝	
钉扣		钉扣位置、线的粗细、钉扣线数、线足长度是否合适
子母扣		钉扣位置、线的粗细、钉扣线数是否合适

七、招致消费者索赔的原因及预防措施

1. 容易招致消费者索赔的质量原因

(1)尺寸规格标注不规范,不符合国家、行业、企业标准的商品。

(2)着装过程中造成精神、生理等方面不舒适的感觉及造成危害的商品,如伤害皮肤、有异味、残针遗留、尺寸不足等。

(3)很短时间内出现毛病的商品,如变色、褪色、脱色、变形。

(4)商品品质示吊牌说明错误、说明不完全,包括材料成分、产地、洗涤注意事项、附加说明等。

(5)肉眼就能发现的质量问题:污渍、伤残、破损、拔丝、皱褶。

2. 预防措施

为了避免出现以上问题必须认真制订企划方案,对企划产品的穿着季节、时间目的等进行确认,研究材料、款式、功能等的合理性,否则企划方案难以实施或难以达到预期效果。

下面是企划过程中需要注意的问题。

(1)不能水洗的盛夏服装:干洗不能去掉汗渍。

(2)不同材料组合的款式设计、附属配件:由于不同材料对洗涤方法、熨烫方法等要求不同所带来的麻烦。

(3)部分材料使用真皮、合成皮:洗涤过程中容易发生变色、脱色、交叉染色、收缩等现象。

(4)品质表示不清楚:如 ⊠ ⊠ ⊗,无法判断怎样保养服装。

(5)经特殊加工的材料、发泡纱图案等:注意明确标示适应颜料特性的洗涤方法和化学颜料对皮肤的伤害。

(6)颜色浓淡搭配的商品容易色花:色牢度比单色要求高。

(7)必须熟知化纤面料的特性:易着色(染色性强)、不够结实、吸湿性差、容易起皱、容易收缩。

3. 残针筛查

针或断针残留在产品中会给消费者带来很大的伤害,一旦发生这种情况,企业、加工厂、经销商都必须承担相应责任。因此,产品生产过程中必须进行残留针的筛查工作。产品加工过程中有时会发生断针造成残针遗留在产品内的情况,因此产品加工完成后必须通过验针器检验是否残留断针。除了产品检验,在加工过程中一旦出现断针,必须找到残针并拼成完整的针,以判断产品中是否有断针残留。

八、验货

委托外协加工产品交货时,必须进行产品检验,验货过程中要检查的项目与程序,如图2-2-4所示。

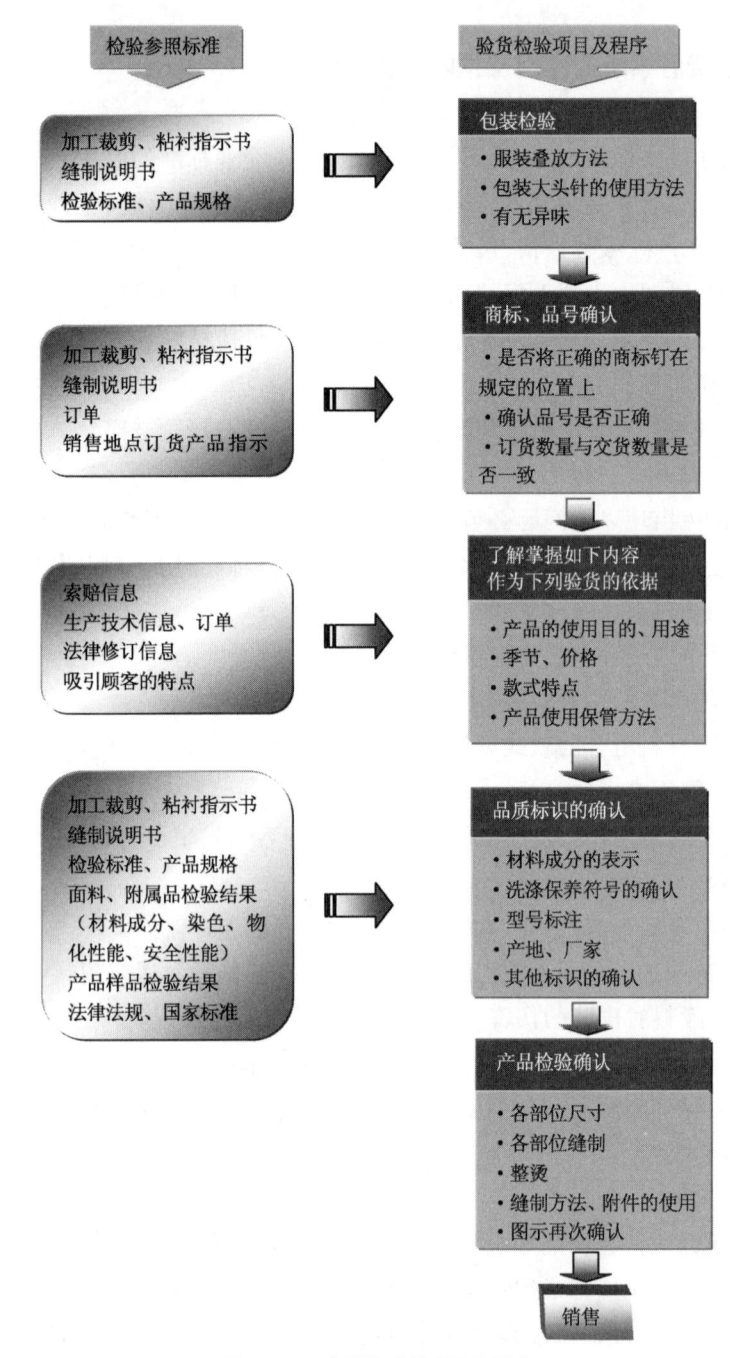

```
检验参照标准                                    验货检验项目及程序

┌─────────────────┐                          ┌─────────────────────┐
│ 加工裁剪、粘衬指示书 │                          │ 包装检验             │
│ 缝制说明书         │  ⇨                       │ • 服装叠放方法        │
│ 检验标准、产品规格   │                          │ • 包装大头针的使用方法 │
└─────────────────┘                          │ • 有无异味           │
                                             └─────────────────────┘
                                                       ↓
┌─────────────────┐                          ┌─────────────────────┐
│ 加工裁剪、粘衬指示书 │                          │ 商标、品号确认        │
│ 缝制说明书         │                          │ • 是否将正确的商标钉在 │
│ 订单              │  ⇨                       │   规定的位置上        │
│ 销售地点订货产品指示 │                          │ • 确认品号是否正确     │
└─────────────────┘                          │ • 订货数量与交货数量是 │
                                             │   否一致             │
                                             └─────────────────────┘
                                                       ↓
┌─────────────────┐                          ┌─────────────────────┐
│ 索赔信息           │                          │ 了解掌握如下内容       │
│ 生产技术信息、订单   │                          │ 作为下列验货的依据     │
│ 法律修订信息       │  ⇨                       │ • 产品的使用目的、用途 │
│ 吸引顾客的特点      │                          │ • 季节、价格         │
└─────────────────┘                          │ • 款式特点           │
                                             │ • 产品使用保管方法    │
                                             └─────────────────────┘
                                                       ↓
┌─────────────────┐                          ┌─────────────────────┐
│ 加工裁剪、粘衬指示书 │                          │ 品质标识的确认        │
│ 缝制说明书         │                          │ • 材料成分的表示      │
│ 检验标准、产品规格   │                          │ • 洗涤保养符号的确认   │
│ 面料、附属品检验结果 │  ⇨                       │ • 型号标注           │
│ （材料成分、染色、物 │                          │ • 产地、厂家         │
│  化性能、安全性能）  │                          │ • 其他标识的确认      │
│ 产品样品检验结果     │                          └─────────────────────┘
│ 法律法规、国家标准   │                                   ↓
└─────────────────┘                          ┌─────────────────────┐
                                             │ 产品检验确认          │
                                             │ • 各部位尺寸          │
                                             │ • 各部位缝制          │
                                             │ • 整烫               │
                                             │ • 缝制方法、附件的使用 │
                                             │ • 图示再次确认        │
                                             └─────────────────────┘
                                                       ↓
                                                    ┌─────┐
                                                    │ 销售 │
                                                    └─────┘
```

图 2-2-4　产品检验的项目与程序

第五节　委托外协加工管理

随着服装产业的发展和生产设备的专业化,服装产业运作越来越呈现出细分化趋势。服装企业的经营模式也体现出细分化趋向:有些服装企业建有自己的加工厂,有的没有自己的加工厂,有些企业甚至自己不进行结构设计与样板制作。即使拥有加工厂,有时完全依靠自己的工厂,也难以完成全部生产加工任务,因此就出现了专业样板设计工作室、服装加工厂等进行委托外协(发订单)加工生产的运行模式,又称订单生产。

一、委托外协加工(发订单生产)

1. 需要委托外协加工的原因
(1)款式多,每种款式生产数量少,是多品种、少批量产品生产的特征。
(2)设备条件不具备,如需要进行材料试验获取科学的数据资料不具备。
(3)场地条件不具备。
(4)缩放处理等先进技术条件不具备。
(5)缺乏耗料核算等技术人才。
(6)公司不设加工厂。

2. 委托外协加工方式的好处
(1)可以在繁忙的关键时刻求得技术支持。
(2)不需要长期雇用大量工人就可完成生产任务。
(3)发达国家与发展中国家之间、城乡之间劳动力价格高低不同,利用廉价劳动力可以降低成本。
(4)需要时随时可取,既解决了仓储场所,又节约了存储费用。

3. 委托外协加工的弊端
(1)时尚感觉、材料信息等都不能亲力亲为地进行确认,是否能够按着企业的决策标准完成产品的生产,以便于控制。
(2)品质、技术等方面的要求不容易传达清楚。
(3)所委托的加工厂进行二次委托,会有许多信息传达失误或疏漏。
(4)增加了运输物流量。
(5)物流需要一定的时间。
(6)遇到雨雪天气会造成迟到现象、农忙时员工请假或流失等,都会影响加工进度。
(7)发往国外订单除上述问题外,还存在语言、风俗习惯、价值观念等的不同,进行交流也比较困难。

除此之外,办理海关手续还需要一定的时间,因此必须保证充足的加工时间,做好交货期管理。

4. 外协加工厂的选择方法
(1)确定加工厂:根据自己企业品牌的产品特点,选择一些较稳定的外协加工厂,并根据加工厂的条件及生产能力划分为固定加工厂、相对固定加工厂、临时加工厂三种。

①固定加工厂:一般是有实力、软硬件条件优良的、非常值得信赖的外协加工厂。其具备的条件如下。

- 与企业开发的产品类别相吻合,按所开发产品的品种类别确定专业的生产厂家,如西服、大衣类加工厂,衬衣类加工厂,针织类加工厂,皮革、毛皮类加工厂等。
- 即使材料缝制难度较大,缝制工艺比较复杂,也能够高质量地加工生产。
- 即使加工费较低,且工期较短,仍能接受产品订单生产。
- 能够应对多品种、少批量产品生产的工厂。
- 批量生产,加工费低廉。
- 品质标准高的工厂。

②相对固定加工厂:具备固定工厂的基本条件,并具有较高的协调能力,是可以充分信赖的工厂,同时也具有可发展为固定工厂的潜力。

③临时加工厂:短期生产空间不足,临时寻找具备能够完成产品加工任务能力的加工厂。

(2)具体选择方法:从所属的订单工厂中,选择与上述各条件相符的工厂作为加工厂家。一般生产厂家都是以品种分类进行专业生产的,如大衣加工厂、西服加工厂、衬衣加工厂、裤子加工厂等。有些还根据牛仔、针织、皮革、丝绸、毛呢等材料进行更细化的分类,使产品加工厂的选择更有针对性,专业化程度更高,产品质量、交货期更容易得到保证。

对外协加工工厂的选择要通过一定的评价程序(图2-2-5-1)。

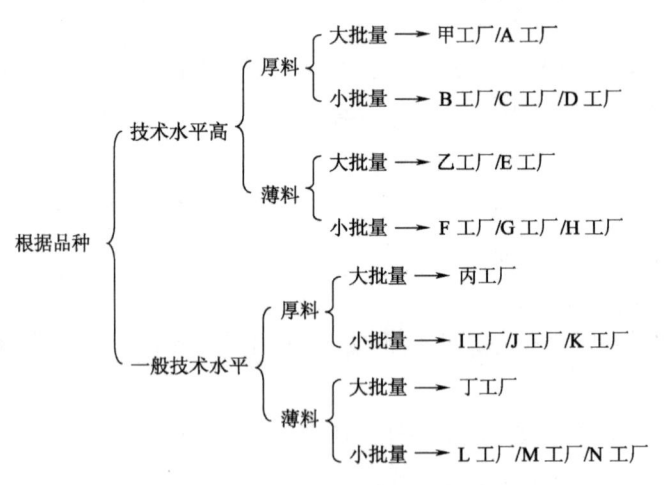

```
根据品种 ┬ 技术水平高 ┬ 厚料 ┬ 大批量 → 甲工厂/A工厂
         │             │      └ 小批量 → B工厂/C工厂/D工厂
         │             └ 薄料 ┬ 大批量 → 乙工厂/E工厂
         │                    └ 小批量 → F工厂/G工厂/H工厂
         └ 一般技术水平 ┬ 厚料 ┬ 大批量 → 丙工厂
                        │      └ 小批量 → I工厂/J工厂/K工厂
                        └ 薄料 ┬ 大批量 → 丁工厂
                               └ 小批量 → L工厂/M工厂/N工厂
```

图2-2-5-1 加工工厂选择标准评价图

(3)工厂生产能力的分析:工厂生产能力的高低决定着外协产品加工是否能够保证工期、保证产品质量。因此选择外协加工厂必须分析目标对象的生产能力,判定其能否完成发单生产任务。

①经营能力、决策能力。

②技术水平、经验技术。

③技术开发能力、材料管理能力。
④规模、设备。
⑤地理条件、人力资源。
⑥工程管理能力、品质管理能力。
⑦时尚感觉、勤劳度。
⑧人才培训能力、人力资源管理能力。

二、制订工作计划

1. 以交货期为目标,逆向推定工作计划

此种方法是需以交货期为最后期限,反推工作计划的方法。如交货期为10月1日,500件产品加工时间需要10天,那么需考虑:什么时间必须开始生产、什么时间完成裁剪、什么时间材料必须到位、什么时间完成生产用样品制作、什么时间发出订单、什么时间完成耗料核算、什么时间完成样板制作、什么时间制订完成生产计划、什么时间制订销售计划、什么时间完成样品制作与订正、什么时间完成设计、什么时间完成企划等逆向推定工作计划。

2. 制订大、中、小计划

(1)大计划:是框架型总计划,制订产品开发全过程的各大代表性工作项目、环节的完成时间段(表2-2-5-1)。

表2-2-5-1 总计划表

工作项目\完成时间	2008年												2009年	
	1	2	3	4	5	6	7	8	9	10	11	12	1	…
商品企划	■	■	■	■										
产品设计			■	■	■									
样品制作·研讨修订						■								
制订销售计划							■							
制订生产计划								■						
工业化样板制作									■					
耗料、生产数量核算									■					
确定加工厂发单										■				
生产前准备										■				
加工生产											■			
……														

(2)中计划:部门所承担的完成任务时间的结点计划。

(3)小计划:每周工作计划。

三、制造商与加工厂的业务往来形式(表2-2-5-2)

1. 产品加工生产方式

产品加工生产方式取决于材料的提供方式。

(1)企业自己的加工厂加工生产。

(2)委托加工生产:给委托订单加工厂提供材料、样板,只支付加工费。对加工厂而言,是来料来样的加工形式。

(3)有偿供料,购买产品:采取企业进料再卖给加工厂的材料提供方式,然后购买加工厂所生产的产品。这种方法有利于产品生产加工时间长,资金回收及时,保障流动资金的运转。

(4)指定材料生产:给加工厂指定材料供应商,加工厂必须到企业指定的材料供应商处采购材料,完成的产品由企业购买。

(5)完全产品购买:不提供企划方案,不提供材料、不指定材料供应商,加工厂生产的产品符合企业市场,企业则购买加工厂生产的产品。对加工厂而言,是贴牌生产的加工形式。

2. 加工费的确定

加工费虽然是由企划人员整体调控的,但是当零售价确定之后,可在企划决策的允许范围内,根据材料缝制的难度、生产量的大小等,由生产部门具体确定。

特别是较小批量产品的生产,作业人员技术还没有熟练工作就结束了,因此加工费必须给予一定的增加。

表2-2-5-2 企业与加工厂的业务关系形式

序号	合作交易形式		企划	原材料	设计	加工
1	完全自主生产	企业	◐	◐	◐	◐
		加工厂				
2	委托订单加工生产	企业	◐	◐	◐	
		加工厂				○
3	购买产品 / 卖给材料购买产品	企业	◐	◎	◐	
		加工厂		◎		○
4	购买产品 / 指定材料购买产品	企业	◐		◐	
		加工厂		○		○
5	购买产品 / 完全购买产品	企业				
		加工厂	○	○	○	○

注 ◐—企业承担的工作
　　○—缝制工厂承担的工作
　　◉—有偿提供材料
　　◎—购买原材料

3. 成本核算的要点及价格制订

价格制订过程中,首先明确材料费、核算成本,确定产品零售价,保证获取预期利润。

(1)成本核算、零售价确定等方法及要点:

$$制造成本=材料费+加工费$$

材料费包括面料、里料、衬料、拉链、纽扣以及其他附属品等。

(2)零售价确定方法:

$$零售价(最高价)=成本×4$$

(3)销售商批发价确定方法:

批发价(最低价)=零售价(最高价)×60%(这是以零售价为依据确定进货价格时通常使用的百分比)

(4)毛利润:

$$毛利润=批发价-成本$$

例:某产品成本。

面料=2m×400元/m=800(元)

里料=2.5m×80元/m=200(元)

衬料=2.5m×40元/m=100(元)

附属材料:5元

加工费:400元

制造成本=1505元

零售价=制造成本×4=1505×4=6020(元)

批发价=零售价×60%=6020×60%=3612(元)

毛利润(企业利润)=批发价-成本=3612-1505=2107(元)

利润(零售商利润)=零售价×40%=6020×40%=2408(元)

4. 签订委托加工合同的内容

确定了委托加工厂之后,要签订加工合同,加工合同中一定要明确就以下各项内容达成协议。

(1)材料、产品的管理和运输方式及费用支出与责任承担。

(2)交货期。

(3)加工费结算方式。

(4)检验标准及不合格品的处理方式。

(5)合同有效期限、变更、解除。

5. 委托加工合同格式与必要条款

××服装有限公司(甲方)与××制衣有限公司(乙方)就产品加工签订如下委托加工协议。

(1)对下列事项,甲乙双方必须真诚地履行委托加工协议如下。

(2)明确面料、里料、衬料、附属品等材料购入及运输费用等应由哪方负责。

(3)明确说明材料在运输过程中出现丢失、发生事故等造成的损失等应由哪方负责。

(4)明确说明服装商家提供给加工厂的材料在工厂内出现火灾、被盗等损失,应由工厂承担责任。

(5)明确说明交货产品出现疵品时,加工厂要无偿进行返修,不能返修的要赔偿损失。

(6)明确说明未按生产指示书要求交货、延误交货期时,加工厂的赔偿责任。

(7)加工说明变更时,对加工费的增减、交货期的变更,一定要通过甲乙双方协商后决定。

(8)在按协议交易的过程中,乙方对甲方提供的情报信息,不得向第三方透露,明确必须遵守保守商业秘密的协议。

(9)如果乙方在执行协议的过程中发生如下情况,甲方可以不需要通告乙方便解除协议,并由此造成的损失均由乙方赔偿。

①乙方违反协议中的任何一项。

②乙方破产。

③甲方提供的款式或创意被盗用。

④其他不诚信行为。

(10)经甲乙双方协议,确定出现债务时,保证金、补偿金的交付方法。

(11)关于"甲方提出要求时,乙方必须无条件执行"的条款,必须通过公正的形式确定下来。

(12)明确协议有效期限,甲乙双方各持一份,甲乙双方签字盖章。

6. 合同履行

企业对加工厂要以使其保证交货期为目标做好各项工作,加工厂为确保交货期也要提前做好裁剪设备、缝纫设备的调试准备,技术人员要做好作业工程、工序划分及日产量核算等准备工作。

企业为了确保因为材料不能及时到位给加工厂带来麻烦,而对材料供应商提出具体的供货时间要求,并进行准确无误的确认。

企业完成各种工作的时间交货期、材料供应商的交货期、生产加工厂的交货期等都必须履行合同,严格遵守合同规定,才能保证产品如期上市。

四、委托外协加工管理的要点

委托外协加工管理,又称为跟单,实际上就是对所委托的加工厂实施材料、品质、成本、交货期、物流等的管理。

委托外协加工管理(跟单)的要点是:

(1)跟单者必须正确理解企划决策方案,理解企划的真实思想与产品策划的目标,深刻了解设计师的设计意图,并准确、正确地传达给加工厂。

(2)跟单者要能够准确地回答款式设计意图、样板师制作样板的要求、缝制说明书的要点等问题,成为厂商与工厂信息传递、交涉问题的桥梁。

五、交货期管理

交货期管理是对工厂保质保量、按期完成产品生产任务实施控制的管理活动。因此,首先必须保证以下各项工作严格按时完成。

(1)制订委托加工生产合同后,及时、迅速地向工厂下订单。

(2)制作生产指示书,明确颜色、型号等。

(3)编制缝制说明书,制作工业化样板并交付工厂。

(4)材料提供,明确面料、里料、衬料、附属品等材料的提供方式,并迅速落实到位。

(5)材料的品质、材料可缝性的确认。

(6)生产过程对进度、运行情况的改进与督促、监控。

(7)交货产品的质量检查和确认。

(8)出现问题及时处理,并预防出现意外问题,包括品质不好、完不成产量等问题。

(9)生产计划(数量及款式)变更时的协调。

六、工期、交货期延误的原因分析

造成交货期(工期)延误的原因有很多,在管理过程中难免会出现错误,但要切记同样的错误绝不允许出现第二次。不断地出错就会影响工期,甚至造成交货期延误。

分析延误工期的原因,一般使用特性要因统计分析法,如图 2-2-5-2 所示。

1. 生产所需的材料及设备

生产所需的材料及设备必须保证生产所需的材料及设备能够正常使用。

2. 明确关联信息

明确人与人、工作与工作之间的关联信息,保证能够保质保量地按期完成任务,提高效益和效率。

(1)设计部门提供的样板、指示书、方法说明书等文件,是向加工厂传达意向要求的情报信息。

(2)根据工厂流水线的规模、生产日期等不同,样板数量也会发生变化。因此生产部与样板制作要在生产前进行会商,制作出与委托外协加工厂相协调的工

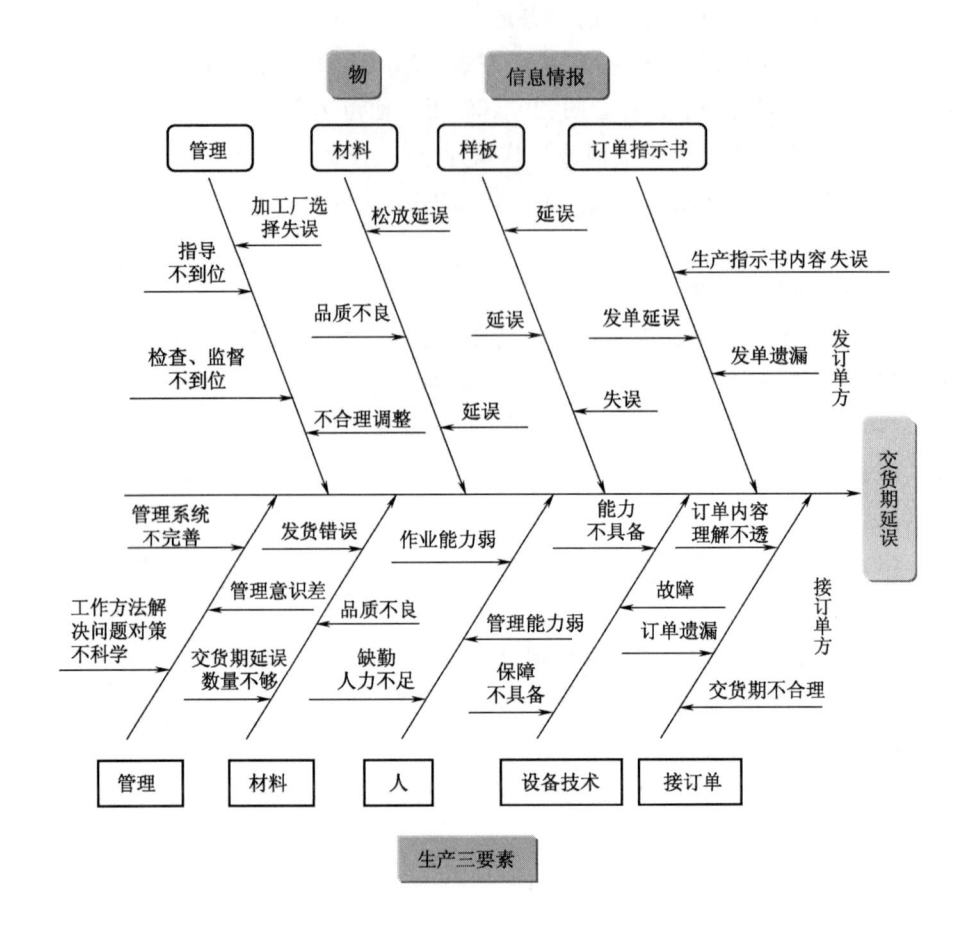

图 2-2-5-2　交货期延误特性要因图

业用样板。

(3) 相关生产技术文件：生产数量、成本、交货期、附属品等需要向加工部门传达的要求标准，要形成文字性资料，作为生产加工的技术质量标准。

(4) 服装面料准备：明确主、辅料等供料方式，材料准备是决定能否保证交货期的关键，所以不论采取怎样的供料方式都必须提前做好充分准备，制订缜密计划。

七、产品生产委托书

生产委托书是指委托外协加工时，关于生产产品、生产活动内容、生产合约等的文字信息。对于加工厂而言，收到生产委托书、材料、样板、缝制说明书、样品等生产相关情报后，才能组织生产。生产委托书也可称为生产加工指示书，即传达了生产什么、使用什么材料、什么颜色、各号型生产数量等信息。详见表 2-2-5-3~表 2-2-5-8。

表2-2-5-3 外协加工工厂选择标准评价表

外协加工工厂选择标准评价表

年 月 日 制表

企业名称等	企业或工厂名					
	企业所在地					
	法人代表姓名					
	电话					
	注册资金					
	业务往来记录					
工厂发展历程		企业或工厂所在地理位置图				
		与该企业建立业务关系的动机				
		其他				
工厂规模	占地面积	从业人数	技术		技术力量	平均工龄
	建筑面积		管理			
			员工			
			合计			
经营者素质	简历	经营者	很高	高	一般	差
	质量意识					
	成功率					
	协作能力					
	再培训计划					
技术水平	1.生产线组织程序	4.作业者对产品制作的有关知识	非常了解	基本了解	对产品的性能完全了解 了解一部分 完全不了解	
	2.作业条件	5.作业者的质量检查方法	形成标准	未形成标准		
	3.设备条件	6.形成标准后	遵照执行	不遵照执行		
		7.其他				
其他	1.判断该工厂适合哪些工作					
	2.如果与企业建立业务关系,他们有没有承担该项业务的实力					
					交通路线	最短路线所需要的时间

外加工工厂调查原始记录表

外协工厂名	住所	人员	加工工程	主要设备	注册资金	生产能力	可信度	品质管理	成本管理	交货期管理	协作能力	有无二次外协委托	其他

表2-2-5-4 外协加工生产委托书案例1

生产委托书

工厂名称	工厂编号	委托书编号	委托时间	产品编号	体型	品牌名称	负责人
交货期	加工费	企划人					

号型				提供材料				提供数量	直接输送数量	单件用量	材料使用记录	
	材料	色号	进货渠道	品名	货号	规格					层数	总用量	误差
9													
11													
13													

| 生产量 | | | | | | | | | | | | |

备注	名称						
	保养方法						
	材料成分表示						
	衣架						

公司名称：

时间： 年 月 日

-126-

表 2-2-5-6 缝制说明书

SEWING SHEET

接单企业名 Name of Maker：　　　　发单企业名 Name of Maker：　　　　主管业务员（跟单员）In Charge　　　　日期 Date：

编号 Season	产品名称 Article	材料成分及含量 Material & Construction	加工数量 Quantity	样品号 Sample No.	产品类型编号 Style No.	样板编号 Pattern No.	品牌 Brand
20N	罩衫	棉100%	920	20N-16T	2568	20N-16T-18	霹雳贝贝

无里	有里
缝制要求	（面）双针包缝(13～14针)倒缝 / （里）双针包缝(13～14针)倒缝
缝纫线	（暗线）涤纶线 同色 / （明线）涤纶线 同色
	涤纶线丝光线 3cm 间 13 针 / 涤纶线丝光线 3cm 间 11～13 针
明线位置	0.1cm：领外口镶边接口、前门襟镶边接口、袖口镶边接口、底口镶边接口、口袋外围 / 1.5cm：袋口
衬	领面、前门襟
牵条	—
纱向要求	全部按一个方向（顺毛、逆毛、图案）经济排料（确认面料弹性后裁剪）
对格要求	—
扣眼	锁扣眼 1.7cm 开扣眼 1.7cm
里、面固定	肩、袖隆下、侧缝、袖下缝、袖口、底边
缝领	夹缝（身夹领、领夹身）
缩袖	平缩（先缩袖，后合身、袖）、后缩（先合侧缝）倒缝（袖侧、身侧）
底边	1.折缝 2.折缝 3.折卷缝、双针平缝
手工艺	褶裥、水洗、刺绣

缝头(cm)	样板
肩	1
侧缝	1
拼接	
袖下缝	1
口袋	2.5
袖口	0.1
底边	0.2
其他	

裁片数 Parts	主管部门 Sec	Ofc	质检 QC	设计师 Designer	板型师 Patterner	生产负责人 Maker In Charge

表 2-2-5-7 附属品说明书
Working Sheet (B)

工厂 Maker (代理工厂 Factory)		产品名 Article					主管业务员 (跟单员) In Charge			Date:
样品号 Sample No.	产品类型编号 Style No.	订货商产品号 Customer No.	品牌 (商标名) Brand	Ofs	质检 QC	材料成分 Composition				
						主管部门 Sec	设计师 Designer	样板师 Patterner	生产负责人 Maker In Charge	

附属品指示书 (对装饰标签,领标签,洗涤标签,注意事项标签,装饰品等的大小,形状,安装位置及折叠方法等,用图示、文字进行说明)

辅料 Sub-Material

品名 Name	规格 Standard	供货商 Supplier	
		购买 Buyer	制造 Maker
纽扣 Button			
拉链 Zipper			
黏合衬 Inter Lining			

附属品 Accessories

品名 Name	供货商 Supplier	
	购买 Buyer	制造 Maker
装饰标签 Hang Tag		
领标签 Collar Name		
洗涤标签 Washing Label		
注意标签 Caution Tag		

货物运输标记说明

包装说明

身长 Height (cm)	95~105	105~115	115~125	125~135	135~145	145~155	155~165
型号 Size	100	110	120	130	140	150	160

表2-2-5-8 质量检查（核对样品）说明书
Counter Sample Check Sheet (B)

工厂(代理工厂) Marker (Factory)		产品类型编号 Style No.			产品名称 Article	检查项目(要点) Check Point	材料成分 Composition	不合格部位及修改要点 Defective Parts and Point of Improvement	主管部门 Sec	主管业务员(跟单员) In Charge
No.	检查各部位尺寸 Size Check						○ ×		日期 Date:
	成品尺寸(110) Top Size	标准 Smpl	抽样 Sample	修改 Amend					
	身长 Body Length	58	58		A	纱向(方向,纱向,毛的倒向)Fabric Graic	○	在生产该产品过程中,请业务必使用生产指示书中所要求使用的面料,附属品等		
	胸宽 Chest	33.5	33.5		B	明线(线迹,断线,部位,颜色,粗细等)Stitch	○	○一质量合格 ×一有质量问题需要修改		
	后肩宽 Shoulder	27.7	27.7		C	领型,外观,绱领Collar	×	检查所见: 刺绣合格		
	袖隆 Arm Hole	13.7	12.9	13.7	D	领围(外观,机能性,粘衬)Neck	○	领宽过宽,需要改进0.5cm,达到8cm 袖隆过浅,功能性差,需改大1cm,达到13.7cm		
	袖长 Sleeve Length	12.5	12.5		E	肩缝(左右对称,垫肩,牵条)Shoulder	○			
	袖口宽 Cuff Wide	12	12		F	绱袖,袖口形状 Sleeve & Cuff	×			
	后领宽 Upper	13.3	13.3		G	前门止口形状 Front Edge Line Fly	○			
	前领深 Front Neck Hole Depth	6.9	6.9		H	口袋(对称,起始回针)Pocket	○			
	领宽 Collar Width	8	8.5	8	I	拉链,扣,扣眼,挂钩 Zip, BIN(suoyan), couple	○	缝进0.5cm 改为虚线部分		
	下摆宽 Bottom Width	48.3	48.3		J	底摆(外观及制作)Bottom	○			
	口袋宽 Pocket Width	8.5	8.5		K	包缝(部位,脱线,跳针)Overlock	○	袖隆向下开深1cm 改为虚线部分		
	口袋长 Pocket Length	9.5	9.5		L	熨烫(适当,收缩)Iron	○			
					M	粘衬(部位,黏结程度,服帖程度)Inter lining	○			
					N	缝纫状态(牢固,开线)Stitching	○			
					O	Linking	○			
					P	曲线状态(领,袖,底边,前门止口)Rib	○			
					Q	始末部位线头剪切 Thread Cut	○			
					R	刺绣,花样等手工艺 Emb, Print	○			
					S	完成状态(褶皱,污渍等)Finish Stain	○			
					T					

注:
1. 检查项目一栏中不够详细的,一般要有补充说明。如要标清有几页。
2. 标有×记号的栏目要在本页空白处详细写明质量问题的具体情况及原因,必要时可用图示表示。

八、工作进度确认

1. 材料准备

(1)服装面料、里料、附属品、样板是否按期到位。

(2)生产数量、产品号等是否正确。

(3)面料样品与批量生产用面料布幅宽窄是否相同。

(4)服装面料是否有伤残、污渍、染色不均匀等。

2. 资讯

(1)确认说明书中的内容是否正确。

(2)内容有变化时,是否说明清楚。

3. 工厂内的运行状态

(1)是否按计划进行了裁剪。

(2)是否制订了符合交货期的生产计划。

(3)运输是否存在问题。

(4)生产负责人是否对可能出现的问题制订了预案。

九、产品交货前的准备

1. 成品仓库及包装的准备

(1)确认成品仓库的准备情况。

(2)确定产品成品折叠的方法、形状及打包的方式等。

(3)保证不被污损、不变形的包装运输方法。

2. 运输过程中使用衣架应该注意的问题

(1)商品之间不能过于紧密,以免造成褶皱、变形。

(2)衣架的形状与服装的形状要相符。

3. 装箱时的注意事项

(1)包装箱的大小不符合要求,是容易起褶皱、变形的原因。

(2)打包用材料的强度,材质不同,用途不同。

4. 运输环境的注意事项

(1)长时间的高温、高湿度、日光照射、空气污染等会引起质地变化、退色等。

(2)注意防止发霉、虫蚀、落灰尘。

十、验货(成品质量检验)

加工厂交货、验货时,制造商进行产品质量检验,检验项目见表2-2-5-9~表2-2-5-11。

1. 尺寸确认(表2-2-5-9)

表 2-2-5-9　尺寸确认

号型	腰围	胸围	臀围	身长	底摆	肩宽	袖长	袖口	备注
成品规格									
成品尺寸									
尺寸差									

注 与成品规格尺寸相差 1cm 以上的要确认订正样板。

2. 外观效果（表 2-2-5-10）

表 2-2-5-10　外观效果

	确认项目		样品	产量	交货	备注
1	毛绒倒向、光泽度					
	面料色差					
	正反面					
	对条格					
2	左右对称	领形变形				
		领面余量不足				
		绱袖位置不准				
		垫肩、胸绒不对称				
3	缝头	跳线、脱线、开线				
		吃皱				
		缝线不顺直（扭曲）				
		暗线				
4	里子	余量不足、过多				
5	曲度	前搭门中心				
		后中心				
6	纽扣	钉扣、锁眼				
7	搭合服帖	前门下摆小口开衩、后开衩				

3. 工厂缝制状态确认清单（表 2-2-5-11）

表 2-2-5-11　工厂缝制状态确认清单

	确　认　项　目		样品	产量	交货	备注
1	背中缝	劈缝、倒缝（左、右）、折边扣烫、滚边				
2	褶裥	倒向（中心、侧缝）				
3	省缝	上、下、倒向侧缝、倒向中心、劈缝				
4	腋下缝	劈缝、倒缝（前、后）、折边扣烫、滚边				

续表

	确 认 项 目		样品	产量	交货	备注
5	肩缝	劈缝、倒缝（前、后）、折边扣烫、滚边				
6	袖下缝	劈缝、倒缝（前、后）、折边扣烫、滚边				
7	内固定	领窝、侧缝、袖口、袖窿、袖山、腰口、口袋				
8	口袋	距前端 cm、距底边 cm、前中心 cm、袋宽 cm、袋长 cm、倒缝方向、劈缝				
9	绱袖	袖山高、袖窿高、劈缝绱袖、前后 cm				
10	绱垫肩	固定在肩缝、T字固定、距袖山点 cm				
11		距领端点 cm、超出肩端点 cm				
12	内绱垫肩	固定在肩缝、T字固定、距袖山点前后 cm				
13	里料处理					
14	缲边	底边、袖口、翻驳线				
15	点固定					
16	钉扣位置					
17	拉链位置					
18	打包方法					
19	品质表示标签位置	距底边 cm、向前倒				
20	商标牌	领窝、贴边、里子				
21	其他					

复习与作业

1. 思考生产管理文件制订的重要性。

2. 认真总结生产管理技术文件所包含的内容，必须全面完整。

3. 认真总结归纳制订生产技术文件的方法、步骤、规范要求等。

4. 指定西服、裤子、外套、夹克、衬衣、裙子、礼服等代表性产品，指定规范、完整、科学合理的生产技术文件。

成本管理

本章内容：1. 成本管理概述
2. 服装产品成本的核算方法
3. 成本和费用的控制
4. 降低成本的方法

上课时数：8课时

教学提示：以讲解成本管理的意义、目标为切入点,重点讲授服装产品成本核算的方法与技巧;

运用成本费用的控制方法和降低成本的方法,通过实践教学,指导学生独立完成成本核算;

在生产管理实习过程中,以管理者的角色,实施成本费用控制;并做出降低成本的决策。

指导学生对第二章复习与作业进行交流和讲评,并布置本章作业。

教学要求：1. 使学生理解成本管理的意义以及对企业发展的影响。
2. 使学生掌握服装产品成本的核算方法。
3. 使学生掌握控制成本和费用的方法,并制订成本控制方案。
4. 使学生掌握制订降低成本的方案,寻找降低成本的科学有效方法。

课前准备：教师深入管理规范的生产企业,调研企业成本管理的科学方法,总结现代我国服装产业成本科学管理及降低成本的经验,将先进的成本管理方法融进教学内容。

第三章

成本管理

中国自加入WTO以后,行业、产业、经济竞争日益与国际接轨,呈现出全球化"零距离"的竞争状态,因此如何降低成本并保证产品的高质量成为企业谋求生存与发展的重要课题。如今,人们的消费意识已不再是单纯地追求价格便宜,而是物超所值。在这种经营环境下,不重视降低成本的企业都会被社会和市场淘汰。因此在企业的生产经营过程中,是否能够节约开支、降低成本、增加利润具有极其重要的意义。

第一节 成本管理概述

一、经营成本的概念

企业在生产经营过程中要产生各种劳动消耗,这些消耗所投入的资金就是企业生产经营费用,又称为销售成本。在企业的生产经营费用中包括生产费用、管理费用、财务费用、销售费用等。生产费用是指企业在某一时期加工生产产品时所发生的费用,生产费用形成了产品的生产成本;生产经营费用中除去生产费用外的其他费用均称为期间费用;经营成本则是销售成本与利润的总和。服装产品的生产经营所发生的成本,如图2-3-1-1所示。

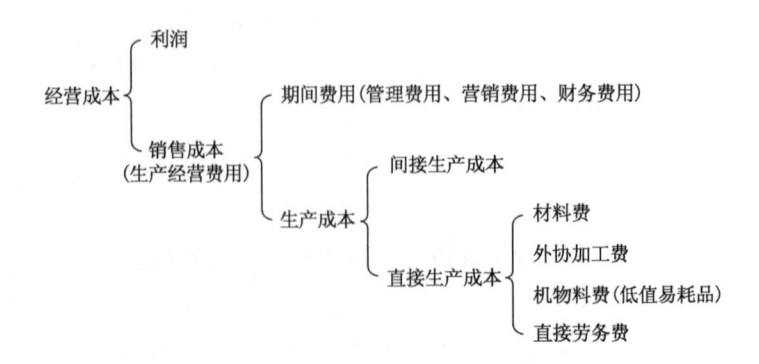

```
经营成本 ┬ 利润
         └ 销售成本     ┬ 期间费用(管理费用、营销费用、财务费用)
           (生产经营费用) └ 生产成本 ┬ 间接生产成本
                                    └ 直接生产成本 ┬ 材料费
                                                   ├ 外协加工费
                                                   ├ 机物料费(低值易耗品)
                                                   └ 直接劳务费
```

图2-3-1-1 服装产品生产经营中的成本

服装企业在服装产品生产加工过程中需要支出各种各样的费用。如加工产品需要加工作业人员,所以必须支付劳务费;同时还需要购买原材料、针线、附属品等,所以需要材料费;另外,根据产品及产量的要求还可能需要委托外加工,所以必须支付外加工费等,这些都被称为制造经费。上述三项内容称为成本的三要素,即材料费(物的费用)、劳务费(人的费用)、制造经费(设备折旧费、差旅费等),如图2-3-1-2所示。同时根据成本核算目的、核算方法的不同又可分为:固定费用、变动费用,产品成本、期间成本,直接费用、间接费用,部门费用、交通费用,可能发生费用、不可能发生费用等类别。

费用、生产成本与制造经费是三个不同的概念,其具体区别如图2-3-1-3所示。

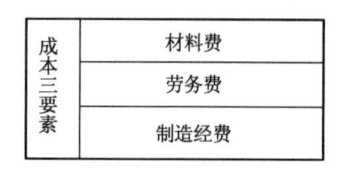

图2-3-1-2 成本三要素图　　图2-3-1-3 费用、生产成本、制造经费的区别

1. **费用**

费用是有的企业为了求得生存和发展,在所进行的一切生产经营活动中必要的所有支出。

2. **生产成本**

生产成本是费用的一部分,即在生产加工过程中所消耗的所有必要费用的总和。

3. **制造经费**

制造经费是生产成本的一部分,是生产成本中除去原材料费、劳务费之外的其他各种费用,如设备折旧费、贷款利息、差旅费等其他费用。

二、服装产品的成本构成

企业发生的全部费用支出并不都是生产经营费,不应全部计入产品成本和期间费用中。根据财务制度不计入成本的费用支出主要有:购置固定资产、无形资产和其他资产的费用,对外投资的支出以及分配给投资者的利润(包括支付的优先股股利和普通股股利)、被没收的财务款、支付的滞纳金、罚款罚息、违约金以及企业赞助等支出,应在公积金、公益金中开支的支出,国家法律、法规规定以外的各种费用,国家规定不能列入成本、费用的其他支出等。这些支出均不属于生产性支出,有的是投资支出,有的是利润分配支出,有的是惩罚性支出,还有的是不合法支出,这些均不能计入成本与期间费用中。下面将对服装产品的成本构成进行详细说明。

1. 材料费

(1)直接材料费:产品生产过程中实际消耗的材料费用称为直接材料费,包括主料(面料)、副料(里料、衬料等)、辅助材料(缝纫线、纽扣、拉链等附属品)等。

(2)间接材料费:是购买包括机器油(辅助材料)、机针、机器零部件等消耗性工具的备用品所支出的费用。

有时所有辅助材料费都可以按间接费处理,如在生产西服时,通常都是把所使用的纽扣、拉链、垫肩、商标标签、线等支出费用作为间接材料费,在这里我们将它归入直接材料费中。

2. 劳务费

(1)直接劳务费:

①直接参加产品生产的作业者工资(包括基本工资、计件工资、加班费、奖金、津贴等)。

②按生产工人工资总额和规定的比例计算提取的职工福利费等。

(2)间接劳务费:包括间接作业者工资、临时工资、休假工资,停产期间工资、奖金、福利,退休工人工资、健康保险金及其他杂费等。

3. 制造经费

(1)直接制造费:产品加工生产单位(工厂、生产车间)在组织生产和管理过程中所发生的费用,包括设计制图费、样品试制费、检验费、特支费、委托外加工费、设备租赁费等。

(2)间接制造费:包括贷款利息、福利费、降价差额费、租赁费、水电费(测定经费)、保险费、税费、差旅费、交通费、通讯费、工具消耗费、办公用品费、修理费、运输费、社交费、保管费、设备损耗折旧费、仓储损耗费等。

按上述成本项目分类可以反映出服装企业成本结构。成本核算过程中,在一种产品生产期间对上述各类费用都要全部计算出来,准确地核算出成本,并通过分析找出降低成本的途径。

4. 期间费用

企业的期间费用是指在企业生产过程中发生的,但不能直接归属于某个特定产品负担的费用。期间费用归属于某一会计期间的生产经营费用。按其经济用

途分,期间费用包括以下几项:

(1)管理费用:指企业的行政管理部门为管理和组织经营活动的各项费用、工会经费、待业保险费、职工教育培训经费、劳动保险费、董事会会费、咨询费、诉讼费、业务招待费、税金、土地使用费、技术转让费、无形资产摊销和技术开发及其他管理费等。

(2)财务费用:指企业为筹集资金而发生的各项费用,包括企业生产经营期间发生的利息支出(减利息收入)、汇兑损失(减汇兑收益)和银行手续费等。

(3)销售费用:是指企业在销售产品、自制半成品和工业性劳务过程中发生的各种费用及专设销售机构的各项经费,其中包括应由企业负担的运输费、装卸费、保险费、委托代销手续费、广告费、展览费、租赁费(不含融资租赁费)和销售服务费等。销售部门人员工资包括:福利费、差旅费、办公费、折旧费、修理费、物料费、消耗和低值易耗品摊销以及其他经费。

企业的期间费用属于营销成本的范畴,要从销售收入中扣除,不计入产品生产成本。因为期间费用与产品生产没有直接联系,这样做有利于考核企业生产经营单位进行成本管理的责任和正确进行成本预测和决策。

三、成本管理的基本任务和主要内容

成本管理的基本任务是通过对成本的预算、计算、控制、核算、分析和考核,显示企业的实际经营成绩,寻找降低成本最有效的途径,从而达到降低成本的目的。为此成本管理必须要做到全员性的成本管理、全过程的成本管理、预防性的成本管理三项基本要求。

成本管理主要包括以下内容:

(1)成本预算,通过成本核算确定标准成本、编制成本计划。

(2)在成本形成过程中加强成本控制。

(3)准确、及时地完成成本核算工作。

(4)开展成本分析等。

第二节　服装产品成本的核算方法

一、服装产品成本项目的分类

服装产品的成本项目分类,上一节也已经做了详细说明。人们为了便于分析企业成本升降的原因,还对企业的生产经营费用进行了如下分类。

1. 按生产经营费记入产品成本的方法,分为直接费用和间接费用

(1)直接费用:在成品费用项目中,与产品直接关系的费用称为直接费用,如

材料费和工人的工资等劳务费,还有外协加工费等。

(2)间接费用:与产品不是一一对应的直接关系,而是对企业整体(可能是多个产品的生产)而言所需的共同费用,如机油、房屋设备折旧费等。

直接费用直接记入成本,间接费用要通过各部门的分配,然后分别计算出具体落实到属于哪一个产品所应消耗(承担)的费用,才可归入该产品的成本。

2. 按生产经营费用与产品产量的关系,分为变动成本和固定成本

(1)变动成本:是随产品产量的增加而按比例变动的费用,如原材料费和水电费等。

(2)固定成本:是不随产量的增减保持相对稳定的费用,如车间管理人员的工资、办公费等。

3. 按照生产经营费用与生产工艺的关系,分为基本费用和一般费用

4. 按照生产经营费用是否能够被某一责任部门所控制,分为可控制经费和不可控制经费

所以,在进行成本核算过程中首先要把所有成本项目罗列出来,做到没有遗漏,才能保证成本核算的准确无误。为了达到这一目的,首先依照成本构成要素(哪些项目、所消耗的费用是多少)罗列出成本项目,区分直接费用与间接费用,然后计算出间接费用中应该归入该产品的成本费用。

二、服装产品成本核算的程序

成本核算的基本程序大致分为三个阶段,第一阶段为依照成本构成要素(即哪些项目、各消耗的费用是多少)罗列成本;第二阶段为根据各部门的消耗(在哪个部门发生了多少费用)分部门核算成本;第三阶段即按各产品的消耗推算出属于该产品的成本(哪类产品需要消耗多少费用)。这一标准成本的核算程序,被称为成本核算的三个阶段。

1. 按照成本构成要素掌握成本项目

(1)材料费:为制作产品所发生的材料费用。包括购买主料、辅料、附属材料等。

①材料的购入:服装加工业一般都是从服装主料——面料等材料购入开始进入生产加工状态的。材料关系有加工工厂自备材料和发单方提供材料两种情形。在实际生产过程中,需要自备材料时,材料的购入都是由企业技术部门的考料组参与的,他们首先下达每种产品所需材料的数量,称为材料消耗定额;然后根据材料定额分别进行"主料成本费用"、"副料成本费用"、"辅助材料成本费用"的预算;再确定材料的标准成本,制订出材料的成本计划和材料的采购计划,开

出材料采购单,做好材料购入所需的金额预算,按照材料采购实施。消耗定额及材料成本的预算,是产品生产经营过程中重要的成本管理项目。因为在服装产品生产总成本中,物料成本约占60%以上,因此在降低成本过程中,材料成本的管理占据着举足轻重的位置(表2-3-2-1)。

表2-3-2-1 材料采购单与账目的关系

年 月 日

编号	材料名	规格	数量	单价	金额	备注
合计					×××	

账目内容

剩余货款(总货款-已付货款) + 已付货款
（主料、副料、辅助材料费）　　（主料、副料、辅助材料费）

在服装产品的加工生产过程中,缝纫线的耗料预算难度较大,所以很多企业都根据实际经验归纳出有代表性的服装缝纫线的平均使用量,作为制订材料消耗定额的参考依据。表2-3-2-2是一些代表性品种的平均缝纫线消耗量,仅供参考。

表2-3-2-2 代表性品种的平均缝纫线消耗量

品种	平均消耗量(m)	品种	平均消耗量(m)	品种	平均消耗量(m)
男式套装	480	女式套装	365	童装连衣裙	55
男式西裤	270	裙子	100	礼服连衣裙	90
男式牛仔裤	170	礼服、连衣裙	190	童短裤	35
男式衬衣	110	女式衬衫	85	男童衬衣	75
男式夹克	200	女裤	160	童裤	130
男式大衣	520	女式大衣	315	童大衣	135
男式马甲	35	女式马甲	45	童马甲	25
男式针织外套	80	女式针织外套	70		
男式睡衣	190	女式睡衣	140	童睡衣	100

注 其中包括5%的线头消耗宽余量(m)。

②材料的使用:同件产品在不同企业生产,所消耗的材料有很大差别,这是反应一个企业内部管理水平的重要依据。除了做好成本预算,还要运用材料形成成本过程中的成本控制,考料组制订材料消耗定额计划,裁剪、缝制等各部门都

必须按照消耗定额领取材料,仓库按照消耗定额履行材料的出库手续。在材料出库单(表2-3-2-3)上做好数量及金额记录。

③材料的回收:在生产现场,特别是裁剪部门要做好实际耗料记录,填好裁剪报告单,用来确认出库材料的最终使用量。当出现剩余时要做好材料回收,以便对材料成本做精确的计算,这也是降低材料成本的有效控制手段。

④材料的成本(表2-3-2-3)。

表2-3-2-3 材料成本表

产品号	材料名	规格	数量	单价	金额	备注
合计						

材料费账目内容:

购买材料费	出库材料费	实际消耗材料费(材料成本)

(2)劳务费:劳务费的预算要以每个直接作业者的作业时间报告单为依据进行计算,并按照"直接劳务费"、"间接劳务费"来分类(图2-3-2-1)。

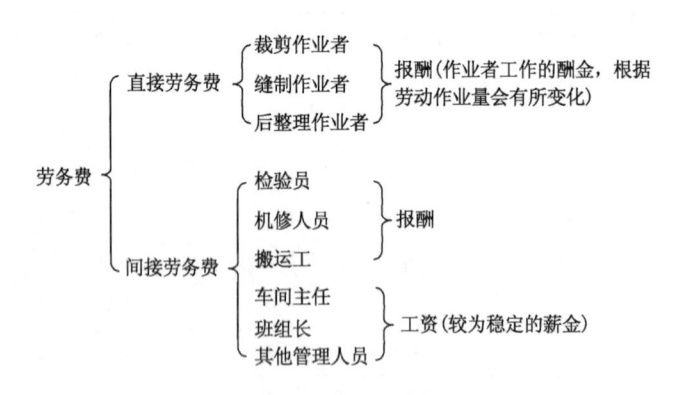

劳务费构成:
- 直接劳务费
  - 裁剪作业者
  - 缝制作业者
  - 后整理作业者
  - → 报酬(作业者工作的酬金,根据劳动作业量会有所变化)
- 间接劳务费
  - 检验员
  - 机修人员
  - 搬运工
  - → 报酬
  - 车间主任
  - 班组长
  - 其他管理人员
  - → 工资(较为稳定的薪金)

图2-3-2-1 劳务费构成图

支付给间接作业者的报酬及管理人员的工资,都要纳入间接制造经费的预算,劳务费计算与账目的关系见表2-3-2-4。

(3)制造经费:即在生产该产品时发生的经费。经费的使用也必须首先进行预算,服装产品制造经费的直接经费与间接经费项目如图2-3-2-2所示。

表2-3-2-4 月作业时间统计及直接劳务费计算

指示书号	产品名称	产品号	产品数量	裁剪车间			缝制车间			后整理车间		
				总时间	小时工资	金额	总时间	小时工资	金额	总时间	小时工资	金额
合计												

劳务费账目内容

裁剪车间：支付总费用 | 工资总额 | 直接作业者工资(直接纳入成本)
缝制车间：支付总费用 | 工资总额 | 直接作业者工资(直接纳入成本)
后整理车间：支付总费用 | 工资总额 | 直接作业者工资(直接纳入成本)

间接作业者工资 + 直接作业者工资(直接劳务费)

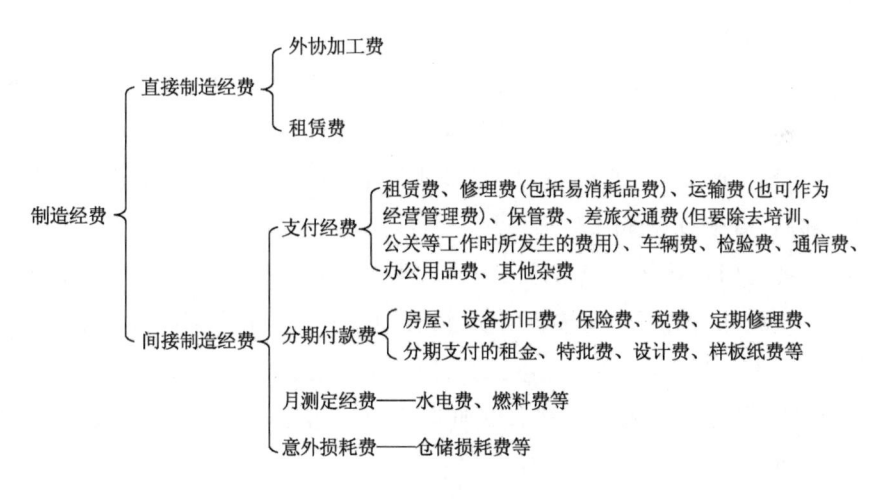

制造经费
- 直接制造经费
  - 外协加工费
  - 租赁费
- 间接制造经费
  - 支付经费：租赁费、修理费(包括易消耗品费)、运输费(也可作为经营管理费)、保管费、差旅交通费(但要除去培训、公关等工作时所发生的费用)、车辆费、检验费、通信费、办公用品费、其他杂费
  - 分期付款费：房屋、设备折旧费，保险费、税费、定期修理费、分期支付的租金、特批费、设计费、样板纸费等
  - 月测定经费——水电费、燃料费等
  - 意外损耗费——仓储损耗费等

图2-3-2-2 制造经费构成图

服装企业确定产品加工工资的方法有许多，在这里我们介绍几种常见的方法。

①预算法：预算出年工资总额，预计年产量件数，这两项的比值即为加工一件产品的工资额。

$$工资(元/件) = \frac{年工资总额}{年生产量(件)}$$

②差额法：销售价(单价)减去一件产品从订货到销售所发生的费用及利润总额，即为加工一件产品的工资额。

$$工资(元/件) = 销售单价 - (利润税收 + 成本 + 其他费用)$$

③市场法:在调查薪金"市场行情"的基础上确定,因为受生产"旺季"与"淡季"等市场行情的影响,形成了"旺季工资"和"淡季工资"的概念。

④估算法:以曾经加工生产类似服装产品时的工资标准为依据,提出各种工资估算方案,从中选择一种较为理想的方法来确定工资。

⑤投标竞争法:通过市场调研明确目前可接受的工资额度,确定某一工资价位,然后经竞争投标确定最终工资额。

⑥成本推算法:首先确认一件产品的加工时间(工时定额),计算出每分钟的工资单价,再推算出一件产品的工资额。

$$分钟单价 = \frac{每人每天的日加工额(元)}{日工作时间}$$

$$工资(元/件) = 分钟单价 \times 产品工时定额$$

⑦成本分析表计算法:把该厂产品结构中的基础产品(经常生产的产品),都绘制成可以填写变动项目的成本分析表。在该表中预算出生产该产品每一个工程的成本,然后填写出现在实际生产过程中的变动成本、基础成本与变动成本之和即该产品的成本,这样就可推算出每件产品的工资额。

2. 分部门成本核算

完成服装产品的加工生产,涉及的实际作业部门(也称为成本部门)如下:

(1)直接生产部门:即裁剪部门、缝制部门、后整理部门。

(2)间接生产部门:即工厂管理部门、检验部门、企划设计部门、仓储部门、外协加工部门、后勤服务部门等。

要把各部门各种间接费用计入产品成本中是一项难度较大的工作。首先,把发生在各生产部门的所有间接费用项目,分别由所属各成本部门进行核算,再进入分部门成本核算阶段。通过成本核算,使各部门对属于自己的成本项目更加清楚,因此也就使各部门的成本意识更加明确,加强全员的成本意识,促进各部门进行作业改进及标准化、合理化作业的实施。

3. 该产品的成本

这是成本核算的第三阶段,属于该产品的成本。一般有两种常用方法,一种是适用于多品种、少批量产品成本核算的单件成本核算法;另一种是适用于同一品种连续生产的平均成本核算法(图2-3-2-3)。

构成成本的费用中,有固定费用和变动费用两种费用形式。固定费用与产品生产量的多少没有关系;而原材料费、劳务费、水电费、外协加工费等变动费用,则随产品产量的变化按比例上下浮动,见表2-3-2-5。

按要素　　　　　　　　　　按部门　　　　　　　　　　按产品

第一阶段　　　　　　　　　第二阶段　　　　　　　　　第三阶段

图 2-3-2-3　成本核算的三个阶段

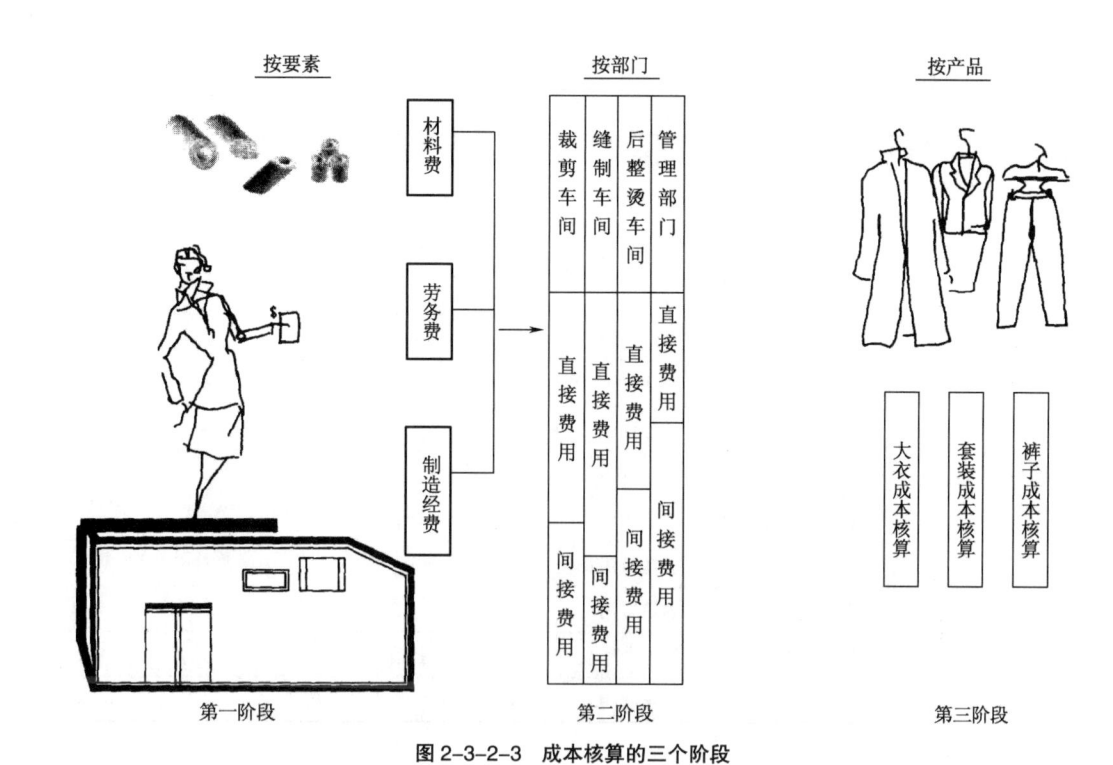

表 2-3-2-5　固定费用与变动费用的分类

	费用名称	费用分类	费用内容
材料费	材料费	变动费用	面料、里料、袋布料等
	辅料费	变动费用	黏合衬、线、拉链、纽扣、吊牌、牵条、蕾丝等
	包装材料费	变动费用	包装袋、包装箱等
劳务费	加工工资	固定费用	直接加工生产作业者的工资
	工资	固定费用	非直接加工生产作业者等员工的工资
	其他杂费	固定费用	勤工俭学者等的费用
	奖金	固定费用	直接作业者、非直接作业者等所有员工的奖金
经费	福利费　法定福利	固定费用	劳动保险、健康保险、意外伤害保险、工伤保险等法定福利
	医疗费	固定费用	员工的医疗保险、疗养费、住宿费等
	租赁费	固定费用	公司企业、工厂场地等的租赁费用
	特支费	固定费用	定金
		变动费用	生产、销售
	保险费	固定费用	工厂建筑、机器设备、库存品等火灾及其他意外损失保险
	修理费	固定费用	厂房、设备等的保养修理
		变动费用	
	电费	固定费用	基本费用
		变动费用	根据生产任务量

续表

费用名称		费用分类	费用内容
经费	水暖费	固定费用	基本费用
		变动费用	根据生产任务量
	物流费	变动费用	材料、产品等的运输物流费
	税费	变动费用	根据赢利
	差旅费	固定费用	
	通讯费	变动费用	
		固定费用	
	接待费、交通费	固定费用	客户费用
	正常损耗费	固定费用	
	外协加工费	变动费用	
	办公用品费	固定费用	
	试验研究费	固定费用	可通过预算控制
	其他杂费	固定费用	不能归类的特殊会议费等

劳务费有时也可以按变动费用来处理,但当生产任务不足时,因为不能轻易减员,这时劳务费则按固定费用来核算。固定费用与变动费用的区分,如图2-3-2-4所示的方法来进行区分;在固定费用与变动费用的坐标图上,标出销售额坐标线、销售额坐标线与成本坐标线的交叉点表示盈亏(损益)分界点(图2-3-2-5)。

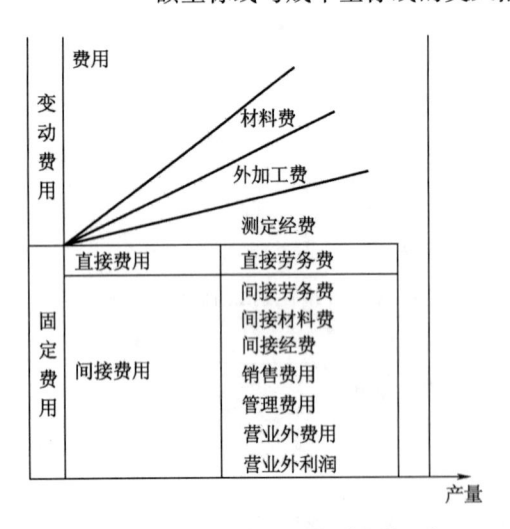

图 2-3-2-4　固定费用与变动费用的区分

图 2-3-2-5　损益分界点

从图 2-3-2-5 中我们可以看到:

界限利润(附加价值)=销售额−变动费用

利润=界限利润(附加价值)−固定费用

界限利润又称为生产附加价值,当生产的附加价值至少等于固定费用时,利润为"0";若小于固定费用则为亏损,因此又称为界限利润。

第三节 成本和费用的控制

一、成本和费用控制的作用

成本和费用的控制是指在企业生产经营过程中,按照成本和费用的计划,对构成产品成本和期间费用的一切消耗进行精确的计算、调节和监督,及时发现差异并采取纠正措施,使产品实际成本限制在预期成本计划范围之内。它的作用主要有两点:一是可以随时控制各项成本和费用的发生,使成本和费用不超过投入生产前预算和制订的成本标准,促使企业降低成本,增加利润;二是对成本和费用进行日常控制,按计划支出,保证企业更好地完成成本和费用计划。

二、成本和费用控制的步骤和要求

1. 成本和费用控制的步骤

(1)制订成本和费用控制标准。

(2)执行标准。

(3)调查、比较、核对实际与标准的差异,分析原因,缩小两者之间的差异或清除差异。

2. 成本和费用控制的要求

成本和费用控制的要求是建立成本和费用控制体系,实行成本和费用分级、分口管理责任制。其具体包括两项内容:

(1)从纵向上:明确从工厂到车间、班组以及个人在成本和费用控制方面的任务。

(2)从横向上:明确各职能部门在成本和费用管理方面的职责和内容。

这就要求把成本和费用分解成各项指标逐级下达,使成本和费用计划落实到各部门及各岗位,推行全员成本管理的岗位责任制。

三、服装产品生产的成本控制

服装产品生产成本的控制通常都采用标准成本控制法。标准成本控制法是在一定条件下制订的直接材料、直接工资、制造经费等的控制标准。这种方法的特点是把生产前的计划、生产过程中的控制和生产结束后的分析考核结合起来。

1. 标准成本的制订

(1)服装产品直接材料标准成本的制订：

$$材料标准成本=用量标准×价格标准$$

服装面料的用量标准即材料消耗定额，价格标准则是由财务部门和采购部门共同制订的，其包括发票价格、运费、检验费、正常损耗等组成的材料完全成本，同时考虑市场物价趋势等现实情况。在制订材料标准成本时，首先要按材料的品种分别确认其在单件产品中的标准用量和标准价格，然后计算出每种材料的标准成本，最后汇总出单件产品的直接材料总成本。以170/84B型号的男西裤为例计算直接材料标准成本，见表2-3-3-1。

表2-3-3-1　服装产品材料标准成本

（男西裤170/84B材料标准成本）

标　准		主料(cm)	辅料(cm)			附属材料						
		面料	腰里(半成品)	衬料	袋布	缝纫线	拉链	纽扣	裤钩	洗涤标志	商标	尺码
用量标准	单位产品用量	110	88	2	30	270(m)	1条	3粒	1付	1个	1个	1个
	允许损耗量	2%(2.2)	2%(1.76)			270(m)						
	单位产品标准用量	112.2	89.76	2	30	0.0012	1条	3粒	1付	1个	1个	1个
价格标准	发票单价（元/m）	36	1	5.8	2.8	0.0001	0.25	0.04	0.04	0.02	1.0	0.02
	运输检验成本（元）	1.2	0.2		0.2	0.0013	0.001	0.001	0.001	0.001	0.001	0.001
	标准价格（元）	37.2	1.2		1.2	0.351	0.251	0.041	0.041	0.021	1.001	0.021
标准成本(元)		41.74	1.08		1.08		0.251	0.041	0.021		1.001	0.021
合计(元)		45.235										

(2)直接工资标准成本的制订：

$$直接工资标准成本=工时标准×工资率标准$$

工时标准，即工时定额；工资率标准指每小时支付的劳务费用额。

以男西裤为例，计算加工生产的直接工资标准成本，见表2-3-3-2。

表 2-3-3-2　直接工资标准成本

（男西裤加工生产的直接工资标准成本）

工　程		裁剪工程	缝制工程	后整烫工程
单位产品工时标准	单件工时定额（小时）	0.1	1	0.1
小时工资率标准	基本生产作业者人数	1	10	1
	每人每月工时（24天×8小时）	192	192	192
	出勤率	98%	98%	98%
	每人平均可用工时（小时）	188	188	188
	每月总工时（小时）	188	1880	188
	每月工资总额（元）	1000	10000	1000
	每小时工资（工资率标准）（元）	5.32	5.32	5.32
直接工资标准成本（元）		0.532	5.32	0.532
合计（元）		6.38		

(3) 制造费用标准成本的制订：

制造费用标准成本=工时标准×制造费用分摊率标准

$$制造费用分摊率标准=\frac{制造费用预算}{生产量标准}$$

制造费用预算是指在节约和合理开支情况下的最低支付金额。标准制订时要参照历史记录、经验及物价趋势，由有关部门共同研究制订。制造费用预算应分别按照变动费用和固定费用编制。如果特定产品经过几个部门加工，就要将各部门单位产品制造费用汇总，得出整个产品的制造费用标准成本。以男西裤为例计算加工生产的制造费用标准成本，见表 2-3-3-3。

2. 标准成本的执行

(1) 直接材料成本标准的执行：直接材料成本占产品成本的比例较大，是成本控制的重点。执行材料成本标准有两项内容。

①控制材料的消耗量：严格执行限额发料，及时对生产中材料实际消耗情况进行跟踪核算，把实际消耗与标准进行对比，发现偏差要立即分析原因，及时纠正；废品余料要回收利用。

②控制材料价格：在保证质量的情况下，尽可能采用廉价材料，尽可能就近采购，减少费用的发生。

(2) 直接工资成本标准的执行：

①控制人员数量，严格执行定员标准。

②控制工时消耗，严格执行劳动定额，并鼓励员工降低工时消耗。

表 2-3-3-3 制造费用标准成本

（男西裤加工生产的制造费用标准成本）

车间		裁剪车间	缝制车间	后整烫车间
月生产量标准(人工工时)		564	1880	376
变动费用 (元)	运输	300	800	280
	水电	100	410	500
	低值易耗品消耗	50	200	80
合计(元)		450	1410	860
变动费用分摊率(元/小时)		0.8	0.75	2.29
直接人工用量标准(小时)		0.1	1	0.1
标准变动制造费用		0.08	0.75	0.23
固定费用 (元)	折旧费	30	200	300
	管理人员工资	600	1200	600
合计(元)		630	1400	900
固定费用分摊率(元/小时)		1.12	0.75	2.39
直接人工用时标准(小时)		0.1	1	0.1
标准固定制造费用		0.112	0.75	0.239
制造费用标准成本(元)		0.192	1.5	0.47
合计(元)			2.162	

③控制工资水平,严格执行企业工资、福利费用等方面的规定。

(3)制造费用标准的执行:要按照项目分别进行控制,对固定费用按固定费用预算控制,对变动费用按变动费用预算控制。

3.成本差异分析与改善措施

成本差异分析首先要核算出实际成本,然后与计划标准成本进行比较,由此来掌握直接材料、直接工资、制造费用的实际成本与成本标准的差异状况,同时分析产生差异的原因,确定改善差异的措施,并通过改善减小或排除差异,达到降低成本的目的。

(1)直接材料成本差异的分析与改善:

①直接材料成本差异的计算:是通过对材料价格差异、材料用量差异的计算来求得的。

材料价格差异=材料实际用量×(实际价格-标准价格)

材料耗用量差异=标准价格×(实际用量-标准用量)

直接材料成本差异=材料价格差异+材料用量差异

例:男西裤生产过程中,面料直接材料单位标准为:标准用量 1.122 米,材料

标准单价为37.2元/米,本月生产2000件,实际用料2200米,所用材料实际单价为38元/米,则:

材料价格差异=材料实际用量×(实际价格−标准价格)
=2200×(38−37.2)=1760(元)
材料耗用量差异=标准价格×(实际用量−标准用量)
=37.2×(2200−2244)=−1636.8(元)
直接材料成本差异=材料价格差异+材料用量差异
=1760+(−1636.8)=123.2(元)

由此可以看出,由于材料价格上浮使材料成本上升1760元;又由于节省了面料使用量,使材料成本下降1636.8元,两者相抵使直接材料成本超出标准成本123.2元,造成成本上升影响了企业的经营利润。那么是什么原因引起的直接材料成本差异?材料价格上涨的原因是什么?是否可以避开价格上浮?有没有其他可以减少差异或排除差异的更好办法?这是我们必须要考虑的问题。下面我们针对这些问题就引起产生直接材料成本差异的原因进行分析,并研究具体改善措施。

②产生直接材料成本差异的原因分析:通过计算我们掌握了直接材料成本差异的状况,为了改善、排除这种差异必须找出引起差异的原因,以便采取相应的措施达到真正解决问题的目的。

材料价格差异的原因,包括可控制的原因和不可控制的原因两种情形。

A.不可控制的原因:

● 受季节、国内外经济动态等因素的影响,物料调拨价格或市场价格变动。
● 接受紧急订货任务,需要紧急备料。
● 企业因外部原因必须按零售价进料,使物料价格超过标准。

B.可控制的原因:

● 采购部门采取不正确的采购决策。
● 延误物料采购单签发,造成本应正常购进的物料为必须紧急购进。
● 订货单提交延误,未享受购货折扣优惠。
● 物料采购过程中出现违规违纪的"蛀虫"行为。

物料消耗量的差异原因同样包括可控制的原因和不可控制的原因两种情形。

A.不可控制的原因:

● 订货方改变产品款式、结构等设计方案或变更生产工艺时,没有及时调整与之相对应的材料消耗量标准。
● 订货方对产品的检验要求过于严格,对面料纱向要求过于苛刻。

B.可控制的原因:

●服装产品的款式、结构等设计方案或结构样板、生产工艺的设计不够合理。

●考料不够科学合理,纱向倾斜系数掌握得不够准确,或对纱向要求过于严格未考虑经济性,造成材料浪费。

●直接作业人员因为操作失误,造成生产残品、次品、废品。

●使用的物料规格不符合标准,如面料实际幅宽与规格不符等。

③降低直接材料成本差异采取的措施:首先改善可控制原因,其次采取其他措施对不可控制原因进行补救,最后要尽量避开引起不可控制的原因,做好预防性的成本管理工作。

A.降低材料的价格:

●确定适当的采购量。

●采购部门必须采取正确的采购决策,如同等条件下选择最低价格,在最近的采购点采购以降低运费等。

●及时签发物料采购单,及时按正常状态购进物料。

●及时提交订货单,尽量争取享受购货折扣优惠。

●做好业务员的素质教育工作,严禁物料采购过程中出现违规违纪的"蛀虫"行为。

B.提高材料的利用率:

●对产品进行更深入的研究,使服装产品款式、结构等设计方案,或样板、生产工艺的设计更加合理。

●研究更加合理的选料、下料方法,包括核对面料幅宽等规格,采取不同幅宽、不同考料的原则。

●在不影响服装产品质量的前提条件下,准确掌握纱向允许的倾斜范围,达到合理排料的目的。

●改进排料方法,对作业者进行有关排料技术能力的培训,掌握先进、合理的套排技术。

●有效利用边角余料。

●改进管理方法。

●提高直接作业者的操作技能,推进标准化作业,降低失误率。

(2)直接人工工资成本差异的分析与改善:

①直接人工工资成本差异的计算:直接人工工资成本差异是通过对工资率差异和工资效率差异(工资效率指按标准小时工资率所核算出来的工资额)的计算来求得的。

工资率差异=实际工时×(实际小时工资率−标准小时工资率)

工资效率差异=标准工资率×(实际工时−标准工时)

直接人工(工资)成本差异=工资率差异+工资效率差异

例：某工厂加工男西裤，单位工时定额1.2小时，标准小时工资率5.3元，本月生产2000件，实际用时2000小时，支付工资14000元，则：

工资率差异=实际工时×(实际小时工资率−标准小时工资率)

$$=2000\times\left(\frac{14000}{2000}-5.3\right)$$

$$=2000\times(7-5.3)=3400(元)$$

工资效率差异=标准小时工资率×(实际工时−标准工时)

$$=5.3\times(2000-1.2\times2000)$$

$$=5.3\times(-400)=-2120(元)$$

直接人工(工资)成本差异=工资率差异+工资效率差异

$$=3400+(-2120)=1280(元)$$

由上述计算可以看出，直接人工(工资)差异为超支1280元。由于实际工资率比标准工资率高，使直接人工工资成本升高3400元，又由于实际工时消耗比标准工时少，使直接人工工资成本降低2120元，两项相抵使人工工资总成本升高1280元。

②直接人工工资成本差异产生的原因分析：直接人工工资成本产生差异的原因也分为可控制原因和不可控制原因两种。

A.工资率差异不可控制的原因：

●因为行业用工标准及市场物价上涨因素的影响，工资率提高了，但其他标准都没有修改。

●因外部原因，迫使企业不得不在特定的生产作业过程中聘请工资率较高的作业者。

●订货方改变了产品款式、结构等设计方案，或变更了生产工艺，增加了劳动强度和难度，迫使企业提高了工资率。

B.工资率差异可控制的原因：

●成本管理出现漏洞，执行工资成本标准不够严格，无理由地提高了工资率。

A.工资效率差异不可控制的原因：

●订货方改变产品款式、结构等设计方案或变更生产工艺，增加了劳动强度和难度，降低了生产效率。

●订货方频繁改变产品款式、结构等设计方案或变更生产工艺，使作业者一直处于技能不熟练的状态。

●现有机械设备不适合该款式服装的生产。

●出现市场材料短缺现象，购不到所需要的材料，造成停工待料现象。

B.工资效率差异可控制的原因：

- 生产现场管理出现漏洞,时间分析等不够精确,作业动作不够经济合理,未实施标准化作业,作业人员作业效率低。
- 作业者技能水平有限,难以适应该种产品的生产。
- 车间布局、生产线设计及生产系统的选择不够科学合理,造成生产运行障碍。
- 作业者消极怠工。
- 作业者严重违反操作规程。
- 产品质量低、返修率高、废品率高。
- 物料供应不及时,造成停工待料现象。
- 动力能源设施有限,由于停电、停水等引起停工工时增多。
- 生产环境恶劣,影响作业人员正常工作。

③降低直接人工工资成本差异采取的措施：提高工时利用率,降低单位产品加工工时,减少停工工时,是降低直接人工工资成本的关键,其具体措施如下：

- 在没有特殊要求的情况下,严格遵守直接人工工资成本标准。当需要提高工资率时,要有合理的原因和理由,并在提高工资率的同时,对其他标准做相应的修改。
- 加强生产现场管理,做好时间分析、作业动作研究等工作,排除多余、吃力动作,实施标准化作业,提高工作效率。
- 开展技术培训,提高作业者操作技能水平。
- 车间布局、生产线设计及生产系统的选择要科学合理,使整个生产处于高效运行的状态。
- 提高作业者综合素质,排除消极怠工现象。
- 使作业者清楚地了解作业操作规程,并且严格遵守执行。
- 做好产品质量管理工作,降低返修率、废品率。
- 按计划及时供料,加强物资流通管理,保证生产持续进行,避免停工待料现象。
- 提前落实停水、停电等动力能源的异常现象,提前做好相应的准备工作。
- 提高设备利用率,充分发挥设备的作用,生产出更多的产品,从而降低单位产品成本。
- 提高设备自动化、机械化、通用化程度。
- 改善生产作业环境,创造舒适、安全的生产作业空间。

(3)制造费用成本差异的分析与改善：制造费用成本差异的计算：制造费用的实际成本与标准成本差异,是从变动费用效率差异、固定制造费用产量差异及变动费用和固定费用消耗差异等方面进行研究的,同时还要考虑预算差异所产生的成本升降现象。

变动费用消耗差异=实际工时×(变动费用实际分摊率−变动费用标准分摊率)

变动费用效率差异=变动费用标准分摊率×(实际工时−标准工时)

变动费用成本差异=变动费用消耗差异+变动费用效率差异

固定费用消耗差异=固定制造费用实际数−固定制造费用预算数

固定制造费用能量差异=固定制造费用分摊率×(生产能量工时−实际产量工时)

例:某工厂加工男西裤,该产品的变动制造费用的单位标准成本为:单位工时定额1.2小时,变动制造费用小时标准分摊率0.75元,本月生产2000件,实际使用工时2000小时,实际发生变动费用3000元,则:

变动费用消耗差异=实际工时×(变动费用实际小时分摊率−

变动费用小时标准分摊率)

$$=2000×\left(\frac{3000}{2000}-0.75\right)$$

$$=2000×(1.5-0.75)=1500(元)$$

变动费用效率差异=变动费用标准分摊率×(实际工时−标准工时)

$$=0.75×(2000-2000×1.2)$$

$$=0.75×(-400)=-300(元)$$

变动费用成本差异=变动费用消耗差异+变动费用效率差异

$$=1500+(-300)=1200(元)$$

从上述计算结果可以看出,由于变动费用实际分摊率比标准高,使变动费用成本上升1500元;又由于实际工时耗用数量比标准少,使变动费用成本下降300元,两项相抵共升高1200元。

例:某工厂加工男西裤,该产品的固定制造费用的单位标准成本为:单位工时定额1.2小时,固定制造费用小时分摊率0.75元,标准产量1888件(共用时2256小时),本月实际产量2000件,发生固定资产费用1800元,实际耗用1900小时,则:

固定费用消耗差异=实际固定制造费用数−固定制造费用预算数

$$=1800-0.75×2256=1800-1692=108(元)$$

固定制造费用能量差异=固定制造费用分摊率×(标准产量工时−实际产量工时)

$$=0.75×(2256-1.2×2000)=-108(元)$$

从上述计算结果可以看出,由于实际发生的固定制造费用比预算超支108元,但充分而有效地利用了固定费用具有的生产能量,相当于节约了固定成本费用108元。一旦固定费用具有的生产能量没有充分发挥,就会产生闲置成本,造成能量浪费。

制造费用成本差异的分析：从上述所举例子可以看到，在进行制造费用成本差异分析的过程中，必须把变动制造费用和固定制造费用分开进行分析。

①预算差异产生的原因：

A.低值易耗品费用、变动费用分摊率、固定费用分摊率及工资率等发生变动。

B.低值易耗品和电力燃料的变动。

C.预算不周密。

②变动费用效率差异产生的原因：与引起工资效率差异的原因相同(此处略)。

③固定制造费用能量差异产生的原因：固定制造费用能量差异能够体现出固定费用具有的生产能量是否得到了充分发挥，以避免发生闲置成本，造成能量浪费。

A.不可控制的原因：

- 生产任务量减少，订货不足。
- 由外部因素造成，如材料、劳动力、电力等不足。

B.可控制的原因：

- 由于维护保养不到位，造成设备故障频率增高。
- 现场管理不够严密。
- 生产计划失误，造成停产。
- 物料供应不及时，造成停工待料现象。
- 动力能源设施不完善，由于停电、停水等引起停工，工时增多。

制造费用成本差异的改善措施与工资效率差异改善措施相同(此处略)。

第四节 降低成本的方法

成本管理是利用增加或减少等方式，把所制订的标准成本作为目标，并通过全员努力来实现它。降低成本或成本削减则是挑战已经制订的成本标准，创作出更低的新标准成本，并通过成本管理来实现它，以此循环往复形成企业成本不断降低的良性循环状态。图 2-3-4-1 表述了成本管理与降低成本之间的相互关系。

降低成本不仅是单纯地降低产品价格，而是关系到企业生死存亡和能否实现企业不断发展壮大的关键。因此就企业而言，已经不是单纯地制订成本计划、维持成本的成本管理，更重要的是能够降低成本，在满足消费者超值消费需求的同时，提高企业的经营利润，增强企业的竞争实力。因此探讨研究降低成本的方

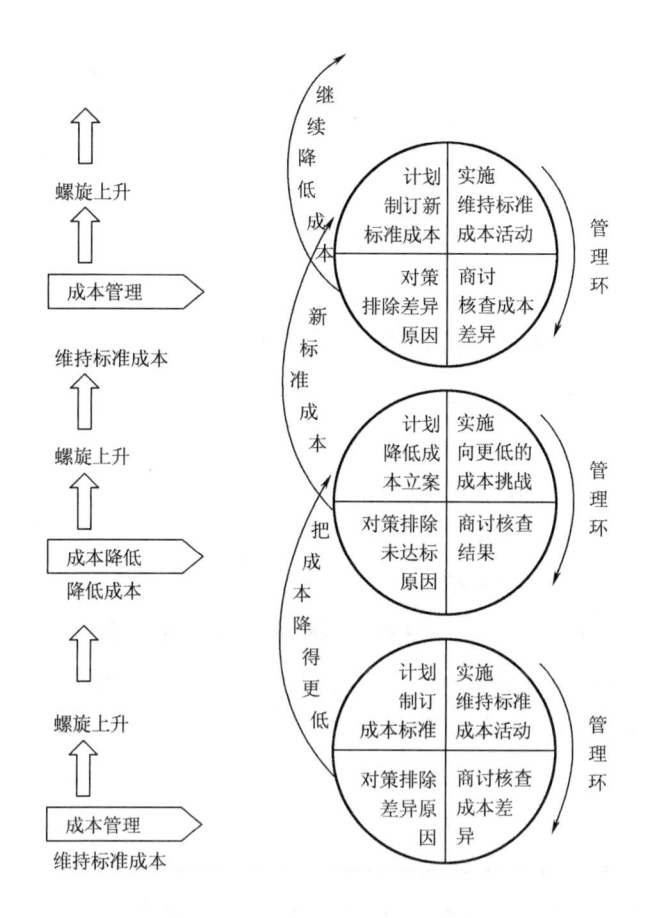

图 2-3-4-1　成本管理与降低成本的关系

法是各企业成本管理至关重要的问题。

一、降低成本的基本思路

1. 以经营者为主导、开展全员性的降低成本活动

通过降低成本,为企业创造更加稳定的利益,把企业发展成更加具有市场竞争力和发展前景的企业。企业经营者、决策者要认真传达关于降低成本对企业生存的重要性,在企业所有部门降低成本,才能达到降低成本的预期目标。经营者有必要从以下三个方面推进降低成本的活动。

(1)利用新产品开发和新技术开发手段,利用产品销售前、后的服务,达到降低成本的战略性目标。

(2)活用技术开发工程师提出的创新方案,达到降低成本的目的。

(3)彻底消灭生产现场出现的浪费,做成"量体裁衣式"的企业体制,进行战术性的成本降低。

2. 用"零基础"(Zero-Base)来重新评价现在的成本费用

不要考虑在现有产品成本、津贴等费用的基础上降低多少费用,而是从"零基础"开始统一把目标定在降低 30%~50%,并为此而努力。

3. 对人力资源的科学管理、作业方法的优化和改进

在产品成本一览表中寻找并去除存在的不必要费用是很重要的方法,除此之外,精简人员、改进和优化作业方法所降低的费用同样会创造意想不到的效果。为了降低成本,需要重新分析研究产品制造工程、改进管理方案。当方案通过可行性论证后,有必要重新进行费用核算,以有效地实施新的降低成本的方案。其改进的要点是:

(1)不必要的加工时间费用。

(2)不必要的人员费用。

(3)不必要的工作程序费用。

4. 把降低成本费用的构想转换成创新降低成本手段的构想

降低成本费用的方法有很多,但不进行周密地分析研究就断然使用,则可能会带来许多负面影响。首先对如传统的方法和现实状态进行分析,发现问题再加以排除。这种方法只是战术性的要求,只能直接面对降低成本,但要取得开拓性的成果却还存在着一定的差距。

因此,在降低成本的决策过程中要大胆设定目标,为达到预期目标研究和探讨是否有必要对现状进行改革,如何进行改革,最终形成降低成本的创新性优秀方案。

5. 有效利用IT技术

消除人员和时间上的浪费是一种降低成本的有效方法,但与此同时还必须考虑提高生产效果(保质、保量),为此有效利用 ERP 管理系统,有效利用 CAD 计算机辅助设计技术。这既可以提高管理效率、生产效率,又可以保证产品品质的均一性,大大节约人力资源。其要点如下:

(1)对较为稳定(基本定型)的业务实行计算机管理,节约人力,把人的有效力量投入到附加值高的业务上。

(2)推进生产现场的信息化管理,彻底削减传票、单据等纸面上的处理工作。

(3)迅速传达有关成本的信息,提高降低成本的速度。

6. 成立降低成本的专门组织机构

成立降低成本的专门组织机构,有组织、有计划地推进降低成本的管理工作。

明确降低成本过程中 5W2H 的含义:

(1)Why:降低成本的目的是什么?其目的是提升消费者(顾客)的满意度,推

进企业的创新和发展。

(2)Who:降低成本工作由谁来做?是全体员工。

(3)Where:降低成本由哪个部门来做?由企业的所有部门。

(4)What:降低成本的对象是什么?其对象是物品、人员、方法。

(5)When:什么时候做降低成本的工作?从确立实施计划开始到整个工作结束,做到全程、全方位的降低成本。

(6)How:应该如何开展降低成本的工作?以创新为基础,脚踏实地落实到实处。

(7)How Much:降低成本的目标是什么?以零为基点,大胆设定目标。

7. 打破公司的内外界限,引入外部专家的创新意识

只依靠公司内部的知识、经验、培训等是十分有限的,还需要充分利用企业的外部力量,如降低成本的有关专家咨询机构,引入有关降低成本的创新意识等,这些都是行之有效的手段。

8. 在降低成本的基础上,提高消费者(顾客)的满意度

在推行降低成本的活动时,绝对不能忽视降低成本的5W2H中"为了谁"的含义。含义之一是:即使公司是加工工厂,公司中有很多部门与加工生产部门没有直接关系,但这些部门也必须对加工生产部门负责,有必要致力于降低成本的工作。含义之二是:制造产品的核心部门是营业部门和市场信息部门,公司以他们为中心,分析研究关于消费者(顾客)对本公司的产品寻求怎样的满意度,最终创造出真正达到消费者要求的产品。

9. 合理利用国内外市场竞争关系

全球性的市场竞争条件给企业降低成本创造了良好的空间,现在有很多国家的企业,都把有效利用海内外廉价劳动力、廉价原材料等,作为降低成本的有效手段。

因此,有很多产品都被调配到具有便宜经费条件的海外国家进行加工制造。从全球性的观点看,最适当的品质和最适当的产品成本及最适当的调配手段,都成为降低成本的重要因素。

10. 既要降低成本,也要支出必要经费

信息化技术已经成为现代化企业的实力象征,为提高企业的生产能力,决策者必须站在谋求企业更大发展的高度上,做好有必要的前期投资。比如对现代化、程控自动化设备设施的合理投入,相信后期一定会有丰厚的利益回收。这是一种降低成本的长远投资,因此在投入必要费用时,致力于能够回收多少利益的评估工作是不可欠缺的环节之一,这样才能看到降低成本的投资效果。

二、以构成成本的"三要素"为切入点降低成本

服装产品成本的降低要充分建立在规范的成本管理并达到维持成本的基础上,并探讨和挖掘创新性的成本降低方法,现在我们按构成成本的"三要素"分别进行相关研究。

1. 降低材料费

在服装加工企业,材料费在成本要素中占有最大比例。材料费成本的降低,直接影响着企业利益及附加值的升高,所以着眼于材料费用降低的成本,工程一定要有计划、有目标地实施。

(1)一般常采用的降低材料费的方法:

①防止裁剪不合格的裁片及缝制不合格的产品。

②必须降低原材料价格。

③服装加工方法及样板发生变化时,要及时调整耗料定额。

④在不影响产品质量的基础上,采取变更材料的方法降低成本。

⑤充分利用边角余料。

⑥节约附带费用。

(2)充分发挥价值工程的作用:价值工程是指为达到以最低的成本实现产品或作业的必要功能,提高商品性价比的目的,进行着重于功能分析的、有组织的活动。它涉及产品设计、制造、销售和使用过程,涉及原材料、设备的选择和使用等。

提高产品价值是价值工程的最终目的,价值$(V)=\dfrac{功能(F)}{成本(C)}$,表达了价值、功能、成本之间的关系,即价值工程实现了使消费者以更加便宜的价格购买到同等功能产品的目的。价值工程对如何选择、判断材料及降低成本具有指导性作用。应用价值工程的理论,可以采取替换材料、更新工程、借助专家力量等方法,在不改变产品性能的前提条件下,达到降低成本的目的。为了充分发挥价值工程对降低成本所起的作用,实现这些目的要依照下列步骤实施。

①确认产品功能。

②进行功能比较的评价。

③考虑是否有同等功能的替代品。

④选择价值工程的对象:

A.一直存在问题的材料。

B.成本高的材料。

C.与必要的品质水准不相符的材料。

D.反复使用的材料等。

(3)在材料的实际使用过程中的操作要点:

①材料的有效利用:服装裁剪过程中,为了最有效地利用材料,首先要进行考料排板,即在实际材料上或相同规格的记录用纸上设计最省料的样板摆放方法;最后再按此方法实施裁剪。在新产品投产前期,要认真做好科学的考料排板工作,制订最经济的耗料定额。为达到这一目的,还可以探讨对样板的适当修订,混码多件套排也可以提高材料的利用率。当样板和材料的幅宽确定之后,要确认同时套排的规格型号,提高材料的综合利用率。

②提高材料排板率(材料利用率):排板率所显示的就是材料利用率的高低。不同品种的排板率是不同的,表2-3-4中是几种品种排板率的参考数据。在成本管理中,材料的利用率需要由标准成本管理专门机构设定,实际裁剪过程中要在维持该标准的基础上,进一步改善以获得更高的耗料利用率。影响材料利用率的因素有铺布损耗、材料疵点损耗、卷边损耗、幅宽不足损耗等,对这些因素必须要做好检验确认。

表2-3-4 不同品种的排板率(参考数据)

品种	男西服	一般外衣	西裤	衬衣	连衣裙	休闲裤	男工装衬衣	男牛仔裤	男工作服	男工装裤
排板率(%)	91	80	82	85	85	87	88	90	90	91

借助于服装CAD/CAM计算机辅助设计与辅助制造的应用,提高材料排板率,是降低成本、提高企业自动化水平的长远投资项目。

③样板修正:为达到材料高效利用的目的,对样板要提出一些是否可以改动的质疑,如是否可以允许拼接,缝头是否可以做适当缩减等。以降低材料费用为目的,综合考虑缝制工艺的可行性和适合工业化生产批量裁剪等条件,设计出科学合理的工业样板。

2. 降低劳务费

降低劳务费要以寻求缩短加工时间的方法、加工机械的简易化、组装方法的标准化等为切入点进行探讨研究。要对"加工时间能否更短,产品加工组合工程能否更加容易操作"等问题提出质疑,并制订相应的改善措施,以达到提高工作效率的目的。因为在标准成本管理体系中,劳务费高低的成本管理是以作业效率的高低作为衡量标准的,努力提高工作效率是降低工资成本的着眼点。

(1)作业效率的测定:作业效率是通过完成产品加工实际消耗的工时数与标准工时的比值体现出来的。

$$作业效率 = \frac{实际工时数}{标准工时数}$$

(2)提高工作效率的对策：

①开展操作技能培训工作，开发作业者的工作能力。

②培养集综合技术能力于一身的多能作业者。

③人员量材使用。

④定员科学管理。

⑤推行流水作业。

⑥制订作业标准，推进标准化作业。

⑦组织具有灵活性。

⑧建立实绩评价制度。

⑨建立激励机制。

(3)生产现场创造的附加价值与生产效率的提高：在工作现场的生产劳动可以创造附加价值，通过对缝制工作现场作业动作的分析，即：作业=前动作+主动作+附带动作+作业宽裕，可明显看出，在作业的所有动作中能够创造出生产附加价值的只有主动作，其他动作虽然可能是辅助主动作的必要动作，但它们同时也是增加生产成本的因素。

下面我们进一步对生产工程进行分析，即：工程=搬运+加工+检验+停滞。由此可看出，同样能够创造附加价值的只有"加工工程"，而搬运、检验等同样是加工工程的"辅助工程"，它们同样造成了成本的升高。从而我们可以分析出，创造附加价值的动作只有"缝纫裁片的缝的动作、拿熨斗熨烫的动作、操作后设备整烫的动作"等主动作。而在操作缝纫机缝制的动作中，只有20%~30%的动作创造了附加值，其余的70%~80%都被前动作、后动作、附带动作和宽裕动作所占有，但只有工程的运行才能够创造附加值，并且能够创造附加值的劳动才被称为"有效工作"。因此，必须通过作业研究和动作研究对作业和工程进行改进，把会使成本升高的辅助作业、辅助工程、辅助动作减少到最低限度，只保留能够创造附加价值的作业才能实现生产效率的大幅度提高，工资成本也得到大幅度降低。

为了能够达到这一目的，对于那些不能创造附加价值的必要动作，要以动作经济原则为依据，尽量谋求其合理化、省力化。下面是一些有关动作经济原则问题的探讨，如图2-3-4-2所示是作业效率低下的特性要因图。

(4)做出高效、优质的动作：

①清楚地了解工作内容：掌握工作业务知识，是保证高效工作的前提。如果对产品加工作业的技术要求、质量标准、注意事项等不够了解或不能牢记于心，即使可以完成工作量，但却无法保证品质。产品品质失误会造成更多的时间和物料浪费。

②保证动作迅速：动作距离太长、范围太大，动作次数多，都会延长动作时

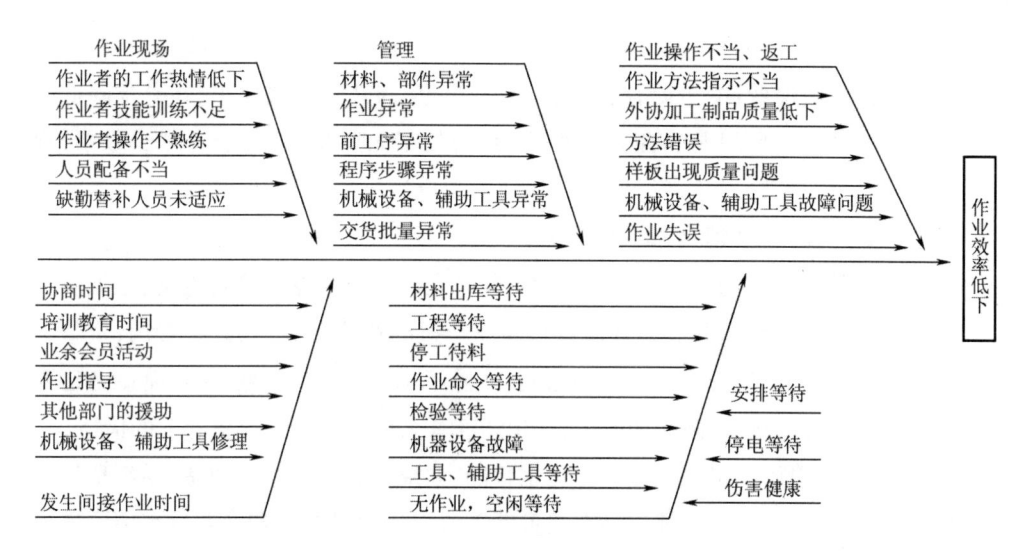

图 2-3-4-2 作业效率低下的特性要因图

间;难度大的动作会浪费动作时间。所以要保证动作迅速必须做到:缩短动作距离,尽量把作业物摆放在离手较近的范围内;改善作业动作,以减少动作的次数;改善难度大和吃力的动作,使其简单轻松。

③严格遵守操作规程,动作准确无误:在工作中使用不正确的操作动作,就可能出现不合格产品,出现返修,影响下道工序的正常工作,最终将会造成浪费时间、材料、产品降级处理、残次费品等经济损失;动作错误同时还会延长技能熟练过程,违反操作规程可能还会造成工伤等,这些都会成为生产安全的隐患。

④操作物的正确、秩序摆放:为达到不加思考就能自然地按照正确顺序完成操作的要求,要尽量把材料、工具按照操作顺序放在手边,避免由于无序乱放引起寻找、挑选造成的时间浪费。

⑤相同作业要用相同的时间完成:对自己所承担的工序,要基本保持用相同的时间来完成每次作业。不能达到这一要求的原因有很多,但通常与承担该工序的作业者的作业技能、熟练程度及努力程度有较大关系,同时也受该作业者对工作兴趣的影响,因此必须选择有责任心、综合素质较高的人。

⑥不做"无用功"的作业:我们把前面的内容理解为"吃力"的作业,但"无用功"作业就等于浪费了全部的劳动费用、时间(劳动力)。

综上所述,优质的作业动作应坚持动作次数最少、动作距离最短、两手同时对称有效地工作及安全容易的动作经济原则。

3. 降低制造经费

制造经费中,分固定费用与变动费用两种。固定费用包括机器设备、房屋折旧费、税金、保险费、利息、建筑物维修等;变动费用包括水电动力费、检验费、外加工费等。降低这些费用必须要做到:降低管理成本,做到信息系统化管理;降低不必要的无效浪费;减少库存,彻底盘活库存等。为达到这些要求,在寻求降低制造费用的过程中要对是否能够减少检验工程,有无重复作业,能否减少账票,利用电脑进行业务管理等进行质疑,并做出相应的改革措施以达到降低成本的目的。除此之外,还必须遵循下列原则。

(1)不能随便增加固定费用:要做到充分利用企业现有的设备设施,挖掘和发挥它们的效能,提高利用率;同时要避免生产过剩造成的仓储、设备费用、贷款利息等经费的浪费。所以在生产经营过程中,除了单纯的经费节约,在此基础上还要进行作业方法、经营体制等的改革,从生产经营全局考虑制造经费降低的措施。

(2)变动费用的降低是以节约为宗旨的:如果要做好水电动力费、燃料费等的节约,在提倡能源节约的现代是有双重意义的行为。但在生产经营过程中同样不能消极地节约,要不断对目前状态提出质疑,并找到具有创造性的改革措施。

4. 服装生产加工企业成本管理的实践经验

在经济全球化的市场条件下,必须克服和解决服装产品成本问题,是国际市场竞争的重点之一。为此掌握成本,使中间经销商、面料商、外协加工工厂之间进行合理成本预算,建立在相互信赖的基础上共同发展,是行业发展之大计。所以如何做好全员性降低成本的运动,如何排除各种浪费,如何提高降低成本的效率,实现工厂的利润积累,也是服装行业发展的重要研究课题。

下面我们介绍一些服装加工企业在成本管理上经常警示自己的一些问题,以供参考。

(1)建立成本管理机制:

①工厂是否制订了降低成本的目标?

②在什么环节降低多少?

③管理人员是否做到了身先士卒的带头作用?

④有没有树立降低成本的信心?

⑤是否把降低成本作为日常事务活动确定下来,并做到持之以恒地执行下去?

(2)掌握降低成本的重点:

①设计、样板、工艺说明书:

• 在产品设计开发过程中,是否联想到在保证产品品质的基础上使成本再低一些?

• 是否运用了类似"还有其他方法可以降低成本吗"这种举一反三的思考方法?

• 减少部分"零部件",是否仍能保证产品功能性?

- 样板设计是否更简单一些？
- 工业样板设计过程中是否使工艺更容易了？
- 工业样板设计是否使工程减少了？
- 样板设计是否使耗料定额降低了？
- 用一张样板能完成裁剪吗？
- 材料不能更换吗？
- 还有适用的更便宜的材料吗？
- 换成更容易缝制的材料了吗？
- 型号尺寸是否多而杂乱？
- 所有必要的工艺说明书都齐全吗？

②裁剪、缝制、检验：
- 样板是否进行了核对？
- 排料图是否进行了核对？
- 是否核对了布幅？
- 所铺材料层数是否准确无误？
- 拿取材料的时间是否过长？
- 有无裁多的裁片？
- 障碍工序是否及时得到了援助？
- 设备适合该生产吗？
- 使用辅助工具了吗？
- 设备专业化吗？
- 设备不能自动化吗？
- 一人担当多项工程可以吗？
- 不能提高机器设备运转率吗？
- 作业者有浪费动作吗？
- 主动动作(作业)以外的辅助动作(作业)能够迅速进行吗？
- 是否由于检验过于严格，严重影响了生产作业速度？
- 即使缺勤现象很严重，也不采取任何措施吗？
- 采取了作业程序标准化了吗？
- 必要的机器设备准备到位了吗？
- 组织必要的作业培训了吗？
- 知道其他企业有关成本降低的案例吗？
- 是否了解有关库存商品、削减商品、增减商品、无出厂标志商品、无商标商品的知识？

- 是否了解关于投资价值商品的概念？

复习与作业

1. 思考成本管理的重要意义。
2. 进行企业调研，总结归纳企业成本管理的经验，撰写调研报告。
3. 在模拟生产管理实习过程中，制订成本控制方案，并实施成本控制。
4. 总结归纳降低成本的科学方法。

作业分析、改进及标准化

本章内容：1. 作业分析、改进及标准化概述
2. 工程分析
3. 作业动作分析改进及标准化
4. 时间分析与标准加工时间的设定
5. 作业标准制订与作业标准化

上课时数：20 课时

教学提示：1. 使学生能够正确认识作业标准化的重要性，明确如何才能实现作业为切入点实施教学。采取案例分析、讲练结合的方式，指导学生熟练掌握工程分析方法、作业动作分析方法、时间分析方法；指导学生以某产品生产为例进行实际的作业分析，实施动作改进，设定标准作业时间，最终形成作业标准，在实际生产作业中按作业标准推进标准化管理。
2. 指导学生对第五章复习与作业进行交流和讲评，并布置本章作业。

教学要求：1. 使学生深刻理解生产管理与 IE 的关系，理解作业优化、标准化的重要性。
2. 使学生了解作业研究、改进、作业标准化的过程。
3. 使学生掌握工程分析方法。
4. 使学生掌握作业动作分析、动作改进的方法。
5. 使学生掌握时间分析与标准时间设定的方法。
6. 使学生掌握作业标准的制订方法。

课前准备：深入管理规范的企业，进入生产现场观察各加工工程的特点，观察作业动作过程、作业时间等，并做好现场录像，拍好照片资料，作为案例展示给学生。

第四章

作业分析、改进及标准化

现代科学管理是以美国管理学家费雷德里克·泰勒（Frederick W.Taylor）和动作研究之父弗兰克·吉尔布雷思（Frank B. Gilbreth）的动作研究为基础建立起来的。它对生产作业进行了量化管理，明确了"加工成本及赢利取决于生产量，生产量取决于加工时间(效率)，加工时间的长短(效率)取决于作业基本动作的多少与动作组合科学性之间的关系"。

而工业经营，企业是否具有自己独特的技术——设计技术、制造技术、管理技术，对于企业的生存发展具有重要意义。

第一节 作业分析、改进及标准化概述

一、生产管理与工业工程

IE 是工业工程(Industrial Engineering)的简写，它起源于美国，是在泰勒管理科学的基础上发展起来的一门应用性工程技术学科。它强调综合地提高生产率，降低生产成本，保证产品质量，使系统处于最佳运行状态，从而获得巨大的整体效益。它是一门辅助企业经营的主流科学，从方法工程、工作衡量、工作评价、薪酬制度以及工厂设计，一直到作业研究、决策分析等，甚至吸收了统计方法与信息科技的发展、网络规划技术与行为科学等方面的研究和实践经验。IE 的目标是改善工厂的生产管理基础结构、提高劳动生产率，使学理与实务相得益彰，保证管理效果，降低成本、改善经济效益，以工程技术为基础配合科学管理的技巧来发现问题、解决问题、预防问题。

把技术与管理有机结合在一起，是工业工程的核心内容。IE 工程师能够把技术与管理有机结合，对企业进行工业简化 (Simplification)、专业化(Specialization)、标准化(Standardization)和程序化(Sequencing)的管理，从而制订出一系列的工序操作标准，劳动定额工时，工艺、流程现场管理，并对整个公司的

生产管理系统进行优化、改善。

IE 就是技术与管理的一体化,简单地说就是"技术+管理"。IE 与企业管理不同,工业工程的"技术管理一体化"("技管一体化")是把相关行业的技术与管理有效地融合在一起,任何一方的顾此失彼都不是完善的 IE 工程。

IE 研究的 7 个方向为:1.研究与开发管理;2.生产系统设计与控制;3.效率工程;4.质量控制与质量保证;5.实施规划与物流分析;6.工业卫生与安全;7.人力资源管理。IE 的手法包括作业(工程)分析、动作分析(动作经济原则)、时间分析、流程分析(运用 ECRS 技巧)、作业效率分析、厂房布置及人员流动分析、生产线平衡分析等。现场 IE 包括优化现场物流动线,采用取消、合并、删除、简化手法和利用人、机、料、环、法五大因素的分析对作业现场进行改善,达到降低成本、提高生产效率的目的。

IE 的内容及程序如下(图 2-4-1-1)。

二、作业分析改进的目的

通过作业分析改进确定合理的作业手段、方法,实施作业标准化管理,实现合理使用资金、人力、物力、设备材料(图 2-4-1-2),用最有效率的作业手段来完成生产作业工作,达到保质、保量、安全舒适生产,保证实现目标品质、目标成本,保证交货期。

不同的作业方法、手段直接影响作业效率,当作业目的与作业手段、方法等不相协调时,将会影响作业的稳定性(表 2-4-1-1)。

三、构想改进方案的原则

人基本上都存在着高效工作的本能意识或欲望。因此如不能更轻松愉快,更快速地完成工作,就会激起人寻找科学作业方法的欲望。但一种好的作业方法,不是轻而易举就能得到的。为了找出科学合理的改进方案,必须把握一定原则和运用各种科学方法。5W1H 是一个寻求改进方案的有代表性的有效规则(表 2-4-1-2)。

四、服装产品加工作业标准的设计

由于加工作业对象的材料形状、数量、加工部位、线迹要求、缝合方法不同,构成工艺流程的每个工程单位及所需设备、作业方法必然不同。

工业化流水生产过程中,即使相同工序不同的作业者,作业方法也会各有不同,因此造成质量与成本的差异。为此,以每个工程为单位实现产品预期目标品质及目标成本的目的,设计最合理的作业方法,形成作业标准,作为生产作业指

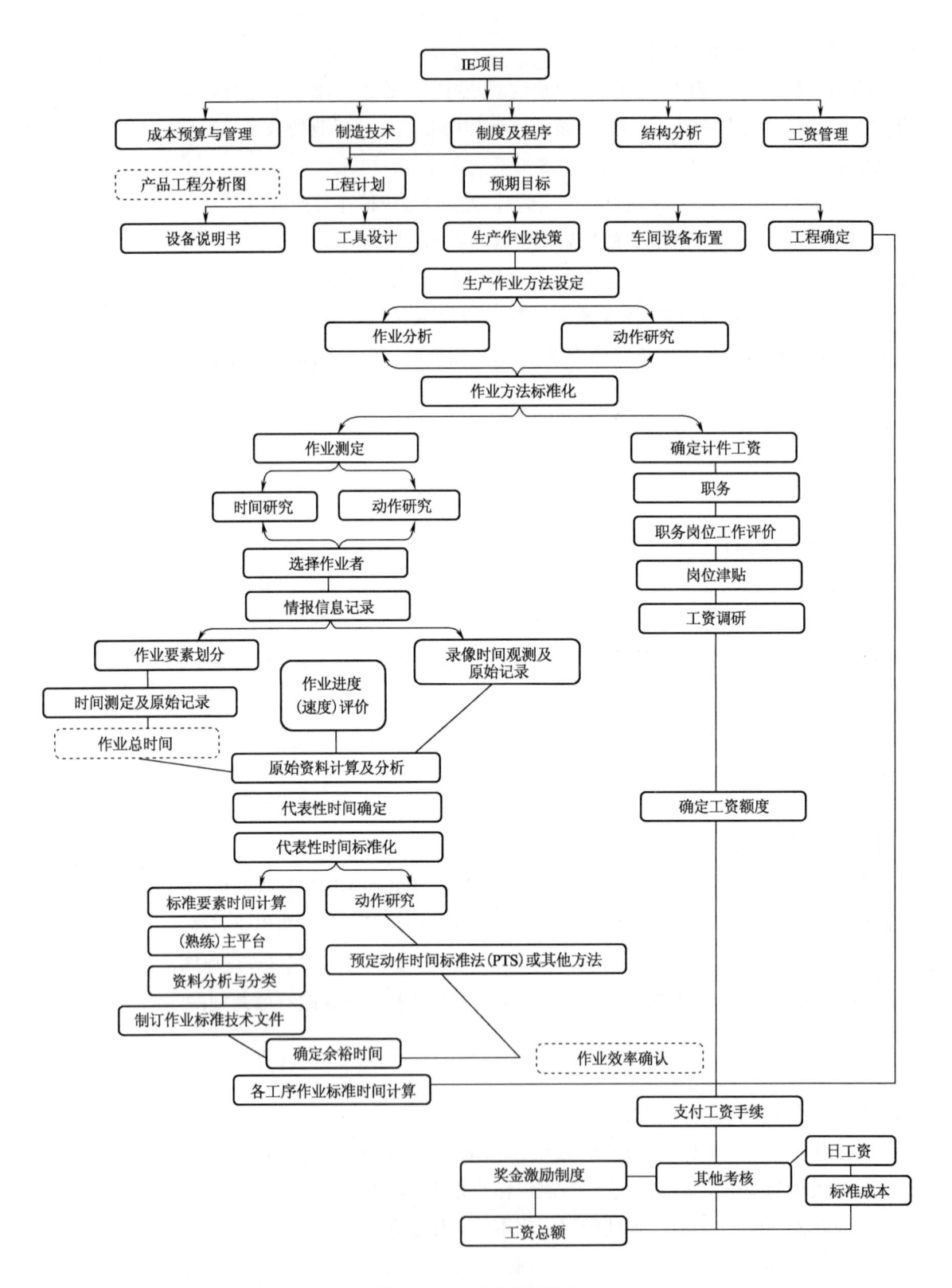

图 2-4-1-1　IE 内容及程序

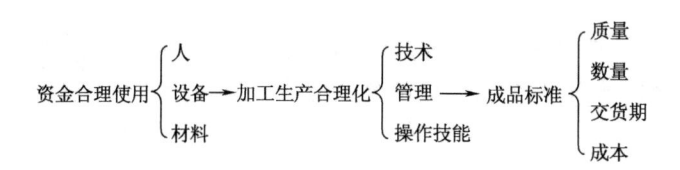

$$\text{资金合理使用}\begin{cases}\text{人}\\\text{设备}\\\text{材料}\end{cases}\to\text{加工生产合理化}\begin{cases}\text{技术}\\\text{管理}\\\text{操作技能}\end{cases}\to\text{成品标准}\begin{cases}\text{质量}\\\text{数量}\\\text{交货期}\\\text{成本}\end{cases}$$

图 2-4-1-2 作业标准化管理示意图

表 2-4-1-1 作业目的、手段与效率的关系

目的与手段		例1	例2	备注
区分	内容	目的剪线头	运送裁片	
高效率(多快好省)	目的＝手段	用小剪刀	用平板运送车	
低效率 (窝工、浪费)	浪费　目的＜手段	用大剪刀	用叉式升降机	工具、动作和时间的浪费
	吃力　目的＞手段	用手	人工搬运	吃力作业和对人及产品的伤害(手伤、面料抽丝)

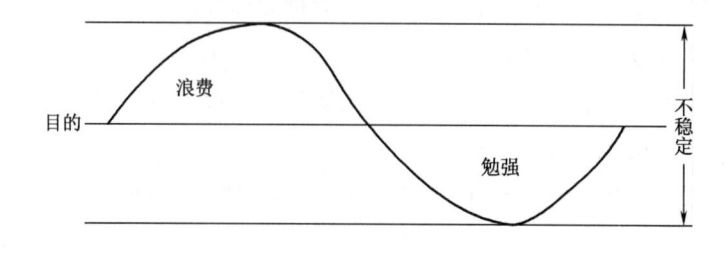

表 2-4-1-2 构想改进方案的有效规则

何时(When)	时间	什么时间开始？什么时间完成？（对于这项工作所用时间是否合理，用多长时间最好？）
何地(Where)	地点	在什么地方操作才好？（必须在这里吗？有没有更好的地方？）
谁(Who)	作业者	谁更胜任这项工作？（对于这项工作这个作业者合适吗？非熟练工也可以吗？）
什么(What)	目的 (内容)	使用怎样的材料进行？怎样的作业方式？（这种作业都需要什么？）
为什么(Why)	理由	为什么要做？（为什么做这项工作？为什么必须要做？）
怎样处理(How)	方法	还有没有更好的方法？（没有性能更好的、效率更高的缝纫设备吗？工作台的高度这样就可以吗？辅助工作台的位置合适吗？）

示、培训、现场作业管理控制的重要技术文件,是一项十分重要的工作。特别是服装生产自动化、现代化领域相对较少,依靠人力的因素较多,对于加工厂而言"作业标准"是"制造技术"的重要组成部分,因此对工业化生产具有重要的意义。将作业标准形成文字性文件、录像等形式,有助于作业技术、技术能力的传承和发展。

为了完成作业标准的制订,必须进行包括人体动作、肢体运用、动作原则、设备设施、特种辅助工具改进等动作分析研究,排除无效多余、不稳定、吃力的动作,最终实现快乐、高效、优质、安全地完成作业任务的目的。

1. 制订作业标准的目的

(1)现有作业现状的改善:作业台、材料、器具的摆放方法及改进。

(2)制订标准加工时间的基本依据:根据作业标准设定标准加工时间。

(3)作业者培训及作业效果评价:是培训新员工、技术能力较低作业者使用的资料;为防止质量、加工时间出现不均衡的现象,根据标准时间、标准产量进行实绩考核评价。

(4)外协订单加工工厂、新建工厂的作业指导标准。

(5)生产线设计及改善的基础资料:工作物在工序之间的移送、材料的保管方法、多工序作业方法、合作完成作业方法等生产系统的设计,包括划分工序、生产车间布置、流水线设计。

(6)技术的积累、保存、传承:作业方法、标准时间、标准生产量、成衣标准化等内容。

(7)其他缝制方法的改进:型号、尺寸允许误差调整,样板改进,材料、零部件的变更等。

2. 作业设计的内容及要点

为了实现预期目标进行作业设计,其依据包括各工程的缝制方法说明书、样品、样板形状、材料的物理性能、设备功能、性能、裁剪的精确度、缝制组合的精确度、工程分析、各工程标准时间、试制时的注意事项、设备操作技术人员等信息资料。

设计的内容包括:

(1)缝制方法及整合性:

①设定各部位尺寸、部件形状、接缝位置及尺寸、标准公差。

②设定缝头、折变量、卷边量、装饰边宽度、包缝宽、针码大小、标准公差。

③设定吃量、余量、褶量、里料余量、剪口、记号的准确位置及数量。

(2)设备的功能、性能及作业性能、操作性能:

①专用程控设备、特种机:程控上袖机、锁眼机、钉扣机、缲边机等。

②缝纫机头部形状:方头、圆头等。
③送布牙结构:上下送、下送、错动送、针送、综合送。
④熨斗:对电的要求、蒸汽、电蒸汽、重量、形状、温度、黏合温度。
⑤工作台:高度、面积、形状、角度等。
⑥操作性能:调整装置、靠压、踏板、倒针装置。
(3)零部件配置要求:
①压脚、送布牙、针板、针等的组合。
②计量用具:卷尺、参照工具、尺子等。
③附属设备:放物台、传送台(带)、橱柜、馒头、木马、盒子等的高度、面积、形状、角度等。
④确认定位压脚。
⑤其他工具:剪刀、锥子、打眼器、铅笔、划粉等。
(4)设备调试准备标准:
①缝纫机调试:转速、压脚、上下线松紧度、针码、针板、送布牙高度、角度等。
②熨烫、定型调试:温度、压力、时间、速度、保型时间。
(5)作业环境要求标准:
①温度、湿度、空气质量、采光、照明度、方向、清洁清扫状态、凸起物、危险物等的排查与排除。
②适合作业性:疲劳缓解度、健康卫生性、舒适性等,包括对工作服、工作帽、鞋子等的要求。

作业方法的分析、设计、改进及标准化,必须通过工程分析、动作分析、改进及标准化、时间分析及标准时间设定等来完成。

第二节　工程分析

工程按大类划分为加工工程、搬运工程、检验工程、停滞工程四大类。加工工程是使工作物发生形状性质变化的工程;搬运工程是使工作物发生位置变化的工程;检验工程是检查判断工作物数量、品质是否符合标准的工程;停滞工程是仓储及保持静止状态的工程。

针对即将投入生产的产品,综合考虑"产品使用什么材料、应用什么设备、由具备怎样技术能力的人完成作业、要求的质量及目标成本"等要素,进行工程分析与设计。动作研究与改进、时间分析与标准时间设定都是以各工程为单位进行的,所以工程分析是设计合理化作业标准、时间标准,实现作业标准化管理的基础。

一、工程分析的目的

(1) 对现有工程分析进行改善。
(2) 作为制订作业标准、标准时间的基础数据资料。
(3) 作为工序划分、生产线设计等基础数据资料。
(4) 作为制作作业指示书、作业指导书的基础依据。
(5) 作为材料、部件、缝纫线等材料准备、生产前的准备依据。
(6) 作为生产设备等生产前准备的依据。
(7) 作为生产日程、人员、设备、成本等各种计划制订的基础资料。

二、工程分析的方法

工程分析是按照材料的投入—裁片—半成品—零部件—成品的过程，将作业划分为最小的作业工程单位，系统明了地运用符号表示出来的过程。

1. 工程分析记号

工程图示记号最初是由弗兰克·吉尔布雷思提出的，他以工程的加工、搬运、检查、停滞这四个基本现象为基础，设计出表示工程的记号。目前服装加工业比较常用的工程分析记号见表2-4-2。

表2-4-2 服装工业工程符号参考表

基本记号		记号应用		
名称	记号	名称		记号
加工工程	○	单针平缝机作业		○
		其他特种缝纫机作业		⊘
		熨烫等手工作业		◎
		整烫定形作业		⊚
搬运工程	○ （小于加工工程符号1/2~1/3）	记号中计入采取的搬运手段或使用的设备器械等的缩写	人工搬运	Ⓢ
			传送带	Ⓒ
检查工程	□	数量检查		□
		质量检查		◇
停滞工程	△	材料、半成品、零部件停滞或仓储		△
		成品停滞或储藏		▽
其他	╪	工作区域、班组划分		
	…… 省略号	左右对称工程		

2. 服装生产制造工程

服装生产制造工程分为间接制造工程与直接制造工程两种。间接制作工程是指生产前准备、材料试验、检验、仓储搬运等生产准备工程;直接制造工程是指裁剪、缝制、后整理、包装、装箱等生产工程。

(1)生产准备工程:

①核对缝制说明书,进行修正。

②进行材料物化性能、可缝制性等试验,并对设备进行调试和标准设定储备。

③样板核查及修正、制订方案,完成工业化样板、缩放作业。

④样衣试制、评价通过认定。

⑤进行工程分析、预算标准加工时间、加工费等。

⑥制订生产日程计,确定交货期。

⑦公司内生产及外协订单生产缝制说明书、质量检验标准,生产作业标准等。

⑧设计生产系统。

⑨生产设备调配、辅助设备的准备、制造、改进等。

⑩辅料准备。

⑪其他工作:如样板输入计算机等准备工作。

(2)裁剪工程:

①材料的编、织瑕疵、染色瑕疵、幅宽、长度等的检查处理。

②预缩、醒料。

③铺布、裁剪、开剪口、打眼、打线钉、对条格。

④打印型号、花色、正反面判别、裁片号等。

⑤按投产顺序分裁片、捆扎裁片。

⑥其他:表示各种机能(形状特点、褶铜等)的裁片说明单。

(3)缝制工程:缝纫、熨烫、定型整烫等工程,详细内容缝制工程分析表。

(4)后整理工程:

①剪线头、清除污渍。

②熨平褶皱,定型整烫。

③其他:功能性注意事项说明,如形状、防水等。

(5)包装打包工程:

①折叠。

②放入价格表、品质说明、洗涤保养说明等。

③放入备用补修布、备用扣等。

④装袋或盒、衣架吊挂、塑料袋吊挂。

⑤按型号或按花色分别装箱捆扎。

⑥贴送货单。

(6)试验、检验工程：

①原材料及产品试验：物化性能、可缝性、技能性、耐久性。

②机器设备调整试验，根据材料物化性能、可缝性等，制订设备标准。

③原材料、零部件到货检验，裁剪、缝制等中间过程检验，成品检验。

④外协订单生产部件、产品检验。

(7)其他、仓储、搬运工程：

①原材料、产品、样品的保管与搬运。

②机器设备的保管与搬运等。

3. 工程分析表的书写

工程分析表要清楚地写明工程名称、工程号、加工时间、使用设备的人员以及裁片、半成品、零部件的组合方式等。

(1)表示方法(图 2-4-2-1)。

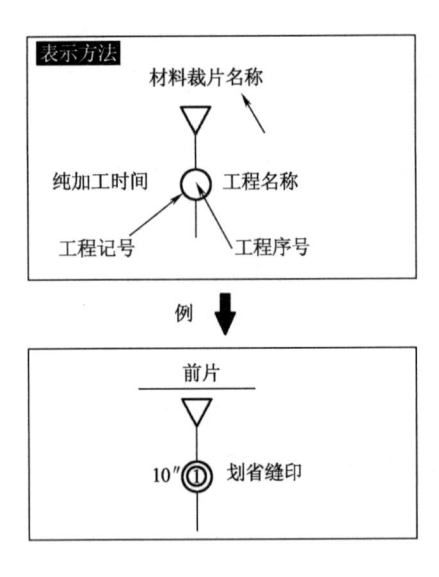

图 2-4-2-1 工程分析表表示方法

(2)记号组合(图 2-4-2-2)。

①主副材料的组合。

②相同大小两片材料的组合。

③相同大小三片材料的组合。

(3)不同品种的工程组合方法(图 2-4-2-3)。

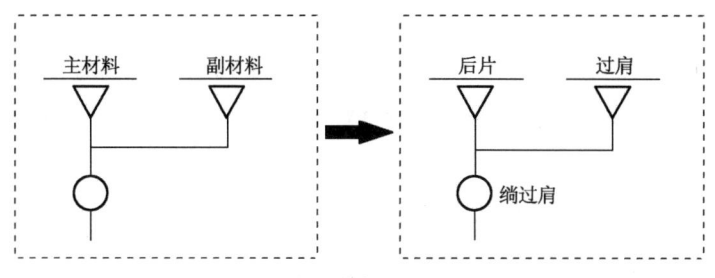

(a) 主、副材料的组合

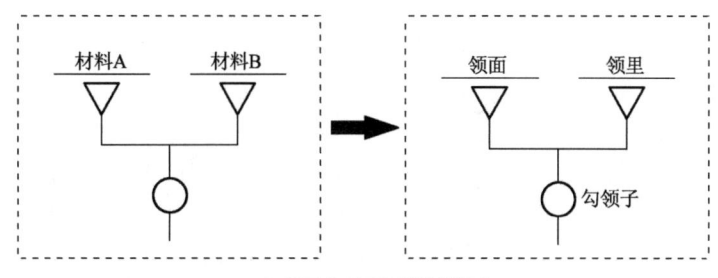

(b) 相同大小两片材料的组合

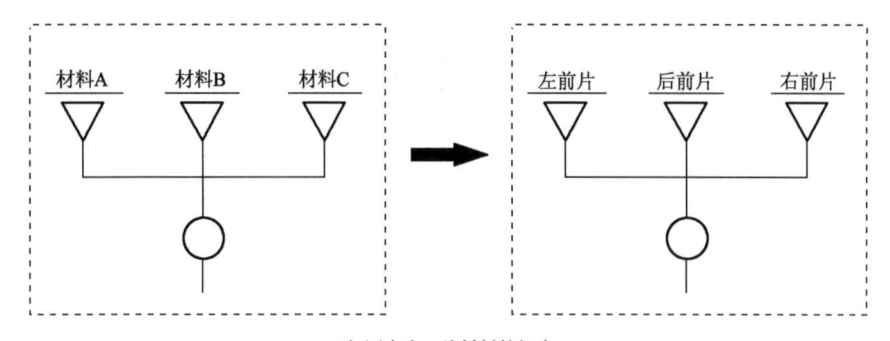

(c) 相同大小三片材料的组合

图 2-4-2-2　工程分析表记号组合

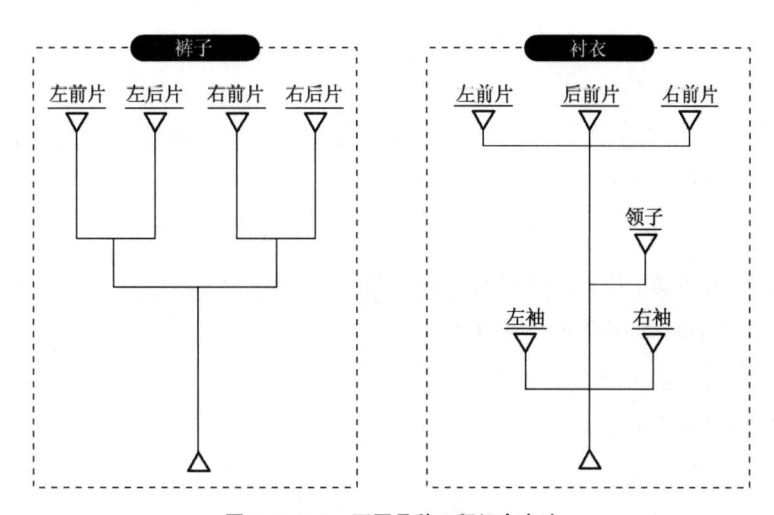

图 2-4-2-3　不同品种工程组合方法

(4) 以衬衣为例进行工程分析(图 2-4-2-4)。

产品款式图

工程顺序号的填写

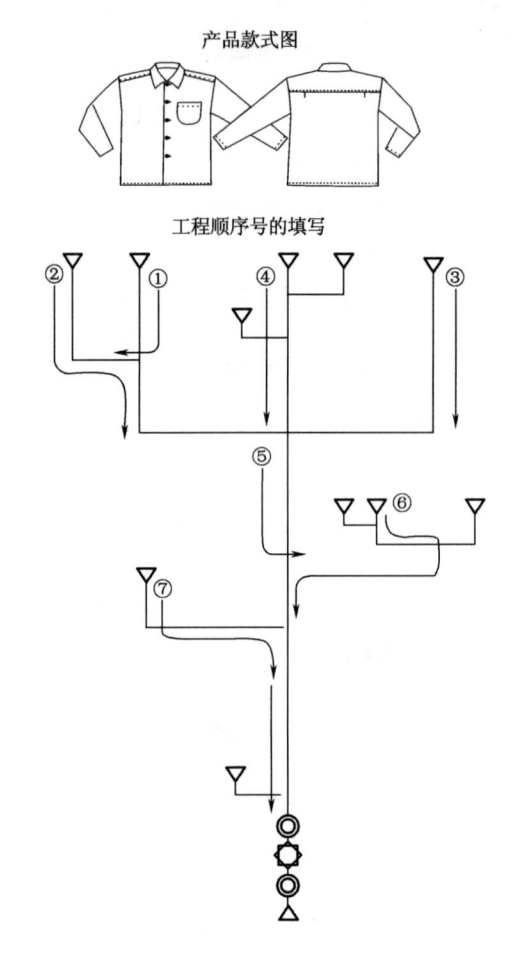

图 2-4-2-4 衬衣产品款式图及工程顺序号编写

• 将工程顺序号写入工程记号中。

• 工程顺序号的填写要以工程数多的身片为基准,但在工程数基本相同的情况下,以前片为基准填写工程顺序号。

• 在工艺工程分析过程中标清部件、裁片、扣子等的数量。

(5) 利用图示、文字表现衬衣工程分析过程(图 2-4-2-5)。

4. 工程分析图制作的注意事项(图 2-4-2-6)

(1) 写明工艺工程分析的主题。

(2) 写明制作者姓名。

(3) 绘制款式图。

(4) 标明工程设备名称、纯加工时间、工程序号。

衬衣工程分析表

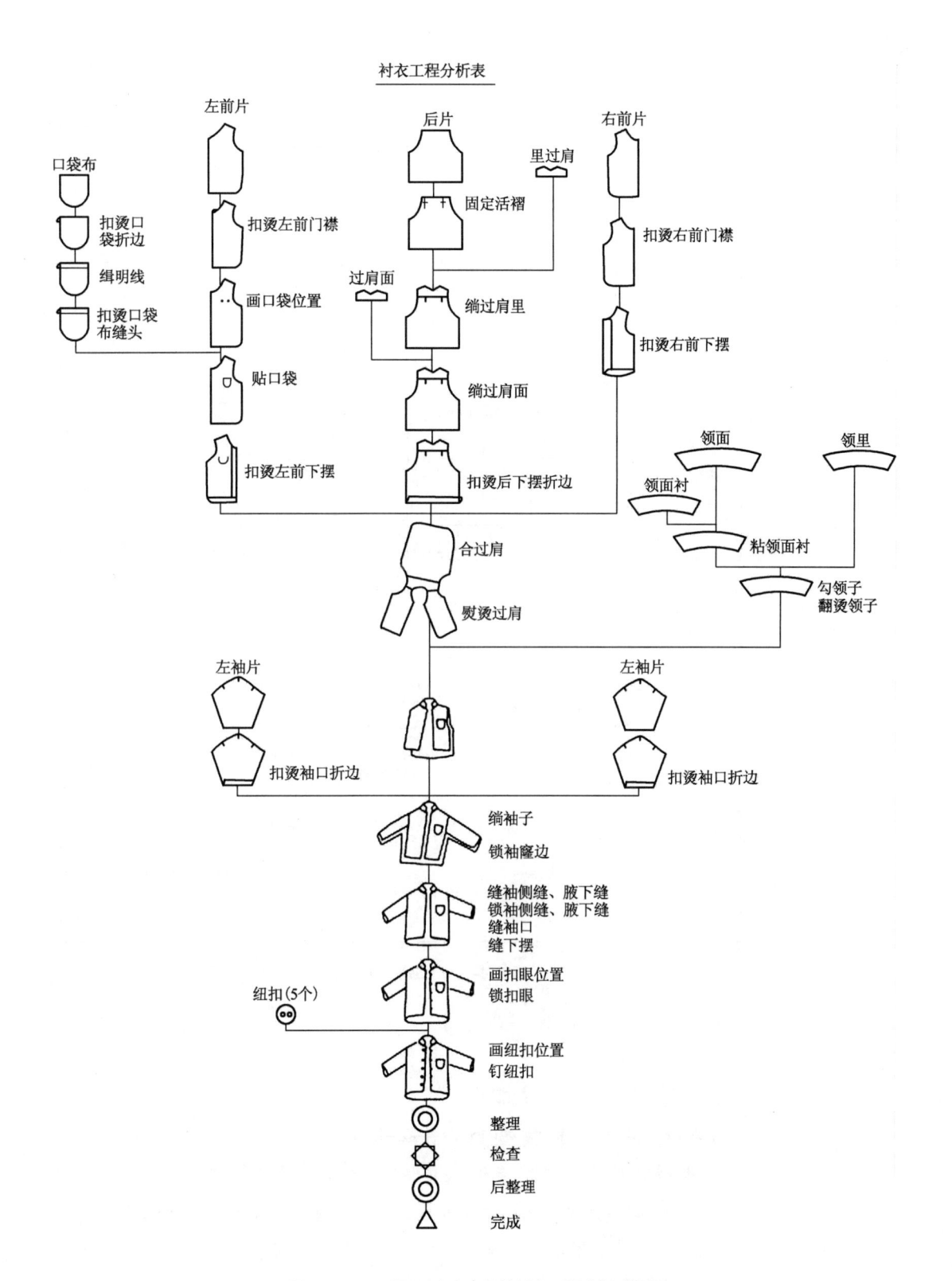

口袋布	扣烫口袋折边 → 缉明线 → 扣烫口袋布缝头
左前片	扣烫左前门襟 → 画口袋位置 → 贴口袋 → 扣烫左前下摆
后片	固定活褶
里过肩 / 过肩面	绱过肩里 → 绱过肩面 → 扣烫后下摆折边
右前片	扣烫右前门襟 → 扣烫右前下摆

合过肩 → 熨烫过肩

领面、领里、领面衬 → 粘领面衬 → 勾领子 → 翻烫领子

左袖片 / 右袖片 → 扣烫袖口折边

绱袖子
锁袖窿边

缝袖侧缝、腋下缝
锁袖侧缝、腋下缝
缝袖口
缝下摆

画扣眼位置
锁扣眼

纽扣（5个） → 画纽扣位置
钉纽扣

整理
检查
后整理
完成

图 2-4-2-5 图示、文字表示的衬衣工程分析过程图

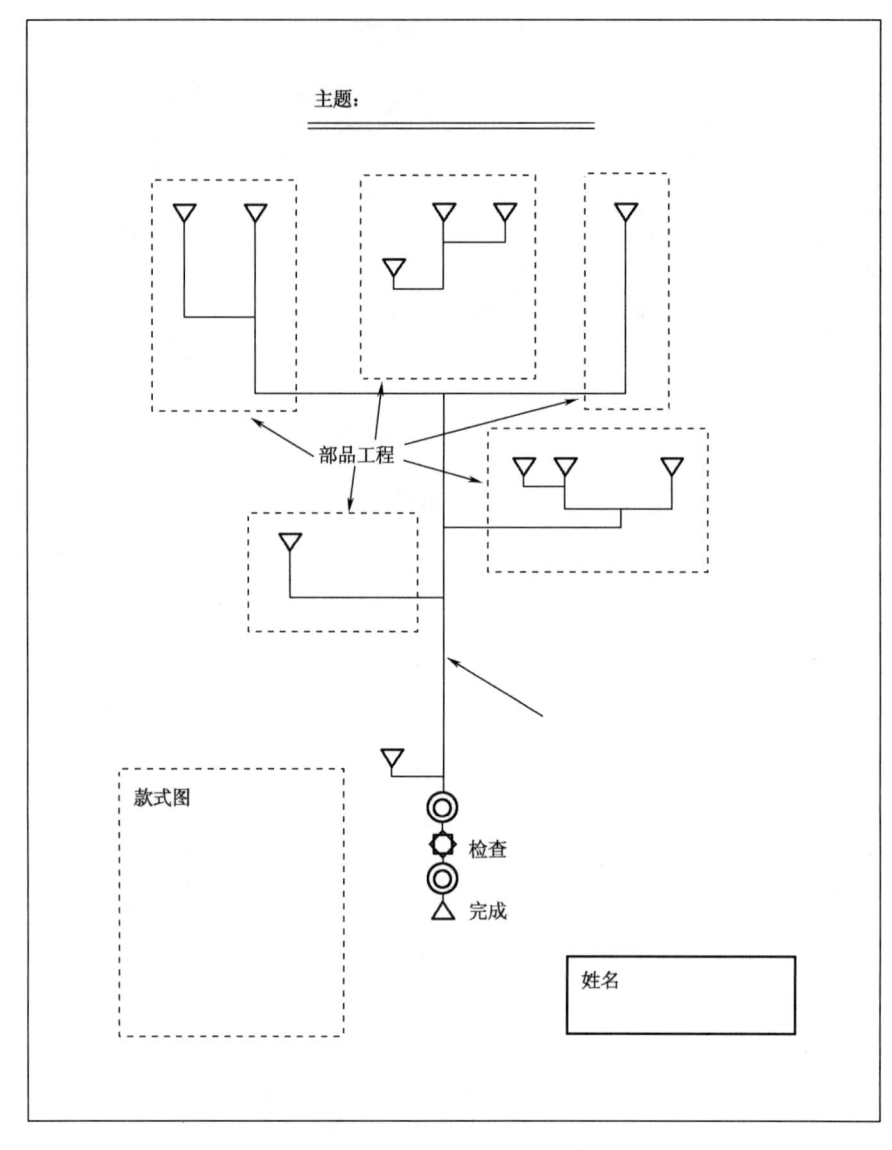

图 2-4-2-6　工程分析图涵盖内容

5. **工程分析表**(图 2-4-2-7)

三、工艺流程设计及改善着眼点

1. **工程是否可去除、增加**(图 2-4-2-8)

(1)有没有无效的作业,去掉该工程是否使整个工程简化。

(2)添加工程是否可以降低作业难度,使低机能作业者能够完成作业。

(3)对品质要求较高的产品,设计出前后工序互助完成的工程。

2. **工程是否可以合并、拆分**(图 2-4-2-9)

(1)同类、同性质,使用设备工具相同或相近,难易程度相当,并且作业时间

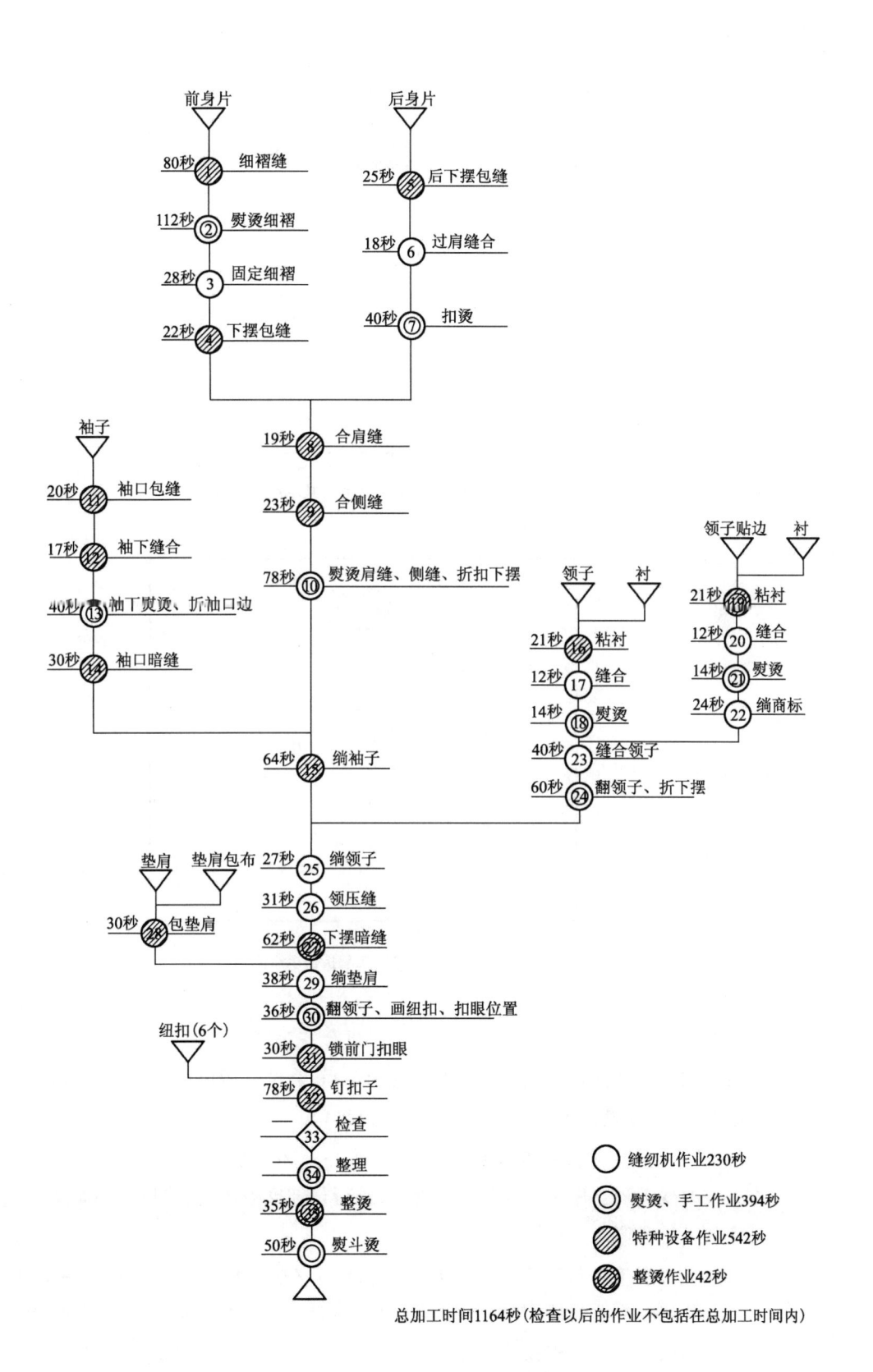

图 2-4-2-7 衬衣工程分析图

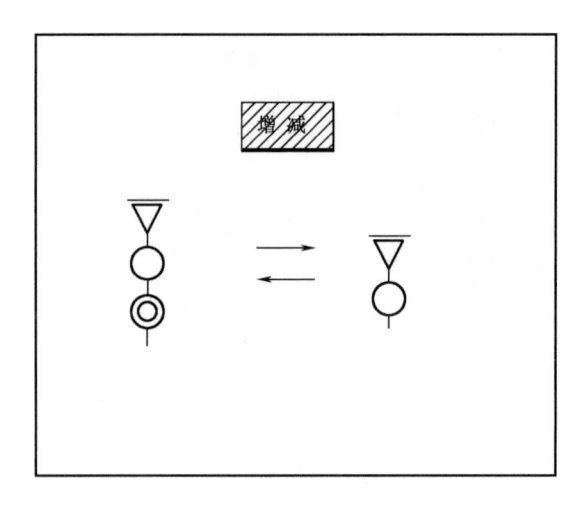

图 2-4-2-8　工程增减示意图

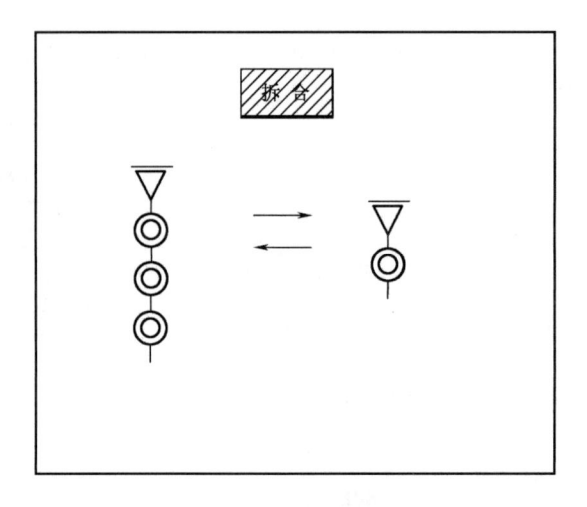

图 2-4-2-9　工程拆合示意图

短的工程,为了排除重复取放工作物,尝试合并为同一工程。

(2)作业时间较长、难度高低相混的工程,尝试是否可以进行拆分。这是工程编制、生产线设计等非常重要的设计思路。

3. 是否可以改变工艺流程的顺序(图 2-4-2-10)

改变工程顺序会形成怎样的结果,进行仔细推敲研究,选择能够提高工作效率的工程顺序。

4. 对现有工艺流程进行仔细推敲:是否可以使工程更加简化(图2-4-2-11)

从忽略作业技能、忽略熟练程度也可完成作业,从系统简单化、生产系统高效率的层面考虑工程设计。如同一工序有多名作业者,或出现材料、半成品倒流等现象时,必须考虑工程简化。

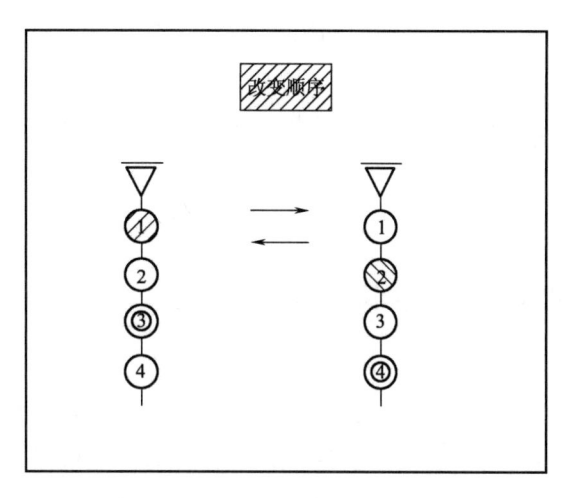

图 2-4-2-10　工艺流程改变示意图

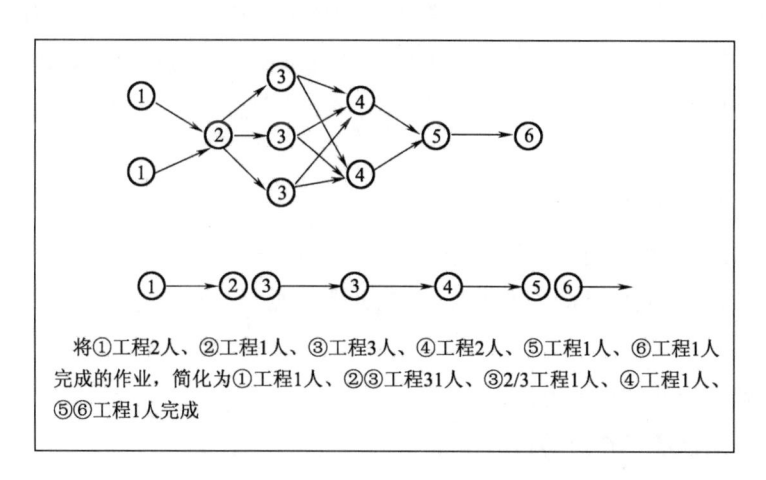

将①工程2人、②工程1人、③工程3人、④工程2人、⑤工程1人、⑥工程1人完成的作业,简化为①工程1人、②③工程31人、③2/3工程1人、④工程1人、⑤⑥工程1人完成

图 2-4-2-11　工艺流程简化示意图

5. 工程设计与改善要点

(1)个体工程的作业性要适应整个生产系统和管理效率。

(2)作业的难易度与技术能力相吻合。

(3)考虑生产量与熟练程度,小批量生产可以忽略技能与熟练程度同样可以完成作业。

(4)能否用程控设备、特种设备、辅助工具等,不需要考虑技能水平、忽略熟练程度也可完成作业。

(5)以提高产品品质及保证品质安定均一,充分考虑以机械作业取代手工作业。

(6)搬运工程,是否有无效搬运,不能更省力吗?能否缩短搬运距离,减少搬运次数;能否实现搬运机械化。

(7)检验工程,是否确定对质量原因确认清楚;检验的地点、时间、方法是否合适;是半成品检验,还是成品检验;是否可以变全数检验为抽样检验;能否不进行检验。

(8)停滞工程,是否有不必要的停滞;在停滞中是否有变色、破损、丢失的现象;存储场所放置的方法是否科学合理。

第三节　作业动作分析改进及标准化

作业动作,因受机器设备的操作性能、材料、工具的形状物理性能及摆放方向,身体各部位的动作、基本动作数量、动作距离、动作难易程度、重量等不同因素的影响,引起作业所需时间的差别及造成不同的人体疲劳程度。

服装加工生产作业主要还是依靠人力操作来完成,不同的人、不同的作业方法会导致近3倍的加工时间差距,因此,作业标准的制订最重要的就是作业动作的分析与研究。

一、动作分析的目的

动作分析是将作业者的动作进行细分化,改进多余吃力的动作,使改进后的动作重新组合形成标准的作业动作,并以此为依据对作业者进行训练,从而达到以下目的。

(1)确定最佳的作业方法。
(2)达到标准化作业的目的。
(3)进行标准化作业管理。

二、弗兰克·吉尔布雷思基本动作分析

1. 弗兰克·吉尔布雷思基本动作分析方法

基本动作分析法是动作研究之父美国能率(工作效能)研究专家弗兰克·吉尔布雷思发明创造的。他把人的作业动作细分为18个基本动作要素(现合并为17个),这17个基本动作组合起来即可完成每个工程的作业。这些基本动作及所设计的动作符号均以"吉尔布雷思"被命名,并广泛用于作业分析研究,称为吉尔布雷思基本动作分析方法。

2. 弗兰克·吉尔布雷思基本动作分类(表2-4-3-1)

吉尔布雷思还按动作的性质将基本作业动作划分为三大类,并提炼出了每类动作中的改善着眼点。

第一类动作:这8个基本动作,是作业者为了完成某工程作业所必需的动

表 2-4-3-1　弗兰克·吉尔布雷思基本动作记号表

分类	弗兰克·吉尔布雷思基本动作记号			说　明		
	序号	名称	记号	动作内容	例	可能存在的问题
第一类动作	1	伸手动作	⌣	手向目标物品移动的动作	手伸向衣片、袖片及剪刀、熨斗等工作物和工具	工作物、工具等摆放的位置不同,伸手移动的距离不同,有时会引起距离浪费现象
	2	抓物动作	∩	抓住目标物品的动作	手伸到工作物或工具等位置后,有秩序地拿取物品的动作	根据物品叠放方法、摆放方向、角度、位置等不同抓物所需时间不同
	3	运物动作	⌣̇	移送抓住的物品的动作	将抓起的工作物或工具运送到加工工作台上指定的位置	工作物、工具等摆放的位置不同,运送物品距离不同,有时会引起距离浪费现象
	4	确定位置动作	9	确定移送到位物品的摆放方向、位置的动作	为了做好缝制或熨烫作业准备,要调整好被运送物品的角度、方向,确定好放物位置	借助于尺子、导向标记、记号(剪口或线迹)等可以节省动作时间
	5	组合部件动作	#	部件组合动作的动作	前身片与后身片、袖片与身片等部件的缝合	材料的捏拿位置决定着缝纫机转速、材料倒手整理次数
	6	分解动作	‡	将目标物进行分解的动作	如将连在一起的带襻断开,或拆取梭皮、梭芯等	捏拿目标物的位置及工具使用方法决定着完成动作的时间
	7	使用设备工具动作	U	使用设备工具达到完成作业任务的动作	抬压脚、踩踏板等操作缝纫机或熨斗等设备,完成缝纫加工、熨烫等作业	操作设备设施的顺序、肢体的有效配合等影响着动作完成的时间
	8	放物动作	⌒	放下目标物的动作	将加工完成的工作物或用完的工具等,运送并放置在指定位置	放置的角度、方向、面料、里料、工作物的大小重量不同影响着放置物品动作的完成
第二类运作	9	寻物动作	⊙	用眼寻物的动作	决定于材料、工具的摆放状态	由于材料、工具等目标物不按顺序、杂乱无章地放在一起,或与废物堆放在一起等原因,必须用眼仔细地寻找,造成手脚等肢体作业动作的停滞 改进要点:必须按照"三定位的原则"做到相同的物品、相同的数量摆放在相同的位置

续表

分类	弗兰克·吉尔布雷思基本动作记号			说 明		
	序号	名称	记号	动作内容	例	可能存在的问题
第二类动作	10	选择动作	→	一个目标物要在许多物品中选择	在杂乱堆放的材料、工具中,选择出一个所需要的物品	由于材料、工具等目标物作核杂乱摆放或与废物堆放在一起,必须从中选择出所需物品,因而造成作业动作停滞 改进要点:有效地利用抽屉、盒子、橱子等装具分类保管,或分层、有序保管
	11	检验动作	◊	对目标物进行品质的查验	对工作物的瑕疵、污渍、尺寸、位置、花色、型号等进行检查	由于铺布、裁剪等工程精确度不够稳定,标准化管理、5S管理执行得不彻底造成的品质不良后果,检验过程中使作业动作停止
	12	思考	⌇	做出做什么的决定	对指定条件之外的加工状态或设备工具状态等,思考对策	如作业标准、要点等不明确,培训不到位,对品质优劣难以判定等,引起在思考过程中造成作业动作停滞
	13	摆放准备	8	工作物或工具等的前期摆放	加工作业前认真研究和调整工作物、工具的摆放方向、角度等	为了排除浪费动作,从而认真考虑材料工具前后、左右、里、面的摆放方向
第三类动作	14	保持静止	⌒	目标物在一定的位置保持静止	自动开袋机等自动化程控设备在操作过程中,不需要肢体移动	在使用自动化程控设备过程中,做好动作、辅助工具的研究,以便在工作物加工过程中,空出手去拿下一个工作物或工具,减少停滞时间
	15	可避免的停滞	⌒○	非作业动作或根本不是作业动作	设备故障修理过程中,流水线运行补偿、等待工作物配发等作业休止状态	做好设备、生产系统维护,加强管理、严格遵守作业标准等
	16	不可避免停滞	⌒	部分动作是作业动作,部分动作是非作业动作	钉扣、锁眼、打结等工程设备运转时可形成肢体动作停滞	可利用加工过程中,形成的动作停滞时间去拿新的工作物和做好准备作业
	17	休息	⌇	恢复身体疲劳或生理现象的处理	由于冷暖、空气质量、采光、照明造成的疲劳度不同	注意改善工作环境,以减少疲劳度和便于恢复体力

作,是不可省略的动作,是针对作业对象以最短距离、双手同时进行的最小动作组合,较为轻松的作业。

第二类动作:作业过程中存在的不够科学合理的动作,由于这类动作的存在会使作业完成的时间延长,是需要通过改进材料、工具的摆放方法,改进设备及工具,改进取放工作对象等动作,去掉和排除的基本动作。

第三类动作:作业中完全不需要的动作或根本不是作业的动作,是可以通过使用自动化、机械设备,改善作业环境排除掉的基本动作。

三、基本动作的经济原则

作为动作的经济原则,使属于必要的动作要素合理化是动作的经济原则,尽量减少使作业速度迟缓的动作要素,如小心、判断等,力争排除不需要的动作要素。

1. 身体各部位的动作经济原则

(1)双手同时开始,同时结束,相互对称有效的作业。

(2)双手不可游闲或停止。

(3)双手的动作应尽量限定于最低的动作阶段。最低动作阶段顺序:手指—手指与手腕—手指、手腕及小臂—手指、手腕、小臂、小臂及大臂—手指、手腕、小臂、大臂及肩的动作。

(4)动作轨迹尽量保持圆滑、连续、无尖角的曲线。

(5)脚、身体其他部位能做的动作不用手。

(6)动作顺序的编排有目的性。

(7)作业动作次数应控制在最少。

2. 作业场所布置的经济原则

(1)定位放置工具、材料:按着"三定位的原则"做到相同的物品、相同的数量摆放在相同的位置,并且有效地利用盒子等装具(图2-4-3)。

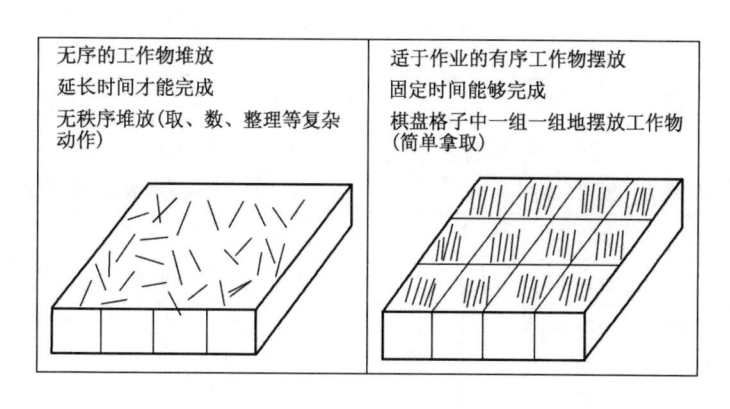

图2-4-3 定位放置工具、材料示意图

(2)工具、材料及各种控制开关尽量放于正常作业范围内,不得超出最多作业范围;正常范围指坐在工位上,小臂、手腕及手以肘为圆心,小臂长为半径划弧的范围;最大范围指坐在工位上,大臂以肩为圆心,大臂长为半径划弧的范围。

(3)尽量采用吊挂生产线等自动化或机械化传送装置运送工作物。

(4)作业台与椅子的高度应保证:双肘自然放在作业台上,达到轻松操作的目的。

(5)场所环境要符合不易产生疲劳感和易于消除疲劳的要求:保持科学采光、通风、温度适宜舒服,色彩等利于消除视觉疲劳等。

3. 工具的使用原则

(1)手工作业尽量使用小工具,如剪线头的小剪刀。

(2)变手工作业为自动化和机械化作业:如程控绱袖、钉扣、锁眼、CAM 计算机制造等。

(3)工具必须放在合理的固定位置。

四、作业动作分析

1. 制订动作分析计划

按计划准备好分析用纸,确定动作分析的顺序。

2. 进行动作观测,将完成以一个工程作业的基本动作记入作业要素栏

按作业顺序将左右手相对应地完成各要素作业动作,分为基本动作单位,并在分析表中间一栏写入动作记号。分析时要从动手取新裁片的行动为起点,记号中左手用(LH),右手用(RH)分别表示出来,(EF)是眼与脚的动作记号。其中一只手作两次以上的动作,另一只手保持不动时用一记号,参见表2-4-3-2。

表 2-4-3-2 开袋作业动作的分析——动作分解

动作顺序	作业要素动作	分解动作说明	LH	EF	RH	分解动作说明	作业要素动作	备注分析
1	拿物	伸出空手	⌣		⌣	伸出空手	拿物	
2		拿工作物	∩		∩	拿工作物		
3		运送工作物	○̆		○̆	运送工作物		
4	确定位置	确定位置	9		9	确定位置	确定位置	
5	开袋	拿物等待	⊓		⌣	伸出空手	开袋	
6		拿物等待	⊓		∩	拿剪刀		
7		拿物等待	⊓		○̆	运送		
8		辅助开袋	U		U	使用工具开袋		

续表

动作顺序	作业要素动作	分解动作说明	LH	EF	RH	分解动作说明	作业要素动作	备注分析
9	开袋	调整方向确定位置	9		∩	等待	开袋	
10		辅助开袋	U		U	使用工具开袋		
11	放物	放工作物	◡		◡	放工具		

3.绘制作业动作分析表

按要求绘制作业动作分析表。

4.依照动作经济原则进行比较分析

找出作业动作的疑问点,确定动作分析的着眼点及动作改善的要点。

5.标明产品名称、工序名称、日期、分析人等有关事项(表2-4-3-3)

表2-4-3-3 开袋作业动作比较分析

动作顺序	作业要素动作	分解动作说明	LH	EF	RH	分解动作说明	作业要素动作	动作分析改善要点
1	拿物	伸出空手	⌣		⌣	伸出空手	拿物	疑问:右手动作有效吗?
2		拿工作物	∩		∩	拿工作物		疑问:右手拿工作物动作有必要吗?
3		运送工作物	◡		◡	运送工作物		疑问:右手运物动作有必要吗?
4	确定位置	确定位置	9		9	确定位置	确定位置	疑问:右手动作合理吗?
5	开袋	拿物等待	∩		⌣	伸出空手	开袋	着眼点:左手等待动作是第三类动作
6		拿物等待	∩		∩	拿剪刀		疑问、要点:不能与拿工作物同步吗?(造成第三类动作存在)
7		拿物等待	∩		◡	运送		着眼点:左手等待动作是第三类动作
8		辅助开袋	U		U	使用工具开袋		
9		调整方向确定位置	9		∩	等待		着眼点:右手等待是第三类动作
10		辅助开袋	U		U	使用工具开袋		
11	放物	放工作物	◡		◡	放工具		疑问:间断合理吗?
产品名称		工序名称		记录内容		时间		记录人
西服		开袋		现状		×年×月×日		×××

五、动作的改进及标准化(表2-4-3-4)

按照分析的结果,根据改善的要点,对疑问动作进行规范,并设计出科学合理有效的作业动作,形成标准化作业动作,列表表示出来。作业者应严格按标准化动作作业,实现作业标准化。

表2-4-3-4 动作改进与标准化——改进后标准作业动作

动作顺序	作业要素动作	动作说明	LH	EF	RH	动作说明	作业要素动作	备注改善点
1		伸出空手	⌣		⌣	伸出空手		
2	拿物	拿工作物	∩		∩	拿工具(剪刀)	拿物	
3		运送工作物	⌣		⌣	运送工具		
4	确定位置	确定位置	9		9	确定位置	确定位置	
5		辅助开袋	U		U	使用工具开袋		
6	开袋	调整方向确定位置	9		9	调整方向确定位置	开袋	
7		辅助开袋	U		U	使用工具开袋		
8	放物	放工作物	⌣		⌣	运送工具…运送工具…		
产品名称		工序名称		记录内容		时间		记录人
西服		开袋		改善后标准动作		×年×月×日		×××

第四节 时间分析与标准加工时间的设定

一、时间分析概述

时间分析是把某项作业分解成细小的基础作业单位,用适当的测定器记录该项作业所耗用的时间,在收集到测定时间数据基础上制订出标准的加工时间,或对作业进行改进。

时间分析是标准加工时间设定的基础。

1. 标准时间的含义

进行作业改进时,当被改进的新作业方法在工程中实施稳定后,在正常的作业条件下,具有一定熟练程度和一定经验的操作者,按普通的速度完成某项作业所需要的时间,即标准时间。有一定熟练程度和一定经验的操作者是根据企业普遍技能水平来评价的。正常的作业条件与作业方法是指作业标准所指示的条件和方法。普通的速度是指工厂一直比较稳定的正常速度。

标准时间不是一成不变的,随着对作业的合理化改进及先进设备的引进,并且根据降低产品成本等实际要求,对标准时间有必要进行相应的修正。

2. 标准时间的构成(图2-4-4)

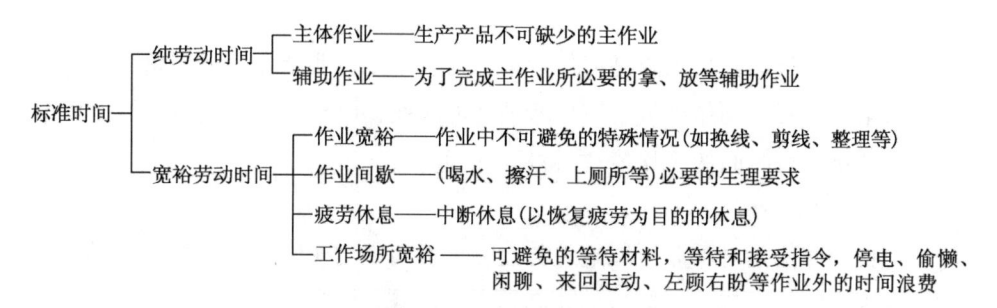

```
                  ┌─主体作业──生产产品不可缺少的主作业
        ┌纯劳动时间┤
        │         └─辅助作业──为了完成主作业所必要的拿、放等辅助作业
标准时间─┤         ┌─作业宽裕──作业中不可避免的特殊情况(如换线、剪线、整理等)
        │         │─作业间歇──(喝水、擦汗、上厕所等)必要的生理要求
        └宽裕劳动时间┤─疲劳休息──中断休息(以恢复疲劳为目的的休息)
                  └─工作场所宽裕──可避免的等待材料,等待和接受指令、停电、偷懒、
                                闲聊、来回走动、左顾右盼等作业外的时间浪费
```

图2-4-4 标准时间构成图

标准时间是由纯作业时间与宽裕时间构成的,也就是标准时间等于纯作业时间加上宽裕时间。

标准时间计算公式:标准时间=纯作业时间×(1+宽裕率)

3. 时间分析的目的

时间分析的目的概括起来有以下七项内容。

(1)掌握工厂生产能力可能达到的产量定额。

(2)调查作业者的技术能力水平。

(3)用时间数值量化作业动作要素作为作业改进的依据,对作业方法进行比较选择。

(4)能够成为企业对作业评估的标准。

(5)能够为引进设备提供可靠的依据。

(6)能成为产品成本估算的基础资料。

(7)是实施结果的评价资料。

二、标准时间设定的方法

标准作业方法决定后就可以开始设定标准时间。标准时间是根据测定的时间再进行计算得出来的。时间测定的方法有以下五种。

1. 预定时间标准法

预定时间标准法是分析进行同一作业的作业者在作业方法上的基本动作，再根据基本动作的性质与条件设定出时间。一般也称为 PTS 法，还有 MTM 和 WF 等不同的方法。

2. 资料推算法

资料推算法不是直接观测时间，而是根据过去积累起来的时间资料进行整理得出一个基本形。根据这些基础资料，按现状的作业条件求出标准时间。

3. 直接观测法

对作业进行的直接观测是将作业细分为若干个作业单位，观测每一个作业单位从第一个开始动作到最后完成所消耗的时间，并记录下来，然后计算出各个作业单位所测得时间的平均值，求得标准时间。

4. 瞬间观测法

直接观测法是对作业持续地进行观测，瞬间观测法则是根据随机抽样的统计原理进行瞬间观测。根据随机观测的生产产量，计算出标准时间。

5. 经验推算法

经验推算法是富有经验且精通作业的作业者，对新的作业可以凭经验判断得出的标准时间，这种方法应尽量被避开。

三、直接观测法举例

上面对五种观测方法进行了简单说明，下面以直接观测法为例，介绍时间观测的方法。

1. 准备时间观测法的用具

(1)准备好观测用纸。

(2)准备好秒表。

(3)其他用具。

2. 观测方法

(1)对作业者说明时间分析的重要性。

(2)确定时间观察位置：观测者选择一个既能清楚看见作业者的作业动作，又不妨碍作业者作业的位置。一般测定者的眼睛与作业者的手保持在同一条直线上。

(3)观测次数：根据使用目的，观测的次数也不同（表 2-4-4-1）。

四、作业要素分解

观测作业者的作业，把分解的作业要素写入动作要素栏。开始对作业要素过

表 2-4-4-1　观测目的和次数关系表

使用目的	次　数
标准时间作为奖金、奖励的依据	20 以上
标准时间作为工程编成资料的依据	10 以上
标准时间作为调整流水线的依据	5 以上

细分解的话，观测起来比较难，且出现的误差也大。一般粗略地可分为前动作、主动作、后动作(即拿、缝、放)三种，有经验后再可以细分解。根据细分解后所观测的数据可以求出类似工程的时间值(表 2-4-4-2、表 2-4-4-3)。

表 2-4-4-2　作业要素粗略分类表

动作要素	记　录　点
①取衣服身片,把商标重叠放上送入压脚下	缝纫开始的瞬间
②缝纫 5cm(洗涤标签插入)	缝纫结束后的瞬间
③叠放在手工工作台上	放置好的瞬间

①前动作　②主动作　③后动作

表 2-4-4-3　作业要素详细分解表

详细部分	测定 1 件衣服所要的时间/秒	详细部分	测定 1 件衣服所要的时间/秒
①取身片放在压脚下	6.6	④缝纫 4cm	2.0
②重叠商标缝纫 1cm	6.0	⑤叠放在手工工作台上	2.0
③放入洗涤标签	5.8		

五、水平系数评定

由于作业者的技术水平与努力程度有差异，使相同作业单位所需用的加工时间也不相同，这是必须要考虑的客观因素与主观因素，所以必须对每个作业者作业的观测时间进行评定，做进一步的修正。

1. 评定的内容

首先，必须对每个作业者的技术水平与熟练程度有较充分的了解，并以此为依据分配他(她)们的工作。技术能力强的作业者要分配到重要的岗位上；其次，对技术太差的作业者要强化技术培训力度，提高他(她)们的技术水平，达到普通技能标准；最后，对普通水平的作业者也应多加教育培训，使其在技能水平上得以不断提高。所以,必须掌握不同技术水平的作业者做相同工序所消耗的时间,把每个人之间的素质差异看做一个同一水平值,并作为修正和确定加工时间的依据。这种同一水平的数值称为水平系数。

水平系数是时间数值换算为标准数值的系数。

2. 评定的因素

一般作业的速度是由技能、努力、作业条件和作业一致性4个因素确定的。

(1)技能:指作业者的技术熟练程度。

(2)努力:即作业者的工作态度及精神面貌。

(3)作业条件:即温湿度、照明及光线等。

(4)作业一致性:表示同一作业要素所需时间数值的差异。

一般情况下,同一工厂的作业条件是基本相同的。一致性被包括在测定数值内,所以在考虑作业能力时可忽略不计,而主要考虑技术熟练程度和努力两个因素(表2-4-4-4、表2-4-4-5)。

表2-4-4-4 水平系数(1)

熟练程度	级别	努力程度	熟练程度	级别	努力程度
+0.15	最优 A	+0.13	0	普通 D	+0
+0.11	优 B	+0.10	−0.05	可 E	−0.04
+0.06	良 C	+0.05	−0.16	差 F	−0.12

表2-4-4-5 水平系数(2)

等级\内容	技能熟练程度		努力工作态度		作业条件 温度、湿度、照明		作业一致性适应性	
最优	A_1 A_2	+0.15 +0.13	A_1 A_2	+0.13 +0.12	A	+0.06	A	+0.04
优	B_1 B_2	+0.11 +0.08	B_1 B_2	+0.10 +0.08	B	+0.04	B	+0.03
良	C_1 C_2	+0.06 +0.03	C_1 C_2	+0.05 +0.01	C	+0.02	C	+0.01
普通	D	0	D	0	D	0	D	0
可	E_1 E_2	−0.05 −0.10	E_1 E_2	−0.04 −0.08	E	−0.03	E	−0.02
差	F_1 F_2	−0.16 −0.22	F_1 F_2	−0.12 −0.17	F	−0.07	F	−0.04

在工厂里,对时间分析中只考虑熟练程度与努力这两方面因素。这两种因素的等级可以以长期经验积累的结果作为标准来判断确定(表2-4-4-6、表2-4-4-7)。

表2-4-4-6 熟练程度判定

等级 项目	差(F)	可(E)	普通(D)	良(C)	优(B)	最优(A)
工作顺序	没有按照	大概知道	顺序合理	熟悉又合理	熟悉合理	熟悉合理
作业速度	经常停止	有时停止	看上去停止,但速度慢	没有停止	速度快	速度相当快
作业动作	手的动作不协调	有时动作不协调	动作协调	完全协调	迅速正确	相当正确
作业失误	失误多	有时失误	没有失误	完成普通	正确完成	完成得很出色
对作业的自信	没自信	有时心神不定	有点自信	有自信	有自信能够指导别人	信心十足

表2-4-4-7 努力判定

等级 项目	差(F)	可(E)	普通(D)	良(C)	大(B)	最大(A)
关于作业速度	缓慢	状态一般	正常状态作业	几乎没有时间浪费	速度快,只能短时间内维持	速度快,维持时间较长
关于作业意识	对工作没兴趣	工作注意力不集中	对工作少有兴趣	对工作有兴趣	对工作非常有兴趣	具有的知识与行为相配
关于作业态度	没意欲	勉强作业	用心作业	愉快节奏、流利畅通	没有动作失误	动作快,很难分清楚

六、标准时间的计算方法

通过观测测定出来的时间是测定时间,然后还要计算出纯加工时间。在1天工作中,作业者除了纯粹作业的动作之外,还有其他的动作。把这些动作所消耗的时间称为宽裕时间。宽裕的种类有以下几种(表2-4-4-8)。

宽裕率的计算方法有两种,第一种为外乘法,第二种为内乘法。

1. 外乘法

外乘法是宽裕时间与纯加工时间之间的百分比。

$$宽裕率 = \frac{宽裕时间}{纯加工时间} \times 100\%$$

表 2-4-4-8 动作及宽裕种类

种类	动作	说明	内容（事例）
纯工作时间	主体作业		缝制、熨烫等生产作业中不可少的作业
	辅助作业		拿、放、整理、换线、配片、断线、核对等作业
作业宽裕 （10%~15%）	作业前准备	作业中不可避免的宽裕时间	确认工艺单、调换零件、调节椅子高低、确认熨斗、熨台等状态
	作业物整理		准备材料、确认数量、捆扎材料、解开材料
	记录		填写数据报表
	返修		折开重缝、再重新整烫等
	判断		对产品质量的判断
	故障		因断线、断针、熨斗损坏等
工作场所宽裕 （3%~5%）	工作协商	工作场所特有不能躲避的宽裕	听取技术人员讲解及指令、相互讨论
	搬运移动等		材料、成品、器具的搬运、工作地移动
	等待工作		停工待料等
工作休息 （2%~5%）	消除疲劳		消除疲劳所用休息时间、作业中休息
生理需要宽裕 （2%~5%）	必要行为等	作业者在工厂内生理需求的一些行为	喝水、去卫生间、擦汗等
其他			闲话等不必要的行为

标准时间=纯加工时间×(1+宽裕率)

2. 内乘法

内乘法指在标准时间中宽裕时间所占的比例。

$$宽裕率=\frac{宽裕时间}{纯加工时间+宽裕时间}×100\%$$

$$标准时间=纯加工时间×\frac{1}{1-宽裕时间}$$

宽裕率的大小与产品及工厂的管理等因素有很大的关系，但一般工厂给予的宽裕率在 20%~30%。

3. 计算标准时间的实例

标准时间=纯加工时间×(1+宽裕率)

纯加工时间=测定时间×(1+水平系数)

=测定时间×(1+熟练系数+努力系数)

例：测定男式衬衣贴口袋的时间为 35.1 秒，被测定的作业者水平系数评定为熟练 C 级、努力 D 级，则：

纯加工时间=测定时间×(1+C+D)：35.1×(1+0.06+0)=37.2(秒)

再根据一般工厂的宽裕率定为 20%，男式衬衣贴口袋的标准时间为：

标准时间=纯加工时间×(1+宽裕率)=37.2×(1+0.2)≈45(秒)

第五节 作业标准制订与作业标准化

一、作业标准

通过工程分析、作业动作分析与动作改进、时间分析与标准时间设定等作业研究，才能制订作业标准，并作为作业标准化的依据。

就作业标准而言，它的种类也很多，主要归纳为三项：

物的标准，也称为规格。

方法标准，也称作业标准。

规则标准，也称规章制度标准。

生产规章是合理有效地利用企业标准，为保证 P(产量)、Q(质量)、C(价格)、D(交货期)、S(安全)的实现而制订的规章制度。在生产规章制度内容中还包括研究开发、设计管理、质量管理、生产管理、仓库管理、购销管理、设备管理等。

二、作业标准的制订

1. 物的标准的制订

物的标准也称规格，是制作加工物品时作业加工者使用的标准，有以下内容见图 2-4-5-1。

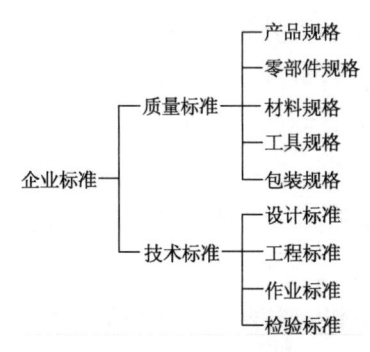

```
                    ┌─ 产品规格
                    ├─ 零部件规格
          ┌─ 质量标准 ─┼─ 材料规格
          │          ├─ 工具规格
企业标准 ─┤          └─ 包装规格
          │          ┌─ 设计标准
          └─ 技术标准 ─┼─ 工程标准
                     ├─ 作业标准
                     └─ 检验标准
```

图 2-4-5-1 物的标准分类

我们在日常生活中，经常能受益于标准。如电源插座、常用的缝纫机针等，只要符合国际标准就不论是哪个国家、哪个企业生产的都能通用。这种物品的互换性叫做物的标准化，如果没有物的标准化就会造成如下的后果。

(1)零件损坏需换配件时难以买到,造成时间浪费或机器报废。
(2)非标准件需要量小,库存浪费。
(3)特殊的物件加工费高,成本加大形成浪费。

服装产业中,人们在研究开发设计常用的拉链、里布、衬布、松紧带、扣子等服装辅料时,都在逐步向物的标准化方向发展。

2. 方法标准的制订

在工作中为了正确、迅速、愉快、安全地完成工作任务,必须要考虑作业的顺序、技术要求等。其方法标准是以动作分析与动作标准化、时间分析与标准时间设定为基础制订出来的。

方法标准的设定严格控制了人们的作业方法,避免出现了由于作业方法的随意性所造成的产品质量差异,大幅度地提高了工作效率,所以工业化生产首先要制订标准化作业方法,并要求所有人了解它,然后再按照标准去操作,保证安全、有效、高质量地完成工作。

另外,借鉴前人总结的经验制作作业标准很重要,因为很多有效方法是长期实践经验的积累。

现在很多企业在管理过程中都存在着一个普遍的现象,就是出现问题后才考虑作业方法是否正确。不能做到前期的预防,所以借鉴前人的经验就显得更为重要。

(1)作业方法标准制订的步骤:作业标准制订的最初工作是从生产现场开始的,首先在生产现场进行作业分析,可按以下顺序进行。

①作业单位划分:所有作业都是由多个很小的动作要素组成,如服装生产制作中最简单的作业车缝,需要取面料,把面料重叠在一起用压脚压住面料再车缝,把这些小的动作要素组合起来决定一个作业单位。

过大、过于烦琐的作业单位对非熟练作业者而言会有很大难度,而且对操作者的指导也有困难,因为非熟练作业者很难在短时间内正确掌握复杂的作业方法。因此在分解作业单位时,一定要根据工厂现有的人力、物力及产品结构的复杂程度和操作者技术水平的熟练程度等来进行具体分解。

②重要操作程序的划分:对一个作业单位再次进行分解,主要是对作业程序进行研究,确定这个作业单位由谁完成,并达到任何一个作业者都很容易完成的程度,同时要把探讨更好的作业方法作为永久的主题。

一般作业单位的划分都是以工程分析为基础来完成的。

③图解方法:采用图解方法,使操作者能够很快地理解自己的作业内容及作业顺序。一般采用图示、照片、剪贴等形式表现。

(2)作业标准表的制作:作业程序划分完成后,需要制订以下各项关键内容的标准,填入作业标准表中(表2-4-5)。

表 2-4-5　作业标准表

作业	缝制	作业标准	作业者	
工程记号	F_3	使用针	DA×19#	
品名	男式翻领衬衣	使用机械	平缝机	
产品号	SR-77	性能	4000r/min	
作业工程名	绱口袋	针距	14 针/3cm	
耐热度		面料	T·C 混	线　尼龙线
顺序	作业动作	所需时间/秒		
1	将左前片放于台面上,面朝上,领窝朝向作业者			
2	将袋布放于右侧			
3	取一前片放在压脚下面,以固定如图①的位置	3.4		
4	图②袋布并合重叠于大身,放在压脚下,对正口袋位置,图③从袋口折边处起缝	6.1		
5	缝制、缝头 0.1cm 图④与前门平行 图⑤线迹美观(特别是三角处) 图⑥回针要重叠线迹	25.1		
6	完成、断线,放于右侧堆放台上	2.6		
纯加工时间	37.2 秒			
余裕时间	20%　7.4 秒			
标准时间	45 秒			
每小时加工片数	80 片	8 小时	640 片	修订　修订场所
检查服种规格	口袋位置按技术要求指示卡			
使用工具	011 明线压脚		认证　检验　制订人	
制表日期				

①质量:即明确作业质量标准、技术要求。评估能否完成作业,作业质量是否合格。

②能力:即作业动作的规范要求与一定的技术水平标准。窍门、手感、直觉与恰到好处的相关知识等都会使作业变得容易和更加得心应手。

③安全:即设备设施标准、设备设施操作规程标准。为了达到安全生产,必须正确使用相应的保护用具、机械安全装置及工具等。

④其他:详细记录机器设备的性能、配置条件(针距、线、使用器具等)的合理

配置等。

要制订出科学合理的作业标准，必须考虑执行这个标准生产的产品能否达到预定的目标，是否按照规定的作业标准执行，是否抓住了重点，掌握下一阶段改善的线索等。

3. 规则标准的制定

规则标准也称规章制度标准。规章制度标准是企业为了生存和不断发展壮大，在企业活动中做出的规定与原则，包括图2-4-5-2所示内容。

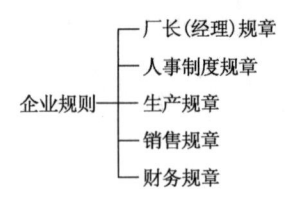

```
                ┌─ 厂长(经理)规章
                ├─ 人事制度规章
    企业规则 ───┼─ 生产规章
                ├─ 销售规章
                └─ 财务规章
```

图2-4-5-2　规章制度标准分类

复习与作业

1. 认真思考和理解 IE 的意义。
2. 模拟某产品工程分析，制作工程分析表。
3. 模拟某产品作业动作分析、改进，设计标准化作业动作。
4. 模拟某产品作业时间分析、设定标准作业时间。
5. 制作出作业标准。

工程管理

本章内容：1.工程管理概要
2.工程管理的职能
3.生产设计
4.生产组织
5.车间布局设计

上课时数：8课时

教学提示：用来保证创造出"高性能"优质产品的"质量管理"、用"低成本"保证合理价格的"成本管理",用来保证按期交货使产品"快速"上市的"工程管理",是生产管理体系的三大支柱。工程管理具有"生产计划"、"生产组织"、"生产控制"三大职能。因此,该章的教学主要围绕工程管理"三大职能",以讲解生产计划、组织、控制方法为核心,并通过模拟实践指导学生掌握这些方法,同时掌握生产线设计及生产布局设计的方法。

指导同学对第四章复习与作业进行交流和讲评,并布置本章节作业。

教学要求：1.使学生理解工程管理的目标,三大职能,以及在生产管理过程中的重要作用。

2.使学生掌握生产计划的内容及制订方法。

3.使学生掌握生产控制的生产作业管理、生产进度管理、余力(剩余生产力)管理、物品(现有产品、现货)管理等方法。

4.使学生了解生产方式的种类,掌握生产设计方法。

5.使学生了解生产组织原则,掌握平均节拍计算方法,人员配备方式,组织生产线。

6.掌握车间生产局的设计方法。

课前准备：选择有代表性的企业,了解目前我国服装生产企业常见的生产组织形式,先进的生产作业系统;了解企业生产计划的制订方法,科学的生产控制手段,作为教学参考资料。

第五章

工程管理

第一节 工程管理概要

一、工程管理的概念

广义地理解工程管理,是指对生产及各部门的运作时间及生产对象(材料、部件、半成品、成品等)流量的控制,是对从设计管理到调度(购销、外协)、资金、材料及运输等生产全过程的管理工作。在实际工作中,工程管理对上述各项工作只是进行宏观调控,实际管理由各部门负责。工程管理的主要任务是对直接生产部门的现场管理,这就是工程管理的领域和管理方向(图 2-5-1)。

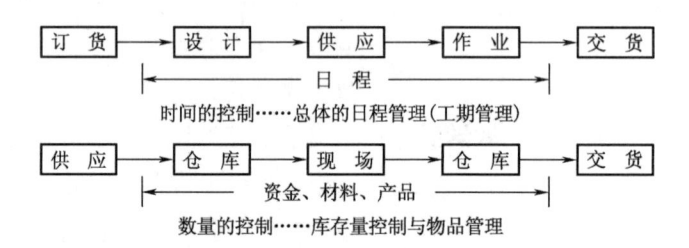

```
订货 → 设计 → 供应 → 作业 → 交货
          |————— 日 程 —————|
    时间的控制……总体的日程管理(工期管理)

供应 → 仓库 → 现场 → 仓库 → 交货
       |——— 资金、材料、产品 ———|
    数量的控制……库存量控制与物品管理
```

图 2-5-1 工程管理的领域

使消费者能够买到物美、价廉、应时的商品,满足消费者物超所值的需求心理,是生产管理的三大使命。所以,用来保证按期交货使产品快速上市的工程管理,用来保证创造出高性能优质产品的质量管理和用低成本保证合理价格的成本管理,是生产管理体系的三大支柱,它们相互关联,成为达成生产管理三大目标和使企业获得经济效益的前提条件和保障(表 2-5-1)。

确切地说,工程管理是指从客户订货到把产品送到客户手中这个工程制造过程中,对所有构成生产及服务等运营活动的全部要素进行规划,设计出全面系统的工作程序、时间计划、实施计划,并用于组织实施、评价和控制全过程的管理活动。

表2-5-1 生产管理体系三大支柱

消费者的要求	品质优良	更好	品质向上	质量管理	生产管理	企业要求
		好	品质均匀			
	价格合理	更便宜	低成本	成本管理		
		便宜	维持成本			
	及时交货	提前	缩短工期	工程管理		
		适时	遵守工期			

工程管理首先是明确生产什么产品,以能够按期完成生产任务为目的,设定各项作业或工作程序和时间安排,确定不同产品的产量、工期、加工地点及时间日程等,制订出切实可行的系统计划;同时还要依照计划组织实施,检查、监督、实施情况,控制整个生产进度、确保工期,达到保质、保量、按期交货的目的。

服装企业中的工程管理是以创造最佳效率为目标,设计出从检验面、辅料开始,到结构样板设计、缩放、考料、漏板、铺料、裁剪、粘衬、分发裁片、缝制、检验整理、包装出厂的最佳流动程序,并按指定的流程方法、时间计划完成作业分工等生产组织过程,同时通过监督、检查、控制,保质保量地完成生产经营活动的完整管理过程。

二、工程管理的目标

工程管理的主要目的是缩短产品加工时间,确保产品交货期,并达到以下效果。

1.确保交货期及产品质量,满足顾客要求,提高企业信誉

2.合理有效地运用人力和设备

3.缩短生产工期

(1)早期预测生产过程中可能出现的各种障碍,将可能把合同规定的标准下产生的差异控制在最小限度。

(2)在小批量、多品种的生产过程中,要尽量缩短新产品投产的过渡时间。

(3)要提前筹备安排好各项工作,以减少机械设备及作业者的不合理停滞(如停工待料)现象。

4.减少材料、半成品、成品的现存量

5.将错误的作业指示图和突然增加的订单控制到最少限度,以避免不该有的费用支出

6.为改善订货条件提供线索

7.要调动员工的工作积极性,使全体员工保持较高的工作热情,确保按计划

完成生产任务。

8. 对设备故障、材料供应不及时、缺勤等影响生产的现象做出迅速反应，确定相应的改进措施。

9. 准确掌握材料、半成品、成品的在库情况，即存放的具体位置及具体数量。

第二节　工程管理的职能

工程管理具有"生产计划"、"生产控制"两大职能。对于优秀的工程管理者，还包括对紧急事态的应变策略，即为了避免造成不必要的损失或将损失控制在最小限度内，对生产正常运转过程中可能出现的障碍进行准确预测，并能够制订有效的应急预案。

下面将对工程管理的两大职能进行具体的分析。

一、生产计划

生产计划是指工程管理的计划职能。生产计划一般要制订出以下七项计划：

(1) 作业程序计划：制订出作业程序及方法，机械设备、工具的使用等计划。

(2) 日程计划：必须考虑作业顺序、工作负荷(工作量)，预算各项作业计划，选择资金材料的投入日期。

(3) 工时定额(工数)计划：根据生产量，确定需要的作业人员数量、作业者的水平及机械设备数量，并与现有的技术力量及机械设备进行比较和有效调整，做出较为准确的工时定额及工数计划。

(4) 人员计划：制订作业分工、人员的补充方法等计划。

(5) 机械设备、工具使用投入计划：包括机械设备、工具的调整、调试方法、模具的制作及调试方法等计划。

(6) 材料计划：有关生产所需材料的种类、数量及材料采购的供应计划。

(7) 委托外协发单生产计划：外协加工生产的所有工作计划。

下面着重分析其中的四项计划内容。

1. 作业程序计划

按照产品工艺工程分析，组织最有效的加工顺序，决定作业的方法及设备的配置，包括以下具体内容：

(1) 分析产品结构：一件产品是由哪些零部件组成，把每个零部件按顺序编出序号。

(2) 确定加工工艺：做好作业分工，划分好工序。

(3)决定作业方法:确认各工序使用的设备、工具,明确各工序所用的标准加工时间。

2. 日程计划

日程计划是以作业程序计划和月产计划为依据,确定各阶段工程及相关业务的时间计划,即从裁剪到成品交货整个生产过程的详细进程计划,甚至于具体到某现场作业,以确保生产数量和交货期。日程计划包括:

(1)期间计划:指较长时间内的日程计划,如月产量计划。

(2)日计划:是每天的具体工作计划。

日程计划是以时间为基准制订的计划。时间有静时间与动时间两种。静时间的含义是指以时间为单位表示数量,如工作量通常用时间来表示,即工数(一个工数的产量为各作业者的工时定额);动时间是指随着时间、日期的推移而发生的各种数量的变化。因此在制订生产计划的过程中,首先要确定工作量,然后制订生产日程表。

3. 工时定额(工数)计划

工数是指用时间单位来表示工作量,1人1小时(单位是小时、分、秒)为一个工数,如某产品加工需要100工数,即1人承担作业需要100小时,2人承担需要50小时,10人承担需要10小时。一个工数的工作量为工时定额,工数计划是根据期间计划所显示的产品交货期、生产任务量(做什么、什么时间、怎样做)制订的具体工作量(需要多少作业者、多少设备等)来计划的。

工时定额计划,要根据工厂的实际生产能力(人力、设备能力工数)与实际生产任务量(负荷工数)预测出生产力有哪些不足,是否出现剩余劳动力(剩余工数)等。工数计划具有协调三者之间关系的作用,最终以任务量所需标准时间为出发点组织生产。

$$能力工数=人数×作业时间$$

$$负荷工数=计划生产量×标准时间$$

$$剩余人数=能力工数-负荷工数$$

例:生产一线人员50人,每天作业时间8小时(28800秒),计划日产量1200件。裁剪日产量1200件,裁剪标准时间210秒/件;缝纫日产量1200件,标准时间860秒/件;整烫日产量1200件,标准时间110秒/件。计算如下:

(1)能力工数:

$$28800×50=1440000(秒)$$

(2)负荷工数:

$$裁剪负荷工数=210×1200=252000(秒)$$

$$缝制负荷工数=860×1200=1032000(秒)$$

整烫负荷工数=110×1100=121000（秒）

(3)总负荷工数：1405000（秒）。

(4)剩余工数：

1440000−1405000=35000（秒）

(5)裁剪所需人员计算：

252000÷28800=8.75

约9人。

9人时剩余工数为：

9×28800−252000=259200−252000=7200（秒）

(6)缝制所需人员计算：

1032000÷28800=35.8

约36人。

36人时的剩余工数为：

36×28800−1032000=1036800−1032000=4800（秒）

(7)整烫人员计算：

121000÷28800=4.3

约4人。

4人时的剩余工数为：

4×28800−121000=115200−121000=−5800（秒）

从上述结果可以看出，工厂现有一线人员50人，所需人员为49人，剩余人员1人。

这一人是确保整个生产进度的关键，一定要合理安排，如他要随时协助整烫人员，并做好成品检验工作。充分利用裁剪剩余7200秒和缝制剩余4800秒进行裁片、半成品检验，这是最有效的人员分配方法。

4. 材料计划

为了保证生产过程中不发生待料、断料、囤料、积料等现象，必须在产品投入生产前制定材料计划。

材料计划要与工数计划同步进行，根据日程计划可以提前掌握所需材料的种类、数量和需要时间，并必须以此为依据制订材料计划，严格按计划保质保量地完成材料准备工作，以确保正常的生产进度。

(1)确认面、辅料的库存量与账目是否一致，做到心中有数。

(2)常用辅料的最低库存量界限是日产量的3倍，并根据生产进度及每日辅料出库单记录，制成直观的图表，可对日耗量及库存情况一目了然，并确定从投产到交货期间生产所用全部材料的消耗量。当库存达到生产计划材料使用量加最低库存量时,才可正式投产运行。

(3)确认下料单通过什么渠道传到什么位置及到位情况。

(4)确认现场生产进度和材料消耗量。

二、生产控制

严格按照上述各项生产计划控制每一天的生产活动情况,生产控制的目标有以下五个方面(图2-5-2)。

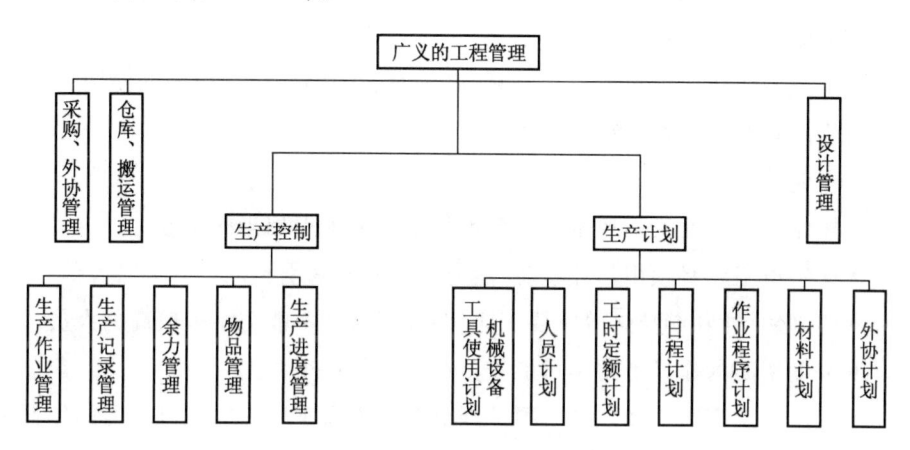

```
                    广义的工程管理
    ┌──────┬──────┬──────────┬──────┐
  采购、  仓库、              生产计划       设计
  外协    搬运    生产控制                   管理
  管理    管理
                  ┌──┬──┬──┐    ┌──┬──┬──┬──┬──┬──┐
                  生 生 余 物 生   工 机 人 工 日 作 材 外
                  产 产 力 品 产   具 械 员 时 程 业 料 协
                  作 记 管 管 进   使 设 计 定 计 程 计 计
                  业 录 理 理 度   用 备 划 额 划 序 划 划
                  管 管       管   计       计    计
                  理 理       理   划       划    划
```

图2-5-2 广义工程管理涵盖内容

1. 生产作业管理

生产作业管理指对生产作业指导、作业准备的管理与监督等。

(1)作业指导:一般下列两种情况需要进行作业指导。因为作业指导涉及许多微小的动作,所以一般要由班组长来承担指导任务。

①作业者之间技术能力有差距时或公司有新成员加入时:需对新成员进行技术能力测试,以测试结果为依据进行培训指导。在熟练过程中,如果需要单独承担作业任务,就需要班组长进行基本的动作指导。

由于生产工艺工程的调整、缺勤替补等原因进行人员补充、调换时,要和被调换人员说明调换的原因、理由,获得同意后才可进行调整,并由班组长提前对该工序作业做技术指导。

②新产品投产时:现在多品种、少批量的生产现象很多,由于不断进行新产品投产而使作业调整频繁,这时大多都是进行全员性的调整,或者是生产线、班组的重新编制。所以必须明确生产工艺标准、产品规格,在协调整体关系的同时指导作业。进行全员性作业指导时,初级阶段的指导对提高整个生产效率起着举足轻重的作用,所以班组长不直接参与作业,而是要整体协调、顾全大局。全员指导都是分组进行,一般10人为1个班组,由一个班组长负责,效果比较好。

(2)作业准备:为了能够在生产现场顺利地实施作业,完成生产加工任务(所下达的生产作业任务),在生产前对日程计划中确立的实施方案等内容进行具体安排布置,这一实际工作称为作业准备。

①作业准备的内容:
- 确认产品说明书(生产工艺标准文件)。
- 准备必要的材料。
- 作业分工。
- 确定工艺工程顺序。
- 领取必要的材料。
- 准备好作业所需要的设备工具,必要时还要做好工具设备的使用指导,同时发放生产必要的各种材料和小用具。

②作业分工的要领:
- 按作业人员的实际技术能力分配与之技术水平相当的作业。
- 第一道工序必须由作业状态、能力稳定的人来承担。
- 缝制领、袖和绱拉链等重要工序,要分配给技术能力水平较高的人员。
- 缺勤率高的作业者要尽可能安排在辅助作业工序上。
- 对主要工程需更加注意,要选择对自己前道工序有较强判断力的作业者来承担。
- 人际关系非常不好的作业者尽量不用。

2. 生产进度管理

确认生产进度是否与日程计划相符,如果有差距立即进行调整,这就是生产进度管理。生产进度管理的第一目的就是保证交货期,但也不能为达到这一目的而单纯地追求生产速度,以免造成半成品与成品库存量大量增加,在保证交货期的同时要按进程计划合理调配生产速度,这才是进度管理的最终目的。

(1)把握实际进度常用方法:
①随时了解产品进行到哪个工序。
②随时了解产品的生产数量。

单件产品加工或小物品产品加工时多用第一种方法,批量产品加工时多用第二种方法。

(2)控制生产进度:要从每一个作业者和每一道工序着手,同时抓住以下关键控制点会获得更好的管理效果。
①部门与部门之间的协调。
②各部件最后的完成工序。
③部件与衣身的结合工序。
④衣身与衣身的组合工序。

⑤车间中的大生产线与大生产线之间的协调。

(3)工序间工作物流动不顺畅,工作物(半成品)大量积压的原因与调整:工序间流动的工作物大量积压是一个不正常的现象,引起相关工序工作停滞或作业时间延长的原因有如下几种:

①产品品种、款式等不同,工序、作业时间也会不同。多品种、少批量的生产不及时调整工序或作业时间,就可能会因为工序过大、过难而造成工作进度迟缓。

②作业技术不够熟练。同一个作业者或同一台设备,在1个月内要加工处理十几种不同类型的产品。他们并不是每天都重复同一种作业,新产品投产时往往因为对工序作业不熟练,引起工作进度迟缓。

③出现不可预料的意外情况,如缺勤、次品、设备故障及订货方交货计划的临时变更等。

④工程划分不合理,工序比较集中(大工序),工作内容越多越容易造成停工待料现象。

半成品工作物大量积压会造成如下后果:
- 需要大量的流动资金。
- 需要大量的存储空间。
- 增大物品运送及管理难度。
- 使下一工序停工待料,甚至影响整个生产流水系统。

因此,出现以上情况必须抓紧时间找出原因,并进行有效处理。

(4)实际生产进度对照生产计划表进行管理:在日常管理过程中对生产进度的管理,即对生产作业进程的控制,是一项工作量极大的工作。为了做好这项工作,需要制订一份精密的进度计划,作为判断生产进度快慢的标准。普通的生产进度计划表,只是明确规定了交货日期,而对生产过程中的进度要求却不够详尽,这样的计划往往是造成延误交货期的根本原因,又没有解决问题的良策,只好采取加班的方法进行补救,结果既给作业者增加了较大的劳动负荷,影响了员工的士气和健康,造成了人员稳定性的不断降低,又大幅度地增加了生产成本。

所以,必须采取跟踪具体详细进度表的方法,采取生产过程进度控制的方法进行管理。其具体方法与注意事项如下:

①确认货期延误的程度,确认是否已找到了影响生产进度的原因,是否制订了相应的整改方案。

②月生产计划是否能够全部落实到位,产量延误程度及每月递增的幅度。

③是怎样控制生产进度状况的,是否常用进度计划衡量生产实绩。

④对从材料入库、铺料裁剪、分发裁片、粘衬、零部件加工、组合加工、产品检

验、外加工产品检验、整烫到成品交货等各个生产环节,是否充分利用了数据控制的方法。

⑤对进度延迟现象发现得是否太晚,是否立即起草了有关进度延迟的报告。

⑥各生产现场的班组长是否完全掌握了整个生产进度及进度延迟的实际状况,所采取的对策是否合理。

⑦在生产会议上是否就生产进度状况及解决延迟状况的对策进行了研讨,所确定的解决方案是否在生产现场真正得以实施。

⑧制作一目了然的生产计划表和生产进度看板。

做好生产进度管理还需要另一个重要的条件,就是进度管理的全员参与。每位员工都应具有关于生产进度管理的责任感,必须以通俗易懂的形式公布整体生产计划和实际进度,使管理者及全体员工对计划生产进度、实际生产进度,乃至谁、在做什么、目前的作业量有多大等具体情形都一目了然,以引起所有员工对工程进度的关注并实现全员参与的目标。

生产计划表、生产进度表等表现形式有许多,常见的有管理转盘的形式,简易看板通告的方法等表现(表2-5-2-1、表2-5-2-2)。

表2-5-2-1 车间生产进度与生产计划对照表

部门＼日期	1	2	3	4	5	6	8	9	10	11	12	13	15	16	17	18	19
裁剪	A 700 700	700 700	800 800		B 1000 1000	1000 1000			C 1000 1000	700 700	800 800	1000 1000			D		
裁片分类分发裁片		A 700 700	700 700	800 800	B 500 500	500 500	500 500	500 500	C 500 500	700 700	800 800	1000 1000	1000 1000		D		
缝制			A *450* 500	500 500	600 600	650 600	B *320* 350	*440* 450	*590* 600	650 600	C 500 500	600 600	600 600	*570* 600	610 600	620 600	D
外协				A *450* 500	500 500	600 600	650 600	B *320* 350	*440* 450	*590* 600	650 600		C *500* 600	600 600	600 600	*570* 600	
后整理					A *450* 500	500 500	600 600	650 600	B *320* 350	*440* 450	*590* 600	650 600	C *500* 600	600 600	600 600		600

注 该表中上方数值为实际产量,下方数值为计划产量,斜体字为未完成计划标记。

表 2-5-2-2　作业者进度管理表

作业者名
S.P.T　135秒
日产量　200件

—— 计划
---- 实绩

日　程		1	2	3	4	5	6	7	8	9	10
日产量		120	200	220	220	220	210		205	205	
累计	计　划		400	600	800	1000	1200	1400		1600	1800
	实　绩		320	540	760	980	1190	1405		1610	
	差　异		80	60	40	20	10	5		10	
问题记录		不熟练机器故障	恢复正常	努力挽回差异					实绩与计划达成一致		

3. 余力(剩余生产力)管理

(1)余力：一道工序的生产能力与所分配的工作量负荷的差额即为余力。

$$余力 = 生产能力 - 负荷$$

准确地把握生产现场、工序、每个作业者等的生产能力，掌握目前工作量的多少及对所承担工作量的完成情况，在保证计划日程进度的基础上做到既没有空闲也没有超负荷的工作现象，这就是余力管理的最终目的。

(2)余力调节的方法：

①当余力增加会出现许多空闲时间，这时可以适当提高定额或去支援其他工序等。

②当余力不足时，由于工作量超负荷会引起进度缓慢，这时可以采取工序再划分、加班、支援(增援)、借助于外协力量等方法进行处理。

4. 物品管理

物品管理是指在生产现场对物品的种类、存在地及数量进行全面控制的管理方法。工厂是一个将材料生产成产品的地点，但很多工厂却忽视对材料科学使用、控制及成品管理的方法。伴随着服装面料的多样化及现代服装产业多品种、小批量的生产现状，必然会增加原材料管理及半成品、成品管理的难度，所以对物品进行合理化管理是非常有必要的。实施标准化物品管理是保证生产质量和交货期的基本条件之一。

(1)实施物品管理的过程中,首先制订出有关物品的存放(保管)场所、存放(保管)设备、存放(保管)基础账目、控制方法等标准化要求,并实施标准化管理。

(2)掌握半成品的放置、拿取方法,工序间的接传及保管,设计科学的管理程序步骤以及辅料管理等。

5. 生产记录管理

在实施生产作业的同时有必要对生产的作业结果做好记录和总结,对照生产指示书对结果进行汇总。不能清楚地掌握工作结果,管理控制就无从谈起,整个生产就会处于失控状态。一般生产记录分为个人记录、班组或生产线记录、车间记录和工厂记录等。

(1)个人记录:一天的工作结束后,必须填好日工作报表,不同工序有不同形式的日汇总格式。其基本要求是记录好工作开始与结束的时间及产量,也可以制作成作业记录单的形式(表2-5-2-3)。

表2-5-2-3 个人日报表

产品名称	×××		班组		姓名		年 月 日
工序名称	时间		产量		标准加工时间		备注
	开始	结束					
绱领	8:00	16:00	560		43.2		
做领(圈缝)	16:00	18:00	200		36		

(2)班组或生产线记录:即使是在同一天中的不同时间段,产量也可能会发生变化,所以一般班组或生产线都以2小时为单位,做出实际进度与计划之间差距比较的数据记录(表2-5-2-4)。

表2-5-2-4 班组(生产线)记录

年 月 日		班组		班组长	
时间 项目	计划	产量		差额	备注
8:00~10:00	160	150		-10	请病假1天者1人,小组备补人员代替
10:00~12:00	330	322		-8	
14:00~16:00	490	486		-4	
16:00~18:00	720	722		2	

第三节　生产设计

一、生产方式

采取何种生产方式是组织生产过程中的重要环节。生产方式是由所生产的产品结构、产品种类、产品数量、产品的品质要求与技术标准以及谁来决定生产方式等因素决定的。根据这些因素确定生产模式和产品的流动形式，以更加合理有效地调配人员和配置机械设备，这就是生产方式的设计。

生产方式可按生产任务的来源、产品种类和数量、生产方法、机械设备的配置方法等进行划分。

1. 按生产任务的来源划分

目前服装企业都面临着两种生产加工任务，一种是订货加工；另一种是成衣生产。

(1)订货加工：即按照客户所需及所签订的合同生产加工产品，是一种先售出再生产的状态，因此不会出现生产过剩而造成库存积压的现象。但由于每批订单的生产任务量都不稳定，又要保证按期交货，所以就会常常产生人员、机械设备的剩余或不足等矛盾。

(2)成衣生产：是根据消费者的需求信息及自己企业现有实力和定位，生产自己企划开发的产品，加工成成衣后再投入市场，是一种先生产后销售的状态，所以生产稳定，但一旦需求预测有误就会造成大量库存积压，具有一定的风险性。

2. 按产品种类和数量划分

(1)大批量、少品种，会使生产程序简单化，易于管理，只要管理得当会获得较高的生产效率。

(2)但随着社会发展，人们的着装方式发生了根本的变化，从纯粹的模仿向个性化转变。现在的服装产品也呈多样化的发展趋势，所以多品种、小批量的产品生产已成为服装加工厂常见的生产形式。在产品品种不断变换的过程中，就会产生很多问题，如某项作业按怎样的工程顺序才能由同一人承担，新产品投产过程中程序步骤的安排要尽可能降低损耗，特种工程的作业者技术不能过于单一，必须减少半成品量等。根据不断变换的产品种类，还要采取相应的对策，这就给管理工作增加了很大的难度。

3. 按生产方法划分(作业流动的方式)

生产方法包括单独整件流动作业、多品种批量流动作业、单一品种连续流动作业等，在生产过程中的作业流动形式一般有以上三种形态。

(1)单独整件流动作业:指量小品种多,不批量生产,对产品一件件分别整件进行加工作业的流动方式。

(2)多品种批量流动作业:指把每个品种作为一个批量单位,进行小批量的流水作业。

(3)单一品种连续流动作业:指同一品种产品连续不断的流水作业。

相对而言,前两种作业流动方式因为没有连续性而不如第三种流动作业方式稳定,且不利于管理。

4. 按机械设备的配置划分

服装加工生产过程中,按机械设备的配置可分为三种生产方式。

(1)流水作业生产方式:按产品工艺流程的顺序把设备一列列地配置起来进行生产,称为流水生产线,这种作业方式又称为流水作业。流水作业的设备是按生产不同类型产品加工的需要进行布置的。一条生产线不能同时进行多种类型产品的作业。

(2)部件生产作业方式:按产品部件加工需要配置设备,同类部件汇集在一起加工,这种作业称为部件作业。

(3)同工程作业生产方式:按设备不同功能进行分类,并集中配置在一起,同种工程集中作业,如平缝工程、锁钉工程等。

后两种配置形式,可以同时进行几个品种产品的加工生产,大大提高了设备的利用率。但它们必须做出周密的计划,并加强对材料、半成品、成品的管理力度(表2-5-3)。

表 2-5-3 生产方式的确定

订货形式	作业流动方式	车间布局(设备配置)	产品品种
订单生产	单独整件作业生产	按设备功能(机种)	女装、童装、内衣等
	批量作业生产	按产品部件	外套、大衣、工装等
成衣生产	连续作业生产	按产品加工工序	衬衣、西装、下装等

二、生产作业系统

为了完成生产作业,由人、设备、工作物品流动方式等各元素有机组合构成生产作业系统。

服装生产作业系统一般可按制品移动形态、生产作业流动方式、按作业传送方法三种分类。

1. 按制品移动形态区分

(1)捆扎式制品移动作业系统:是指在服装产品生产作业过程中,将裁片、半成品等捆扎(一般 10 片或 12 片为一捆不等),以捆为单位移动作业。例如 10 片领里和 10 片领面裁片分别各捆扎成一捆,发送给制作领子的作业者。这一工序完成之后作业者将领子的半成品同样以 10 片为一组扎成捆,传递给下一个工序的作业者,以此类推,即为捆扎式制品移动作业系统。

(2) 单片制品移动作业系统:是以一片裁片或一个半成品作为一个流动单位,在生产作业系统中的移动形态称为单片制品移动作业系统。这种形式的生产作业,工位与工位之间的接续紧密,是具有较先进的传递方式。

其特征是对设备专业化和自动化要求高,工序间移动距离较短,设备按产品工艺工程顺序排列,工位半成品积压少,生产周期和效率高等。同时,当产品品种变化时,生产线的设计也要发生变化。这种作业系统遇到缺勤或设备故障所产生的影响会较为严重。

(3)部件制品移动作业系统:是以服装部件为单位进行作业移动的方式。这种作业系统的设备配置要按设备功能进行合理配置。

2. 按生产作业流动方式区分

一件产品加工生产完成所流经的途径即为生产作业的流动方式,按照生产作业流动方式区分服装产品生产作业系统,分整件产品单独加工和分工作业两种方式(图 2-5-3)。

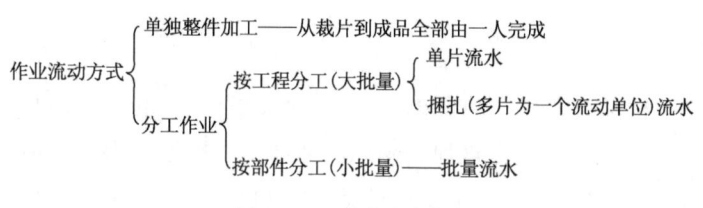

图 2-5-3 作业流动方式

3. 按作业传送方法区分

生产作业过程中需要作业传递,其方法如下:

(1)人工传送:工序间的传送由作业者手工传送。传送工具包括流水台、堆放台、箱筐、传送槽、传送车等。

(2)传送带传送:工序间的传送由传送带完成。

(3)程控吊挂传送:电脑控制的吊挂式传送。

(4)节拍式传送:每间隔一段时间,所有工序同时移动,有物进式(物的移动)和人进式(人的移动)两种形式。

三、订货方式

目前对服装加工厂而言,最常见的是成衣订货加工,但完全靠成衣加工生产有时难以满足生产任务量,所以需要同时考虑其他生产任务方式。常见的生产订货方式有来料来样订货、看样订货、成衣生产三种。下面就常见的成衣生产订货方式加以说明。

1. 客户种类

(1)销售加工:来自本公司的终端销售的订货。

(2)纯粹加工:来自中间商、零售商的订货。

2. 订货技巧

(1)明确品质、数量、交货期等重要条件:不论哪种订货方式,必须和客户签订订单合同,合同中明确品质标准、数量、交货期、价格、付款方式、交货地点、运输条件、规格、违约责任等条件。订货条件的好坏直接影响工程管理的难易程度,订货条件的改善对工厂而言有着极其重要的意义。

(2)订货技巧:为了能很好地履行加工合同,根据本企业的实际需要灵活地掌握签订合同的技巧,如批量较大而企业生产能力不足,不能按客户要求的交货期交货时,可以在其他条件上适当让步,而使对方延长交货期。这样可以从根本上解决生产过程中工程管理的实际问题。

第四节 生产组织

生产组织的核心是生产过程的组织,是企业生产管理的重要内容,它研究了企业怎样从空间和时间上合理地组织产品生产,有机地组织生产活动中的各项生产要素,使生产过程以尽可能少的劳动消耗和劳动占用,生产出尽可能多的符合市场需求的产品,从而获得最好的经济效益。

生产过程组织通过各种生产要素和生产过程的不同阶段、环节、工序的合理安排,使其在空间、时间上形成一个协调的系统;使产品在运行距离最短、花费时间最省、耗费成本最小的情况下,按照合同规定或市场需求的品种、质量、数量、成本交货期生产出来。

一、生产过程及其组织原则

1. 生产过程的组成

工业企业的生产过程有广义与狭义之分。广义的生产过程是指从准备生产该产品开始,直到把生产完成的全部过程;狭义的生产过程是指从原材料投入生产开始,直至产品生产完成的全过程。生产过程是由生产技术准备过程、基本生产过程、辅助生产过程、生产服务过程等组成的。

(1)生产技术准备过程:指产品在正式投产前所进行的产品设计、结构、工艺设计及生产工艺文件编制、生产线设计布置等工作过程。

(2)基本生产过程:指产品生产的主体过程,如服装产品的铺料、裁剪、缝制、后整理等主体工程的生产过程。

(3)辅助生产过程:指为了保证基本生产过程正常进行所必需的各种辅助性生产活动,如设备维修、革新改造等。

(4)生产服务过程:是指为基本生产过程和辅助生产过程所提供的各种生产服务工作,如物料供应、保管发放、厂外运输等。

2. 生产过程的组织原则

生产过程的组织,是要以最佳的方式将企业投入的各种生产要素有机地结合起来,联结协调生产的各环节及各项工作任务,使其形成一个相互协调的完整生产系统。这个系统的目标是使产品在生产过程中最省时、省力,耗费最少,成本最低、效率最高,能够取得最大的生产成果和经济效益。为此生产过程的组织必须遵循以下原则。

(1)生产过程的连续性:是指产品(工作物)在生产过程中的各工艺加工阶段、各工序之间的流动,一直保持时间上的紧密衔接,连续不断,始终处于持续运动状态,不发生不必要的停顿。如服装产品的生产从原材料投入到后整理包装的全过程,没有停顿或等待。

(2)生产过程的平行性:是指在生产过程中,各阶段、各工序在时间上的同步平行作业。这是生产过程连续性的必然要求。平行性不仅体现在领、袖、口袋等各部件加工作业工序间的同步状态,同时也表现在裁剪、缝制、后整理等各生产阶段的平行进行状态。

(3)生产过程流动的单向性:是指产品(工作物)在生产过程中,在各生产工序之间始终保持同一方向的移动状态,不应出现迂回倒流的现象。

同一方向的物流传送距离最短,以减少不必要的时间浪费。因此服装生产过程组织之前首先要进行产品工艺工程分析,再确定工艺流程方向。

(4)生产过程的比例性:是指生产过程的各阶段、各工序之间在人员分配、设备配备等生产力上应保持适当的比例关系,形成生产过程的协调统一状态。随着对先进工艺、技术、先进设备的不断研究和引进,这种比例关系会不断发生变化。

特别是服装产品的品种,伴随着季节、流行的需要等随时发生变化,所以必须及时调整并建立新的比例关系,保持正常生产的协调性。

(5)生产过程的均衡性:是指在产品生产的整个过程中,企业及其各个生产环节的工作进度平稳,负荷充分均匀,没有忽松忽紧、忽高忽低的现象发生。

(6)生产过程的适应性:是指生产的组织形式科学合理,具有适应市场需求的灵活应变能力。尤其服装产品的生产组织形式更应具备这种适应性，以便灵活应对产品品种的频繁变换。生产过程的适应性可以提高企业的市场竞争能力。

二、服装产品生产作业分工

现代服装工业化生产，分工作业是最常见的生产方式，一个产品由数个或数十个作业者分工合作完成。

1. 合理作业分工的重要性

科学合理的作业分工，使每个作业者所承担的作业量基本处于均衡状态。每个作业者都拥有相同的作业时间，形成既没有空闲也没有半成品积压，工作物有节奏地顺畅流动的同步生产的良性状态。

2. 作业分工与生产节拍

科学合理的作业分工，要通过对产品进行工艺工程分析，明确工艺工程顺序，通过对产品加工时间、工程分析、动作研究、标准时间设定，记录各工程的标准时间。根据各工程标准时间与产品整体加工所需时间之间的比例关系，划分出每一个作业单位，即工序划分，并确定每道工序的工位数，即完成了作业分工。如何作业分工才能使制品作业物在各工序间以基本相同的间隔流动，这个相同的间隔时间被称为"生产节拍"；反之，"生产节拍"是控制这个间隔的标准，也是作业分工的依据。

3. 标准节拍

工作物在工序间每移动一次所需的间隔时间称为节拍，即每一个分工作业者完成所承担作业量需要的平均时间，也可以用最后一道工序每出一件成品的时间间隔来表示。

(1)标准节拍的计算方法：如1件产品的总加工时间为10000秒，由20人分工作业时，每人的平均作业时间10000/20=500秒，即为作业流动的平均速度，也就是最理想的节拍时间。

根据所给条件，计算标准节拍时间(S.P.T)的方法也不相同。

其标准节拍计算公式，见表2-5-4-1。

(2)标准节拍的应用：

①以标准节拍时间为标准，才能够进行同步化和专业化的作业分工，使每个作业者所承担的作业量基本处于均衡状态。

有些小规模企业的作业分工常用一种"经验推算法"，这种方法难以保证每个作业者作业量的均衡状态，结果会造成某些工序半成品的工作物积压，某些工序停工待料，延长物品整理时间，造成作业空间、时间等的浪费，使整个加工时间延长；同时由于分工不明确，责任不清楚，还会造成色差、规格、型号误差等次品

表 2-5-4-1　标准节拍时间计算公式表

条件	计算公式
作业人数	标准节拍时间(S.P.T) = $\dfrac{1\text{件产品的标准总加工时间}}{\text{作业人数}}$
计划日产量	标准节拍时间(S.P.T) = $\dfrac{\text{日作业时间}}{\text{计划日产量数}}$
机械设备	标准节拍时间(S.P.T) = $\dfrac{\text{设备标准总加工时间}}{\text{设备台数}}$

注　标准节拍时间 S.P.T = P.T(平均节拍时间) × 宽裕率

$$日生产定额 = \dfrac{\text{日作业时间}}{\text{标准节拍时间(S.P.T)}} = \dfrac{\text{日作业时间} \times \text{作业人数}}{1\text{件产品的标准总加工时间}}$$

$$人均日产量 = \dfrac{\text{计划日生产量}}{\text{作业人数}} = \dfrac{\text{日作业时间}}{1\text{件产品的标准总加工时间}}$$

率升高,最终造成成本升高。

②标准节拍时间是确定日产定额和每人日产定额的依据。

③是生产线设计的根本依据。一条生产线上需要配备的作业人员数、每道工序的工位数等都是以标准节拍为根据计算出来的。

三、流水线生产

1. 流水线生产

流水线生产也称为流水作业,是一种劳动分工较细、生产效率较高的生产组织形式,也是服装产品生产组织中最常见的分工作业形式。流水生产一般指工作物在各工序间像流水一样,按照一定的传动路线和统一的生产速度连续滚动,按标准节拍时间一件件地或一组组地产出成品的生产组织形式。当产品批量较大、产品结构相对稳定、构成生产过程的工序能分能合等条件具备时,就可组织流水生产。这种生产组织形式具有如下特点:

(1)分工较细:每个人所承担的作业较单纯,作业专业化程度高,熟练过程短,熟练程度高。

(2)工作地及设备按工艺流程进行编排,形成封闭的工艺过程。

(3)流水线按照统一节拍(标准节拍)进行生产,连续性、比例性、节奏性较强。

(4)流水线上各作业工序的生产能力平衡、成比例,各道工序的单件加工时间等于标准节拍或标准节拍的倍数。

(5)按一定的时间间隔(标准节拍)投入生产和产出产品。

(6)流水线最理想的状态是设有专门的机械化或智能化传送装置(但并不一定是必要条件),产品单向流动。

(7)流水线生产主要不足之处是缺乏灵活性,不能迅速地适应市场对产品产量和品种变化的要求,以及技术革新和技术进步的要求;对流水线进行调整改装需要较大的投资和较长的时间。

2. 生产流水线的组织原则

生产的流水作业,使产品的生产过程具有较好的连续性、平行性、比例性、均衡性。因此,生产效率高,可以缩短生产周期,降低生产成本;同时可以减少制品储存量和运输工作量;并由于工序单纯化、作业技术熟练程度高,能够很好地保证产品品质。为了达到这些目的,有效地发挥流水生产的优势,在组织流水线时要遵循以下原则。

(1)顺向流程:按服装产品工艺流程顺序作业,避免倒流水或交叉传递。

(2)就近组合:减少传递时间。流水线的主流与支流组合部位要靠近。例如做袋与绱袋、做领与绱领、做袖与绱袖等工位的组合要方便传递。

(3)同种类、同性质的工序,原则上由一人承担,但操作方法和工艺要求不同的不能由一个人承担。

(4)节拍均衡,流水顺畅:最佳的生产流水线,应该使每一道工序做到既不脱节也不积压。

(5)加速周转,减少流量:国外先进的流水作业是以单件衣片为单位(单片流动)的传递作业,衣片的投入到产出,生产周期很短,所以产品也比较整洁划一。

我国目前的流水生产以捆扎式为多见,每人手里有一捆数片在制品,这样生产周期相对要延长,所以在组织生产过程中,要尽量减少传递数量,以利于缩短生产周期,适应市场快节奏的需要。

(6)人员配备要量才录用,人力资源的利用充分且恰到好处。组成一件产品的若干道工序,有繁简、难易之分,一条流水线上的作业者技术水平也有高有低。流水线的组织者,首先要熟悉产品结构,了解每道工序的技术难度,同时还要掌握每位作业者的技术熟练程度及专长,以便合理使用人力资源,更好地提高生产功效。

(7)不断观察,及时疏导:流水工序的分工是为了充分发挥作业者和设备的优势,汇集集体力量,提高生产线的生产效率。为此,流水趋于正常以后还要善于观察流水的动态状况,对"瓶颈"障碍工序、节拍不均或质量薄弱环节及时协调、疏导、调整,使之达到最佳的运行状态。

四、流水线的设计方法

流水线设计主要有以下方面的工作:计算流水线标准节拍,确定每道工序的工位数,生产线布置(本书将在下一节车间布局做详细讲解),流水线编成率计算及障碍工序管理。

1. 流水线标准节拍计算、确定产量定额

例：某加工厂加工西服裙的标准总加工时间为780秒，编制人员20人，日工作时间8小时，求：

(1) 标准节拍 S.P.T。

(2) 日产量。

(3) 人均日产量。

解：(1) S.P.T = $\dfrac{标准总加工时间}{定员人数}$ = $\dfrac{780}{20}$ = 39(秒)

(2) 日产量 = $\dfrac{日作业时间}{S.P.T}$ = $\dfrac{8 \times 3600}{39}$ ≈ 712(件)

(3) 人均日产量 = $\dfrac{日产量}{定员人数}$ = $\dfrac{712}{20}$ ≈ 35.6(件)

所以该西服裙的流水线标准节拍时间为39秒，生产线日产量定额为712件，人均日产量定额为35.6件。

2. 计算每道工序的工位数，合理调配人员

(1) 根据加工厂的作业人员、设备数量与设备性能等生产能力现状以及所承担产品的标准加工时间、数量、交货期等各项已知条件，做好生产定额计划。

(2) 根据有效工作时间(纯粹加工时间)，求出平均节拍时间(P.T)。

(3) 根据平均节拍时间(P.T)，按产品的工艺工程结构计算出每道工序的工位数，并以此为依据完成生产线的设计布置，达到同步化生产的要求。

例：某产品标准总加工时间为2500秒，平缝标准总加工时间为1126秒，特种机标准总加工时间为440秒，其中程控绷袖机标准总加工时间为120秒，手工作业标准总加工时间为934秒。计划日产定额200件，日有效(纯粹用于生产的时间)工作时间8小时，如何配置作业员及工位布置？

① P.T (平均节拍时间) = $\dfrac{日有效工作时间}{时产定额}$ = $\dfrac{8 \times 3600}{200}$ ≈ 144(秒)

② 定员(作业总人数) = $\dfrac{计划日产定额 \times 产品标准总加工时间}{日有效工作时间}$ = $\dfrac{200 \times 2500(秒)}{8 \times 3600(秒)}$ ≈ 17.3(人)

或 定员 = $\dfrac{产品标准总加工时间}{P.T}$ = $\dfrac{2500}{144}$ ≈ 17.3(人)

③ 工位数 = $\dfrac{工序标准总加工时间}{P.T}$

平缝机工位数 = $\dfrac{1126}{144}$ ≈ 7.1(个)

④ 特种机工位数 = $\dfrac{440}{144}$ ≈ 2.78(个)

⑤程控绷袖机工位=$\frac{120}{144}$≈0.8(个)

⑥手工作业工位=$\frac{934}{144}$≈6.5(个)

由此可以得出,生产该产品的定员数、各工序的工位数:总作业人数为17人,其中平缝机工位数为7人,一般特种机工位数为3人,程控绷袖机工位数为1人,手工作业工位数为7人。

(4)影响工序划分人员配备的其他因素:在实际生产中,定员、工位数等并不是这样求得就可以使用的,还必须考虑在人员、设备力量现状允许的情况下才可实施。

①考虑产品品种与作业定员人数的关系。

②订货批量。

③工期。

④产品结构的复杂程度(工程数)。

⑤作业者的操作技能。

前面我们根据平均节拍时间(P.T)的计算及各种客观条件划分出了各道工序,并确定了工位数及承担该产品生产任务的作业定员人数。但在服装产品生产的作业分工过程中,如果分工过细会造成管理不善和转产困难;如果工序过大又会造成作业内容的复杂化,使作业者的操作技术熟练过程增长,从而影响产品品质和影响正常的生产进度。所以根据不同产品的特点,每一道工序多大为宜,需要多少作业人员才能使生产处于最佳状态,也是需要探讨的重要课题。

表2-5-4-2是不同品种产品生产所需人数的一般标准,仅供参考。

表 2-5-4-2 品种与作业人数

品种	宽裕率(%)	标准总加工(时间:秒)	适合每条生产线的作业人员及分工			直接作业者每人日产量
			裁剪	缝制	后整理	
男西服	20~25	7800~9400	10~14	104~114	13~17	2.9~3.5
男西裤	20~25	1900~2300	5~6	47~51	4~5	11.9~14.1
裙子	20~25	740~1400	1~2	14~16	1~2	20.2~38.2
连衣裙	20~25	3300~3800	1~2	14~16	1~2	7.3~8.3
运动衣	20~25	600~800	3~4	29~32	2~3	32.4~41.3
运动裤	20~25	400~550	2~3	21~23	1~3	46.7~54.2
牛仔裤	20~25	900~1050	1~2	28~31	1~2	25.8~29.3
男衬衣	20~25	850~1000	7~9	74~84	14~19	25.3~29.2

3.流水线编成率(工序同步化)及障碍工序管理

根据标准平均节拍确定所有工序的工位数,这是作业量均匀分配的最理想状态。从计算方法上可以看出,每个工位的工作量所需时间都应该等于平均节拍时间,或是平均节拍的近似值,这就要求每道工序的工作量必须等于平均节拍或平均节拍的倍数。但实际产品的每一道工序不可能都符合这样理想的要求,所以就造成有些工位的工作量时间只能近似于平均节拍,但所超时间尽量控制在10%以内,才能满足同步化的要求。

在流水线的生产过程中,如果采纳人工传递的方法,即使节拍不同步也便于调整,但当使用机械自动化或智能化流水线传送系统时,不论各工位工作完成与否,传送装置都会在每一个节拍时间传送一次,这时如果某工位所承担的工作量过大就会造成制品堆积,同时影响下面工位使之出现停工待料的现象。破坏工序之间连续性运行原则造成停顿,影响整个流水生产的正常进行,这道工序则称为瓶颈工序或障碍工序。所以,流水线生产基本稳定后的管理要点就是瓶颈工序的改善,计算流水线编成率就是用数据掌握瓶颈工序的情况,以便及时进行处理,保证流水线生产处于均衡、同步状态。

(1)流水线编成率:是表示作业量分配是否均匀的系数,通过计算流水线编成率所得的数据可以判定障碍工序所存在问题的严重性。以平均标准节拍时间为基准,如果每个工位的流水线编成率都在90%以上(工作量超出平均节拍时间均在10%以内),则说明作业分工均衡,流水生产处于正常状态。编成率计算公式如下:

$$流水线编成率 = \frac{P.T(平均节拍)}{障碍工序时间} \times 100\%$$

(2)障碍工序管理:

①求出编成率:

例:某一产品的流水线编成及生产状态如下:

日有效工作时间为8小时,P.T(平均节拍时间):110秒。

各工位工作量时间为 A:102秒;B:113秒;C:111秒;D:99秒;E:124秒(障碍工序);F:105秒;G:118秒;H:108秒;I:100秒;J:120秒。

$$计划日产定额 = \frac{日有效工作间}{S.P.T} = \frac{28800}{110} = 261.8(件)$$

$$瓶颈工序日产量 = \frac{日有效工作时间}{障碍工序时间} = \frac{28800}{124} = 232.3(件)$$

$$瓶颈工序编成率 = \frac{平均节拍(P.T)}{障碍工序时间} \times 100\% = \frac{110}{124} \times 100\% = 88.7\%$$

根据所求得的编成率可以看到,E工序工作量时间超过平均节拍时间11.3%,所以是必须要进行改善和调整的工序。

②编制显示平均节拍与各工序之间关系的坐标图(图2-5-4)。

③对照坐标图,我们需要对下列各问题作重点分析。

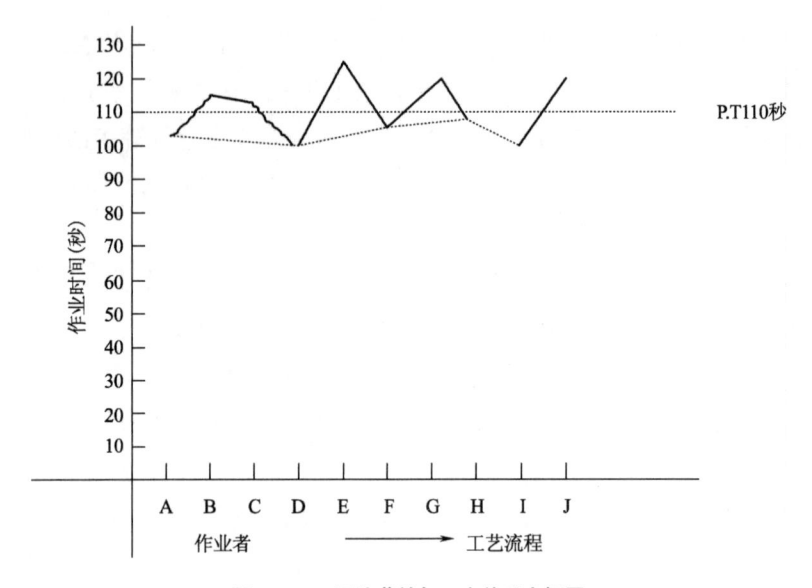

图 2-5-4 平均节拍与工序关系坐标图

- 瓶颈工序所在位置与前后工序的关系。
- 在实施过程中管理的主次顺序。
- 流水线作业分工的均匀程度与流动的控制强度（传送与接收工作物的方式,是人工传送还是设备自动化传送）。
- 对工作程序与安排的研究、作业者的岗前培训、相关协调工作等生产前准备工作是否到位。
- 人员的配备是否合理(是否量材而用),是否需要调整。

④瓶颈工序的调整方法:在寻找降低瓶颈工序作业负荷、减少作业时间的调整方案时,同时考虑如何使"有宽裕"的工序满负荷,是流水线生产现场管理的重点。

- 进行动作分析、时间分析及作业研究,去除或减少无效动作,改进作业方法,使操作更趋于合理化。
- 研制相应的辅助工具(模具),以机器代替手工,降低作业难度。
- 先进设备的更新换代(新设备引进或在原有基础上改进)。
- 尽量采用机械代替手工作业。
- 在保证产品质量的基础上,研究和改进工艺方法,尽量使工艺方法简单化。
- 根据实际情况,调配技术熟练程度较高的作业者承担工时负荷较大的工序,使负荷较高的工序也能跟上生产节拍。
- 明确瓶颈工序与前后工序的关系。如坐标图中障碍工序 E 后面的工序,即使维持正常的作业速度也会出现停工待料的现象,所以在改善障碍工序的同时,要考虑充分利用较宽裕作业者的宽裕能力,尽量平衡各工序的负荷(包括瓶颈工序前面的宽裕工序,如坐标图中的 A、D 工序)。

第五节　车间布局设计

一、设计的目的

车间布局的设计,是要把企业的人力、物力、财力、信息资源等要素合理配置起来,为作业者提供安全舒适的作业空间,实现最经济的作业状态。因此广义理解车间布局的目的,就是实现作业者、材料、设备及其他一切辅助活动等各生产要素的经济合理配置,以制造低成本、具有市场竞争实力的优质产品。其具体表现为。

(1)有效地利用车间的空间,使生产作业空间得到最大限度的使用。

(2)减少物料的运送时间,保证作业物、半成品的快速传递,使生产流程更顺畅。

(3)为作业者创造一个安全、方便、舒适的工作环境,这样可以充分发挥人的潜能,更好地利用人力资源。

二、设计的基本要求

缩短物品搬运距离、减少搬运次数是车间布局设计最基本的原则。除此之外,由于车间是加工生产产品的场所,而产品的品种、生产条件等都随时有可能发生变化。为了适应这些频繁的变化,车间布置必须要具备便于管理和灵活的应变性。因此车间布局设计中,要考虑的核心问题就是保证生产作业现场内的各类信息能够高效灵活地传递和生产系统的高度灵活变通。

1. 信息的传递与交流

能够对整个作业现场进行集中控制是管理的最佳状态,具有便于高效灵活地传递交流信息的良好空间环境,是实现对整个作业现场(生产现场)实施集中支配管理的最基本条件。创造良好的信息传递与交流空间,是生产现场高效管理和维持良好生产秩序的核心。

如图 2-5-5-1 中(a)、(b)、(c)的不同生产流动方式与车间布局状态,都分别具有不同的特点及优点,特别是(c)的 U 形生产流动方式,使信息传递与反馈所需的时间大幅度缩短,因此很容易达到管理的目的,同时还节约了大量间接作业人员。流畅的中间通道能够一目了然地观测到整个作业现场的生产作业状态,达到对整个作业现场集中支配、集中控制的目的,实现集中管理的目标。

2. 车间布局的变通性

车间布局的变通性是指车间布局在产品品种、人员流动等生产条件发生变化时,适应生产的高度灵活性。在进行车间布局的设计布置过程中,最容易使人陷入误区的就是认为在该工厂、车间生产的产品品种、条件要求以及人员流动、

(a) 按设备功能集中式之字流

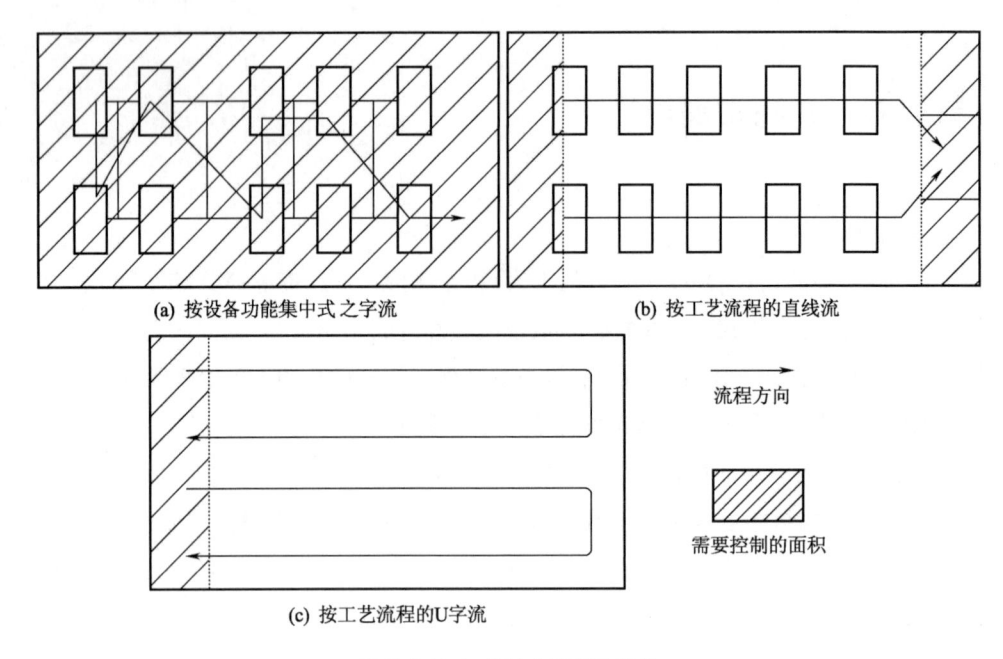

(b) 按工艺流程的直线流

(c) 按工艺流程的U字流

流程方向

需要控制的面积

图 2-5-5-1　基本生产流动方式

机械设备等生产条件都是永恒不变的。但作为实施车间布置的管理者,要考虑达到减少物品搬运距离与次数等的理想目标,在具体实施过程中,即使产品品种稳定不变,只是发生材料调换、款式结构变化等的简单变动,如果忽视车间布局的应变灵活性和适应变化性,就会引起整个布局的大幅度调整,造成时间与资源的不必要浪费,引起生产效率及经济效益的大幅度下降。

因此为了保持较高的平均生产效率,降低产品的平均成本,在遵守车间布局原则的基础上,必须要考虑生产现场的布局应适应各种变化的变通性。

要达到这样理想的目标,较为科学合理的车间布局设计方案是使基本布局(生产线的组装主流线)部分相对固定,一般不做变动。而使加工其他部件的支流布局具有相对灵活的变通性,可随时根据实际生产任务进行相应的调整。

因此,进行车间布局设计还要考虑企业加工生产的实际状况,如经常加工的产品品种有哪些(产品品种的一般变化范围)、产品结构的难易程度、批量大小、人员流动状态、交货期长短、生产车间的规模大小、设备的数量与性能等常规性因素。这些重要信息要根据企业生产记录进行深入地了解与分析。

3. 车间布局的原则

(1)尽量把人、物的移动距离,生产状态及管理信息的传递交流距离减少到最短,因此要尽量避免倒流水及交叉传递现象。

(2)按照服装制品的工艺加工顺序,将主流线与支流线明确区分开来进行设备的布置。

(3)设备的编排要保持较好的变通性,即使产品的式样发生一些变化也能保持设备布局的基本形不发生变化。只是进行极小的局部变化,是具有较好弹性车间布局及设备布置形式。

(4)车间整体布局设计,要保证人一目了然地看到正在进行的整个生产运行状态。

(5)工程之间的工作物是利用流水传送装置(传送带、堆放台及吊挂系统)进行接续传送的,不论利用哪种方式都必须保证其有节奏地顺畅传动。

(6)遵守作业的空间适应性原则:

①标准操作空间=标准面积×高度(垂直于地面)。一般情况下,155cm身高的人站立作业适应高度为85cm左右。

②物料传送移动一般应按照左拿前送的原则,传送高度应在与肘关节的同一平面上或略低的位置。

③堆放与储藏的高度等也是研究的对象。

(7)出入口、通道不可有障碍物,必须保证各通路畅通无阻。

(8)车间布置要结合设备的排列,注意采光和照明设计,以保证工作面的采光均匀。

(9)车间布局要与工厂平面布置密切结合。在保证工艺线路顺畅的情况下,原料进入车间的入口要尽量靠近原料仓库,成品出口要尽量靠近成品库。

(10)车间布置时要考虑水、电、气等能源的使用方便程度。

三、车间布局及设备编排的平面设计程序

1. 绘制工厂、车间的平面图

按1:50比例,单位为cm。

2. 设计机械设备的模型记号

按1:50比例,单位为cm(图2-5-5-2)。

3. 记录不可移动物

(1)出入口(包括阶梯)。

(2)通道。

(3)柱子。

(4)空调设备(其他冷暖设备)。

(5)开关插座。

(6)其他。

4. 在所拥有的空间内先设计主流工程

5. 车间大的布局确定之后,对通道、入口等进行核对

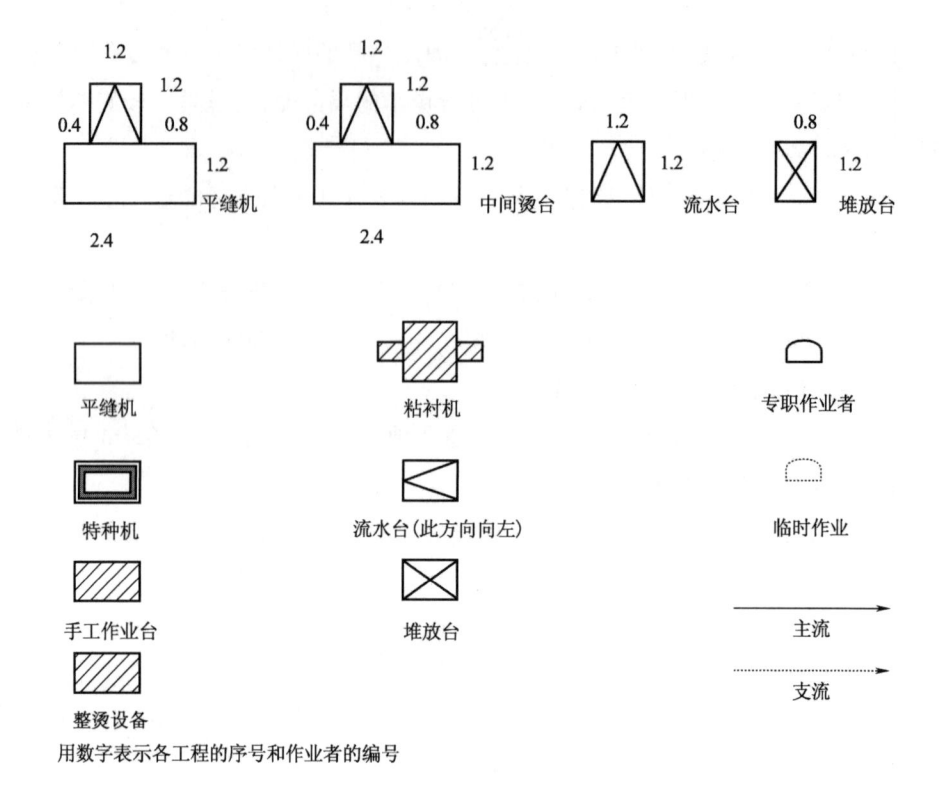

```
        1.2                    1.2
         1.2                     1.2
    0.4     0.8            0.4     0.8              1.2              0.8
              1.2                    1.2             1.2              1.2
           平缝机                  中间烫台         流水台           堆放台
       2.4                    2.4
```

平缝机	粘衬机	专职作业者
特种机	流水台(此方向向左)	临时作业
手工作业台	堆放台	→主流
整烫设备		⇢支流

用数字表示各工程的序号和作业者的编号

图2-5-5-2　模型记号示例

6. 附属支流在剩余空间内进行布置

7. 因作业空间有限不得不改变方向时，应在手工作业或特种机作业工位处改变方向

8. 布置好后再检查通道、人口等处是否全部畅通无阻，确认无误后开始绘制平面图

9. 将平缝机、特种机、熨斗、整烫设备等进行分类，并登记工序号码

10. 标注制品工艺流程方向

四、缝纫机械设备的配置

在讨论生产方式一节我们已经讨论过有关设备配置的内容，在这里我们再举例加以说明。

缝纫机械设备的配置与产品品种、产品数量有着很大的关联性。按照这种关系进行设备的配置有三种形式，即按产品工艺流程配置、按产品部件配置、按设备功能配置。

1. 按产品工艺流程配置

这种设备配置方法是组装流水生产线最基本的配置形式，也称为产品流程布置,是适合于少品种、大批量服装产品生产的环境。它是按照产品工艺流程的顺序,根据各工程的需要排列设备、布置工位的,所以一条生产线不能同时进行多种类型产品的作业,如图 2-5-5-3 所示。

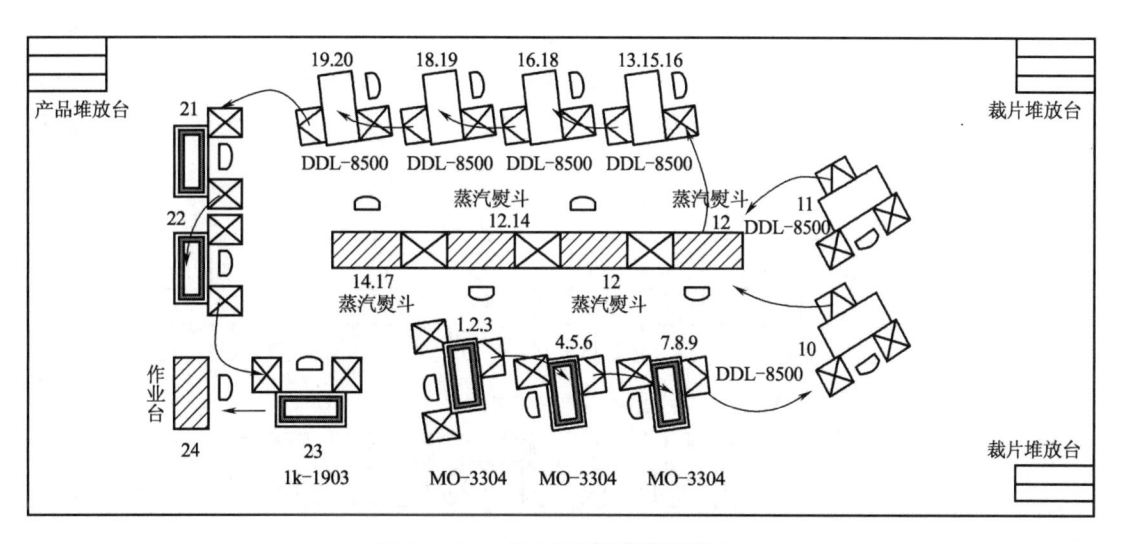

图 2-5-5-3　按工艺流程需要配置设备

2. 按产品部件配置

这种配置是按照服装的不同部件划分作业区域,在每个区域内配置加工该部件所需要的机械设备,如领子区、袖子区、口袋区、衣身区等。同类部件汇集在一起加工,这种作业称为部件作业。这种设备配置的形式灵活性较强,可以同时进行几个不同品种的服装加工,较适合中等品种、中等批量及多品种、少批量产品的加工生产。但需要加强对裁片、半成品、成品的管理,如图 2-5-5-4 所示。

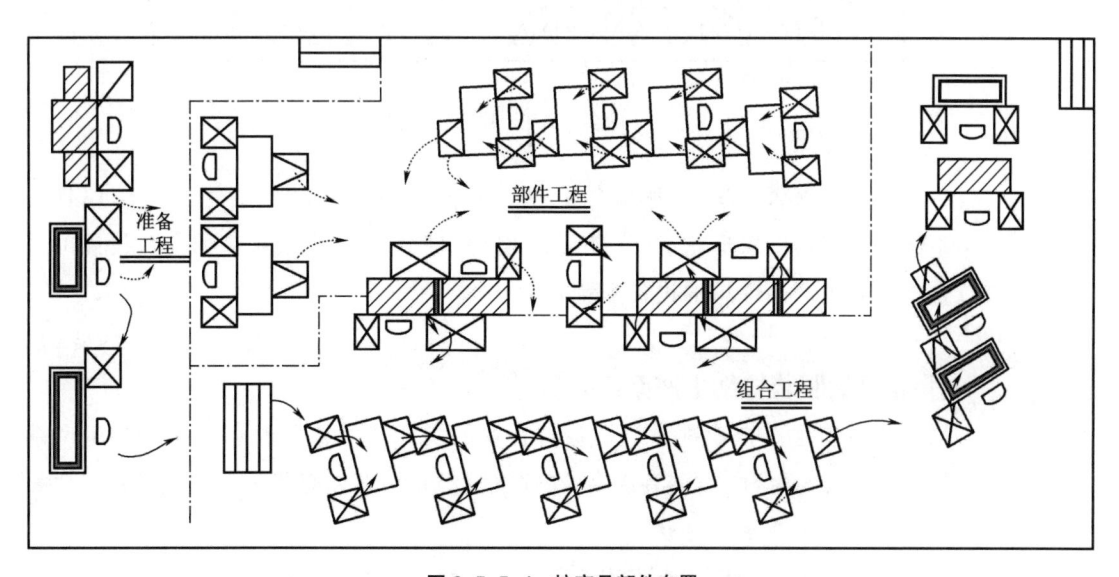

图 2-5-5-4　按产品部件布置

3. 按设备功能配置

把同种功能的设备和同种作业的操作者集中在一起，同种工序集中作业，如平缝工序、锁钉工序等，因此称为零工车间，也叫零工车间生产。采取这种生产方式时，有时同一件制品要数次出现在相同的零工车间内进行加工。同样可以同时进行多品种的产品加工，所以是一种适合多品种、少批量产品加工的形式，但必须按照计划有组织地实施，如图 2-5-5-5 所示。这种设备的配置方式可使高价设备得到有效的利用。

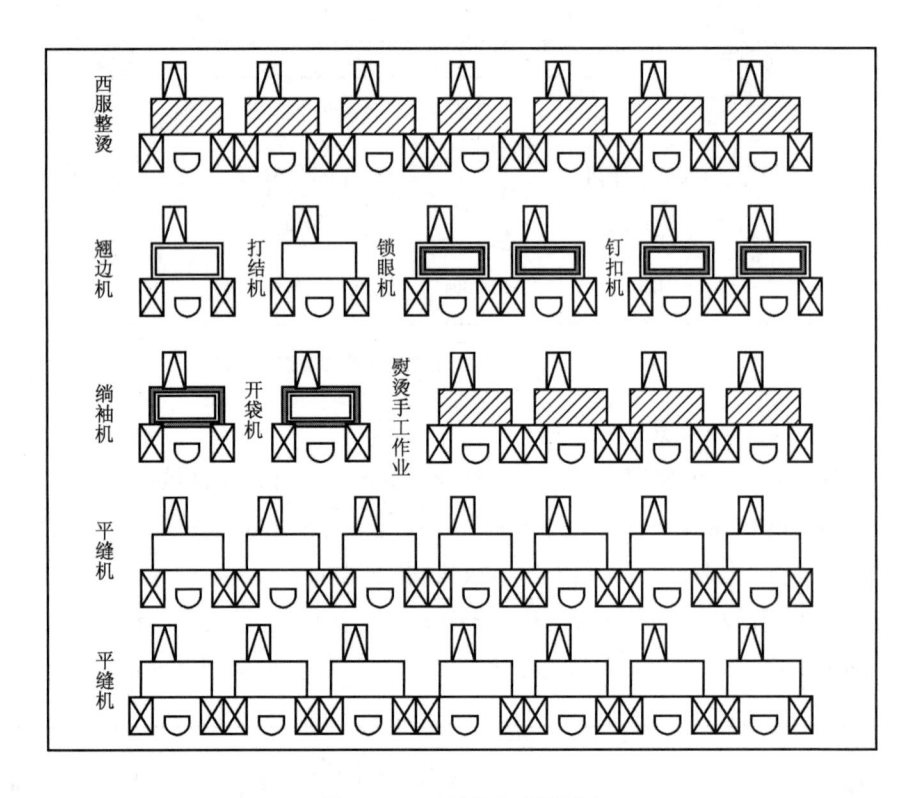

图 2-5-5-5　按设备功能配置

这三种配置方法，是服装各生产系统设备配置的基础，在实际生产过程中，不同企业根据厂房形状、订货批量等实际条件会综合利用这三种形式，设计出适合本企业生产最理想的设备配置方案。

五、常见的服装缝纫生产系统

各服装生产企业都是根据各自企业的实际条件来设计切合可行的生产系统，所以生产系统的类型有许多，在这里我们介绍几种有代表性的生产系统。

1. 流水同步生产系统

流水同步生产系统有直流式和支流式两种。

(1) 直流式生产系统：该系统是按照产品工艺流程顺序进行流水生产组织的，每位作业者负责完成自己所属工序的工作，完成后依次传给下一个作业者，直至到最后一道工序成品完成，这样就完成了一件产品的全部生产工艺加工过程，如图 2-5-5-6 所示。

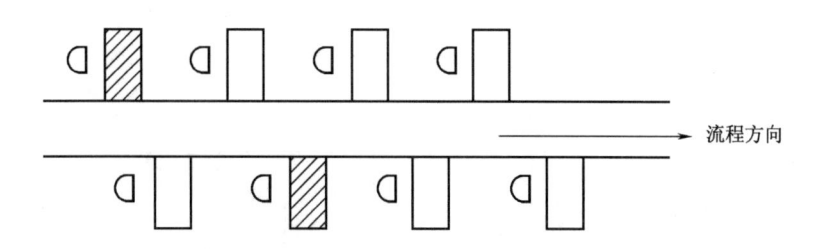

图 2-5-5-6　直流式生产系统

(2)支流式同步流水生产系统：是由直线式改进而成的。它采用部件支流同步的方式，同时将部件传至主线上进行组装加工。与直线式生产系统相比，它具有相对的灵活性。当产品品种发生变化时，可以在支流上进行较小的调整，很快便可投入新产品的生产。而且必要时还可以同时生产两个品种的产品，而直流式系统却不具备这些优点。

目前国内外一些先进的服装加工企业，广泛采用的一种生产系统是支流式捆扎同步流水生产系统，简称为 P.B.S(Progression Bundle Synchronization)系统（图 2-5-5-7）。

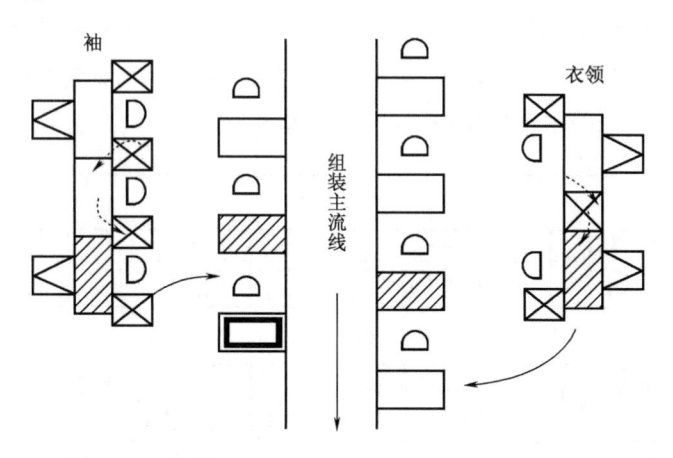

图 2-5-5-7　P.B.S 系统

2. 集团式生产系统

集团式生产系统属于部件加工的生产类型，适合于小规模服装企业，它是按照服装产品的部件分成若干组或小集团，其中有一组为组装组。每个小集团内配备生产该部件必备的机器设备、熨烫工具等和相应的作业者。作业者人数根据部件结构的复杂程度而定,一般为 4~5 人或 6~8 人不等,其中每一组配备一个技术较为全面的作业者,作为小组管理者并负责部件组合工作。集团作业系统机器的设备配置较为特殊,即每组都需要较为齐全的专业化设备,所以采取这种生产系统的中小企业必须具有设备上的实力。图 2-5-5-8 为男衬衣集团式生产系统示例。

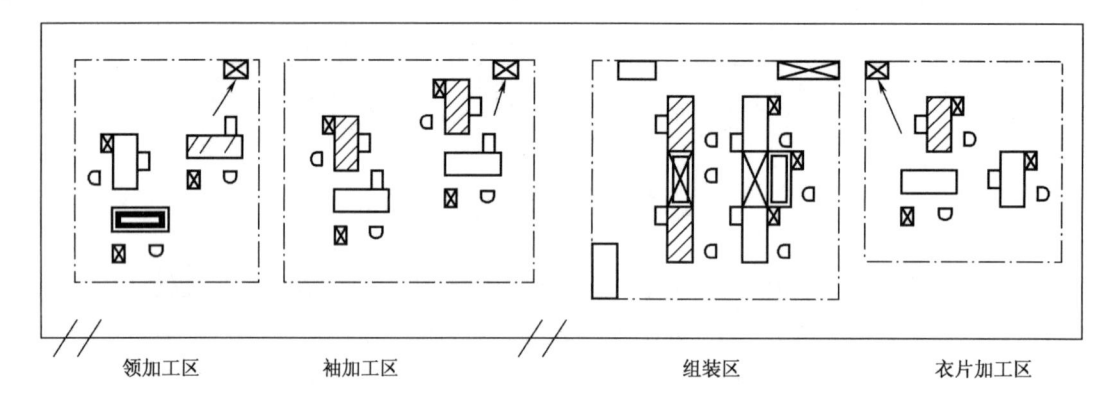

图 2-5-5-8　男衬衣集团式生产系统示例

3. 单元同步生产系统

单元同步生产系统(Unite Synchro—Folw Pystem)简称 U.S.F.P,是一种较为灵活的生产方式。它把一件产品分为若干个独立的单元,组成同步流水作业。每单元负责一组平缝工序及相应的手工作业,一般 2~3 名作业者为一个作业单元。当企业规模较小,生产条件一般时,为了满足多品种、小批量及快节奏的生产需要,可采用单元同步流水作业系统(图 2-5-5-9)。

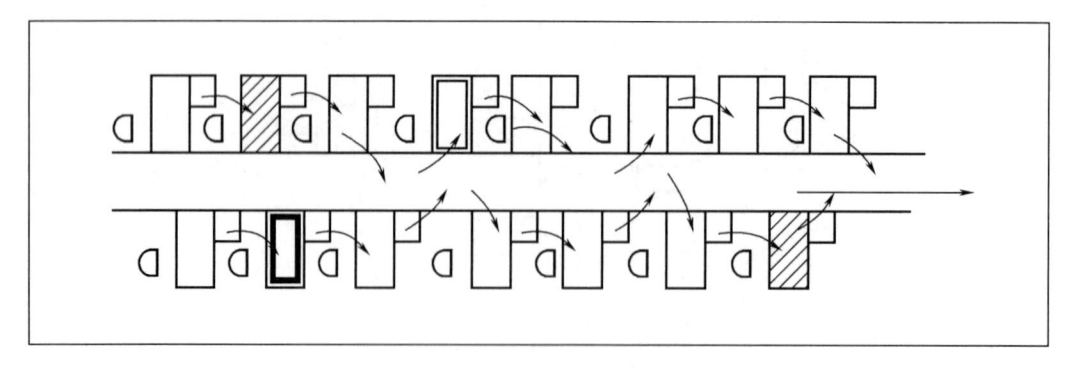

图 2-5-5-9　单元同步生产系统

该系统具有如下特点。

(1)把一件产品划分为多个工作单元,单元之间达到生产同步、平衡生产的目的。

(2)对作业者技术能力要求较高,每位操作员具有多种技能,达到一专多能的要求,以便提高应变能力,满足产品结构变化和多品种产品的生产需要。

(3)用捆扎方式进行传送,每个捆扎数量一般为6~24件不等。

(4)管理人员要具有较高的协调管理能力,并对产品工艺流程非常熟悉。

(5)设备布局灵活,品种齐全。

(6)生产周期短,每组可在很短时间内制成一款完整的服装。

(7)制品的库存量可降到最低,容易进行进度管理,也简化了生产线的平衡问题。

(8)单元同步系统具有快速反应的特点,特别适合小批量、品种频繁变换、交货期短的生产条件。

4. 吊挂式生产系统

吊挂式生产系统又称为吊挂传输柔性生产系统,是现代制衣系统中最先进的生产方式之一。它的基本结构一般是由各部件吊挂系统、组装吊挂系统等组成。在整个缝纫生产过程中,半成品(工作物)运输均由吊挂传输系统完成。用衣片夹夹住衣片,吊在挂架上减少了工作物堆放的空间,同时减少了衣片污损,自动控制技术还防止了错片等质量问题,生产效率高,节约人力、物力及作业现场的空间。但该系统的投资较为昂贵,成本较高,适合具有实力的大型企业,多用于衬衣、西服等款式变化较小、工艺流程较稳定的成衣生产。

5. 模块快速反应式生产系统

模块快速反应缝纫系统(Quick Response Sewing Syestem)是21世纪现代化服装企业生产的主要方式之一,是为了满足现代服装产品批量小、品种多、节奏快的需要而设计的,是一种较为科学合理的服装产品生产系统。它以较少的工位来完成某一服装产品加工生产,每一个工位称为一个模块。这种模块式快速反应生产系统,对少品种、大批量生产时的传统工序划分原则进行了改进,每一个工位所承担的作业任务为不可分工序的若干倍,这样就把由二十几个或更多工位组成的流水线减少到10个工位以下。根据所生产产品的特点,每一个模块通常由2~3台或5~6台生产设备组成,由1~2个作业者操作。模块式生产具有互相生产性,传送设置也可以根据企业的实力酌情进行配置,既可以选择电脑程控的智能化传送装置,如吊挂式传送系统,也可以采取机械化传送带装置或简单的工序靠近组合方法。模块式快速反应生产系统具有如下特点:

(1)它采用多工序集中操作法,工艺线路短,以最少的传递次数、最短的传递时间、最快的生产速度、最短的生产周期充分体现快速反应优势。

(2)可进行极小批量产品的生产,转产速度快,灵活性高,可根据所生产产品结构的要求,快速变换模块结构与模块设备组合。

(3)工位上的半成品堆放量较少,便于管理。

(4)采用单工位多机联合作业,要求作业者具有全面的操作技术。

(5)根据生产情况,作业者可以互为补位,便于及时调整,达到工时平衡。

(6)该系统有利于计算机管理和服装 CAD、CAPP 和 MIS 系统扩充的性能。

模块快速反应系统的生产线组装,需要大量资金投入,一般的中小型服装企业可能还难以达到这种要求,但可以依照模块式快速反应系统的原理,利用工厂现有的设备,参照模块式快速反应缝纫系统的形式,建立坐式或立式模块快速反应生产系统(图 2-5-5-10)。

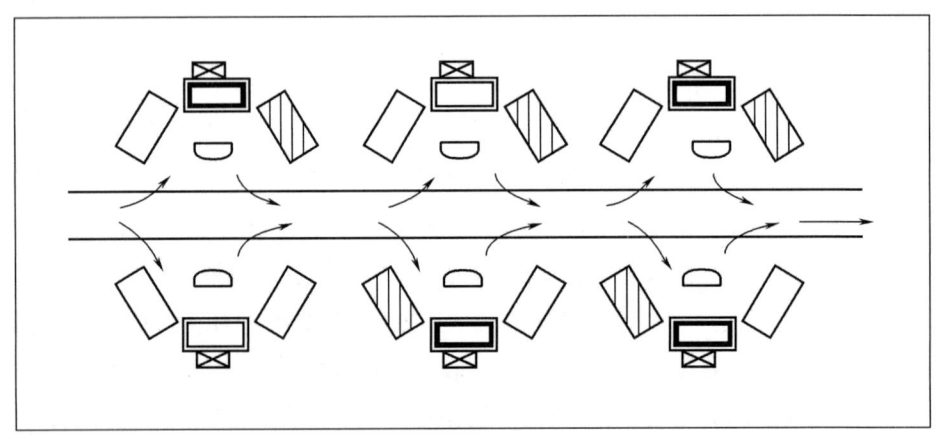

图 2-5-5-10 模块快速反应式生产系统

复习与作业

1.总结归纳生产计划包含的内容及生产计划的制订方法。

2.总结归纳生产控制的内容及有效的控制方法。

3.总结归纳生产组织的方法。

4.总结归纳生产布局设计的整体思路。

5.进行模拟实践:

(1)制订一次生产任务的生产计划。

(2)进行生产系统设计。

(3)选择适合生产能力、产品种类、产品款式的生产方式。

(4)精确计算平均节拍,组织生产线生产。

(5)制订生产控制方案,实施有效的生产进度、生产作业等管理。

品质管理

本章内容： 1. 品质管理概述
2. 企划作业品质管理
3. 设计作业品质管理
4. 外协作业品质管理
5. 检查与物流品质管理
6. 品质管理的七个工具
7. 品质管理活动

上课时数： 8课时

教学提示： 1. 讲解品质的含义，论述品质管理的内容，逐一讲述企划作业品质管理的业务、设计作业品质管理的业务、外协作业品质管理的业务、检查与物流品质管理的业务。讲述七个工具的内容及其作图方法，了解每种图形的特点、作用，能够客观地分析图形，发现问题，找出解决问题的办法。

2. 指导同学对前章复习与作业进行交流和讲评，并布置本章作业。

教学要求： 1. 使学生了解品质管理活动的内容。
2. 使学生掌握加工工厂选择的标准。
3. 使学生掌握阻碍材料可缝性的原因。
4. 使学生学会制定品质基准设定的方法。
5. 使学生了解七个工具图的含义。
6. 使学生学会各种图形的制作方法并能活用。

课前准备： 准备若干件服装产品，准备服装品质缺陷资料若干份，用于模拟品质管理教学。

第六章

品质管理

第一节　品质管理概述

一、品质

产品品质是指产品的适用性，以此来衡量产品在使用过程中满足顾客需求的程度。因此，产品品质是以产品所具有的特性能否满足人们的要求及其满足的程度，来衡量产品质量的好与坏或高与低。

不同产品具有不同的质量特性以满足人们的需求，服装产品的品质主要由审美性、机能性、牢固性三要素决定，此外，还有经济性、时效性、环保性等因素。

服装企业在设定产品品质时要从消费者的利益出发，针对目标消费群体提出品质管理的方针、政策。产品品质设定之后，才能开展产品的生产活动。

整理消费者需求的服装品质，见表2-6-1-1。

表 2-6-1-1　消费者需求的服装品质表

消费者需求的品质	产品应具备的机能	品质项目
1. 感觉舒适性	1.1　设计性	尺寸合适、活动性好、轻、质感好
2. 外观审美性	2.1　款式造型	款式、色彩、图案、材料光泽
3. 使用方便性	3.1　选择性 3.2　熨烫性 3.3　加工牢固性	易洗、易干、不退色、不变形、不抽褶、不起皱、恢复弹性好、加工结实、形态稳定
4. 卫生性	4.1　透气性 4.2　保温性 4.3　吸湿性 4.4　带电性	内外空气流通好、保温或凉爽、防静电
5. 耐生物性	5.1　防虫性	不易受虫侵蚀
6. 材料结实性	6.1　拉力性强 6.2　破裂性强 6.3　耐磨损 6.4　耐疲劳性	承受很强外力，不易撕破，磨损不起毛，起球，不易变色

二、品质管理

产品品质实际上是在生产过程中产生的,因此品质管理是对企业生产经营活动全过程的管理,它涉及产品企划、设计、生产、检查、销售、消费等各环节,每个环节都需有专门的管理人员进行管理。服装企业现场品质管理活动重点,见表2-6-1-2。

表2-6-1-2 服装企业现场品质管理活动重点表

	品质管理者	管理项目	品质管理要素	品质管理手段
企划	企划人员	材料品质(面料、里料、衬料、其他辅料)	材料的特性、产品的适合性	本企业检验、获取供货商的品质资料
	设计师	审美性、机能性	款式特征、效果	做成样衣研究
技术设计	样板师	设计技术与品质、设计标准化、设计技术开发	设计方法、实行智能化	CAD、CAM利用
		缝制说明书的品质	信息资料传达准确度(技术文件)	技术文件标准化
外协管理	生产负责人	工厂的技术能力、工厂的核算	工厂技术能力、外协作业准确性、工厂生产能力、加工过程中品质确认	样衣试做、工厂生产能力资料整理、工厂核算管理、现场确认
接收货物管理	检验员	加工产品品质、产品审美结果、把握不良原因	品质评价方法、判断是否合理、报告结果	对照加工标准书、对照缝制说明书、坚持做检查标准书

第二节 企划作业品质管理

既然产品的品质是在生产过程中形成的,那么就要通过实施全面质量管理来实现目标品质,"全面质量管理"当然要从源头开始全过程的推进。企划作业是生产活动的首要环节,对其品质上的管理工作主要有六个方面。

一、设定加工费

企划阶段除了集中解决材料、款式、色彩、价格等问题之外,还要对其产品的加工费进行设定。加工费设定的是否合理,将直接影响品质管理的工作。因为要想生产出高品质的产品,必须重视选择外协加工工厂。外协加工厂的技术水平高低不一样,管理所需费用也不同。如果发单企业设定的加工费达不到外加工企业的希望值,即使勉强接受了加工任务,它为了达到自己的经营目标,也很可能出现降低材料的标准、减少工程数量、改变加工方法等在产品品质上打折扣的现象，致使产品的品质低下，所以要从源头抓好品质管理工作。

二、反思上年度同季节的营业实绩

要想做好本季节的商品企划工作，就必须反思上年度同季节的营业实绩，尤其要针对销路不好的产品，分析在品质管理方面有什么问题，比如是款式没有魅力，还是价格定位不准确，或者是市场定位的问题。像这样了解现状、掌握具体情况、找出原因，为本季节的企划工作提供依据，决不能重复出现类似的品质问题。

三、制订企划日程

商品企划工作需要提前1年开展，例如春夏服装企划要从本年度3月份开始，首先进行市场定位，3~4月份正是服装消费的换季时间，有利于对服装市场预测的判断与分析；5~6月份要做出产品定位。从9月份开始就要策划促销方案。秋冬服装企划也同样是从9月份开始的。下一年度春季服装零售商展示会从10~11月举办，在此之前必须完成展示会使用的服装样品。

如果企划作业的时间太长，不能按时完成企划任务，就会影响其他作业时间。因为现代化企业的生产活动流程是按企划、设计、生产、物流开展的。在产品生产流程里，若企划作业的时间占用的多，就会影响其他作业时间，易出现惊慌现象，结果会发生产品的品质问题。因为服装受季节性影响非常大，若不能按时上市，就会错失销售时机，给企业造成一定的损失。

四、确认首件样衣

试做样衣，多数是为了检验企划的意图是否能实现，设计上有无缺陷等。但实际上，企划人员、设计师了解加工生产现场，所以要与相关的技术人员、管理人员一起确认首件样衣，并共同研究缝制技术的难易程度，研究材料的可缝性及样板是否适合工业化批量生产等。若不研究这些问题，很可能在将来加工的过程中出现各种品质问题。因此，企业与工厂要把首件样衣确认制度化、规范化，以此来确保产品的品质。

五、设定整体品质

商品企划工作的另外一项任务就是设定产品的整体品质。那么品质到底设计多高的标准呢？首先要掌握消费者对产品需求的品质程度，然后根据需求程度的大小再设计其加工条件。例如，相同的品种既有价格高的高档产品，也有一般价格的产品或价格便宜的产品。由于有档次之分，因而不可能采用相同的加工方式与缝制工艺。由于缝制工艺不同，一方面可以改变工程数量的多少；另一方面也可以根据加工工厂技术水平的高低安排相应的生产任务。

另外，消费者的购买动机也是千差万别的。有注重款式的，有喜好色彩的，还有注重面料手感、价格等，这些都是设定品质时要考虑的因素。

六、选择服装面料

企划人员有一半的工作时间都花费在材料的寻找、试验使用量的判断，与设计师的研究协商，与材料供应商的价格谈判，订货及货期的确认等工作上。

在生产领域中，品质管理的主要内容是材料的品质管理和生产过程的品质管理。材料的品质管理主要由企划人员来承担。生产过程的品质管理是由设计师、样板师、生产负责人、检验员等各环节的成员共同参与来完成的。材料的品质管理是把所有的面、辅料作为管理的对象。辅料的种类由于在使用上受到各种限制，一经确认的品质就不能轻易改变。面料的品质管理工作任务非常繁重。面料在加工过程中受诸多因素的影响，变化也很大。因此，在这里就有关材料方面的品质管理叙述如下。

1. 了解材料的特性

过去，一种材料能连续使用好几年，服装的新颖性主要依靠款式与色彩来表现，新材料的开发非常滞后。而如今由于科学技术的进步，新材料不断开发并应用，于是掌握新材料的特性就至关重要，同时给企划人员加大了确认材料的工作量。通常确认材料的特性有三种方法：

(1)材料特性不复杂的可以自己来检验；

(2)在企业设有的材料试验室试验；

(3)委托第三方试验机构试验，以便获取试验资料、数据进一步研究。

所有的材料都具有其本身的特性，因此，企业批量购入材料时一定要判断材料的特性，才能大量购入使用。

材料的特性种类极多，也很复杂。在掌握这些特性时要根据材料的使用用途选择材料特性项目来检验。例如运动服要试验其张力、扯劲破裂力、透气性等项目。

2. 检验材料的项目及方法（表2-6-2-1）

3. 调查材料的可缝性

企划人员在选择材料的时候要掌握材料的可缝性，因为在加工过程中发生的材料可缝性问题会影响到产品的品质和加工费，所以尽量不使用可缝性差的服装面料。阻碍材料可缝性的原因见表2-6-2-2。

表 2-6-2-1 材料试验项目及试验方法表

试验项目	试验方法
缩水率	自然缩率试验、干烫缩率试验、喷水缩率试验、水浸缩率试验
断裂强力	条样法、抓样法、修正法
撕破强力	单引法、梯形法、落锤法
耐磨性	毛织物马丁旦尔法
色牢度	摩擦色牢度、熨烫色牢度、水洗色牢度
透气性	织物透气性试法
透湿性	透湿杯法
耐热性能	耐热性能测试方法
静电性能	静电测试法
燃烧性能	垂直向试样火焰蔓延性能的测定,以及垂直向试样占燃性的测定
甲醛	游离水解的甲醛释放甲醛
偶氮染料	DIN53316
重金属离子含量	萃取法、灰化法
萃取液的 pH 值	用 pH 计测量 pH 值
杀虫剂残留量	气相色谱法
挥发性能和气味	气相色谱法

表 2-6-2-2 阻碍材料可缝性的原因列表

项目	伸缩变化	摩擦	材料组织	纤维特性
原因	加热伸长、用力拉伸长、加热收缩、自然垂直……	易滑、不光滑、熨烫发亮……	滑动、断头、拉线、脱线、线缝起皱、无挺度……	易出皱、易卷曲、掺入装饰金银线……

第三节 设计作业品质管理

一、设计技术人员品质管理职责

(1)调查面料的特性,确认里料、黏合衬等附属物品的适合性。

(2)制作起始样板。

(3)制作样衣。

(4)让设计师确认样衣是否符合要求。

(5)若有问题进行样板修正,再次制作样衣。

(6)设计批量生产的工业用样板(样板缩放)。

(7)考料,调查耗料(用料)。

(8)制订适合加工工厂生产的缝制加工技术文件。

(9)确认在批量生产之前,加工工厂试作样衣的设计性、机能性等。

(10)现场加工过程中品质不确认。

(11)确认接受货物时的成品效果。

(12)调查、走访销售渠道是否有设计方面的问题,不断反复修正。

二、品质管理的方法

1. 分步骤分层次对设计作业进行品质管理

(1)决定作业标准:设计技术人员在工作中,会保留个人拥有的传统工作方法,体会出现的各种差异现象。因此,设计技术的品质管理应从统一作业的方法及操作顺序开始着手,即首先决定作业者的作业标准。在企业的技术部门集聚了许多技术人员,究竟哪一位人员的方法在提高品质、效率的层面上比较出色,有时会出现一些争议,可最终是由技术水平高且经验丰富的人员来决定的。

(2)设置设计审查组织机构:设计审查工作是由具有最高业务水平的人员审查下属人员对工作完成的情况。在生产现场,每个人的工作经验、阅历等都不同,之间存在一定的差距。另外,设计审查不仅是审查下属的作品完成程度,而且要指导下属完成上属所要求的高水平作业。

在设计过程中,必须重点审查各环节的要害,比如分别在完成造型、样板、样衣、缝制说明书的时候,要构建全过程的审查体系,确保产品品质的提高。

审查主要从设计和加工两个方面来考虑,具体如下。

①设计方面审查要点:
- 设计意图在样板上表现得如何。
- 是否具备机能性等条件。
- 肩线与袖子、领子的关系处理得如何。
- 领子形状设计得如何。
- 口袋的位置、大小比例是否协调。
- 省缝量的计算是否正确。
- 袖窿线与袖山线是否适合。
- 领窝与领子的大小是否适合。
- 各部位的尺寸是否正确。
- 样板的制作顺序是否正确。

②加工方面审查要点:

- 缝制加工上设计线是否合理。
- 材料特性在样板上考虑的如何。
- 样板是否适合工业生产用。
- 里料、衬料样板在设计整体中与面料样板是否协调。
- 合印点位置在缝头上的位置是否正确。
- 面料纱向、口袋位置、纽扣位置等是否表示得准确。
- 样板缩放是否正确。

2. 根据设计技术人员实力安排工作

设计技术人员一个人是很难掌握多种项目的技术。如今企业进入多品种、少批量的生产时代,样板师的工作量越来越大,一个设计师需配备多名样板师,而在同一个企业里,每个样板师的经验、技术水平各不相同,再加上生产服种不同,服种的设计难易程度也不一样,交货期长短不等,对服装感性理解也存在差异。如果不能因人而异安排工作,就会使企业的工作效率低下,不能按时保质保量完成任务。因此,为了发挥每个人的技术、技能特长,需根据每个人的实力来分配相应的工作。

3. 借助于新技术

企业开展的技术管理活动,最重要的是不断开发、推广新技术,否则就不能很好地推动各项技术工作。过去,服装企业的管理对技术革新认识不够,长期制约和影响着品质管理等工作。近年来,计算机的普及与利用大大改善了各项工作的进展。例如过去的企业技术部门单靠手工进行设计技术,如今借助于CAD、辅助设计极大地改善了设计品质。

三、决定品质设计的等级

1. 设定品质与结果品质

设定品质是指提前决定设计出的品质;结果品质是指是否按照设计的品质来完成,即在检查的时候看到的品质。企业究竟要设计达到什么程度的品质,这要通过判断消费者需要什么样的品质才能设定。

即便服装品种的款式、颜色、材料相同,但在价格方面,既有高档产品也有中低档的产品,这样就不能采用相同的加工方法,这就产生了品质标准的等级。

2. 设定品质的标准

企业在组织生产产品之前,预先要决定产品的品质标准,其内容主要有加工方法标准、材料品质标准、缝制加工标准等。

产品的缝制方法,既体现在工程数量的多少上,也体现在选择相适应的加工工厂上。最容易的设定方法是从考虑工程数量的多少着手,如采用从1个点到5个点的设定方法,在实际操作时可根据当时的条件进行选择。这里要说明的是,有的方法在本企业适用,但在别的企业不一定就适用。因此,这里作为一个事例表示,见表2-6-3。

表2-6-3 产品缝制方法的设定示例表

1个点加工方法	全部使用机器合理化加工
2个点加工方法	全部使用机器一般化加工
3个点加工方法	全部使用机器高档化加工
4个点加工方法	机器混用加工
5个点加工方法	全部手工制造高档加工

另外可根据服装品种设定不同的品质,如连衣裙和运动服相比,消费条件完全不同,连衣裙的品质注重在造型上,而运动服的品质注重在耐用、结实上。

(1)加工方法的标准:根据每个品牌的企划意图预先设定其品牌的价值标准,如前面提到的从一个点加工方法到5个点的加工方法。例如某个企业拥有10个品牌,其中一个品牌采用5个点方法制作;另一个品牌采用4个点加工方法,其他品牌采用3个点加工方法,实际上是从高档品、中档品、低档品逐一进行设定的。

(2)材料品质的标准:是决定可使用材料的特性范围及织物的伤残范围等。例如前面说的用5个点方法加工高档产品时,即使有很少的伤残也不能使用;还有根据产品的档次,哪些部位允许有伤残、伤残的大小,作业者不能任凭自己的主观判断,要客观地设定出其标准,一切都要按照标准推进工作。

(3)缝制加工的标准:是对外协加工工厂设定缝制加工方法的标准,即把每个品种、每个部位的加工方法作为制度规定下来,例如缝头大小、线的粗细、针码大小、缝制方法、钉商标位置等。

第四节 外协作业品质管理

服装企业的生产方式除了本企业生产之外,还有相当一部分业务委托其他企业来完成生产任务,这样就增大了品质管理的难度,下面就对外加工业务中的品质管理加以说明。

一、跟单员的业务内容(表2-6-4)
二、选择外加工工厂的标准

跟单员承担着品质管理工作,需选择适合的工厂来完成所要加工的产品,因为每个工厂的技术、经验、规格等各不相同,因此能生产西服的工厂不一定就能

表2-6-4 跟单员的业务内容列表

充分理解商品企划内容	设计信息、价格、品质级别、交货期、材料信息
建立整体季节生产计划	了解整个生产任务及工厂的加工能力,制订生产计划书,必要的资金投入计划
把握所有材料购入日程	确认面料、里料、附属品的颜色、供货时间
把握设计作业日程	确认样板、绘制说明书完成时间,把握加工难易程度
与加工工厂协商生产条件	设计特征、品质条件、加工费、耗料等计算工作内容,日程数量、品质条件、加工方法、材料投入、试作
指示加工工厂的生产顺序	材料及技术文件按照协商的时间交付
管理加工工厂的生产进度	品质、耗料、温度、生产调整、交货方法协商
解决仓库空间场地	做好交货时间表,物流管理,确保按时交货
确认接收货物数量、质量	确认交货产品的货期、颜色、型号是否按照要求完成,确认品质检查资料和交货数量

做好连衣裙。所以,掌握加工工厂所具备的技术特征,从整体上来说要考虑以下八个方面。

1. 品种适应性

看工厂适合生产是男装、女装,还是上装、下装等品种。

2. 材料适应性

看工厂适合加工厚料、薄料,还是毛面料、棉面料等材料。

3. 设计性

看工厂适合于生产产品的生活面、时尚面,还是以时装感性理解力为主。

4. 数量适应性

看工厂是适合生产大批量的,还是生产小批量的数量任务。

5. 设备适应性

设备适应性包括构成生产设备体系、缝纫机构成等。

6. 品质等级适应性

品质等级适应性包括技术力量、管理者的水平等。

7. 企业规模适应性

企业规模适应性包括附加价值型、批量生产型等。

8. 生产机能适应性

看工厂的组织能力、信息传达机能、检查机能是否与产品的生产机能相适应。

三、影响跟单员的工作质量因素

跟单员在推进外加工业务时,经常伴有品质管理上的风险,因此不能疏忽大意。从着手安排工作时,就要处理好以下三项工作。

1. 制订整体的季节生产计划

跟单员在生产之前要把该季节必须生产的品种全部分配到各工厂,在分配的时候一定要对照选择工厂的条件,正确判断对方适合生产加工的品种,加工的每件产品都要考虑其产品特征、材料种类、设计上的难易缝制程度、数量、交货期、加工费等生产条件是否具备。

2. 预防生产指示作业交付延误

跟单员的另外一项重要工作,就是按照生产指示的加工顺序要求加工工厂组织生产。但实际上存在着许多问题,特别是投入到加工工厂的材料种类多,时间是否能确保,还有样板、缝制说明书等设计技术资料及生产信息文件是否能及时准确地被提供。如果时间来不及,就要变更生产顺序或者变更加工工厂,这样一来,生产现场就会出现混乱,影响正常的生产,可能出现品质问题。

3. 选择更好的加工厂

每个加工厂的条件都不一样,拥有生产何种服装类型的机器设备,人员有多少,技术水平有多高,车间流水线布置方式,对时尚的敏感度,管理者的品质意识,对材料变化等应对能力等资源信息,跟单员都必须掌握。

寻找与选择什么品种都能生产的工厂是很难的。跟单员必须正确判断每个加工厂的生产品种、款式、技术水平等条件因素,这些工作对品质管理工作极其重要。

第五节　检验与物流品质管理

一、检验概述

1. 检验

在服装企业生产业务中,品质管理是非常重要的一项。为了给消费者提供满意的产品,企业需设定品质保证的检验机构。

它不仅仅是对加工品质的确认检验,而且是对整个生产过程的全体检验,即判定生产前设定的品质、成本、交货期是否与原计划相符。品质的检验不光是消除不良的产品,更重要的是追查产生品质不良的原因,防止再次发生;同时把握加工工厂潜在的弱点,为今后品质管理提供决策依据。

2. 检验组织的外协

服装企业的检验工作,有许多业务是要委托第三方检验机构来完成的。

被委托检验机构派专业人员前往工厂现场检验，或者在检验机构所在地接受检验。检验机构最后出具产品检验报告单作为企业接收货品的依据。

3. 产品检验的特性

服装产品的检验与一般工业产品的检验不同，有独自的特性。例如电气产品在使用性能上能够满足消费者就可以判定为合格产品，但是服装产品具有审美性、舒适性等，人们依据感觉评价的要素占主要方面；还有材料的变化特性，不同的制作方法、不同技术的工厂加工的品质等都不尽相同。判断产品的质量高低要从多方面考虑，因此检验作业是一项复杂的工作。

二、检验的机制

1. 检验机构与检验人员

检验部门为了体现公平公正，设置的时候要作为一个独立部门，不能设置在技术部门或生产部门之下，因为要受这些部门所操纵会产生庇护现象，导致判定失误。

2. 检验员应具备的能力

(1)检验标准适用性的应用能力：正确使用每种服装的检验标准，按照作业标准开展检验工作。

(2)检验业务的处理能力：掌握平面、立体、半数、全数等各种检验手法，处理检验业务的各项技能。

(3)缝制说明书的理解能力：正确理解加工厂是否完全按照缝制说明书中指示的内容组织生产，提高对缝制说明书的理解能力。

(4)材料特性的判断能力：理解、判断各种材料特性对产品生产过程的影响程度的能力。

(5)品质要求的判断能力：即对各种服装产品的品质高低与好坏的判断能力。

(6)情报的处理能力：即能够正确及时地把检验的结果做成数据，进一步分析、得出结论，并传达给相应的各个工程。

(7)培养人才的能力：需经常开展培养属下的活动，使他们也具备能够担负起指导属下工作的能力。

3. 检验的时间与地点

检验的时间应是在加工工厂加工完成全部产品后，或者企业接受所加工的产品前进行检验。如果不合格的产品超出标准范围，就要拒收货物。

检验的地点应设在离出货近的地方或接受货物时离仓库较近的地方。检验地点应符合下列条件。

(1)光线：不能是直接射入的太阳光，应该是向北窗户进入的自然光。

(2)必要的照明度数。

(3)检验台的大小,长 2m、宽 1.2m 以上。

(4)不同型号的人台和空间。

除这些定位检验外,还有流动检验,即检验员没有固定的场所,采用灵活多样的检验方法。

三、做好检验前的各项准备工作

1. 检验的标准

服装产品的检验判定起来比较难,这也是服装检验的一大特点。每个企业为了保证其产品的品质,都从设定检验的规则与检验的使用手册等方法着手制订检验标准,使检验的方法标准化、制度化。

服装检验的标准通常分成 3~5 个等级,至于使用哪一等级的标准进行检验、判断,一般是由企划人员来决定的。例如高档品牌产品与低档产品不能使用相同的检验标准,要分等级设定标准。像运动休闲夹克和优雅材料的连衣裙,就不能使用相同的标准,连衣裙检验时重视造型感觉,适用于人台检验或着装检验,休闲夹克重视牢固性、结实性。

因此,检验的标准要按品种划分设定(连衣裙、大衣、西服、裤子等),然后再给每一品种设定等级(一级、二级、三级)。

检验手册应包括检验的顺序、检验的方法以及检验的动作、检验所耗的时间等,使检验程序标准化。

2. 检验的项目与内容

(1)检验的项目:

①设计性:规格、尺寸等是否与设定的标准相一致。

②审美性:整体效果。

③机能性:使用便利,穿着方便。

④牢固性:材料结实,工艺考究。

⑤稳定性:每件产品的品质是否均一。

⑥安全性:防静电、防火性、皮肤损害性、针混入等。

(2)检验的内容:检验人员使用的检验标准是由企划人员、设计师、技术人员等共同制订的。

①是否按照标准正确使用材料(面料、里料、衬、线等)。

②是否按照标准正确裁剪。

③是否按照标准尺寸加工成品。

④是否按照标准规定的缝制工艺。

⑤是否按照标准规定的方法熨烫。

除此之外,产品的品质表示、商标的缝合位置、材料的成分、产地等都是被检验的内容。

四、检验的方法

1. 外观检验

(1)平面检验:是把产品放在检验台上检验的一种方法,这种检验主要对以下内容进行检验。

①材料状况:织物伤残、疵点折痕、色差等。

②熨烫状况:颜色深浅不均、绉痕、亮光、污渍等。

③管理状况:脏、绽开、伤、污渍、脱散等。

④缝制状况:弯曲、开线、扭曲等。

⑤整理状况:跳针等。

⑥异物混入状况:针、小剪刀、玩具等。

(2)人台检验:即把成品穿在人台上检验的一种方法。

①整体效果、造型状况。

②材料手感变化状况。

③对条、对格状况。

④有无面料特性变化。

⑤设计、工艺完成情况。

(3)衣架检验:即挂在衣架上检验的一种方法。

①挂在衣架上的状况(陈列时的效果)。

②衣架与服装的适用状况。

③有无异物混入。

2. 其他检验

(1)着装检验:是检验人员穿上服装进行检验的一种方法。

(2)洗涤检验:检验实际洗涤后是否有问题。

(3)破损检验:即粘衬是否牢固,把成品拆开调查的一种检验方法。

(4)验针器检验:使用验针器调查是否在制作过程中混入机针、手工针等金属物的一种检验方法。

五、检验的判定目的及其判定方法

1. 明确检验的目的

首先应明确检验的目的是什么?只是为了发现不良品,还是为了预防不再发生同样的不良问题?

(1)除去不良品为目的的检验:消除不良品检验的时候,其目的是把不良品从合格的产品中分离出来,并做出相应处理。例如一经发现已经接收的货物中掺有不良品,这时要考虑是送回原加工厂返修,还是加工厂派人来处理,或者是发单方来处理。如果不良品率超过 20%,应该中止检验,全部返回到工厂进行处理。

(2)对结果进行分析的检验:除了对不良品的检验以外,还有一种方法就是要追究不良品产生的原因。这种方法是通过对合格品与不合格品进行技术性分析、评估,判定加工工厂哪些方面具有优势,哪些方面是弱势。把这些信息资料收集存储起来,按月、季、年度进行综合评价,促使对品质的改善,提高加工企业的整体技术水平。

2. 选择检验的方法

(1)常规检验:常规检验的方法有两种,一种是全数检验,即对所有接收的产品全部检验;另一种是抽样检验,即根据数量多少决定抽取一定数量的产品进行检验(1000 件中取 100 件),以此类推。通过对部分产品的检验来判定批量产品的整体品质。抽样检验的结果与全数检验的结果大致一样,这种检验方法大大提高了检验效率,降低了检验成本,因此被广泛应用于企业中。如果问题复杂采用这种方法不能彻底解决,可以增加抽样的比例,反复检验或者改成全数检验。

(2)委托检验:委托第三方检验的方法,如我国各地市设置的商检局,对出口商品的检验;还有一种委托检验,是发单企业完全委托给加工厂负责对产品的检验。加工工厂选出的检验员与发单企业的检验员一样,需通过接受严格的培训获得正式的检验资格才能承担此项工作,并应给予一定的管理权力。这种方法给企业减轻了检验的工作任务,也给企业降低了检验成本。

(3)出差检验:是检验员前往委托加工的生产所在地,对产品实行检验的一种方法。此种方法尤其适用于交货期比较紧张的情况,能够大大提高检验效率,确保交货期不延误。

3. 不良品产生的原因

掌握服装产品的不良现象相对比较容易,但是要掌握不良品产生的原因就不是一件简单的事情。即使发现了,也难以判断是什么原因引起的。是材料特性,还是出于样板的问题、加工技术的问题等,不能把所有这些都最终归结于工厂的缝制技术上。实际上真正产生不良现象的原因有各种隐性的因素,归纳起来大致有以下九项。

(1)材料特性。

(2)样板等设计方面问题。

(3)缝制方法不正确。

(4)发生在准备工作方面。

(5) 发生在机器设备方面。
(6) 加工技能。
(7) 整理熨烫技术。
(8) 选择工厂的问题。
(9) 信息传达方面的问题。

如果是样板、材料特性等方面的原因,就不能责怪于加工工厂,因此,检验员要具备正确判断产生不良品真正原因的能力。

第六节　品质管理的七个工具

最初,品质管理的七个工具是针对品质数值进行处理的。品质管理的七个工具以语言描述为主,这些工具互相结合在一起使用,共同来推进日常的品质管理工作。

一、亲和图

亲和图是在既没有经验又没有充分掌握资料的前提下,找出解决某一问题方案的方法。它是从集体思考的语言资料或通过调查获得的语言数据集中归纳而成的,把消费者的需求、投诉、建议等全部归纳起来,指出问题的要点,并提供给服装生产企业。

亲和图的语言资料有以下四种类型。

(1) 现场原始资料:品质缺陷,如腋下缝纫线迹脱落。
(2) 品质缺陷原因判断资料:指对品质缺陷原因的推断,如是否材料过薄造成的原因。
(3) 发想性资料:设想解决品质缺陷的方法,如若改变缝制规格也没关系。
(4) 建议性资料:如不出现缝纫线迹脱落。

下面以休闲服装的建议资料为例,分析列举建议资料的收集内容。

把相关内容资料归纳后很清楚地看到具有审美性、舒适性、使用性三种情况,如图 2-6-6-1 所示。

二、关联图

关联图是针对复杂原因的问题,用箭头表示其因果关系,集中归纳要改善的原因,从而找出解决问题的线索的一种方法。关联图是在矩阵型图剖析原因时经常使用的,同时与特性要因图一样,是追究其原因的一种图。

在做图时,须反复对自己进行提问,一个原因找到后,按照同样的方法寻找其

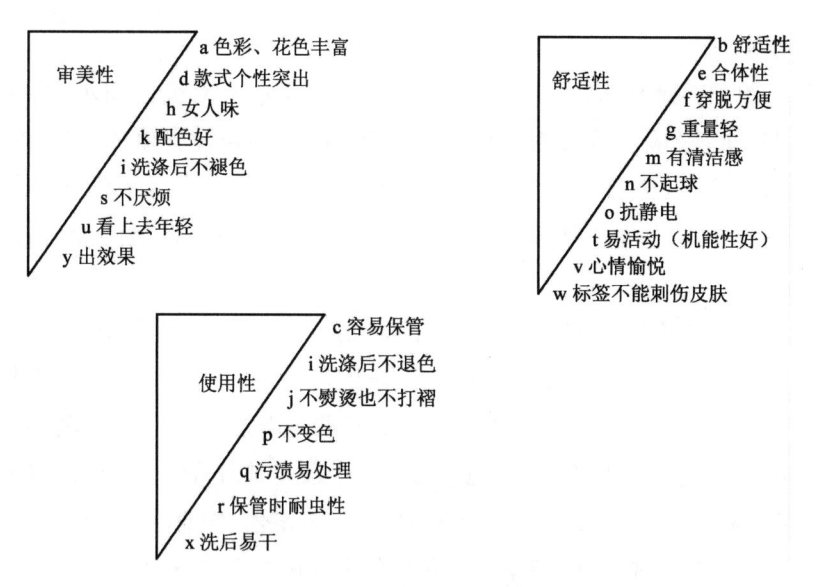

```
          ╲a 色彩、花色丰富                    ╲b 舒适性
  审美性   ╲d 款式个性突出          舒适性      ╲e 合体性
           ╲h 女人味                            ╲f 穿脱方便
            ╲k 配色好                            ╲g 重量轻
             ╲i 洗涤后不褪色                      ╲m 有清洁感
              ╲s 不厌烦                           ╲n 不起球
               ╲u 看上去年轻                      ╲o 抗静电
                ╲y 出效果                         ╲t 易活动（机能性好）
                                                  ╲v 心情愉悦
                                                   ╲w 标签不能刺伤皮肤

              ╲c 容易保管
   使用性     ╲i 洗涤后不退色
              ╲j 不熨烫也不打褶
               ╲p 不变色
                ╲q 污渍易处理
                 ╲r 保管时耐虫性
                  ╲x 洗后易干
```

图 2-6-6-1　休闲服装建议资料内容图

他原因。依次考虑下去直到追究其根本原因,从而再考虑制订解决问题的对策。

关联图的书写形式不受限制,问题点或相关原因用箭头来表示,箭头从原因指向结果。

例如裙子腰围有变化的关联图,如图 2-6-6-2 所示。

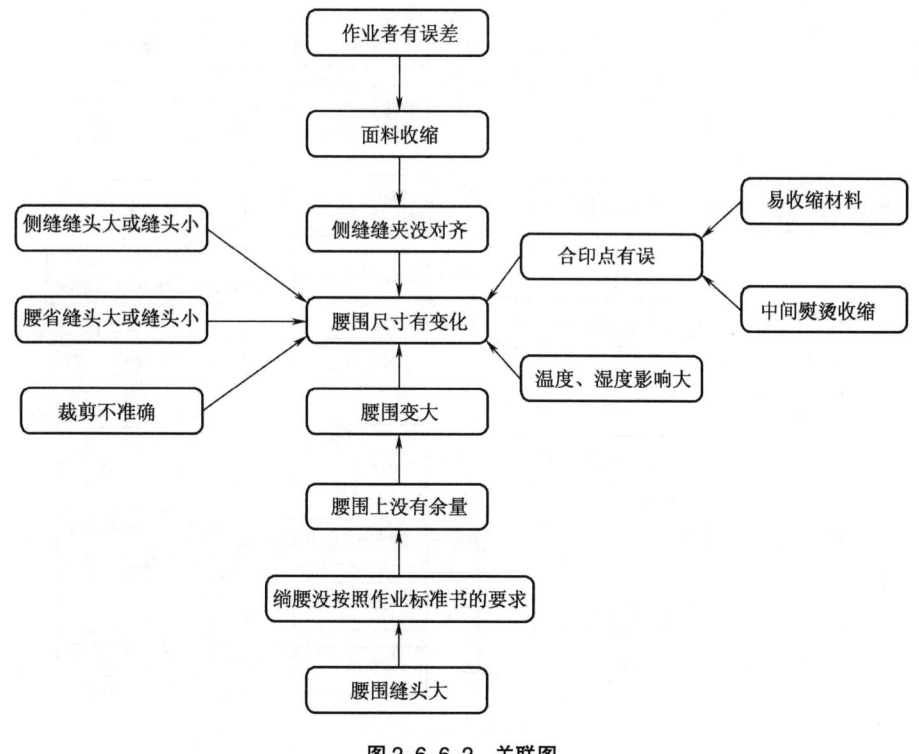

图 2-6-6-2　关联图

三、系统图

系统图是系统地表示为达到目的所采取的手段及对策的图示,为了防止对策遗漏、短缺,应着重考虑如何才能达到目的,寻找最有效的手段及对策。为了做出系统图,达到目的,必须具备提出合理建议的能力。系统图广泛地使用在问题解决型品质管理的"对策立案"步骤与课题完成型品质管理的"方法立案"上。

书写的方法要考虑目的与手段的连锁关系,然后进一步制订对策。以"腰围尺寸有变化"这一问题为例,首先需查出是否省缝品质不良,再查出是否是划省缝印的误差等原因造成的,然后再提出改善这些原因的办法。系统图的左边写最主要的目的,从左向右展开;右边也是最终的手段。其对策由于受到成本大小的制约,有时候是不能实现的。因此,要从必要性、经济性、作业性、安全性的观点出发,考虑、评价其实现的最终手段,再决定实施的方法(图 2-6-6-3)。

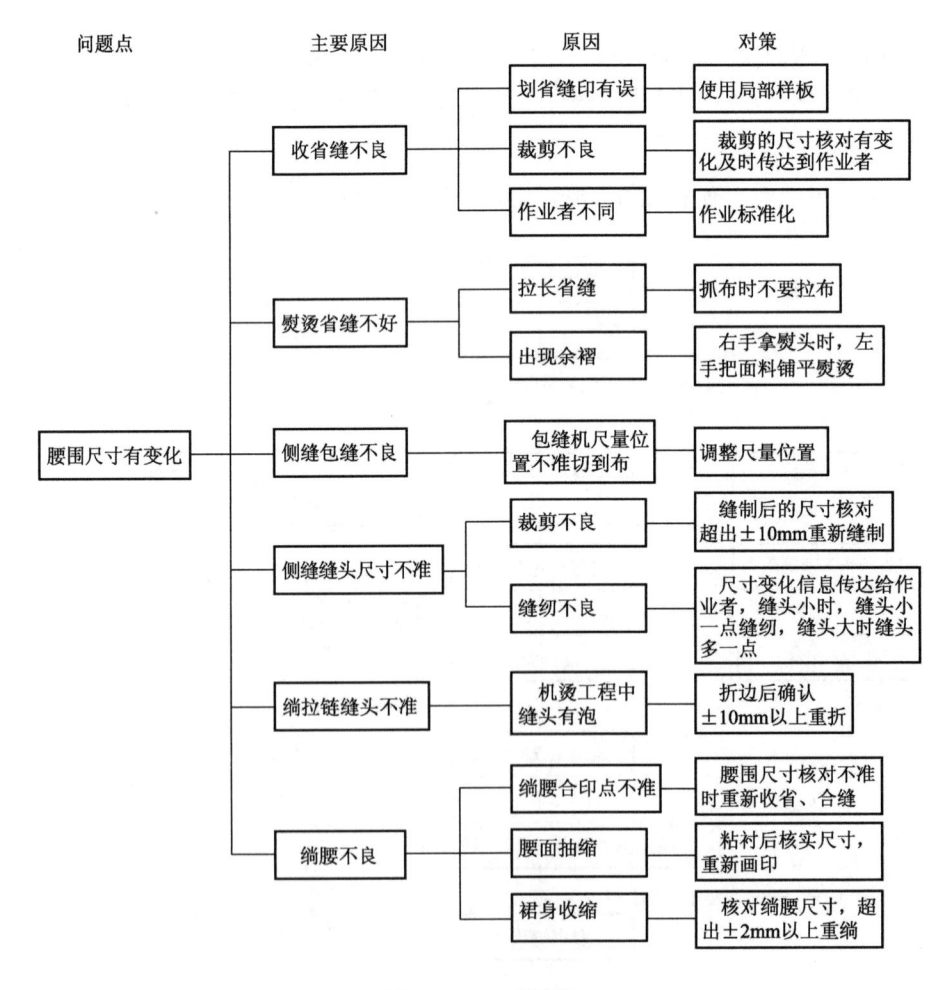

问题点	主要原因	原因	对策
腰围尺寸有变化	收省缝不良	划省缝印有误	使用局部样板
		裁剪不良	裁剪的尺寸核对有变化及时传达到作业者
		作业者不同	作业标准化
	熨烫省缝不好	拉长省缝	抓布时不要拉布
		出现余褶	右手拿熨头时,左手把面料铺平熨烫
	侧缝包缝不良	包缝机尺量位置不准切到布	调整尺量位置
	侧缝缝头尺寸不准	裁剪不良	缝制后的尺寸核对超出±10mm重新缝制
		缝纫不良	尺寸变化信息传达给作业者,缝头小时,缝头小一点缝纫,缝头大时缝头多一点
	绱拉链缝头不准	机烫工程中缝头有泡	折边后确认±10mm以上重折
	绱腰不良	绱腰合印点不准	腰围尺寸核对不准时重新收省、合缝
		腰面抽缩	粘衬后核实尺寸,重新画印
		裙身收缩	核对绱腰尺寸,超出±2mm以上重绱

图 2-6-6-3 系统图

四、矩阵图

矩阵图是多数问题和原因纠缠在一起时,为了整理相应的关系,把问题与原因整理成二维(双坐标)状型的一种图。在解决复杂的问题和相关原因方面起着重要作用。

矩阵图有各种类型,经常使用的有 L 型矩阵图(二维)、T 型矩阵图(三维)、X 型矩阵图(四维),图 2-6-6-4 是以 L 型为例的矩阵图。

		天然纤维			化学纤维					
		棉	毛	丝	人造丝	醋脂纤维	尼龙	维尼纶	涤纶	
消费性能	着色性	△	△	◎	◎	◎	○	△	○	14
	手感	○	◎	◎	◎	○	△	○	△	17
	吸湿性	◎	◎	◎	◎	○	△	△	×	16
	透气性	○	○	○	○	○	○	○	○	16
	防皱性	△	○	○	△	○	○	○	◎	13
	速干性	△	×	×	×	△	○	○	◎	9
	水洗适否	○	×	○	○	△	○	○	◎	14
缝制	缝迹收缩	○	△	○	△	△	×	△	△	9
	针眼状况	○	△	○	△	△	△	△	△	10
	熨烫效果	◎	○	○	◎	○	△	○	○	17
		19	17	19	19	16	14	15	18	

图 2-6-6-4 L 型矩阵图

◎—3分   ○—2分   △—1分   ×—0分

五、箭线图

箭线图是在纵向上表示实施项目,横轴上表示日月时间,用箭头线把作业或工程之间的关系或按照项目开始到结束的作业顺序排列,或按时间序列排列的箭线图表;同时在推进的两个工程所需的时间关系上,只要看图就一目了然。箭线图能够正确地了解作业从一开始到完成所需的时间以及该项作业最多所需的时间。

1. 箭线图的作图顺序(图 2-6-6-5)

(1)制作查找作业卡片:记入作业名称、所需天数,把作业内容、后续作业整理成箭线图作业一览表(表 2-6-6)。

(2)设计排列卡片,开始与结束用○记号表示成一个从左到右写下去。

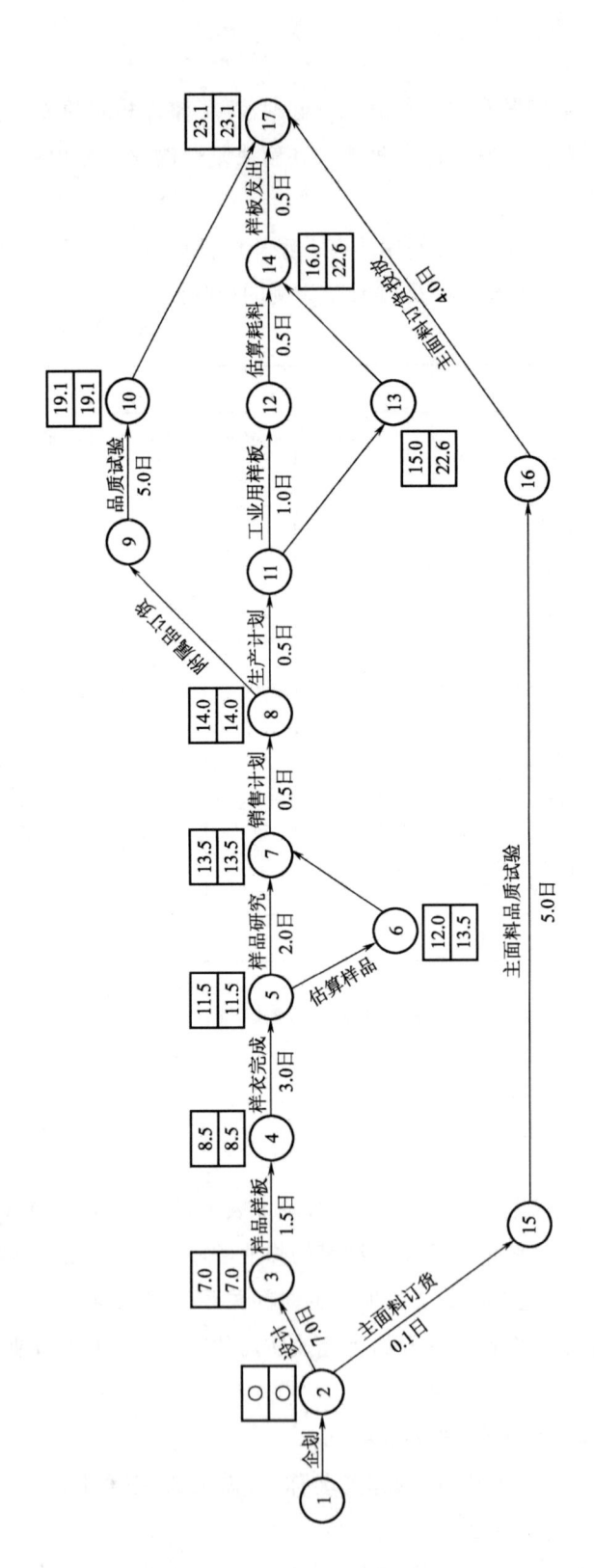

图 2-6-6-5 箭线图计算图

表 2-6-6　箭线图作业一览表

作业记号	作业内容	需要天数	先行作业	后续作业
A	企划		—	B·C
B	设计	7.0	A	E
C	主面料订货	0.1	A	D
D	主面料品质试验	5.0	C	P
E	样品样板制作	1.5	B	F
F	样衣完成	3.0	E	G·H
G	样衣确认研究	2.0	F	I
H	样衣估算(成本、售价)	0.5	F	I
I	销售计划	0.5	G·H	J·K
J	附属品订货	0.1	I	K
K	附属品品质检查	5.0	J	Q
L	生产计划(工厂、日期)	0.5	I	M·N
M	工业用样板	1.0	L	O
N	生产指示书	0.5	L	R
O	估算耗料、生产数量	0.5	M	R
P	主面料批量购入、发送	4.0	D	—
Q	附属品批量订货、投放	4.0	K	—
R	样板、生产订货协议书	0.5	M·N	—

(3)在箭线的节点写入序号。

(4)记入最早的结合点时间。

(5)记入最晚的结合点时间。

(6)寻找关键部位作为管理要点。

2. 服装生产箭线图范例

(1)企划结束之后进入设计阶段,同时对主面料订货。

(2)款式决定后,要制作样品样板。

(3)主面料订货后,进入对主面料的品质试验。

(4)样品样板完成后,样衣做成。

(5)依据完成的样衣对样衣研究,估算出成本价、销售价。

(6)样衣研究、估计完成后制订销售计划。

(7)销售计划决定后进入生产计划,附属物品的订货。

(8)附属品订货后进入对附属品的品质试验。

(9)生产计划制订完后(工厂、货期)进入工业用样板制作、生产指示书等。
(10)样板完成后,要估算耗料、生产数量。
(11)主面料试验合格后批量订货,投放到加工厂。
(12)附属物品品质试验合格后也要批量订货,投放到加工厂。
(13)样板考完耗料后,与订货协议书一同交到加工厂。

六、过程决策计划图(图2-6-6-6)

　　管理人员落实某一对策时,在实施过程中会遇到各种各样的障碍,因此不能按原计划推进。过程决策计划图就是为了解决在实施过程中出现的一些问题而制订相应对策的一种图。

　　过程决策计划图法经常用于品质管理问题解决型步骤的"对策立案与实施"和课题完成型品质管理中的"最好的对策实施"中。

　　过程决策计划图法适用于新产品开发程序反复出现失败或成功活动、各种营业活动、订货活动等。

　　过程决策计划图法的图形没有正式规则,自由是其特征。完成的过程决策计划图法就像流程图一样。下面以应对缝制性能的材料为例,展开过程决策计划图法作图顺序。

七、矩阵数据分析法

　　产品的品质是通过多种特性来评价的,计量产品的复数特性,并不是对每个特性的评价,而是对整体特性的评价,对整体评价的方法就是矩阵数据分析法。

　　矩阵型数据分析法是新品质管理七个工具中唯一使用数值资料的手法,是统计学使用方法之一。

第七节　品质管理活动

　　日本企业在品质管理方面很有特色,做得相当成功,究其原因就是在企业内部推行品质管理小组活动,在生产现场由5~7人结合成小组,分别解决和改善生产现场发生的各种各样的问题。这是一线职工自主开展的小集团活动。活动的主题内容是由小组成员协商决定的,问题解决后,再解决其他主题活动。

　　品质管理小组的活动理念是充分发挥个人的能力,搭建每个人都能施展自

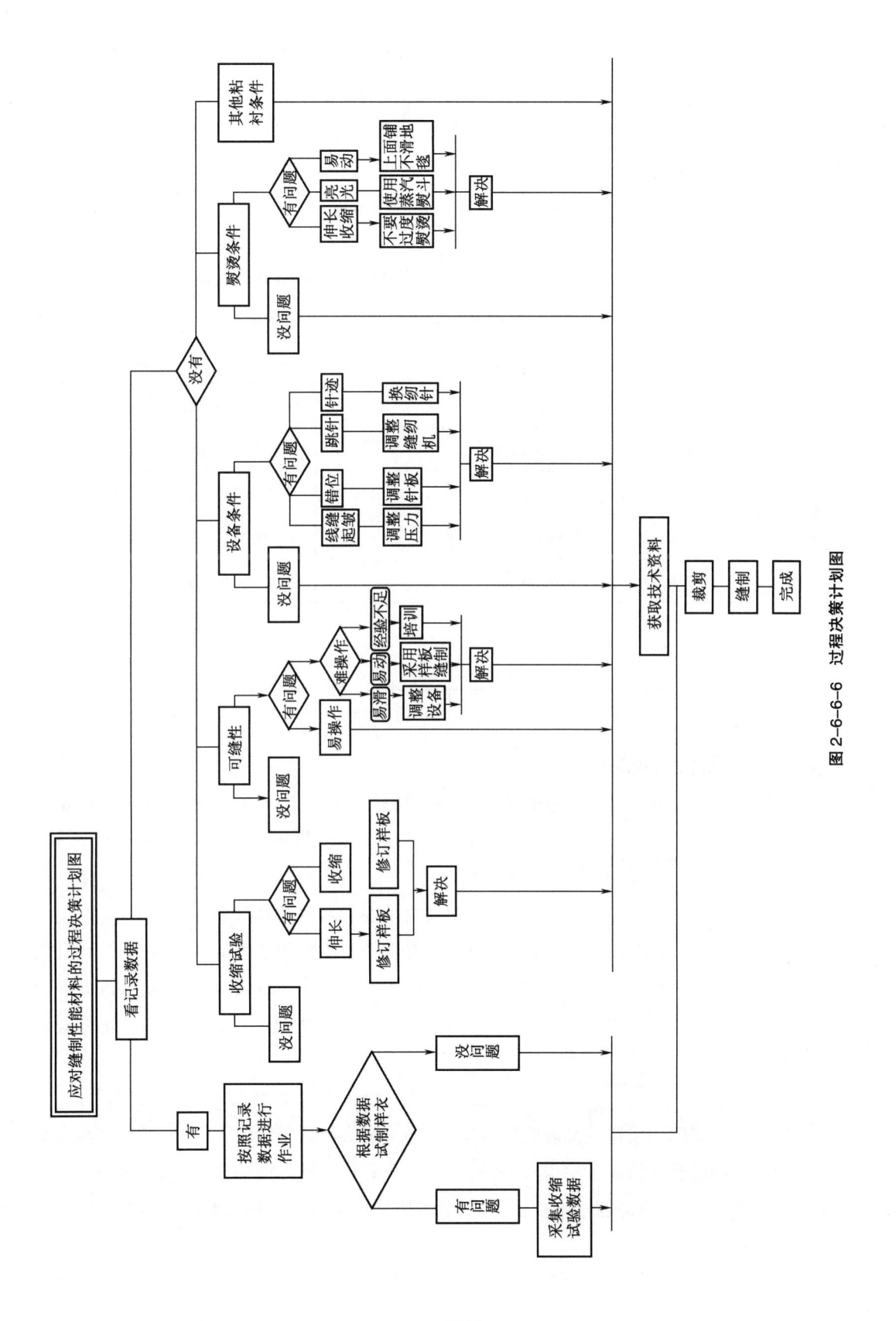

图 2-6-6-6　过程决策计划图

己才华的平台。自我实现、自己启发、相互启发，创造和谐的工作气氛，为企业的发展做出应有的贡献。

一、推进的方法

品质管理小组活动推进的方法见表 2-6-7-1。

表 2-6-7-1　品质管理小组活动的推进方法表

步骤1	品质管理小组的成立	决定成员人名、公司内部记录
步骤2	品质管理研讨会	亲手制作讲义，相互理解、相互配合
步骤3	主题的决定	整理工作现场的问题点，归纳主题
步骤4	制订活动计划	活动的工作程序、分工、日程计划
步骤5	开展活动	品质管理工具的活用
步骤6	活动结果总结、公布	活动认可，提高自信、干劲
步骤7	活动的评价	反思开展的活动
步骤8	公司外部的活动、公布	公司外进修，QC 人员参加
步骤9	回到步骤3，反复进行	

二、解决问题的程序

品质管理活动解决问题的程序，如图 2-6-7-1 所示，品质管理活动中最常见的是问题解决型品质管理活动与课题完成型品质管理活动。

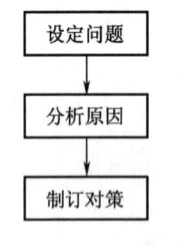

图 2-6-7-1　问题解决的基本程序

1. 问题解决型的品质管理活动

问题解决型就是掌握问题的实际事实，追及原因，制订出预防问题不再发生的对策。特别是把握现状与分析原因是问题解决型的主要特征，其具体方法见表2-6-7-2。

2. 课题完成型的品质管理活动（表 2-6-7-3）

课题完成型的品质管理活动，不光是解决问题，而且是一种为了实现高水平目标的管理活动手法。与问题解决型品质管理活动不同的是，课题完成型没有分析原因、追查原因这一步骤，其重点是方法的制订与选择最有效的对策。

表 2-6-7-2　问题解决型的品质管理活动

步骤 1	选定主题	查出问题点,归纳、明确选定理由,设定主题
步骤 2	把握现状	定量分析,掌握现状问题点
步骤 3	设定目标	设定目标
步骤 4	分析原因	追查原因,充分利用特性要因图等
步骤 5	制订对策、实施	具体对策选择、实施
步骤 6	确认效果	有形效果(品质提高等)、无形效果(干劲、快活的职场等),把握目标实现的程度(不理想的返回到第二步)
步骤 7	推广改善	标准化、制度化
步骤 8	反思与今后计划	对活动反思,整理未解决的问题,带到下一次决定的主题中

表 2-6-7-3　课题完成型的品质管理活动

步骤 1	选定主题	
步骤 2	把握现状与目标设定	分析原因、明确课题、设定目标
步骤 3	方法制订	制订方法,评价方案,选出有效对策
步骤 4	有效对策制订	决定最佳对策,研究实施步骤、方法,预测期待的效果
步骤 5	有效对策的实施	具体对策的选择、实施
步骤 6	确认效果	有形效果(品质提高等)、无形效果(干劲、舒适的职场等),把握目标实现的程度(不理想的返回到第二步)
步骤 7	推广改善	标准化、制度化
步骤 8	反思与今后计划	对活动反思,并整理未解决的问题,带到下一次决定的主题中

三、范例

1. 主题

去掉衬衫上的油渍、油污。

2. 选择主题理由

在品质不良中,有面料伤残、脏污、油污、锁边脱落等,在其中油污占了 12%。在品种当中半袖衬衣高出 15%,因此,把去油污作为此次活动的主题。

3. 活动计划

从 2 月份下旬进入春夏的半袖衬衣的生产期,3 月份产量达到最高峰。因此,在 2 月份里把握现状,分析、制订对策,在 3 月份最高峰期确认效果。在 4 月份中旬之前,按标准化、制度化进行培训,从 4 月份中旬做准备,在 5 月份新职工入场会上公布。在 6 月份的秋冬产品生产中能够推广。

4. 把握现状

(1)调查半袖衬衣的工程分析图(图 2-6-7-2)。

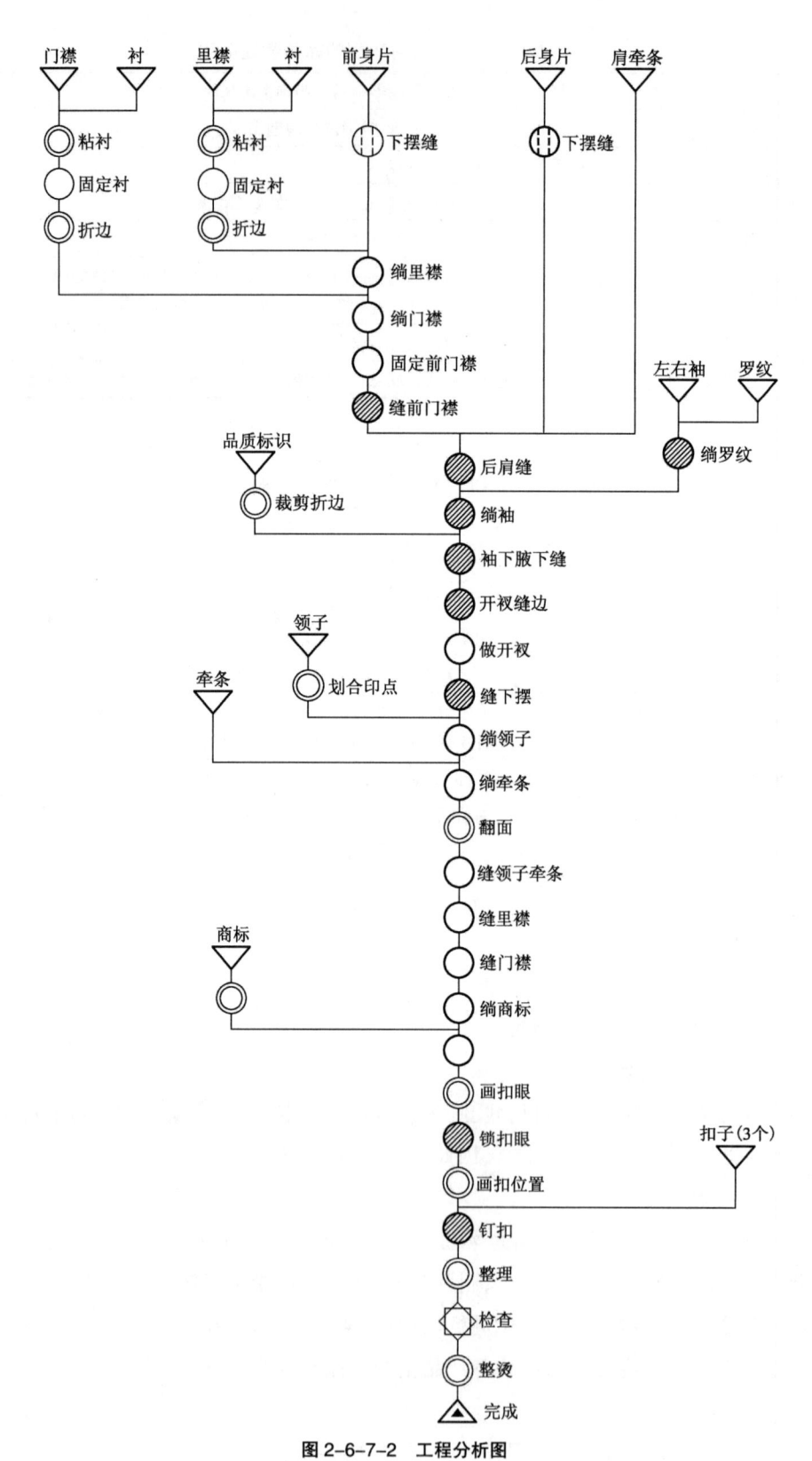

图 2-6-7-2 工程分析图

(2)调查油污出现最多的时间段。

(3)调查一个月内,出现油污的工程与时间之间关系。

(4)把一个月调查的结果按品种归纳、整理。

(5)调查要除掉油污需要花费多少时间,增加多少成本。

(6)调查油污是否与缝纫的机的种类有关。

(7)调查清扫机器的方法是否正确。

(8)详细调查,拿放面料时是否碰到机杆等作业的方法。

5. 归纳现状(图 2-6-7-3)

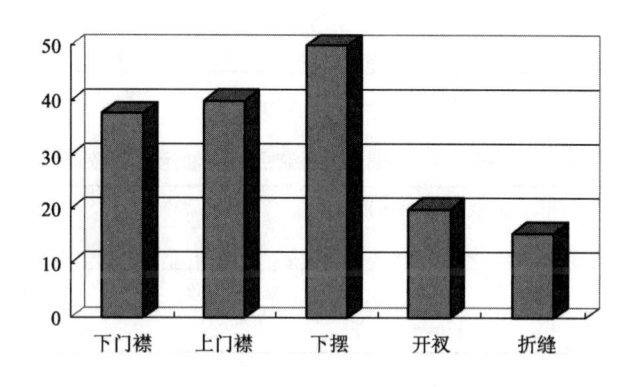

图 2-6-7-3　发生油污件数

(1)前襟、下摆油污多。

(2)时间段引人注目的是早上一上班生产的产品和中午一上班生产的产品,油污最多(图 2-6-7-4)。

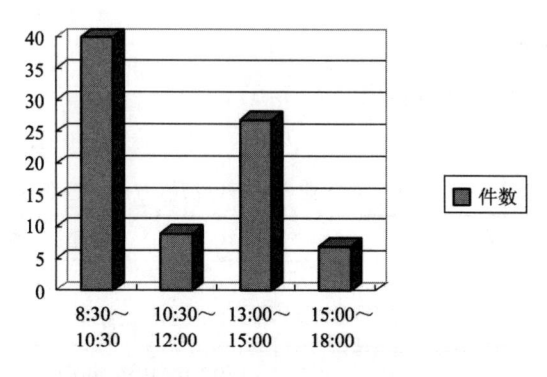

图 2-6-7-4　发生油污件数与时间段关系

(3)同样的工序有出现油污的机器,也有没有油污的机器,不同的操作者也不同,见表 2-6-7-4 作业者的经验与油污的关系。

(4)一个月调查的油污结果按品种整理,见表 2-6-7-5 的形式。

表 2-6-7-4　作业者的经验与油污的关系

	购入年月日	作业者	年龄	油污数
A	2003.7	王	7 年	6
B	2003.7	李	5 年	4
C	2004.9	张	15 年	1
D	2006.7	赵	30 年	没有
E	2008.7	马	9 年	6
F	2006.1	齐	13 年	3
G	2008.7	尹	7 年	3
H	2003.7	孔	1 年	4
I	2009.7	刘	20 年	没有

表 2-6-7-5　1 个月内服装品种与油污件数统计

服装品种	件数(1 个月内)	服装品种	件数(1 个月内)
T 恤衬衣	83 件	运动衫	81 件
半袖衬衣	312 件	合计	625 件
夹克衬衣	149 件		

(5)去掉油污花费的时间与成本：

①去污液 1 次使用 500 毫升(30 元)。

②去污油时间 1 件需用 40 秒(1 秒 0.1 元费用)。

③1 个月花费除油污成本。

个数(1 件):625 个。

所需时间:25000 秒。

(6)调查如何清扫缝纫机(表 2-6-7-6)。

表 2-6-7-6　对作业者清扫缝纫机方法调查统计

作业者	清扫方法
A	什么都不干
B	1 天 1 次,清扫桌子针杆
C	1 天 1 次,侧面、后面都清扫
D	C 员工的方法,1 天 2 次(早晨、中午的饭后)

6. 目标

油污不良为零。

7. 分析

1个月以内的情况(图2-6-7-5)。

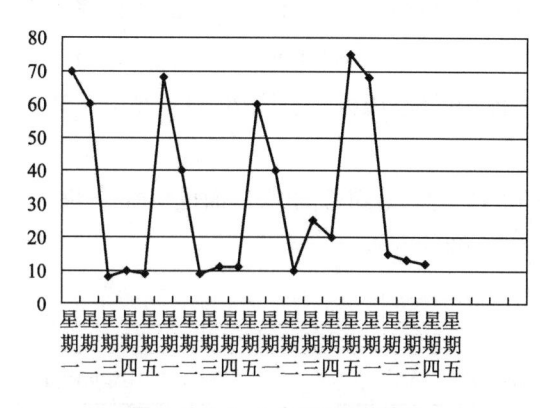

图2-6-7-5　1个月之间的情况

星期一、星期二出现油污的产品多,主要受到星期六、星期日休息期间,积存在缝纫机上的油滴到产品上的影响。在清扫机器上也因人而异,谁的方法好,能够统一规定下来是非常有必要的。

以调查现状的结果为基础,通过商讨引起油污的原因是什么,归纳整理成特性要图,如图2-6-7-6所示。

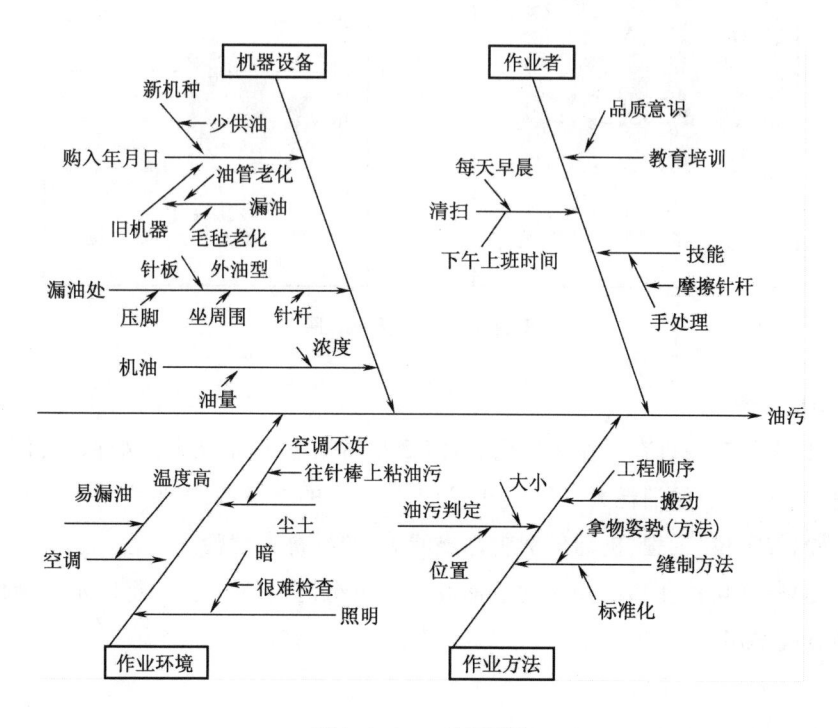

图2-6-7-6　特性要图

8. 对策

(1)早上,空转 1 分钟机器,擦去针杆、压脚的脏污。

(2)每天早上,从开始缝纫到做完第 5 件产品,每做完 1 件就擦 1 次针杆与压脚,下午上班做的前 5 件产品按同样的方法清扫针杆与压脚。

(3)下摆缝制工程,下摆跟压脚会有摩擦,容易粘上污渍,每隔 1 小时擦 1 次针杆、机针。

(4)采用统一的清扫方法,缝纫机侧面、后面也要擦,下班后在压脚下垫一块布。

(5)设计核对清单,领导查看。

9. 效果确认(图 2-6-7-7)

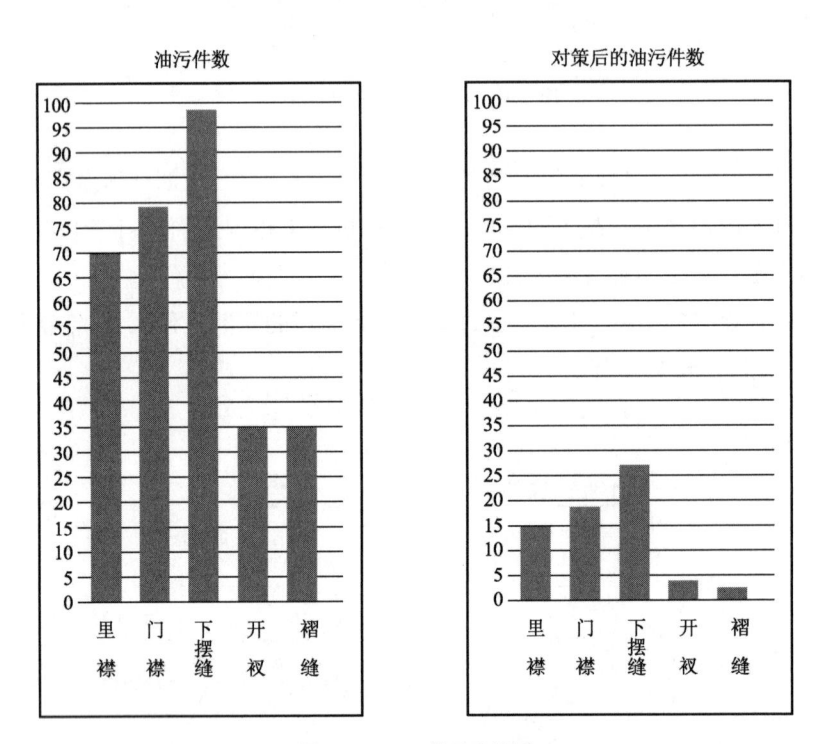

图 2-6-7-7 效果确认图

10. 标准化

(1)平眼锁眼机在工作 1 周内,每隔 2 小时擦 1 次油。另外,这种设备使用已经超过 10 年,油的消耗大,可以考虑购入耗油少的新设备,减少油污。

(2)按工位、工程、机种分别制订出清单,领导每天检验。

(3)标准化作业后的油污比以前减少了五分之一(125 件),把除油作业的时间换算成费用。

1 个月:

改善前　12500。

改善后　2500。

11. 今后的课题与反思

收集1个月的资料,工作量很大,能够追查到油污产生的原因。到目前为止,可以确认依靠值班员或者操作者理应做的工作也没有做。若能像这样形成制度规定下来、坚持下去,就完全不会出现油污现象。就油污数量想继续调查,每1个月调查1次,获取1年的资料。

还有在调查的过程中,发现操作员的质量意识不高,比如说"有点油算什么"等,建议多开展各种教育活动,让大家知道,在后处理工序中若粘上油污会给企业从成本、时间层面带来严重的影响,要提高全体员工的质量意识。

一个问题解决了,就要马上确定下一个主题。如缝纫线的浪费比较大,可以作为今后的课题来完成。

复习与作业

1. 思考品质管理活动的内容。
2. 思考作为一名合格的检验人员应具备的条件。
3. 思考加工工厂选择的标准。
4. 思考阻碍材料可缝性的原因。
5. 思考品质基准设定的方法。
6. 思考掌握每种工具的作图方法及分析问题的方法。

第三篇
市场营销

服装市场营销基础知识

本章内容： 1. 服装市场营销概述
2. 市场活动

上课时数： 4课时

教学提示： 1. 阐述服装市场营销的原理、服装市场营销的演变过程；分析和论述市场活动是创造市场，让顾客购买商品，引领学生进入管理者的角色。
2. 指导学生对前面知识的复习，并布置本章作业。

教学要求： 1. 使学生了解服装市场营销的概念和演变过程。
2. 使学生了解市场活动的内容。

第一章

服装市场营销基础知识

第一节 服装市场营销概述

市场营销是指企业通过给消费者提供能够满足其消费需求的商品，同时获取一定利润，实现自身经营目标而开展的商务活动。其性质是企业再生产过程中流通领域的工作，是使生产过程在流通过程中的延续。市场营销总是以顾客作为企业再生产过程的起点、以顾客作为再生产过程的终点，即以顾客需求为导向、按顾客的实际需求开发和生产适销对路的产品。市场营销涉及企业生产经营权过程的一项重要工作。由此可知，服装市场营销的根本在于它是由服装生活的载体——消费者与提供商品的企业构成：企业必须依靠给消费者提供满足其生活需要的商品才能得以生存；消费者则通过购买和消费企业生产的商品来满足自己的需求和实现自己的需求愿望。因此，研究市场营销要特别重视这二者之间的相互关系。企业与消费者这种相互依附的关系可以通过图示来表达，如图3-1-1-1所示。理解服装市场营销的内涵只是单纯地研究市场营销的结构和活动情节是不够的，必须要从研究消费者的服装消费生活状态着手才是科学的、全面的。

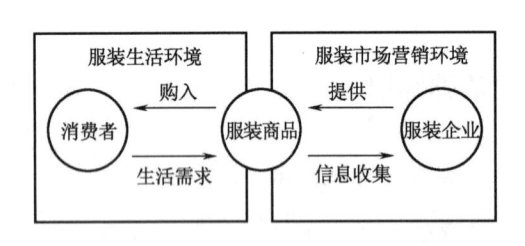

图 3-1-1-1 服装市场营销的构成要素

一、服装市场营销的构成要素

服装市场营销是由体验生活的消费者（生活者）和提供商品的服装企业（制造业、流通业）之间的关系构成的，如图3-1-1-1所示。

由图可以看出，随着消费者的消费意识以及生活水平的变化，服装营销的提案、提供商品的方法、手段也随着改变。

如今步入信息化社会,随着研究开发型产业、知识产业的发展,服装产业被称为提供生活文化的产业,已步入变革时代。服装市场营销也向知识型产业不断发展。

二、服装市场营销与创(研发)、工(生产)、商(销售)

过去"营销"这一概念还没有出现时,工业(制造业)与商业(流通业)是分开存在的,市场交换的形式是把"工"生产的商品通过"商"采购进来销售;如今的社会正从工业化社会向信息化社会转变,企业为了能够提供与消费者生活价值观相一致的商品,充分挖掘消费者潜在的需求,不断创造新的价值提案,这种以满足市场需求为前提的经营方法是不可缺少的。

如今消费者的需求不仅针对商品本身的价值,而且注重卖场的情调、购物的乐趣、优质的服务、陈列的魅力等(图 3-1-1-2),消费者理解的商品价值是判断是否购入的条件之一。

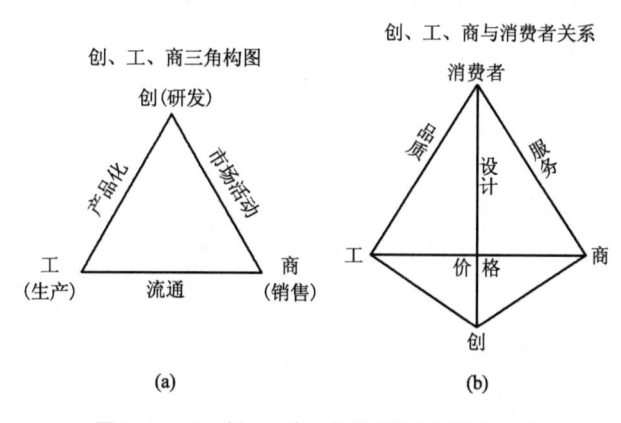

图 3-1-1-2 创、工、商三角构图及与消费者关系

总而言之,现在的服装营销是为了让顾客得到满意的服务,首先将目标顾客群体需求的商品,用适当的价格生产出来,用适当的卖场提供给顾客。为了实现这一目标,营销把创、工、商紧密连接在一起,创造消费者需求的价值。

如图 3-1-1-2,创、工、商与其紧密联系的产品化、流通、市场开拓活动共同构成了市场营销的主要环节。

三、服装市场营销与着装生活空间

近年来,服装市场营销受消费者着装生活进化的影响,不仅在服装上,而且在各方面都能广泛地表现出来。消费者对着装生活体现除服装、服饰、化妆品、室内装饰以外,还涉及像美丽的街道、惬意的休闲环境、舒适的生活等生活全部。服装营销方面也随着时代的发展变化不断充实扩展,从消费者生活空间就很容易理解服装营销活动,了解服装产业的范围。用靠近人体皮肤的顺序依次设定为第一生活空间、第二生活空间、第三生活空间、第四生活空间,如图3-1-1-3所示。

服装产业定义的范围			四大分类	相对应的产业
更广义的服装产业	广义的服装产业		第一生活空间 健康、美感	化妆品、运动器材、美容院
		服装产业	第二生活空间 (衣橱)	服装企业、服装零售业、染整业、皮革产业、服装衣架、服装媒体
			第三生活空间 (装饰)	装饰装璜、家具、生活杂货、照明家电、窗帘等
			第四生活空间 (社区)	住宅、路灯、汽车、宾馆饭店等

图3-1-1-3 服装产业范围

四、服装生活与服装消费需求

服装生活需求是多种多样的,有存在内心的潜在需求,也有通过生活表现出来的需求,即现实需求,还有购买商品的购买需求和商品购入后的着装需求。根据这些需求之间的关系,把消费意识形成过程从消费者自身与周围环境影响两方面表示,如图3-1-1-4所示。

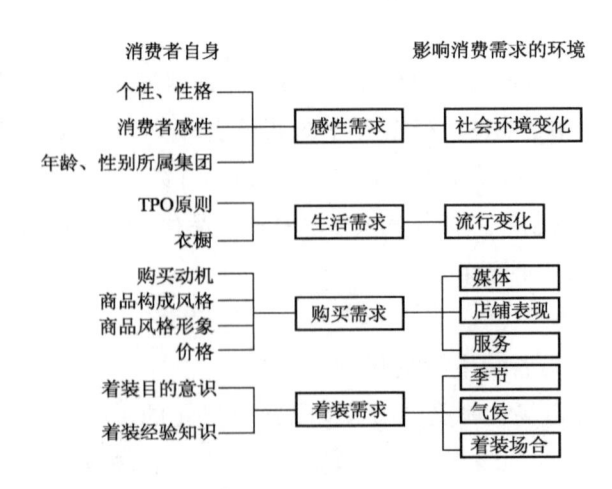

```
消费者自身                          影响消费需求的环境

个性、性格 ┐
消费者感性 ┼── 感性需求 ── 社会环境变化
年龄、性别所属集团 ┘

TPO原则 ┐
衣橱    ┴── 生活需求 ── 流行变化

购买动机     ┐
商品构成风格 │              ┌ 媒体
商品风格形象 ┼── 购买需求 ──┼ 店铺表现
价格         ┘              └ 服务

                            ┌ 季节
着装目的意识 ┐              │
着装经验知识 ┴── 着装需求 ──┼ 气候
                            └ 着装场合
```

图3-1-1-4 消费意识形成过程

五、服装市场营销的演变

服装市场营销的演变经过蓬勃兴起到成长期、成熟期,不同时期受到当时社会、经济发展状况的影响,也受到消费者消费意识的影响。因此,不同时期制订相应的营销策略,如图 3-1-1-5 所示。

社会经济	消费者	服装市场营销	营销策略
20世纪80年代——工业化社会	同一化 10人1色 / 量的消费	成衣市场 大量生产 大量销售	销售战略为主体
20世纪90年代——信息工业化社会	差别化 1人1色 / 质的消费	成衣市场 专卖店 外观品质	商品企划战略
20世纪90年代末——高度信息社会	个性化 1人1色 / 信息消费	进口品牌	商品企划和流通战略
21世纪初——复合信息社会、高科技、国际化	自主化 1人10色 / 价值消费	以满足市场需求为前提	重视与消费者信息交流等营销策略

图 3-1-1-5　不同时期服装市场营销策略的演变

第二节　市场活动

一、市场活动概述

简单地说,市场活动是创造市场,让顾客购买商品。美国市场协会把市场活动定义为:用给组织及利害关系者带来利益的方法,向顾客创造、提供、传达有价值的商品,同时对顾客关系的管理组织运作管理过程,如图 3-1-2-1 所示。

市场活动的概念具有两个特征,一是顾客;二是管理。

1. **顾客**

为顾客创造、传达、提供有价值的商品,与顾客关系管理的工作。

2. **管理**

管理,一方面是对顾客关系的管理;另一方面是拥有给组织及利害关系者带来利益的组织机能。

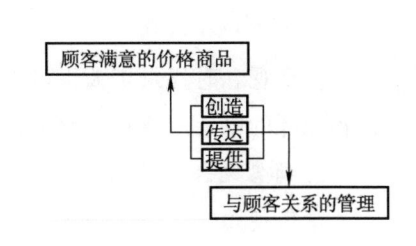

图 3-1-2-1　市场活动的内涵

市场活动是把顾客意愿作为基础，创造、传达、提供顾客满意的价值，管理与顾客关系的组织活动。

价值的创造、传达、提供主要通过市场活动的业务要素来实现的，如表3-1-2所示。

表3-1-2　市场活动的四要素

商品、产品(Product)	确实把握顾客的需求，创造提供最合适的商品
价格(Price)	设定顾客能理解商品价值的价格
卖场、销售渠道(Place)	选择决定商品流通途径与渠道
促销(Promotin)	为了把制订好价格的商品及服务顺利地流通到市场开展的促销活动

二、市场活动的发展

企业开展的一系列市场活动是根据经营理念进行的，企业经营理念随着社会、经济、文化、科学技术等变化而不断改变。经营理念的变化大致分成生产观念时代、销售观念时代、市场观念时代三个阶段，如图3-1-2-2所示。

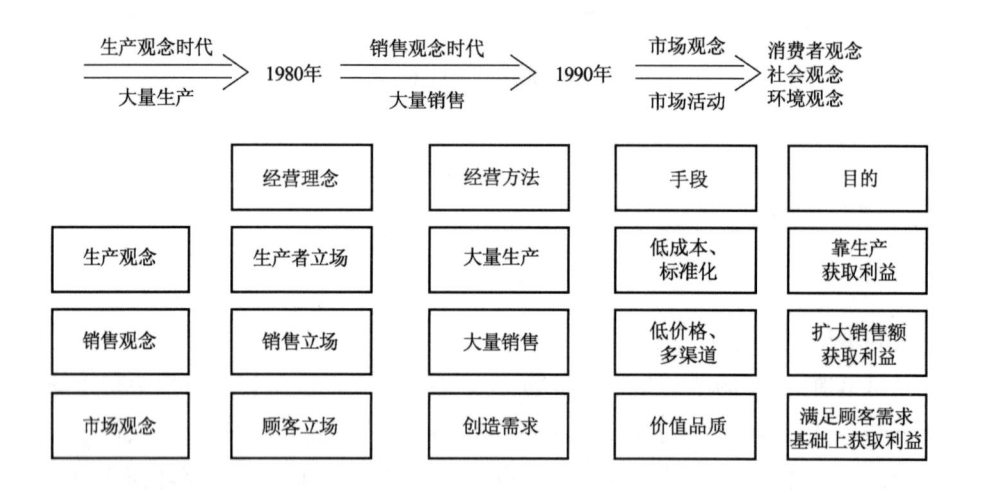

经营理念	经营方法	手段	目的
生产观念时代 → 大量生产	1980年 → 销售观念时代 大量销售	1990年 → 市场观念 市场活动	消费者观念 社会观念 环境观念
生产观念	生产者立场	大量生产	低成本、标准化	靠生产获取利益
销售观念	销售立场	大量销售	低价格、多渠道	扩大销售额获取利益
市场观念	顾客立场	创造需求	价值品质	满足顾客需求基础上获取利益

图3-1-2-2　市场经营理念的变化

1. 生产观念时代

生产观念时代是扩大生产能力，保证市场需求，让企业发展壮大的时代。现在各地区的服装产业集群地就是在这种观念下发展成长起来的。

2. 销售观念时代

销售观念时代是企业大量生产、大量销售，力争降低成本，建立能使顾客认同的价格体系，强化流通环节的时代。它还是以生产者为中心销售产品，不能满足顾客的真实需求。

3. 市场观念时代

市场观念时代是指消费者需求什么商品，企业应该给消费者提供所需求的商品的时代。现在的消费者，在着装方面都为了突显自己的个性，塑造自己的形象，使服装生活呈现多样化。企业要牢牢把握这一需求，制造消费者获得满意价值的营销组合策略。

企业的市场活动应立足于顾客，树立市场观念，创造出适销对路的产品。

复习与作业

1. 思考服装市场营销的概念、演变过程。
2. 思考市场活动的内容。

服装市场营销战略

本章内容：1. 服装市场营销战略概述
　　　　　　2. 目标市场设定
　　　　　　3. 营销理念

上课时数：6课时

教学提示：1. 阐述市场营销策略，讲解和分析目标市场的选定方法、经营理念的设定依据以及方法，以引领同学进入管理者的角色。
　　　　　　2. 指导学生对第一章复习及作业进行交流和讲评，并布置本章作业。

教学要求：1. 使学生服装市场营销战略的重要性。
　　　　　　2. 使学生了解目标市场的设定内容、方法及步骤。
　　　　　　3. 使学生了经营理念的概念、设定方法。

课前准备：选择2~3个服装企划书案例作为教学示范。

第二章

服装市场营销战略

第一节　服装市场营销战略概述

市场营销战略是在分析市场的基础上，通过运用营销组合策略来满足顾客需求、实现企业经营目的的一系列活动。营销战略由以下三种基本要素构成。

一、市场机会分析

为了发现新的市场机会，必须收集和分析社会动态、消费者动态、企业动态等信息。市场机会分析是从分析市场环境开始的。在市场环境中，分析顾客即最终用户的市场极其重要。

市场环境通常分为宏观环境和微观环境。宏观环境因素主要有人口、经济、政治、地理、法律、社会、技术、文化等；微观环境因素有本企业动向、关联企业动向、顾客等。在这里以品牌运作为例，对服装企业品牌运作的环境因素进行整理（图3-2-1-1）。

横轴设定33种因素，即影响服装市场、营销活动等的宏观环境，影响品牌企划、销售等的服装市场环境，影响企业品牌企划、销售实绩的企业环境。每种环境在纵轴设定成四个层面。

如图3-2-1-1所示，品牌环境分析就是横向流动的信息，即将通过品牌理念"过滤"后活用在纵轴各阶段的业务中。下面着重对店面层环境、消费者、顾客层环境进行分析。

1. 店面层的环境分析

对店面层环境的分析主要有店面销售实绩和视觉促销企划实绩两种，具体分析有如下五个方面：

(1)按不同店每月、每周、每天、不同的品种、颜色、型号的销售实绩进行

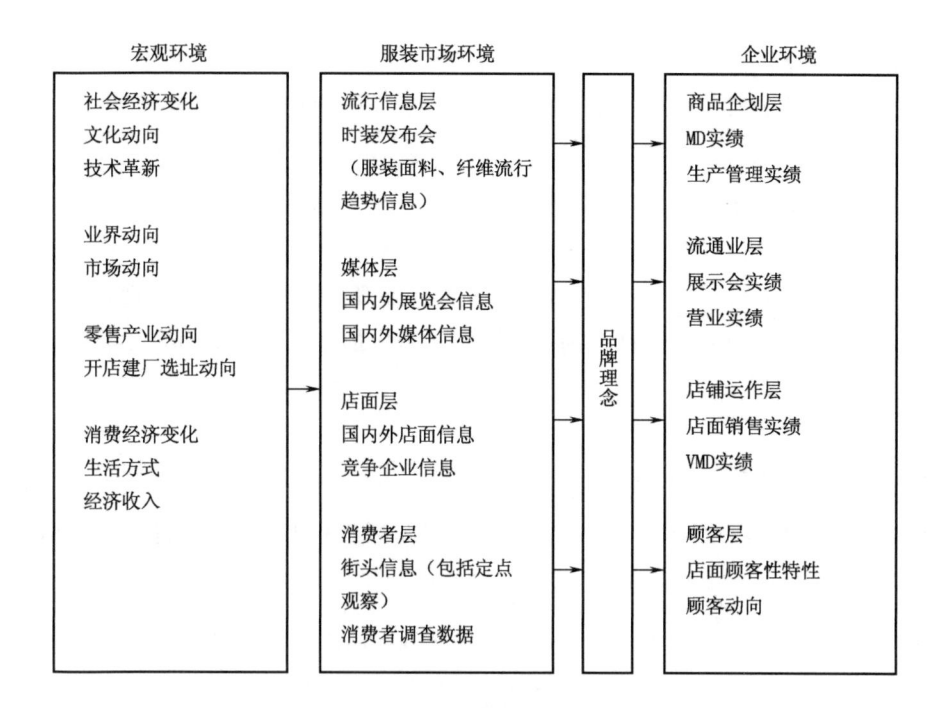

宏观环境	服装市场环境		企业环境
社会经济变化 文化动向 技术革新 业界动向 市场动向 零售产业动向 开店建厂选址动向 消费经济变化 生活方式 经济收入	流行信息层 时装发布会 （服装面料、纤维流行趋势信息） 媒体层 国内外展览会信息 国内外媒体信息 店面层 国内外店面信息 竞争企业信息 消费者层 街头信息（包括定点观察） 消费者调查数据	品牌理念	商品企划层 MD实绩 生产管理实绩 流通业层 展示会实绩 营业实绩 店铺运作层 店面销售实绩 VMD实绩 顾客层 店面顾客性特性 顾客动向

图3-2-1-1 品牌环境因素

分析。

(2)按不同进货时间,每月、每周销售实绩开展评估。

(3)按主要商品、辅助商品的销售实绩评估。

(4)按卖场区域的销售实绩。

(5)对视觉促销企划实绩(如店面规划、装饰前后效果的比较)。

分析这些企业的数据,不仅需在企划工作中设定商品构成、价格、交货期、数量等主要的数据,还需开拓销售渠道、设定交易条件等必要的信息资料。

2. 消费者、顾客层的环境分析

消费者、顾客层的信息区分成服装市场层和公司层两个部分。

(1)服装市场层:收集街道市场信息、消费者生活方式调查、大型店面的购买信息等。

(2)公司层:分析顾客的特性和购买动向信息,主要包括以下五个方面:

①文化、社会特征:其中包括文化阶层、社会阶层、所属群体等。

②个人特征:其中包括年龄、性别、职业、收入、学历、个性等。

③生活方式:其中包括生活场景、爱好、穿着特性、品种款式、色彩、材料等。

④购买意识:其中包括品牌、造型、色彩、店面服务、店面陈列展示、性能、工艺、价格、品质等。

⑤购买行为:其中包括购买日期、场所、动机、方法、穿用场合(公务的、私人

的、社交的)等。

只有准确地把握上述特征,才能挖掘消费者潜在的需求与欲望。

二、目标市场选定

根据市场机会分析出来的结果确定新的目标,选择切合实际的市场。目标市场的选定实际上是对消费者的确定。为了应对消费者需求的多样化,把目标顾客进一步进行市场细分,制订在满足目标顾客需求的基础上与竞争企业有所区别的市场营销策略。

三、市场营销组合

如图 3-2-1-2 所示,市场营销组合构成要素包括产品、价格、促销、分销渠道四个方面。

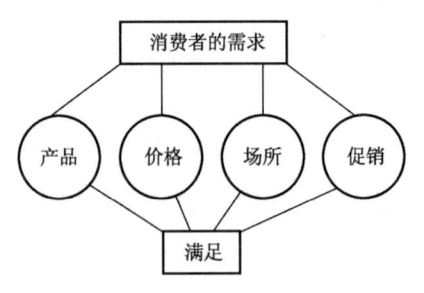

产品	功能、样式、尺寸、品牌、包装、品质等
价格	成本价格、销售价格、减价等
场所	销售区域、卖场、保管、储存等
促销	广告、公共关系、营业推广、人员促销等

图 3-2-1-2　市场营销组合构成要素

1. 产品

产品是市场营销活动的核心,企业通过向顾客销售产品并满足其需要来获得利润。产品既是市场营销组合策略的基本内容,也是制订其他营销策略的基础。

2. 价格

价格是市场营销组合的重要因素,也是最活跃和最难控制的因素。产品价格的变化将直接影响消费者的购买行为,因此企业在制订产品价格时,不仅要考虑产品的成本补偿,还要考虑顾客的接受程度和市场的需要。

3.促销

促销是为了把设定好价格的产品高服务地传达到市场而开展的一系列活动。促销在商品流通过程中起润滑剂的作用。促销组合就是企业根据其经营目的和产品特点并综合考虑各种因素,对广告、人员、公共关系和营业推广等促销手段进行合理选择,最终将其有机结合起来并加以综合运用,形成一种促销策略或技巧。

4.分销渠道

产品不能自己到市场中去,也不能自己交换,它只有通过一定形式的渠道,才能使企业的产品流传到消费者手中。企业的产品能否及时销售出去,在相当程度上取决于销售渠道是否畅通。因此,合理的营销渠道是加速产品和资金周转、提高经济效益的重要手段。

第二节 目标市场设定

无论是产品开发,还是卖场设置,都必须预先研究目标顾客对象,研究他们的需求与欲望是什么。以往的市场定位是把许多顾客作为目标顾客而制订与其他企业不同的经营策略;现在企业要针对消费者的多样化需求,通过对市场进行细分,按不同趣味、爱好、消费者的独特个性等方面来制订切实可行的经营策略。

市场细分是把具有类似属性的消费者市场分成若干个子市场。市场细分历来是依据性别、年龄、职业、收入等因素进行细分的,也有按照对品牌的忠实度、使用频率来细分的。在消费者的消费观念趋于个性化、多样化的情况下,单用以前市场细分的方法是远远不够的,必须不断开展市场调查活动,把消费者的购买动机、购买欲望等需求具有同质化,共性的生活价值观、生活方式重新进行细分。

一、目标市场的设定因素的分类

根据不同标准因素来进行细分,见表3-2-2。

表3-2-2 市场细分依据的不同因素列表

人口因素	年龄、性别、收入、学历、职业、家庭成员等
地理因素	区域、气候等
心理因素	性格、生活方式、时尚感觉、品位等
行为因素	价值观、购买心理、购买频率、品牌忠诚度、广告反映、价格反映场合等

二、目标市场细分的设定依据

进行市场细分是有一定依据和理由的。

1. 市场的差异性

市场细分的客观依据首先在于市场的差异性,以及由此而产生的购买者动机和行为的差异性。从需求的角度,各种市场大致可分为两类:一类是同质市场;另一类是异质市场。

所谓"同质市场"是指消费者对某类产品的需求、欲望、购买行为等具有基本相同或极为相似的一致性。同质市场是不需要细分的,但同质市场所占比例却很少,比如食盐、大米、白糖等。

而所谓的"异质市场",则是指消费者对某类产品的质量、特性、规格、档次、花色、款式、价格、包装等方面的需求和欲望是不同的,或者在购买行为、购买习惯等方面存在较强的差异。正是这种差异性的存在,才使得市场细分成为可能。如消费者对服装的款式、色彩、图案、质料、价格的要求各不相同。服装企业既可以把注重款式的消费者归为同一类型,并作为一个细分市场;也可以把注重价格的消费者归为同一类型,并作为另一个细分市场等。

2. 市场的相似性

从整体上来看,人们的消费需求是千差万别的,然而在这种差别中又包含着某种共性,即某类消费者具有的共同或相似的需求。这种交叉中的差异性和相似性,使市场具有可分可聚的特性,为企业按一定标准划分细分市场提供了客观的可能。

3. 市场的竞争性

激烈的市场竞争使市场细分受到普遍重视。我国市场经济的快速发展,使买方市场更加成熟,卖方市场之间的竞争也日益激烈,有厚利可图的市场空间和可寻觅的市场机会则越来越少。只有通过市场细分来发掘未被满足的市场需要,寻求有吸引力、符合自己目标和资源状况的市场机会,才是大势所趋。

三、市场细分的原则

服装企业应依照各种标准进行市场细分,但并不是所有的市场细分都是有效的,要使市场细分真正地发挥作用,需遵循下列原则。

1. 细分的市场具有可衡量性

细分市场的可衡量性,是指细分市场的规模大小及购买力水平的高低是可以衡量的或可测定的,也就是说可以获得细分市场特性的相关具体资料。如果细分出来的市场,其有关资料或量化标准无法测定,企业就不能制订出与之相适应的营销策略。

2. 细分的市场具有可进入性

细分市场的可进入性,是指细分后的市场是有可能进入和占领的。对服饰企业而言,如果细分的市场具有一定的市场机会,但由于企业缺乏相应的人才、资金和技术条件,难以达到细分市场的生产和经营要求,这样的市场细分就失去了实际意义。

3. 细分的市场具有可赢利性

细分市场的可赢利性,是指服装企业所选定的细分市场必须要有足够的需求量,能够保证企业有利可图和实现企业的利润目标。如果细分市场的规模很小,不能给服装企业带来足够的经济效益,一般就不值得进行细分。因此市场细分并不是越细越好,而应该科学归类,使企业有利可图。

4. 细分的市场具有稳定性

细分市场的稳定性,是指有效的市场细分所划分的子市场具有相对稳定性。如果细分市场能够在一定的时间内保持相对稳定,并能够保证企业实现其营销目标,这样的市场细分才能作为企业的目标市场;如果细分市场变化过快,企业还未来得及实施营销方案,目标市场已经面目全非,这样细分的市场也就没有存在的意义了。

四、市场细分的方法

市场细分的方法有很多,常用的方法有以下几种。

1. 单一标准法

单一标准法是根据市场主体的某一因素进行细分,如按品种不同细分鞋类市场,按性别不同细分服装市场等。当然,按单一标准细分市场,并不排斥环境因素的影响作用;同时考虑环境的作用,更符合细分市场的科学性要求。

2. 主导因素排列法

当一个细分市场选择存在多种因素时,可以从消费者的特征中寻找和确定主导因素,然后与其他因素有机结合,来确定细分的目标市场,这种方法叫做主导因素排列法。例如,就女性服装市场而言,职业与收入通常居于服装选择的主导地位,文化、婚姻、气候则居于从属地位,因此应以职业、收入作为细分女性服装市场的主要依据。

3. 综合标准法

这是根据影响消费者需求的两种或两种以上的因素进行综合细分的方法。综合因素法的核心是并列多因素加以分析,所涉及的各项因素都无先后顺序和重要与否的区别。

4. 系列因素法

当细分市场所涉及的因素是多项的,但各项因素之间先后有序时,可由粗到细,由浅入深,由简至繁,由少到多进行细分,这种方法叫做系列因素法。例如服装市场细分就可以用系列因素法进行细分,如图3-2-2-1所示。

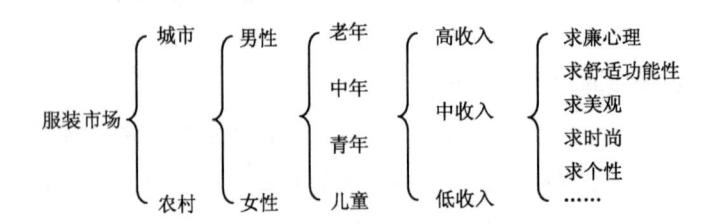

$$
\text{服装市场}\begin{cases}\text{城市}\\\text{农村}\end{cases}\begin{cases}\text{男性}\\\text{女性}\end{cases}\begin{cases}\text{老年}\\\text{中年}\\\text{青年}\\\text{儿童}\end{cases}\begin{cases}\text{高收入}\\\text{中收入}\\\text{低收入}\end{cases}\begin{cases}\text{求廉心理}\\\text{求舒适功能性}\\\text{求美观}\\\text{求时尚}\\\text{求个性}\\\cdots\cdots\end{cases}
$$

图3-2-2-1 系列因素法

五、服装目标市场的选择

服装企业通过进行评估以后,就会发现一些良好的市场机会,这时,企业就要决定选择哪些细分市场作为自己服务的目标市场。

服装企业对众多的细分市场,应该选择哪一种细分市场或哪一部分的细分市场作为自己的目标市场,是需要企业认真考虑的问题。一般来说,目标市有五种类型可供选择,如图3-2-2-2所示。

1. 市场集中化

这是一种最简单的目标市场模式,企业只选取一个细分市场,只生产一种产品,或只供应某一类消费群,以满足该类消费者的需求,即一个市场一个产品。企

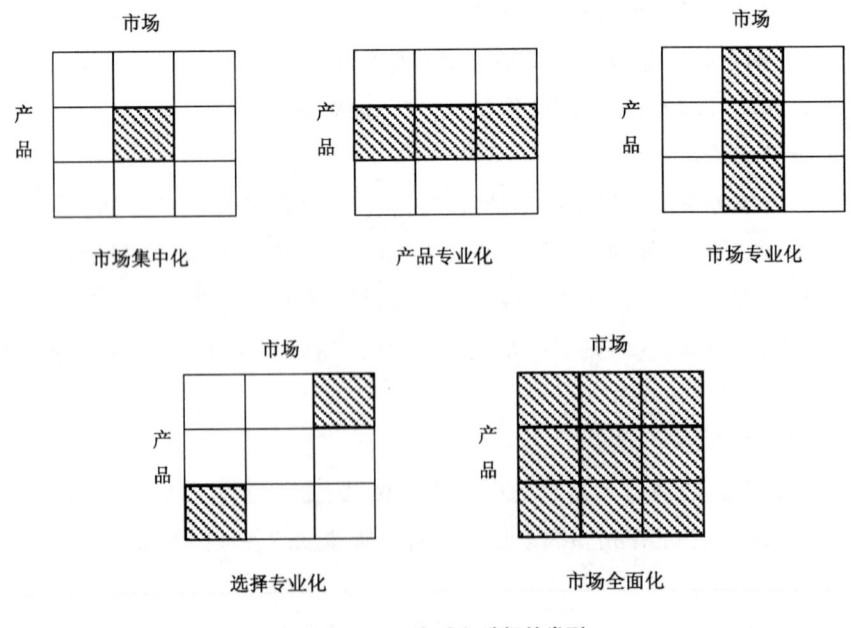

图3-2-2-2 目标市场选择的类型

业选择的目标市场,无论是从产品的角度,还是从市场的角度来看,都集中在一个市场面上,这种策略比较适合中小型服装企业。如某服装企业只生产高档童装,专供高收入家庭的儿童需要。市场集中化模式的优点是:企业自始至终只关注某一个细分市场,便于发挥企业优势,在取得成功后向更多的细分市场扩展。

2. 产品专业化

是指企业只生产一种产品给不同消费群体。例如某服装企业只生产一种雨皮,向各类用户销售,即一个产品多个市场。产品专业化模式的优点是:企业专注于某种或一类产品的生产,有利于形成和发展生产和技术上的优势,在该领域树立形象。其局限性是当该领域被一种全新的技术与产品所取代时,产品的销售量有大幅度的下降并存在潜在危机。

3. 市场专业化

是指企业为同类消费群或同一个市场生产多种产品,分别满足这一类消费者的不同需要。例如,皮尔卡丹、李宁等品牌企业,生产服装、鞋、帽、领带等多种产品对相同一类消费群体,即一个市场多种产品。市场专业化经营的产品类型众多,能够有效地分散经营风险,但由于过于集中于某类顾客,因此当这类顾客需求下降时,企业也会遇到收益下降的风险。

4. 选择专业化

是指企业通过对市场细分,选取若干具有良好赢利潜力的结构吸引力,且符合企业目标和资源状况的细分市场作为目标市场,企业选择性地生产几种产品,分别满足每个市场的需求。例如某一个服装企业除生产服装产品外,还生产领带、皮具等以满足多个细分市场的需求。选择专业化模式的优点是能够有效地分散经营风险,即使某个细分化市场可能不赢利,但其他的细分市场上也可获得赢利。一般服饰企业具有较强资源和营销实力时可采用这种模式。

5. 市场全面化

是指企业生产各种产品以满足市场上所有消费者的需求。例如美国耐克公司针对不同消费者的需求,生产出各种款式、型号、面料、价位的运动鞋,以满足所有细分市场的需求。显然,实力雄厚的大型企业常选用这种模式。

六、服装市场定位

服装企业在选定目标市场之后,还必须加以分析运用市场定位的策略、步骤,才能使企业顺利地打入目标市场。

1. 市场定位的概念

市场定位概念是20世纪70年代美国的两位广告经理人艾·里斯和杰·特劳特提出的。所谓市场定位就是勾画出企业的目标市场心中的产品形象,使企业提供的产品具有一定特色,能够适应一定顾客的需要和偏好,并且与竞争者的产品有所区别。

2. 市场定位的策略

市场定位的实质就是对企业产品整体形象的设计,其目的就是为了便于顾客在目标市场上能够快速地了解和辨别,以突出良好的企业形象和产品的市场地位。市场定位也是一种竞争策略,通过市场定位显示一种或一家企业与同类产品或企业之间的竞争关系。定位的方式不同,竞争态势也不相同。一般而言,市场定位有以下三种方式可供服装企业来选择。

(1)避强定位:也称为"另辟蹊径"或"市场补缺"定位,这是一种在目标市场上避开强有力对手的定位方法。企业为了避免与同行业实力较强的企业直接竞争,可以根据自身的资源条件另辟蹊径,将自己的产品定位于另一个市场区域,以使自己产品在特色或产品属性等方面与竞争对手存在明显差异,取得相对的优势地位。如富绅衬衣的市场定位就是一个典型的例子。它既不进入高档衬衣市场与名牌企业拼杀,也不进入低档市场与多数企业肉搏,而是选择了不为其他企业关注的中档衬衣市场,鲜明的市场定位给消费者留下了深刻的印象。

(2)对抗性定位:是指为了争夺同一细分市场,同市场上最强的竞争对手"对着干"的定位方式。从竞争者手中进行虎口夺食可能困难重重,但一旦成功,就会取得较大的市场优势和获得巨大的市场份额。实行对抗性定位,必须建立在知己知彼的基础上,并不一定要彻底击垮对手,而是获得双赢。

(3)重新定位:是指市场状况不是一成不变的,随着市场出现新的竞争对手,企业的占有率就会下降,企业陷入困境时,或出现新的消费趋势,形成新的消费群体时,或企业对经营战略策略进行重大调整时,企业都需要对市场进行重新定位。作出重新定位的选择必须考虑两个因素:第一,需考虑重新定位所需的投入;第二,考虑能够获得多少收益,以此为依据来重新选择定位方案。

3. 市场定位的步骤

市场定位首先要找出在市场竞争中的优势,确定本企业在市场上的位置,突出进入市场并占领目标市场的特色,从而对市场定位进行管理。

企业市场定位的全过程可以通过以下三大步骤来完成。

(1)分析目标市场的现状,确认本企业潜在的竞争优势:这一步骤的中心任务是要回答以下三个问题:一是竞争对手产品定位如何;二是目标市场上顾客的潜在需求是什么;三是针对竞争者的市场定位和潜在顾客的真正需要的利益,企业应该及能够做什么?要回答这三个问题,企业市场营销人员必须通过一切调研手段,系统地设计、搜索、分析并报告有关上述问题的资料和研究结果。

通过回答上述三个问题,企业就可以从中把握和确定自己的潜在竞争优势。

(2)准确选择竞争优势,对目标市场初步定位:竞争优势表明企业能够胜过竞争对手的能力。这种能力既可以是现实的,也可以是潜在的。选择竞争优势实际上就是一个企业与竞争者各方面实力相比较的过程。比较的指标应是一个营销组合的体系,只有这样,才能准确地选择相对的竞争优势。通常的方法是分析、比较企业与竞争者在产品、价格、渠道、促销等各方面究竟哪些是强项,哪些是弱项。借此选出最适合本企业的优势项目,以初步确定企业在目标市场上所处的位置。

(3)显示独特的竞争优势和重新定位:这一步骤的主要任务是企业要通过一系列的促销活动,将其独特的竞争优势准确地传播给潜在顾客,使顾客的心目中留下深刻印象。首先,企业应使目标顾客了解、认同本企业的市场定位,在顾客心目中树立与该定位相一致的形象;其次,企业应注意目标顾客对其市场定位理解出现的偏差或由于企业市场定位宣传上的失误而造成的目标顾客模糊和误会,及时纠正与市场定位不一致的形象。即使企业在市场定位上很恰当,但在下列情况下还应考虑重新定位。

①竞争者侵占了本企业的部分目标市场,使本企业的市场占有率下降。

②消费者的需求或生活方式结构发生了变化。

总之,重新定位承担有一定的风险,企业必须考虑定位转移的成本和新定位的收益问题。

第三节 营销理念

一、营销理念概述

市场定位之后,企业需设定独特的营销理念。营销理念是市场营销活动的核心,必须与被选定的目标消费者的生活价值观相一致。根据这一理念决定给消费者提供什么商品,在哪个卖场,什么时间,如价格宣传、销售等一系列提案内容。总之,所有的市场活动在统一的经营理念下开展,否则得不到应有的效果。如图3-2-3-1所示为零售业经营活动范例。

圆的中心是营销理念,根据其商品构成创造与营销理念相一致的卖场,按照营销理念开展销售工作、宣传促销工作。

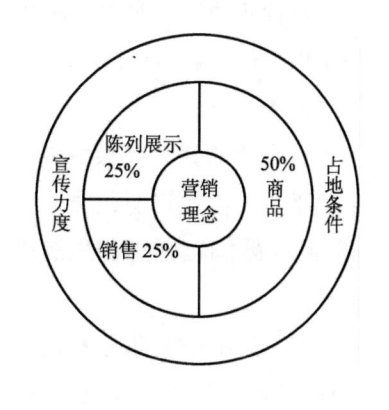

图3-2-3-1 零售业经营活动范例

二、营销理念的设定因素

营销理念的设定要认真调查分析与研究消费者、企业和竞争者,它们是决定营销理念的基本条件。经营者必须了解市场(消费者)、把握本企业的实力(优势、劣势)、考虑竞争对手的经营能力与策略优势,才能够设定出成功性高的营销理念,如图 3-2-3-2 所示。

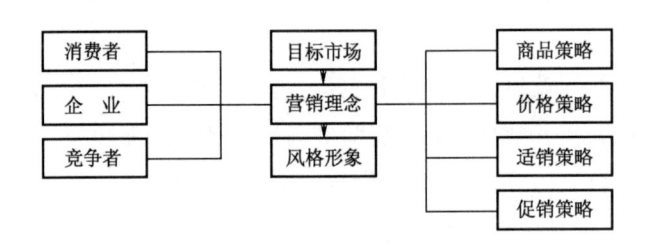

图 3-2-3-2 营销理念的设定

1. 消费者

市场活动工作要调查消费者的需求,满足消费者的欲望,维护消费者的利益,刺激消费者的潜在需求,创造消费者新的欲望,承担像环境这样的社会责任。营销理念的设定要从以上这些方面切入。

营销理念最基本的思想是从顾客购入功能、效用出发,焦点是对顾客需求的商品解释清楚。一定要突出消费者不仅是为了购买商品,更重要的是购买商品以外的无形附加值。

2. 企业

市场营销活动是企业重要的活动之一,是在满足顾客需求的基础上获取利润。因此,一个企业要考虑所处的地位与承担的使命,要对企业的经营实力、经营方针等方面深入研究才能形成独特的营销理念。

现代营销活动非常重视顾客的满意程度,这不仅与顾客直接提供商品和服务等销售工作有关,而且涉及从企划、设计、生产、销售等企业经营活动的全过程。

3. 竞争者

在企业的营销理念中必须体现与竞争对手相比的绝对优势,要深入了解竞争对手具有哪些资源优势。

(1)成本优势:即领先战略,如同品质、同功能的商品能够低于竞争对手的价格销售。

(2)差别优势:属于挑战战略中一种,根据与竞争对手相比明确差别在哪个方面,从而制订新的营销方法进行挑战。

(3)集中优势:避强策略中的一种,集中在特定的领域中战胜竞争对手。

(4)模仿优势:跟随策略中的一种,尽量掌握流行趋势率先迅速地开展工作。

三、营销理念的设定方法

营销理念的设定与具体化是市场营销活动战略中的重要问题。对选定好的目标市场,把什么、何时、何地,如何提案给消费者,设定企业独特的理念。

明确理念的差异之后,可以根据纵、横轴坐标设定基准进行分类,通常有以下五种分类方法:

1. **根据年龄**

例如,根据幼年、少年、青年、中年、老年不同生活舞台的特征。

2. **根据性格**

按照对时尚的接受程度,可划分为前卫的、现代的、保守的等。

3. **根据生活场合**

根据生活场合的特征,如公务场合(上班、上学)、社交场合、私人场合等。

4. **根据等级**

按照产品的级别,包括高档产品、中档产品、低档产品。

5. **服装感性**

根据服装感性类型分类,有都市风格、淑女风格、古典风格、田园风格、运动休闲风格、中性风格、高贵典雅风格等。

具体的设定方法见表3-2-3。

表3-2-3 季节理念设定分类

年龄＼风格	男子气 古典的	优美	运动休闲
小姐 高贵	妇女高级	现代美	运动美
成人职业	高贵 传统的	干练美	独创的休闲
青年少年	在职	青春美	明快、活泼 健康

复习与作业

1.思考目标市场的设定方法。

2.思考经营理念的概念、设定方法。

市场调查

> **本章内容**：1. 市场调查概述
> 　　　　　　2. 定点观察企划书及卖场调查企划书
>
> **上课时数**：8课时
>
> **教学提示**：1. 了解市场调查活动在市场营销中重要的活动之一；阐述市场调查的内容、方法及调查的步骤；讲解和分析定点观察调查与卖场调查的方式；指导学生完成定点观察企划书与卖场调查企划书的制作。
> 　　　　　　2. 对第二章复习及作业进行交流和讲评，并布置本章作业。
>
> **教学要求**：1. 使学生了解市场调查的重要性。
> 　　　　　　2. 使学生了解市场调查的内容、方法以及步骤。
> 　　　　　　3. 使学生了解定点观察企划书的制作方法。
> 　　　　　　4. 使学生了解卖场调查企划书的制作方法。
>
> **课前准备**：调研制作一套定点观察企划书与卖场调查企划书，作为本课的教学参考。

第三章

市场调查

第一节 市场调查概述

市场调查是市场营销活动中最重要的活动之一,是从调查社会变革、经济环境、商品动向、消费变化等市场动向收集、分析信息开始的,同时也是为了给企业寻求新的市场机会,调查、分析竞争企业的市场动态而开展的活动。

我们把调查收集市场信息的活动称为市场调查,分析收集的信息工作叫做市场分析,市场调查与市场分析结合在一起被称为市场研究。

因此,美国市场协会把市场调查定义为"把商品及服务等与市场营销活动相关的所有问题的信息,系统地收集、记录、分析的一项活动"。市场调查是为了市场活动的决策与实施而提前对经营环境变化的了解与掌握,也是为了开拓新的市场而进行的一系列活动。

一、市场调查的分类

根据市场调查所获得的信息大体分成两类,如图 3-3-1-1 所示。

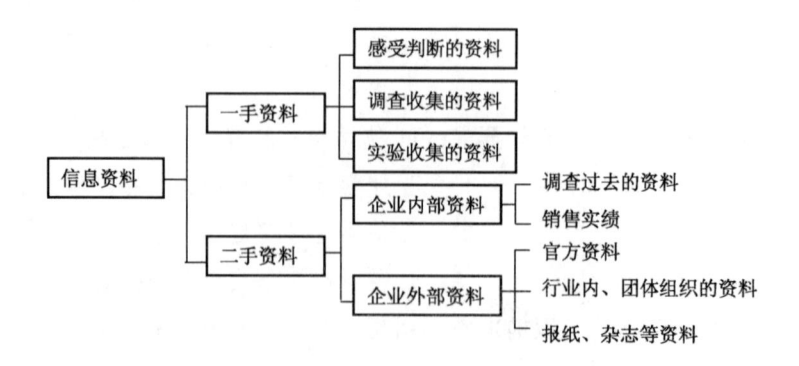

```
                   ┌─ 感受判断的资料
         ┌─ 一手资料 ─┼─ 调查收集的资料
         │         └─ 实验收集的资料
信息资料 ─┤                        ┌─ 调查过去的资料
         │         ┌─ 企业内部资料 ─┤
         └─ 二手资料 ┤              └─ 销售实绩
                   │              ┌─ 官方资料
                   └─ 企业外部资料 ─┼─ 行业内、团体组织的资料
                                  └─ 报纸、杂志等资料
```

图 3-3-1-1 市场调查获得信息资料的分类

一手资料是自己亲手调查收集的资料,二手资料是企业内部保存、积累的资料,由企业外的第三方机构调查公开发表的资料也被称为加工资料。

通常一手资料对企业的市场营销活动起着直接作用,因此必须有目的的详细调查;二手资料是对整体市场的调查分析。因此,通常市场调查活动先从收集二手资料开始把握经济环境、市场动态等宏观信息,然后再调查分析一手资料。

1. *一手资料*

一手资料收集的方法可分为观察法、问卷法、实验法三种。根据信息资料的性质可采取以下三种手段:一是市场调查人员走出街头,观察路上的行人、商店门口、卖场等,或者从杂志、报纸等资料中,根据自己的感受判断消费者的消费变化,用来掌握流行趋势;二是做成调查问卷记录的形式,或通过访问,或定时定点拍照观察、记录,或把商店陈列的款式速写以备客观地分析。这种调查从顾客调查到流行趋势调查,适用范围非常广泛;三是把样品无偿地给消费者使用或降低价格销售给消费者,通过使用了解使用的效果以得到反馈信息。

2. *二手资料*

二手资料分为企业的内部资料和企业外部资料两种。企业内部资料是企业自身独有的信息,大多数是过去的实际数据。如果对未来市场销售额的预测,仅依靠内部资料的话,风险性会比较大。因此要特别重视企业外部的调查资料与企业内部相结合。

二、市场调查的方法及其内容

服装产业界调查活动开展最多的工作是对商品及服务、卖场、消费者以及销售实绩的调查,通常采用观察调查与问卷调查开展调查业务活动。

1. *消费者调查*

消费者调查是企业对消费者的潜在需求、消费动机等的调查,即主要在街头进行观察调查和问卷形式调查两种。

(1)观察调查:采用定点、定时观察,调查地点通常选择在目标顾客经常出入的街头。一定时间内,观察街头行人着装的服种、色彩、搭配、饰品、发型等。此外,在商店门口观察行人的数量等。

(2)问卷调查:采用对目标顾客口头询问、记录收集资料的方法,调查的内容包括喜爱的品牌,经常购买的品牌,购物的场所,阅看的杂志,喜欢的音乐、电影,购买动机,使用频数,时尚意识等。另外,问卷调查的项目(如性别、年龄、职业等信息资料)也是被收集的内容。

2. 商品及服务相关的店面调查

服装生产企业对经营本企业商品零售要进行调查，调查销售商品的方法是否正确，调查竞争品牌在同一卖场的优势状况，调查新开拓的零售业经营实力；同时，形成竞争的零售业店铺、客流量等也是调查的范围。

店铺调查的内容大致有六个方面：

(1)商品构成：包括经营的品牌、服种、价位、商品特征等。

(2)卖场构成：包括区域、吸引焦点、观赏、销售、陈列商品比率等。

(3)销售员的销售技术：比如商品知识、礼仪、接客技术等。

(4)服务水平：比如价格调整、退货的条件、与顾客交涉等。

(5)促销力度：比如广告、奖品等。

(6)VMD 效果：包括季节演出、陈列的效果、卖场情调等。

3. 营业实绩调查

营业实绩的资料有政府机关、社会团体公开发表的，也有服装产业界整体市场经营状况的资料，还有专门从事调查的机构、杂志社等调查发表的实际销售业绩。这些资料每年、每月定期公开发表，作为企业的二手资料，应注意经常收集，妥善保管以备后用。

三、市场调查的步骤

市场调查的步骤，如图 3-3-1-2 所示。

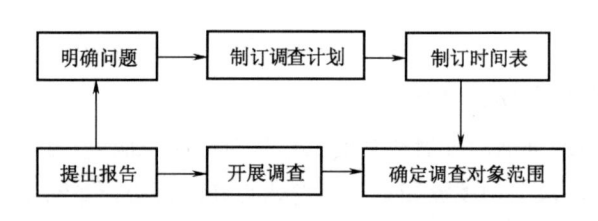

图 3-3-1-2　市场调查的步骤

1. 明确问题

明确问题即分析必须要解决的问题状况，达到调查的目的。

2. 调查计划

调查计划即调查者决定用什么样的调查方法，调查对象是什么，什么时候调查。

3. 调查表

调查表是设定具体的调查项目。

4. 调查范围

调查范围是确定抽样调查，还是全数调查。

5. 调查实施

调查实施是调查者开展调查工作,收集调查数据,分析其数据。

6. 提出报告

调查人员在调查结束后要整理调查结果,写出书面报告,是否被采纳并跟踪调查。

四、市场调查资料的分析与活用

市场调查收集的信息资料在实际营销活动使用时,首先要选择正确的调查方法。如果资料不准确而被企业利用的话,会给其经营活动带来不好的后果。其次对收集到的资料要正确分析,才能活用。因此,开展调查活动工作要遵循一定的程序。这项工作极其重要。下面以调查消费者为例做一说明。

1. 确认经营理念

首先明确店铺战略目标,例如公司的目标市场定位在18~22岁,喜欢休闲感觉的上、中等价位的女性。

2. 设定调查对象

根据公司的经营理念设定调查对象,如18~22岁休闲感觉的上、中等价位的女性,人数较多,把调查地点设定为王府井大街,调查的时间在10月份的第1周的星期六下午和平时的下午共两次调查。

3. 设计调查内容

设计调查问题的项目内容如:渴望的品牌是什么?经常购买的品牌是什么?经常去的商店是哪里?经常看的服装杂志是哪些?喜欢的音乐是什么等。

4. 调查实施

与调查的行人要进行沟通,征得同意才能开始调查。如被调查者允许拍照、能够如实回答问卷的内容。

5. 调查结果分类

把收集到的资料和店铺目标顾客群体分成若干组。如公司的目标顾客作为A组,把周围顾客分成B组、C组、D组,每一组从快速拍照的照片中分析穿着服种、款式、色彩、发型等,还有统计问卷项目的内容。

6. 调查结果分析

按照每组、每个区域、每次统计的数据进行比较,分析其差异。如A组与其他相比较能获得什么特征。

7. 调查结果活用

把分析的最终结果,结合公司的季节经营理念活用在下一季商品计划、销售策略、促销策略等活动中。

市场调查不仅局限于本企业的调查资料,也包括广告代理商、报纸杂志等媒体,还有业界团体组织等调查机构的数据资料。所有调查分析的结果要传达给企业内的所有部门,做到信息资源共享,让所有的部门都能利用这些信息,并从各部门最终集中到最高决策层,如图3-3-1-3所示。

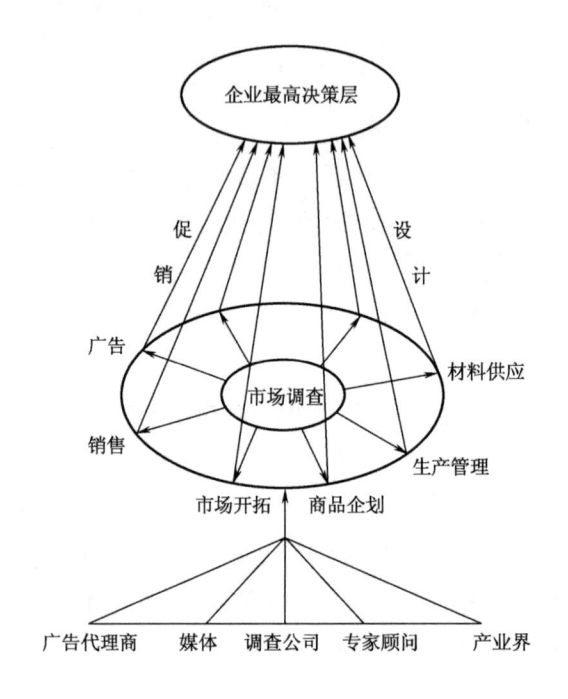

图3-3-1-3 市场调查结果的汇总与应用

第二节 定点调查企划书及卖场调查企划书

定点调查是根据企业目标顾客群体出入的场所来决定调查地点。比如调查消费者穿什么款式的服装,颜色是哪种,素材是什么。

在街头收集的信息要活用在市场活动工作中,必须掌握市场上畅销的商品,最有人气的品种等具体细节,再把收集的信息进行分析,然后被活用。

一、定点调查企划书做成顺序

(1)决定调查地点。

(2)选择调查组成员。每组成员4~5人,分别负责品种款式、色彩、材料、饰品、照相。

(3)定点调查企划书版面设计,如图3-3-2-1所示。

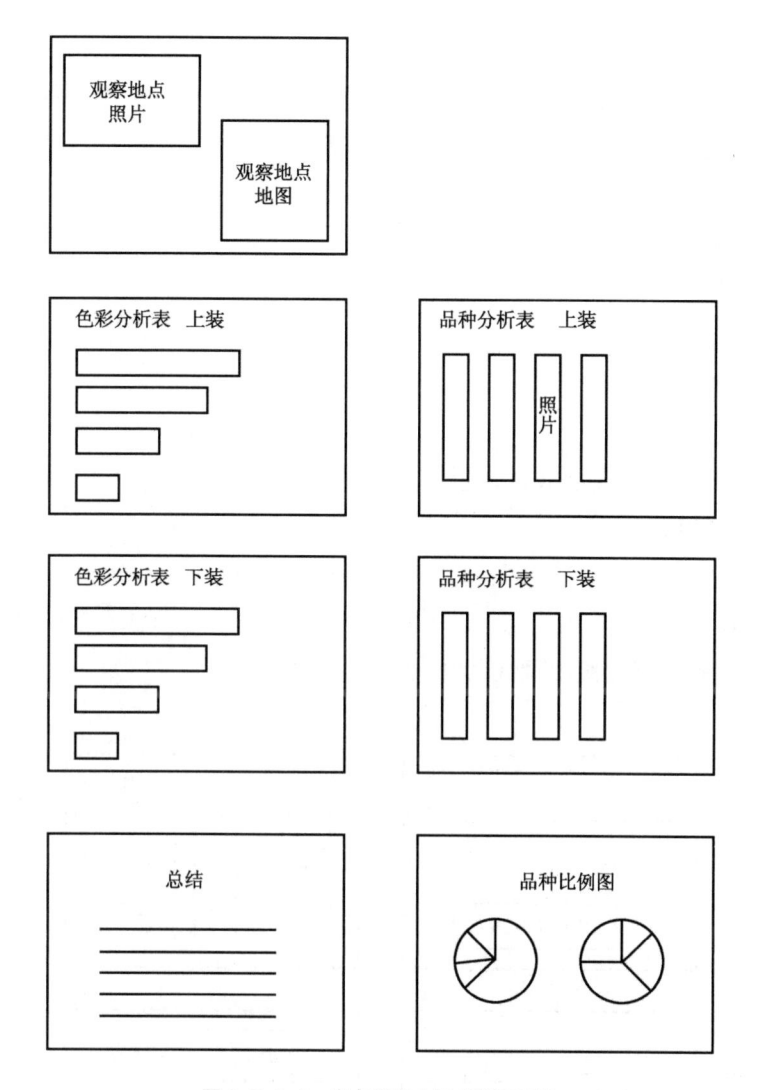

图 3-3-2-1　定点调查企划书版面设计

二、卖场调查企划书

我们把在卖场收集信息的工作称为卖场市场调查。卖场调查的内容大致有店铺经营的商品是哪些品种,是否畅销,搭配重点是什么,陈列的主题是什么,卖场整体特征是什么。通常零售店的卖场调查还有以下几种项目:

1. **商品构成**

(1)畅销的商品。

(2)流行的商品。

(3)畅销商品的价格。

(4)商品上市时期。

2. 卖场构成

(1)主通道、副通道。

(2)卖场构成。

(3)主力商品。

3. 促销

(1)促销内容。

(2)促销演出。

(3)促销应对。

4. 陈列

(1)橱窗陈列与商品陈列主题。

(2)店内观赏陈列。

(3)销售陈列。

(4)POP 广告。

卖场调查企划表版面设计，如图 3-3-2-2 所示。

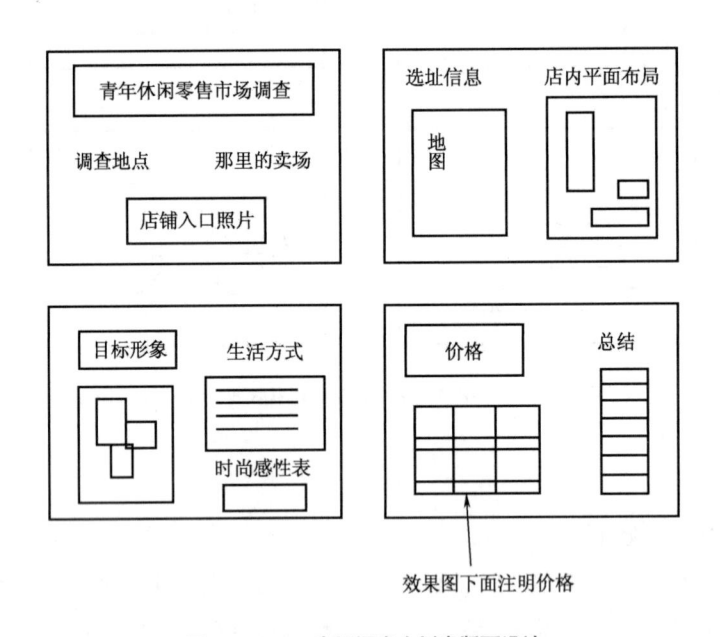

图 3-3-2-2　卖场调查企划表版面设计

复习与作业

1. 调研制作一套定点观察企划书。

2. 调研制作两套卖场调查企划书。

商品计划

> **本章内容**：1. 商品计划概述
> 　　　　　　 2. 零售店铺的商品计划
> **上课时数**：6课时
> **教学提示**：1. 阐述在市场营销中商品计划管理的重要意义，商品计划的概念及其内容；讲解和分析销售计划、商品构成计划、季节商品计划之间的关系。
> 　　　　　　 2. 讲解商品计划、季节商品计划编制的方法与原则，剖析商品计划、季节商品计划主要指标的构成。
> 　　　　　　 3. 指导同学对第三章复习及作业进行交流和讲评，并布置本章作业。
> **教学要求**：1. 使学生了解商品计划的内涵。
> 　　　　　　 2. 使学生了解零售业的商品计划的内容。
> 　　　　　　 3. 使学生了解零售店铺商品计划业务的内容。
> **课前准备**：调研服装企业商品计划的运作情况，作为本课程理论联系实际的教学参考。

第四章

商品计划

第一节　商品计划概述

商品计划是指企业为了实现其经营目标,用最有效的时间、场所、价格、数量把特定的商品提供于市场的计划与管理活动,即对"五适"的计划与管理,如图3-4-1所示。

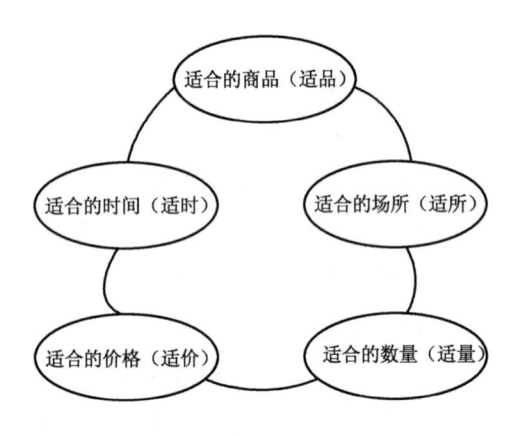

图3-4-1　"五适"图示

适品:即适合于消费者需求的商品。在采购商品时要考虑目标顾客群体的着装生活方式,选择适合的风格、款式、色彩、面料、型号等。

适所:即最适合的卖场选择与卖场配置。卖场的选择不仅要考虑地域状况、交通路线、繁华地段、商圈内的消费购买能力、竞争店的营业状况等,还要考虑各项职能,如行政管理、经济流通、娱乐等。

适价:即设定顾客接受的合理价格。商品的采购价格应适当,即用相对合理的成本获取所需的商品。若采购价格要求过低,可能会降低商品的品质,延误交货期或损害其他的交易条件;若采购价格要求过高,成本难以负担,公司的利润少,竞争力减弱,容易失去顾客。

适时:即设定顾客要购买的时期。在需要的时候能及时提供所需的商品,不发生缺货,也不过早备货、挤占货仓及挤压资金。因此何时订购都要事先进行详细分析计算,如处理订购单时间要多长、供应商生产能力有多大、运输交货时间要多长、验货时间要多久、出现各种异常大致需多久时间处理等问题,都需要事先详细分析。

适量:即采购的数量应是适当的,不会发生缺货,也不会发生库存积压。若采购数量不足,会耽误销售时机,影响销售额;若采购数量过量,影响资金积压,会导致浪费。

服装产业中商品计划即有服装生产企业的商品计划,即商品企划、商品构成、新产品开发等计划的管理;也有零售业的商品计划,包括商品构成、采购计划、卖场展开等计划的管理。

第二节　零售店铺的商品计划

一、零售店铺的基本要素

零售店铺是直接面对消费者进行营销活动的场所,是面向终端市场提供商品和服务的空间。

这些活动的具体内容有:信息收集、商品计划、销售计划、购入计划、商品构成计划、陈列演出、卖场设置、销售技术、促销活动等。通过开展以上活动,确保实现企业经营目标,如图3-4-2-1所示。

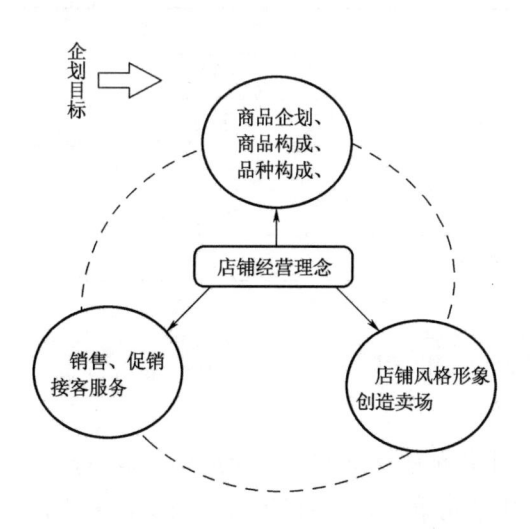

图3-4-2-1　零售店铺商品计划基本要素

零售商店商品计划是按照公司的经营方针做出商品构成与商品选择的决定,制订采购计划与管理等工作。它具体讲是为了满足店铺所服务的顾客需求与欲望。为此,销售者需开展以下业务活动,如图3-4-2-2所示。

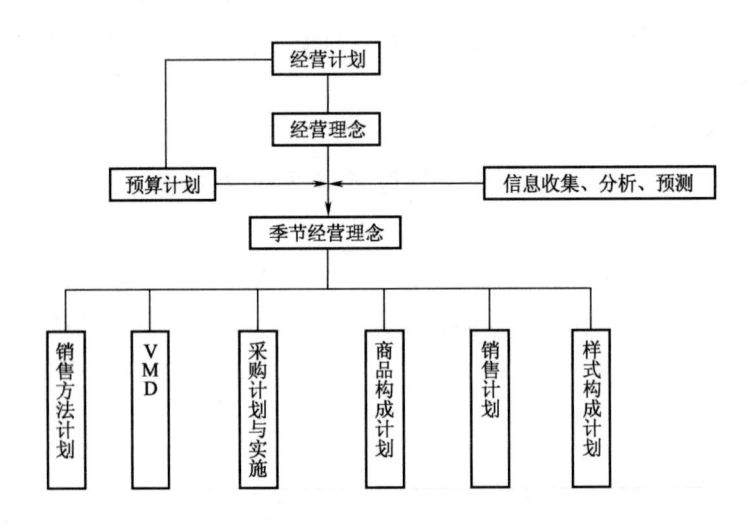

图 3-4-2-2　零售店铺商品计划需开展的业务活动

二、基础计划

基础计划一般分为春夏、秋冬两季节计划,进一步细分成春、初夏、初秋、秋、冬六个季节计划。每个季节倡导什么主题,销售什么商品是计划的重点,见表3-4-2。

表 3-4-2　季节商品计划

月份	2月	3月	4月	5月	6月	7月
季节区分	春夏季节					
	春装		初夏装		夏装	
月份	8月	9月	10月	11月	12月	1月
季节区分	秋冬季节					
	初秋装		秋装		冬装	

三、销售计划

销售部门按照销售预测计划制订全年的销售额目标,编制销售预算和分配计划,控制各个季节销售计划,根据销售计划制订采购计划并加强采购的财务预算。

四、采购计划

销售部门根据销售计划,制订商品的种类、数量、价格、时间、采购商、采购方式等计划,并对所采购的商品进行充分研究,比如是否与顾客所需求的商品品质、款式、价格等相适应。

五、采购业务

为了开展好采购业务,必须掌握采购知识、财务知识、商品知识、销售知识等。在实际业务中,按照店铺的经营方针、采购计划等提前制订相关计划。

1. 采购方式

主要采购方式列举如下:

(1)在展销订货会上采购:超出实际季节,在展览会、样品陈列室进行订货。、

(2)分批订货:根据商店销售情况分批订货。

(3)追加订货:对畅销商品的补充订货。

2. 采购要点

采购工作通常由采购员来完成,采购员根据公司的经营理念、季节商品构成计划、预算计划等,选择采购商品的数量、价格、交货期。大型店铺采购工作要根据商品类别分工进行,同时做好横向联系,切实加强统一性管理工作。因此,采购工作需注意以下七点:

(1)研究掌握生产企业的企划情节,企划的全过程。

(2)在具体订货时,让模特着装,以确认着装效果。

(3)确认交货期、成本价格、销售价格,核实商品构成计划的执行情况。

(4)确认生产企业的生产计划能否完成必要的追加任务。

(5)仔细考虑每个品种的款式数量、颜色、尺寸号型是否搭配合理。

(6)在每个交易所洽谈结束后,一定整理订货数量全额、总件数。

(7)所有采购的商品账目要清楚,经常要核实是否与商品构成计划相一致。

此外,采购员依据商品销售的导入期、实需期、处理期,必须做好采购库存的管理工作。在导入期要明确上市季节商品的库存量,核实订货的交货期不能有误,做好灵活库存管理工作;要应对实需期时较好的销售情况,并在实需期要尽早发现畅销商品,不能出现脱销现象(如型号不全等问题);在处理期,库存管理的工作重点应放在尽量减少库存量,因此采购员的工作始终是边观察销售动态、边进行下一步工作,为此要经常出入卖场,倾听顾客意见,善于学习。

六、商品构成计划

商品构成计划是根据店铺的经营理念、目标顾客群体,准备齐全商品的种类

与数量。商品构成在零售店商品计划中是非常重要的一项工作。因此,计划者必须明确商品构成的基准。

1. 依据生活场合情景

根据生活场合情景可分为公务的、私人的、社交的。

2. 依据品种

根据品种可分为衬衣、裙子、裤子等。

3. 依据品位

根据风格或品位可分为保守、古典、高贵、前卫等。

4. 依据年龄

根据年龄可分为儿童、少年、青年、中年等。

5. 依据等级

按照价位可分为高档、中档、低档。

商品的构成要研究商品的"幅"与商品的"深度"。商品的"幅"是指品牌、服种、价位、生活场合,品位。商品的"深度"是每个品种的件数、颜色数量、型号展开等,这些商品的"幅"与"深度"要在商品计划的"五适"的基础上才做出决定。

七、季节商品计划

按前面所说的季节区分,每个季节都要形成独自的季节商品计划。季节商品计划的业务程序,如图3-4-2-3所示。

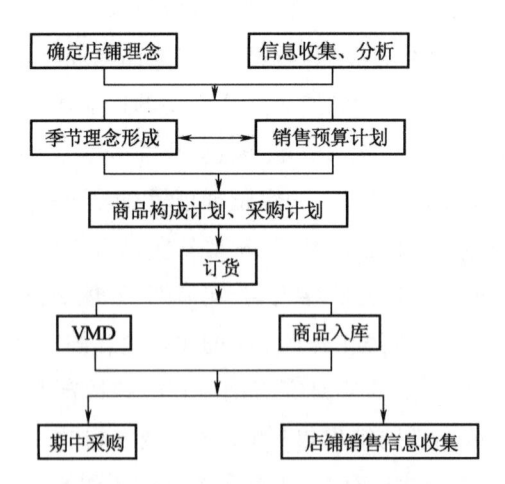

图3-4-2-3 季节商品计划的业务程序

1. 店铺经营理念的确认

在制订季节商品计划之前,要确认店铺经营理念,具体地说是确认商店风格形象、选址条件、特性、经营方针等。

2. 信息收集、分析、预测

下一季节什么样的服装会备受青睐,必须收集与分析市场、时尚、上一年同期的销售实绩等各种信息,以便预测下一季节的服装流行趋势。

3. 预算计划

根据销售什么商品、销售多少等销售计划预算下一季节的销售目标、销售利润。根据全年的销售目标、利润目标,制订半年、每个季节、每个月的销售预算计划。

4. 设定季节理念

根据公司的预算,服装预测资料设定春、夏、秋、冬各季节的生活方式、商品线、价格构成、VMD 促销等经营理念。

5. 商品构成计划、采购计划

根据季节经营理念和营业时间表,制订出每个月的商品构成计划与采购计划。

6. 订货

店铺与提供商品的企业进行商品的数量、价格、交货期等交易条件的谈判。

7. 入库、分货

把采购的商品统一管理,分发到各销售场所。

8. VMD

根据视觉促销企划开展 VP、IP、PP 活动。

9. 店铺销售、期中采购

销售店铺陈列的商品,根据每月的销售计划核实卖场广告的促销效果,并加强对畅销商品、滞销商品、库存商品、利润等各项业务的管理工作。

复习与作业

1. 思考零售店铺商品计划业务中的季节理念设定的重要性。
2. 思考商品构成的依据。

服装销售

> **本章内容**：1. 服装销售概述
> 　　　　　　2. 服装销售技术
>
> **上课时数**：8课时
>
> **教学提示**：1. 阐述服装销售业务管理工作，包括销售管理、商品管理、业务管理、卖场管理工作。重点分析卖场演出、卖场构成的特征及要求，讲解服装销售技术的内容与方法，引领同学进入卖场管理者的角色。
> 　　　　　　2. 指导同学对第七章复习与作业进行交流和讲评并布置本章作业。
>
> **教学要求**：1. 使学生了解服装销售业务工作的内容。
> 　　　　　　2. 使学生了解掌握服装销售技术的方法。
>
> **课前准备**：布置1个实训卖场。

第五章

服装销售

第一节 服装销售概述

一、顾客与销售的关系

"顾客就是上帝"这一名言家喻户晓,顾客既能促使企业的成长,又能使企业破产。顾客与销售的关系在不同时代受社会、经济、文化等因素影响很大。在物质不足的时代,产品只要生产出来就能销售出去;在物质充足的时代,受企业激烈竞争的影响,销售工作借助于广告宣传开展一系列的销售活动;在物质过剩的时代,销售工作以满足顾客需求为宗旨,重视产品能给顾客带来更多的附加价值。

- 物质不足年代→生产者占主导地位→只要生产就能销售出去
- 大量生产年代→消费者主导地位→企业竞争→出现广告宣传
- 物质过剩年代→顾客满足→消费者重视的不是物,而是商品附加价值

二、服装销售业务

服装销售是指直接给顾客提供商品、信息及服务的一种商品活动。服装销售工作要做到:提供顾客所需的商品;让顾客正确了解所需商品;让顾客购入最合适的商品;让顾客达到心理满足。这些工作要依靠销售导购员来完成,这是因为无论多么好的企划案,开发设计生产的款式如果没有直接与顾客接触的导购员,这些产品也不能成为商品,也意味着不能实现企业的销售目标。因此,销售导购员的工作在整个销售工作中起着很重要的作用。首先,能使顾客在心情愉快的环境下购物,提供必要的商品和信息;其次,能够正确地向顾客传达商品的企划意图、材料性能、款式特征、色彩等特征;最后,能够同顾客直接交流获取第一手信息资料,将这些信息及时反馈到下一季的商品企划方案中,如图3-8-1-1所示。

在服装销售业务中,根据前述导购员的作用,为了完成销售目标,从接客准

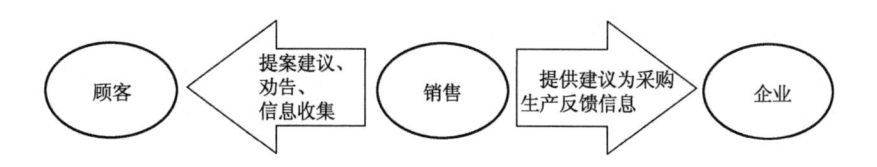

顾客 ←提案建议、劝告、信息收集— 销售 —提供建议为采购生产反馈信息→ 企业

图 3-5-1-1　销售导购员的作用

备、结算到包装要开展销售管理、商品管理、业务管理、卖场管理等一系列工作,如图 3-5-1-2 所示。

一日的服装销售工作流程表,见表 3-5-1。

销售管理、商品管理、业务管理、卖场管理

图 3-5-1-2　服装销售业务

表 3-5-1　一日的服装销售工作流程表

	工作手册	注意事项
开店作业	清扫(地面、试衣间、陈列台) 商品管理 收银台准备(零钱、收据) 早训(销售目标、联络事项)	外表整理 商品在库情况、补充情况 新商品上市时,醒目位置摆放
上午作业	商品入库 顾客信息卡、整理、DM 创作 销售额确认	把销售工作放在首位
下午作业	退货 调换商品、库存整理	退货时尽可能避开顾客的地方进行
晚上作业	商品整理 商品补充 销售额确认	商品整理、补充,注意尺寸、型号、颜色是否缺少
闭店作业	收银台结算 陈列 商品整理、商品补充、库存品整理 晚训(反思、报告、注意事项)	一天的工作,整理顾客的信息,活用在第二天的工作中

三、服装销售管理

服装销售管理是解决市场与顾客之间相适应的问题。销售活动是直接连接市场与顾客之间的活动。因此,通过对商品销售能够掌握市场动态、市场需求等信息,为下一季商品企划、产品开发提供准确的信息。其具体管理工作内容如下:

1. 销售目标管理

销售目标管理是核实按部门、商品类别的销售额、存库量、资金回转库,根据掌握的情况判断当前销售状况,提出改善对策,分析实际销售数额和反馈信息。

2. 市场及顾客动态管理

市场及顾客动态管理是掌握顾客的消费动向、需求变化、竞争对手动态等信息的及时反馈。

3. 商品动向管理

商品动向管理是依据商品的销售趋势变化，为下一季节制订商品计划提供可靠的信息。

要做好以上工作，必须抓好以下五项工作：

(1)掌握每天的销售额，以周为单位分析销售出去的商品、剩余的商品，从而把握商品动态。

(2)每周盘库2次，核实在库商品的数量，最重要的是在周末、节假日结束的第一天，再次对畅销商品和滞销商品检查核实，认真研究销售方法、陈列技术、方法等，仔细分析商品的周转率。

(3)对顾客管理的工作有无疏忽大意，对顾客购买动向的变化、要求变化等信息卡的整理、记录。

(4)销售数量的分析。分析销售额的提高是由单件销售提高的，还是搭配销售提高的，或者是受接客技术水平所影响的，还是商品构成原因等提出分析报告。

(5)调查销售地区的竞争卖场、竞争程度作为销售参考资料。

四、商品管理

1. 商品管理的内容

零售店的商品管理主要是对所销售商品的信息要及时、准确的掌握，防止错失销售时机，造成不必要的损失。商品管理的内容包括：

(1)商品检验、查收：商品管理工作主要对所采购的商品进行质量、型号、颜色、数量的检验、查收、保管。

(2)库存管理：对现有的商品分别按品牌、供货单位、时间、材料、颜色、数量进行定位管理。

(3)卖场商品管理：及时了解商品销售动态，掌握哪些是畅销的商品，哪些是滞销的商品。

2. 商品管理的要点

要做好商品管理工作，根据商品管理的内容要求，须做好以下几项工作：

(1)核实畅销商品的存货情况，了解供货货源信息。

(2)对滞销商品及时处理。

(3)核实根据销售计划必要的库存量，货到日期是否准确。

(4)核实销售前、销售中、销售后的商品在库量情况。

(5)进一步核实哪些商品销售多少就能实现预期的销售目标,不断核实销售计划在实际销售中完成的信息,有待于及时提出相应的解决方法。

五、事务管理

为了达到既能让顾客满意,又能实现企业销售的目的,对其销售工作及附带工作的管理是服装销售不可缺少的业务。销售导购员必须处理以下销售工作的内容:

(1)制作日销售统计表,确认计划与实际进度。

(2)商品出库单、退货单等各种单据的管理。

(3)制作日报表,记入每天的销售额、采购额、退货额、出入库额等。

(4)制作收银台日报表。

(5)制作经营日报表,记入当天的购买状况、商品动向等。

(6)做好账目管理。

(7)做好商店会员卡收发与管理工作。

(8)做好信用卡购物工作管理。

(9)做好顾客信息卡的保管管理工作。

六、卖场管理

卖场是销售的舞台,服装销售并不单指给顾客提供商品,而是把商品、人、空间融为一体提供给顾客,使他们满意。因此,卖场的管理是服装销售最重要的一项工作。卖场管理最基本的工作内容是对卖场清扫、整理、整顿,是为了使顾客能在心情舒畅、愉快的环境下购买商品,确保卖场环境优美,商品构成与店面风格相一致,打造出易懂、易取、易看、易选的卖场。

1. 卖场演出

零售商开展销售工作时,要把商品在卖场中陈列展示给顾客,这项工作被称为VMD(商品视觉化企划)。VMD是指在舒适的卖场环境中,如何把商品及信息、销售方法有魅力地提供给顾客,是具有观赏视觉效果与提高商品附加值的一种经营手段。VMD的工作流程,如图3-5-1-3所示。

2. 卖场构成

卖场如何构成是一个非常复杂的问题,根据零售业态不同,卖场构成方法也不一样。

(1)百货店的卖场构成:一般百货商店卖场构成中,第1层是化妆品、服饰小物品,第2层是休闲服装、礼服等,三层以上是女装、男装,最顶层是童装。

(2)量贩店的卖场构成:量贩店建筑物以1~3层较多,经营的商品涉及衣、

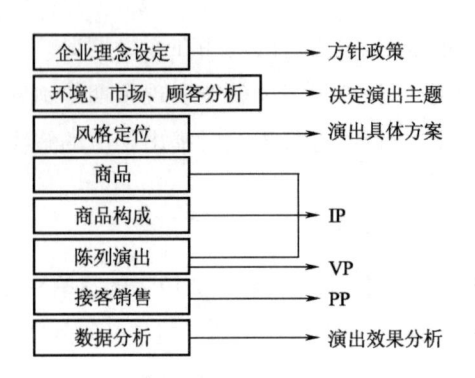

```
企业理念设定  →  方针政策
环境、市场、顾客分析  →  决定演出主题
风格定位  →  演出具体方案
商品
商品构成  →  IP
陈列演出  →  VP
接客销售  →  PP
数据分析  →  演出效果分析
```

图 3-5-1-3　VMD 工作流程图

VP—visusal presentation　　PP—point of sales presentation　　IP—item presentatation

食、生活用品,但有的商店以衣为主要商品,也有以食为主要商品的。通常第1层主要是食品卖场,第2层是服装与生活密切相关的杂货,第3层是家电、家具。量贩店的服装卖场多以单件服装构成,价格相对便宜。为了在竞争中取胜需创造自店的特征,往往靠提高顾客购买频率,重视 VMD 的演出展示效果。

(3)专卖店的卖场构成:专卖店的构成呈现多样化,大型专卖店铺主要体现三大卖场构成形态。一是把特定区域的特定商品的种类、型号、色彩等准备齐全,重视商品的"深度";二是卖场构成覆盖特定顾客的衣生活全部,中小型专卖店则是突显服装感性,突出商品个性。

3. 陈列顺序

为了突出陈列效果,要与顾客的购买心理、购买行动相适应。商店的橱窗陈列首先是为了吸引过路行人进入商店,然后沿着设计好的购物通道,愉快地体会和享受陈列展示给人们带来的魅力。对商品产生兴趣,触摸商品,沉浸在穿上这种服装的场景中,以激起顾客购买欲望。但是还要进一步考虑是否还有更适合的商品存在。通过与其他商品从素材、价格、品牌等方面进行比较,最终确认要购买的商品。顾客购买商品的心理过程必须陈列展示出来,如图 3-5-1-4 所示。

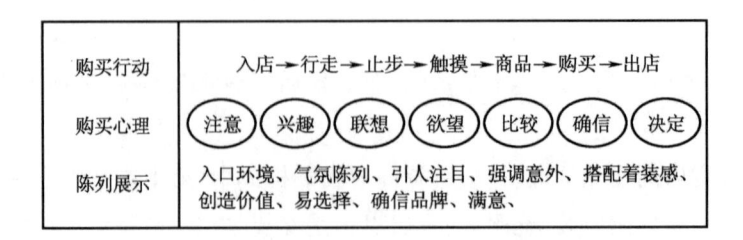

购买行动	入店→行走→止步→触摸→商品→购买→出店
购买心理	注意　兴趣　联想　欲望　比较　确信　决定
陈列展示	入口环境、气氛陈列、引人注目、强调意外、搭配着装感、创造价值、易选择、确信品牌、满意、

图 3-5-1-4　与顾客购买心理、购买行动相适应的陈列展示顺序

把这种陈列效果作为 VMD 展开实施过程,如图 3-5-1-5 所示。

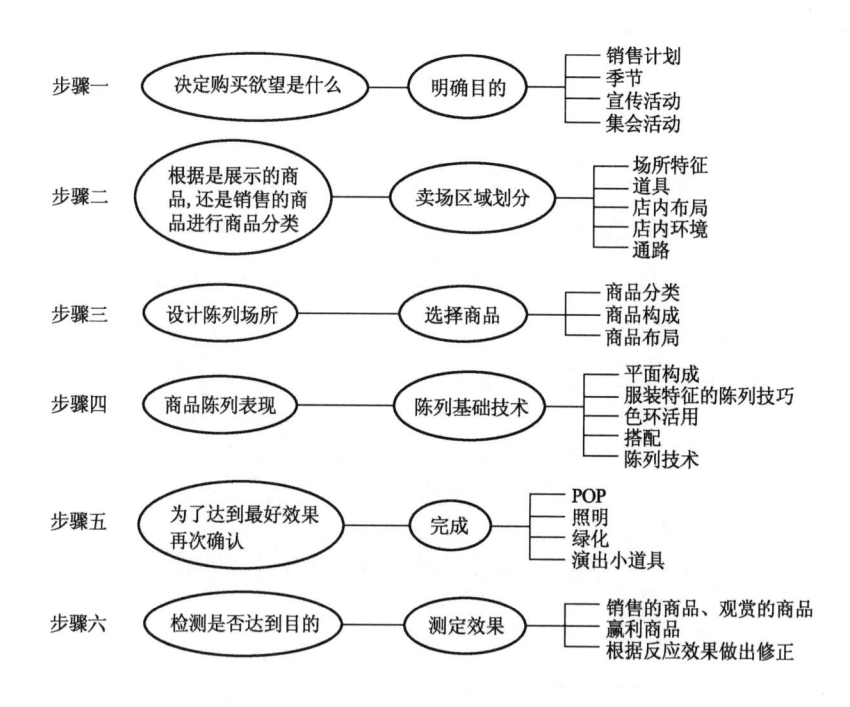

```
步骤一  决定购买欲望是什么 —— 明确目的 —— 销售计划
                                        季节
                                        宣传活动
                                        集会活动

步骤二  根据是展示的商品,     卖场区域划分 —— 场所特征
        还是销售的商品                      道具
        进行商品分类                        店内布局
                                          店内环境
                                          通路

步骤三  设计陈列场所 —— 选择商品 —— 商品分类
                                  商品构成
                                  商品布局

步骤四  商品陈列表现 —— 陈列基础技术 —— 平面构成
                                    服装特征的陈列技巧
                                    色环活用
                                    搭配
                                    陈列技术

步骤五  为了达到最好效果 —— 完成 —— POP
        再次确认                    照明
                                  绿化
                                  演出小道具

步骤六  检测是否达到目的 —— 测定效果 —— 销售的商品、观赏的商品
                                      赢利商品
                                      根据反应效果做出修正
```

图 3-5-1-5 VMD 展开实施过程

步骤一 首先明确目的,提出主题商品是什么,谁(顾客群体)为什么(提出理由)购买、多少(商品数量)价格多高(商品价格带)与哪些商品有关联(搭配)等,结合销售计划、促销计划等明确目标。

步骤二 根据销售计划把采购的商品按照商品计划进行分类,其方法有按照不同的对象、不同用途、不同主题、不同品种等划分。

步骤三 陈列演出,设计出观赏场所,选定观赏的商品,设计陈列出购买商品的品种以及商品的焦点特征。

步骤四 进入实际陈列操作阶段。考虑整体构成,强调商品重点,用颜色进行协调,用照明加强演出效果,用小道具提高整体形象,VMD 活动到这里并没有结束。

步骤五 陈列结束后,要确认是否达到预期效果,进行分析、改善。

步骤六 测定效果,根据顾客进入商店的反映情况,及时对陈列的效果进行调整。

第二节　服装销售技术

一、接客技术

1. 顾客购买心理过程与销售接客步骤

为了达到让顾客购物满意之目的,需与顾客边交流,边开展销售工作。因此,要掌握顾客从进入商店到决定购买的心理过程。根据顾客心理过程的发生变化,销售人员要正确做好相应的工作。

购买心理过程与店铺因素、接客步骤表示,如图 3-5-2-1 所示。

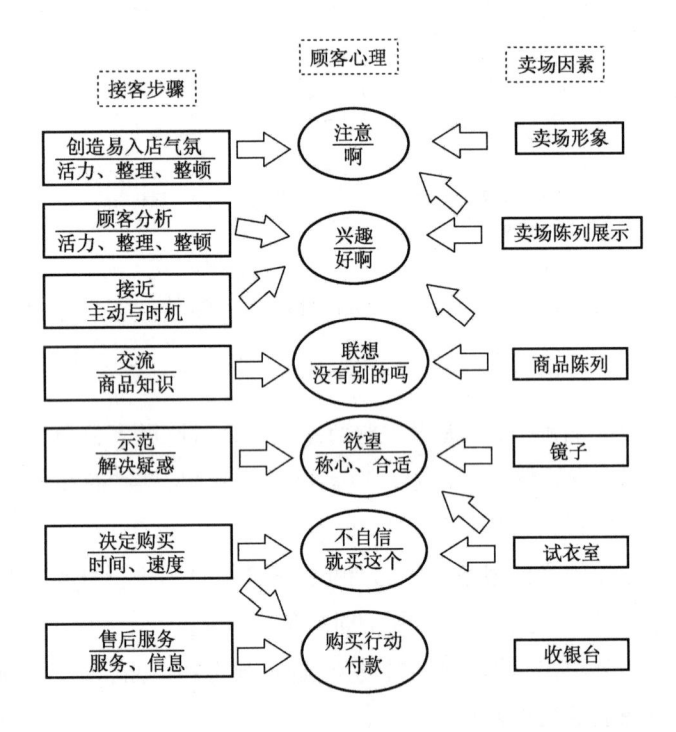

图 3-5-2-1　顾客购买心理与卖场因素、接客步骤示例

(1)创造顾客入店气氛:为了让顾客引起注意,顾客进入商店时售货员的表情、言行举止,店面的整理程度,充满魅力的橱窗陈列、商品陈列等直接影响顾客对商品的感受,因此售货员必须提前做好准备。

①开店准备清扫。

②商品整理。

③商品补充。

④陈列修正。

⑤心理准备。

(2)顾客分析:为了能与顾客很好的交流、沟通,要观察分析顾客流露出来的各种信息,需尽快掌握年龄段、感性、爱好、服装搭配等信息。

(3)接应:这一步关系到销售活动能否成功,因此销售人员要抓住恰当时机。如果顾客刚一进店,马上就接近顾客会给顾客带来紧张、不愉快的后果。因此,要善于观察顾客的视线表情、动作,顾客到底想购买什么,判断购买心理,抓住时机接近顾客。接近顾客的好时机有:

①把商品拿到手中的时候。

②一直看着特定的商品时。

③注意价格高低的时候。

④寻找某一商品发现的时候。

⑤几次触摸商品的时候。

⑥与同伴协商的时候。

⑦走出店又进来的时候。

(4)商品说明:对顾客进行商品说明时,不仅对商品口头解释,还应借助杂志、商品画报、照镜与试穿看整体效果,让顾客不断产生联想。要注意尽量使用顾客能理解的语言介绍商品,少用专业用语,否则达不到应有的效果。

(5)掌握购买心理:顾客通常受到商店陈列的商品吸引,引起注意、产生兴趣、激起购买欲望。这一阶段主要通过售货员介绍,使顾客从联想到确信心理变化过程,解决心理存在疑惑。这一期间要洞察购物的征兆,通过仔细观察表情、视线、手的动作、语言等,掌握购买心理。若出现下列情形可判断顾客要购买商品。

①从进店一直不离开最初看到的商品。

②特定的商品热心地一直看,对颜色、款式、材质一直向售货员咨询。

③对商品材质、保管方法提出质疑。

④交流价格、购买条件、售后服务等。

⑤对商品表露出好感,表情愉快。

⑥突然不说话,注视着商品思考。

⑦一旦离开又返回到相同商品的位置。

(6)促进决定购买:这一阶段是确认顾客尽早做出决定的时机。抓住时机,速度要快,为了促使顾客做出购买决定,售货员要掌握五大原则:

①"奖励表扬法":根据顾客喜爱的商品进行劝说,如"这对你非常适合","你穿上很漂亮","有气质,显年轻等"。

②"排除法":把顾客不喜欢的商品排除,抓住喜爱的商品劝说。
③"二者选一法":两件商品中选出一件。
④"情感投资法":比如这件衣服在约会的时候穿上,一定会被人喜欢的。
⑤"动作示范法":把商品给顾客放在手中,也让顾客试穿。

2. 应对投诉

为了维护消费者的切身利益,赢得顾客的信赖,就必须做好顾客对商品及服务等投诉工作。顾客投诉的内容主要有商品的质量、数量、交货期、退换、服务等。

(1)受理投诉:
①做好思想准备,尽早应对受理。
②不能伤感情,耐心倾听顾客的心情。
③要保持良好的心态。
④懂得商品知识及相关法律常识。

(2)保持积极态度:
①顾客没有说完时不能辩解,不能没有礼貌。
②不能蔑视顾客对商品知识的不足,并将其流露在语言里。
③冷静、自如地应对顾客投诉。
④不能对顾客乱用专业用语。
⑤不能让顾客在受理点来回兜圈。
⑥不能自己决定解决顾客投诉的期限。

(3)解决投诉问题的要领:
①问候并感谢顾客能够购买商品,为企业创造财富,给予大力支持。
②仔细记录顾客投诉的内容,不能有遗漏。
③站在顾客的立场上来协商退换、索赔条件等事项,最终让顾客满意。

二、顾客管理

顾客管理就是为了提高顾客的满意程度,对顾客详细资料深入分析,从而全面提升企业的赢利能力。

顾客管理工作则是把顾客进行分类,哪些是固定顾客,以便进一步创造固定顾客。

1. 顾客分类(图 3-5-2-2)

顾客分类是按顾客来店的次数多少划分的,分为固定顾客与非固定顾客两种,其目的是为了分析成为固定顾客的原因所在,分析非固定顾客为什么不能成为固定顾客的原因,从而为今后的销售工作提供依据。

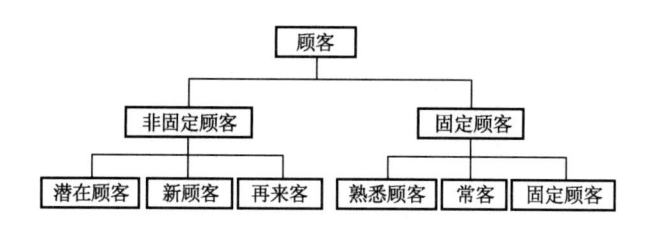

```
                    ┌─────────┐
                    │  顾客   │
                    └────┬────┘
              ┌──────────┴──────────┐
         ┌────┴─────┐          ┌────┴─────┐
         │ 非固定顾客 │          │  固定顾客 │
         └────┬─────┘          └────┬─────┘
      ┌──────┼──────┐        ┌─────┼─────┐
   ┌──┴─┐ ┌──┴─┐ ┌──┴─┐  ┌───┴──┐┌─┴─┐┌──┴──┐
   │潜在││新顾││再来│  │熟悉  ││常 ││固定 │
   │顾客││客  ││客  │  │顾客  ││客 ││顾客 │
   └────┘└────┘└────┘  └──────┘└───┘└─────┘
```

图 3-5-2-2　顾客分类

2. 创造固定顾客的要点

要想拥有更多的固定顾客,必须创造出能够吸引顾客的种种有利条件。为了能让顾客经常来店需做好以下工作。

(1)商品构成正确适当。

(2)销售技术高,商品知识丰富。

(3)陈列演出效果好。

(4)有熟悉的导购员面孔。

(5)商品购入能得到满足感。

(6)地理条件优越。

复习与作业

1. 思考商品管理的要点。

2. 思考卖场陈列的方法。

3. 思考顾客购买心理过程与销售技术。

零售:服装销售主要渠道

本章内容: 1. 零售业的形态结构
2. 零售业的类型

上课时数: 4课时

教学提示: 1. 服装销售渠道的长与短、宽与窄,直接影响商品的销售实绩。选择销售渠道一定要考虑企业的经营实力、产品的寿命周期、目标消费者的购买习惯等。讲解销售渠道的类型及特征。阐述选择销售渠道的策略,强调销售渠道在服装销售中的重要性。

2. 指导同学对第五章复习及作业进行交流和讲评,并布置本章作业。

教学要求: 1. 使学生了解零售业的形态结构。
2. 使学生了解零售业的类型。

课前准备: 调研几家品牌服装企业的销售渠道现状,分析归纳和总结,作为理论联系实际的备课内容。

第六章

零售：服装销售主要渠道

服装零售业直接与顾客相连接，是市场营销活动的最前沿，也是信息收集的主要来源，更是服装销售的主要渠道。

第一节　零售业的形态结构

零售业有多种形态，依据店铺有无可分成两大类：有店铺零售业和无店铺零售业，如图3-6-1所示。

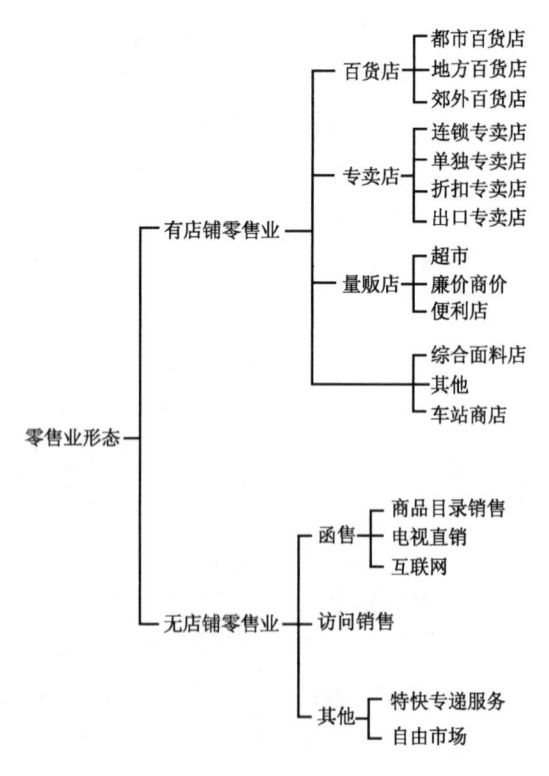

```
                                ┌ 都市百货店
                      ┌ 百货店 ─┼ 地方百货店
                      │        └ 郊外百货店
                      │        ┌ 连锁专卖店
                      │        ├ 单独专卖店
                      ├ 专卖店 ┼ 折扣专卖店
        ┌ 有店铺零售业┤        └ 出口专卖店
        │             │        ┌ 超市
        │             ├ 量贩店 ┼ 廉价商价
        │             │        └ 便利店
        │             │        ┌ 综合面料店
零售业形态             └ 其他  ┼ 其他
        │                      └ 车站商店
        │                      ┌ 商品目录销售
        │             ┌ 函售  ─┼ 电视直销
        │             │        └ 互联网
        └ 无店铺零售业┼ 访问销售
                      │        ┌ 特快专递服务
                      └ 其他  ─┴ 自由市场
```

图 3-6-1　零售业形态

第二节　零售业的类型

一、有店铺零售业的分类

如今消费者的消费价值观、生活方式等变化很大,生活丰富多彩。因此,要立足于消费者开拓更多的零售业态。根据消费者在零售商店的购买动机,有店铺零售业大致有针对综合生活文化需求的业态,如百货店;针对专业生活文化需求的业态,如专卖店;针对低价格需求的业态,如廉价商店;针对便利性需求的业态,如便利店等。

1. 百货店

百货店规模大,具有如下特点。商品构成范围广,涉及衣、食、住各商品部门,并且区分明显;以时装商品等为主,现场销售;趣味性、娱乐性相关的各种设施齐全,文化气氛丰富等。

(1)百货店卖场:大致可以分成三种。

①店中店:从商品构成到销售独立经营,也称箱型商店。许多服装企业在百货店内都开设店中店。

②平地:整体卖场区域都能看到,由多种品牌商品构成,近年来这种卖场布局有减少的倾向。

③柜台:这种卖场是根据品牌不同分别进行销售的。

(2)百货店的采购形式:

①购买采购:从服装企业采购到零售店,都采用商品所有权转移的采购形式,商品购入后除了出现品质、型号大小等问题外,是不能退货的。

②委托采购:是指服装企业委托零售店代销本企业商品的一种形式。购入的商品承担如被盗、收银台结算错误等责任时,销售剩余的商品要退还,百货店平地销售的商品多采用这种形式。

③消化采购:服装企业租借百货店的一部分卖场从事销售活动,只是把销售出去的那一部分商品做为百货店采购商品的一种方式,多用于店中店的形式。

2. 量贩店

量贩店以销售生产大批量商品为主,商品因量大而成本低,价格低廉。具有以下特征:

(1)商品构成以实用商品为主。

(2)大量采购、大量销售。

(3)自选商品。

(4) 大众价格销售。

(5) 利用低成本的设施、器具。

在量贩店里有综合商店(GMS)、超级市场(SM)、超级商店(SSM)。GMS 在美国是经营食品以外的日常生活用品,在日本的经营范围包括食品,属于大型量贩店。总体上说,GMS 经营的服装商品比百货店、专卖店的价格略低,如今美国零售业 GMS 形态发展为其他形态;SM 在美国用自助方式销售综合食品超市,在日本不仅包括食品,还有日常用品、面料等;美国把 SM 大型化,扩大经营范围出现了新的业态 SSM,专指经营面料为主的自助商店。近年来受大型专卖店与廉价商店的影响,这种形态有减少的倾向。

3. 专卖店

专卖店是针对性强的一种类型,有以下特征:

(1) 商品的构成是为特定目标顾客服务的。

(2) 专业的商品构成和专业的接客服务。

专卖店也有许多类型,按服种划分有女装专卖店、男装专卖店、牛仔专卖店、运动专卖店、皮革专卖店等;按生活提案划分,有顾客层品位、价位、生活场合、生活方式等;按经营方法划分,有 SPA、多选专卖店、单独专卖店等。

4. 廉价商店

廉价商店是杂货铺大型化发展起来的业态,就像现在的 10 元店、100 元店一样,消费频率高,以统一的价格进行销售。目前从服种、价位等方面正在不断扩大。

5. 外贸店

外贸店销售的商品,严格地说是销售困难的商品,如出口退回商品、季节库存品、B 品(次品)、样品等。出现这些商品的原因是服装企业、零售业在经营上都存在一定的问题,其中库存问题是很大的一个难题,企业和零售店都不可能生产或采购的商品数量正好,主要是没能按照计划生产,也有延误交货期等原因。

6. 断码店

断码店是指有的品牌商品存在号型不全,用比正常销售价格低的价格采购进来,进行销售的专卖店。

7. 便利店

顾名思义,便利店追求便利性,如社区商店、车站商店、小卖部商店等,基本具备如下特征:

(1) 24 小时营业(长时间营业)。

(2) 自助的销售方式。

(3)商店的面积小。

(4)食品占所有商品的比例高达50%以上。

8.连锁店

连锁店是以相同的店名,相同的商品,统一价格销售。连锁店可以开在同一城市,也可以在一个地区,甚至全国、全球。在零售业中许多商店如专卖店、超级市场都可以采用这种销售方式。连锁店的特征是采购与销售业务分开,克服小规模的采购缺陷以发挥大批量采购的优势。

(1)总店集中采购,追求高效率、成本低。

(2)多店铺使用相同的广告,宣传资料效果好。

(3)依据POS(point of sale)系统信息管理。

二、无店铺零售业的分类

无店铺零售业包括函售、访问销售、自动销售机、快递送货、自由市场、集市等几种形式。

1. 函售

函售是现代人购买商品的一种手段,它是把商品的照片、特征、颜色、图案、尺寸等刊登在商品画册上,邮寄到消费者手中。这种销售方式使顾客在家就能选择适合自己的商品,充分利用自己的时间购物,与现代人紧张的生活方式相一致。现在采用这种销售方式的企业也越来越多,增加了竞争的残酷性。

最近许多企业都在商品手册上下工夫,刊登一些生活信息、提供生活方式建议,商品照片也重视整件搭配,使顾客能赏心悦目地欣赏刊登的商品。商品手册不仅在函售中使用,在店铺的卖场也被有些企业广泛利用。

函售利用了因特网从世界各地开展购物活动,与顾客实现双向信息交流的特点,但是函售也有不足之处,如不能试穿,使人与人之间不能面对面交流。

2. 访问销售

访问销售是销售人员去家里或办公室直接从事销售活动,对顾客来说,在家中或办公室就能买到商品,省了购物时间与交通费,还能享受详细讲解与试穿等方面的服务,特别是对女性的内衣、化妆品等采用访问销售能获得好的效果。但需注意很多公司有规定,工作时间不能办私事,需利用中午休息或下班的时间,借助公司会议室陈列展示销售商品,这种自助购物职场销售的方法也普遍存在。

3. 自动销售机

自动销售机也是无店铺销售的一种形态,能在窄小的空间24小时进行销售,如连体袜裤等服饰类商品即可使用自动销售机来销售。

三、其他

1. 购物中心

购物中心是在工业化社会背景下产生的,20世纪60年代以后伴随着城市化规模不断扩大,人口流动性进一步增大,一种集购物、休闲、娱乐于一体,集吃、穿、玩于一体的购物中心相继而产生。购物中心的布局采取统一规划店铺,相对独立的经营形式,内部结构由百货商店、超市作为核心店,与各类专卖店、娱乐中心、快餐店等组成,因此,与其他商业设施相比较有三方面特点:

(1)计划性:不是自然形成的,是有组织,有规划的。
(2)综合性:与百货店、专卖店相比,具有综合强的特征。
(3)管理统一性:根据特定的经营理念统一运营管理。

2. 商店街

商店街是集服饰零售店、餐饮店、服务商店形成的购物场所,如北京的王府井、上海的南京路。

3. 商业市场

商业市场是在一个建筑物中,大部分空间为零售店铺,有公共设施共同使用,如石家庄的南三条集贸市场等。

复习与作业

1. 思考服装零售业的类型及特征。
2. 思考服装零售业产生的背景。

服装商品价格策略

本章内容：1. 商品的生命周期
2. 服装定价方法
3. 服装商品定价策略
4. 商品价格调整策略

上课时数：4课时

教学提示：1. 商品价格制订得是否科学合理，直接影响商品的销售实绩。价格的制订既要考虑企业获得利润，又要考虑消费者能承受的价格。讲解价格制订的方法，阐述价格制订策略，强调商品价格调整在服装销售中的重要性。
2. 指导同学对第六章复习及作业进行交流和讲评，并布置本章作业。

教学要求：1. 使学生了解服装定价的方法。
2. 使学生了解服装商品定价策略。
3. 使学生了解服装商品调整策略。

课前准备：准备若干件服装产品，作为模拟定价产品教学使用。

第七章

服装商品价格策略

消费者对商品价格要求越来越苛刻,并不是商品的价格便宜就购买,而是购买的商品如果价格太高,超出自己的预算范围也不会购买。因此,消费者对购物非常理性,而掌握消费者价格观是一项非常重要的内容。

对消费者来说,服装商品的价格是由(即品质和功能的实体价格)"硬"价值与"软"价值组成,即设计创造性、流行性的意识价值。消费者所认可的商品价值是与品牌的忠实程度和卖场的销售方法、服务等有很大关系,因此,要综合判断商品价值所在,制订合理的价格是一项非常重要的工作。

第一节 商品的生命周期

商品与人类一样都有从出生到死亡的生命过程:小孩—青年—中年—老年。商品的生命周期根据销售额、利润的多少和竞争程度的不同,分为导入期、成长期、成熟期、衰退期四个阶段,如图 3-7-1 所示。每个阶段的特征整理为表 3-7-1。

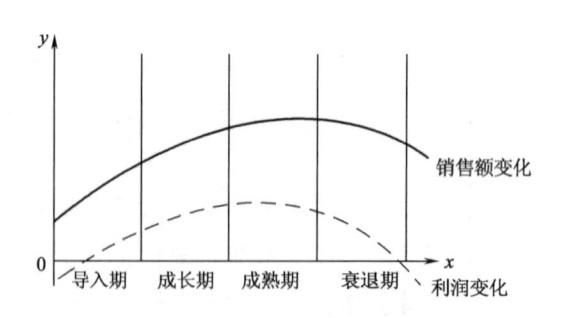

图 3-7-1 商品的生命周期

1.导入期特征

(1)生产成本高。由于新商品投放到市场要有较多投入,刚投入生产时,产量

表 3-7-1　商品生命周期各阶段特征列表

销售额	导入期	成长期	成熟期	衰退期
	少	急速成长	达到最高	缓慢减少
成本	高	稍降低	低	稍高
利润	赤字	增加	大	减少
顾客类型	革新者	初期使用者	前期追随着	后期使用者
竞争对手	极少	增加	减少	减少
营销目标	提高商品知名度	扩大市场占有率	维护市场占有率、扩大利润	减少经费挖掘利润

少,技术熟练程度较低,劳动率低,产能消耗大,所以成本比较高。

(2)促销费用大。作为新品牌,还未被顾客所认可,要采取各种促销手段作宣传,花费较多。

(3)销售数量少。新商品进入市场时,销售渠道不成熟,销售量有限。

对策:

(1)核实市场渗透策略是否妥当。

(2)为了提高品牌知名度,加大促销力度。

2. *成长期特征*

(1)需求急速扩大,商品销售额迅速提升。由于经过导入期,顾客已对商品有所熟悉,因而市场需求扩大;加之技术逐渐熟练,品质逐渐成熟,品牌形象不断被认可。

(2)利润率上升,出现赢利。成长期的生产能力提高,产量增加,生产、销售成本下降,销售额迅速增长,企业所得利润也相应增加。

(3)竞争商品出现。由于商品开始畅销,有利可图,竞争者纷纷加入,因而仿制品、代用品相继出现。

对策:

(1)扩大商品线。

(2)寻求在竞争品牌商品的差异。

3. *成熟期特征*

(1)需求达到饱和状态。商品在市场上已普及,销售量增长缓慢,处于稳定状态,并逐渐呈现下降的趋势。

(2)竞争激烈。市场竞争更加激烈,同类产品之间的广告战、价格战层出不穷。

(3)利润率从顶峰开始下降。由于销售增长率减慢,因而生产能力过剩,价格下降;加之销售渠道已有相当规模,销售费用提高,企业利润日益减少。

对策:

(1)开展提高企业形象的促销活动。

(2)防止价格下跌。

4. 衰退期特征

(1)需求减少。新商品不断出现,顾客需求转移,对老商品的需求减少。

(2)利润率降到最低,出现赤字。企业利润急剧减少,商品过时,很少有人问津,促销手段失灵,同行业相互降价销售,企业利润降到最低,甚至无利可图。

(3)商品之间无明显差别。这一时期,各企业采取的促销手段、价格策略等营销策略无明显差别。

对策:

(1)筹划退出市场时间。

(2)投入代替商品。

第二节　服装定价方法

制订商品销售的价格是一项很复杂的工作,企业应根据定价目标和所处的市场环境,综合分析其商品成本、市场需求和竞争状况等因素,通过运用价格决策理论,对商品价格做合理定价。通常服装商品的定价方法主要有三种,即成本导向定价法、需求导向定价法、竞争导向定价法。

一、成本导向定价法

成本导向定价法是一种以商品成本为基础的定价方法。这种定价方法,首先考虑如何尽快收回在采购过程所投入的全部成本,然后再考虑获取一定的利润。这种定价是最常用、最基本的定价方法。

1. 成本加成定价法

成本加成定价法就是在商品的单位成本上加入一定比例的利润作为单位商品的销售价格,其计算公式为:

单位商品售价=单位商品成本×(1+成本加成率)

例如某服装商店采购的休闲夹克成本为 80 元,加成率为 200%,则该夹克的销售价格是:夹克商品售价=80×(1+200%)=240(元)。在这种定价方法中,加成率的确定是定价的关键。一般来说,加成率的大小与商品需求的弹性、寿命周期、预期利润目标有关。加成定价法简单易行,在正常情况下可使企业获取预期赢利目标,但缺点是难以准确把握该价格水平上的市场销售量。

2. 收支平衡定价法

收支平衡定价法又称盈亏平衡定价法或损益平衡点定价法。收支平衡定价法是总成本和总销售收入保持平衡进行定价的方法。当销售收入等于总成本时,利润为零,不亏不盈收支平衡,其计算公式为:

$$损益平衡点的销售量 = \frac{固定成本}{价格 - 单位变动成本}$$

在此价格下实现的销售量,使企业收入恰好能弥补成本,该价格实际就是保本价格(图 3-7-2)。

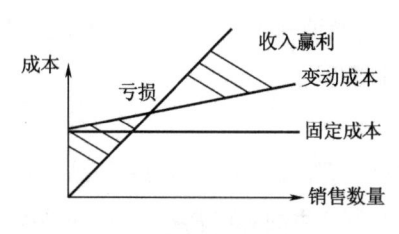

图 3-7-2 收支平衡定价法图示

$$保本价格 = \frac{固定成本}{损益平衡点的销售量} + 单位变动成本$$

单位变动成本是指总量随数量的变化而变化的那部分采购费用。如商品的进价、直接销售费用等;固定成本一般是与销售数量变化没关系的那部分费用,如租赁费、房屋折旧费、水电费、利息等。

以上我们得到保本的价格,但销售的目的不仅是为了保本,而是为了获取一定预期的利润。因此,在制订商品价格时需加上预期的目标利润。

$$商品价格 = \frac{固定成本 + 目标利润}{预期的销售量} + 单位变动成本$$

例如某服装商场的固定成本为 100 万元,销售衬衣的单位变动成本为 60 元,企业的目标利润为 50 万元,若衬衣预期销售量达到 10 万件,销售价格应为:

$$保本价格 = \frac{100}{10} + 60 = 70(元)$$

可见,销售价格必须达到 70 元才能实现盈亏平衡。在商品销售量不变的情况下,只有通过提高销售价格才能实现目标利润,因此,该商品的销售价格为:

$$销售价格 = \frac{100 + 50}{10} + 60 = 15 + 60 = 75(元)$$

这种定价方法计算简单,缺点是预先预测商品的销售量,如果预测不准确,商品的价格也就不准确,反过来价格又是影响销售量的重要因素。

二、需求导向定价法

需求导向定价法是以市场需求为导向的定价方法。这种定价方法是在定价过程中采用减法运算的方法,又称减法定价法。它是预先设定出消费者能接受的价格,之后扣除销售成本及期望目标利润差额为采购成本。这种定价方法通过推导得出的成本价格,有利于在成本价格的范围内调整商品,合理采购商品。

1. 理解商品价格定价法

理解商品定价是依据消费者认知商品的价值及对该商品价值的肯定程度,其核心是消费者的价值观念。实施这一方法的要点是提高消费者对商品的效用认识和价值理解度。应该从经营理念、商品构成、卖场配置、视觉促销、陈列展示、销售方法等方面创造价值,使消费者感到购买这些商品能获取更多的相对利益,从而提高接受商品价格的上限。

2. 需求差异定价法

这种方法是根据不同的市场需求制订不同的商品价格,也就是按照销售对象、销售地点和销售时间不同,所产生的需求差异对商品进行定价。例如2008年北京奥运会期间,吉祥物图案的T恤及一些商品的价格远比其他同类商品的价格高。

三、竞争导向定价法

即使设定的价格符合市场价格,但在市场上只要出现竞争对手,用较低的价格出售相同或相似的商品,消费者就会去购买价格便宜的商品。因此,商品不具备明显的特征,就要与竞争对手设定同一水平价位,为了战胜对手,有时比竞争对手的商品价格设定的略低一些,关键是尽可能收集竞争企业有关价格方面的信息数据,并结合本企业的实际情况做出决定。

第三节 服装商品定价策略

商品定价除掌握上述几种常见的定价方法外,还要研究制订价格策略。

一、心理定价策略

心理定价策略是根据顾客在购买服装商品时反应的不同心理动机所采取的定价策略。

1. 尾数定价策略

尾数定价策略是利用顾客对数字认知的某种心理制订相应的价格,如有些顾客喜欢数字有6、8给人以吉祥、一帆风顺、财运亨通的感觉,由此把服装商品的销售价格定为 388 元、466 元等。

2. 声望定价策略

声望定价是利用顾客仰慕名牌商品或名店声望的心理来制订的商品价格。因为顾客有崇拜名牌心理,往往以价格来判断品质,认为高价格代表高品质;还有的顾客购买服装,着用服装是向社会传达心理和展示自我价值。这种心理追求高价格商品时,应该制订较高的价格,如北京燕莎商场售出一件裘皮大衣 48 万元人民币,此种定价就是声望定价。

二、折扣与让利定价策略

1. 数量折扣

数量折扣是指顾客在一定时间内购买商品达到一定数量或金额时,按总量的大小给予不同的商品折扣。它可以鼓励顾客经常来店购买商品,成为长期固定顾客。

2. 季节折扣

季节折扣是指反季来购买商品的时候,给予顾客购买商品的一定折扣优惠,例如夏季举办羽绒服、皮衣等反季节销售让利活动。

3. 推广折扣

推广折扣是商家在开展各种促销活动时,在价格上给予一定程度的优惠政策,或以让价回报顾客的形式(如新商品上市开展推广活动),在规定期限内给予一定的折扣。

三、商品搭配销售

商品搭配销售的价格要比单件商品的价格低一些,例如西服套装的价格是 380 元,单条裤子销售为 200 元,单价上衣销售为 300 元。

第四节 商品价格调整策略

商品的价格不是永久不变的,随着季节、市场环境的变化,必须及时调整价格来应对市场变化,以适应竞争的需要。

一、战略性价格调整

1. 招徕顾客

利用部分顾客求廉心理,特意将某几种款式服装的价格调整到最低来吸引顾客,例如利用节假日、换季时机,或每天都推出几种特价商品等。采用多种形式举行"大酬宾"、"大减价",作为"引子"招徕顾客光临商店购买商品。有时利用数量限定的形式招徕顾客,例如当天仅限10件商品低价销售等。

2. 打包促销

打包销售是一种组合销售的销售方法,例如1双袜子为5元,3双袜子为10元,1件衬衣为60元,2件衬衣为100元等。

3. 不满额定价

定价为198元与200元的商品,只差2元,但是顾客的印象是198元定价的便宜,从心理上感觉有比200元的便宜很多的效果。

二、季节性价格调整

从旺季过渡到淡季商品销售时,销售人员应对商品的价格进行调整。服装的季节性非常强,销售活动的季节波段,按照商品企业季节波段实施,包括春、初夏、夏、初秋、秋、冬六个季节。

三、根据商品生命周期调整价格

商品生命周期分为导入期、成长期、成熟期、衰老期,在不同时期要调整商品价格,关键是判断商品进入市场后处于何种时期,然后根据不同时期的特点,有针对性地调整价格策略。

商品在导入期时,在市场上初次登场,处于商品附加价值最高时期,商品附加价值包括情报价值和品质价值。这一时期,商品的情报价值越高,商品的品质价值也越高,加之企业投入的成本费用大,因此,导入期商品的价格最高。

商品进入成长期时,企业的生产产量逐步提高,生产成本有所下降,商品的销售数量稳步提高。因此,制订商品的价格时,要求基本能够满足大众消费者接受的价格,商品的价格略低一点。

商品到了成熟期时,市场处于饱和状态,市场竞争激烈,企业为了占领自己原有的市场,商品的价格要根据市场变化逐步下调。

商品到了衰退期时,多数企业要退出市场,商品的销售价格制订的最低,有的调整到低于成本很多的价格进行销售。

四、根据竞争者价格变化调整价格

竞争者对某些商品降价或提价时,企业要做出相应的价格调整决策。

1. 竞争者提价后的价格调整策略

竞争者的产品提价,一般不会对企业造成严重威胁,对此,企业要采取两种策略:一是保持价格不变,从而扩大自己的市场份额;二是适当提价,但提价幅度低于竞争者的提价幅度,这样,既可以适当增加利润又能在市场竞争中占据有利地位。

2. 竞争者降价后的价格调整策略

一般来说,竞争者降价总是经过充分准备的,而企业一般事先毫无准备,面对竞争对手降价,往往难以做出适当的抉择。所以,对企业来说,竞争者降价是最难应对的情况。根据西方企业的经验,企业面对竞争者降价,有以下策略可供选择:一是维持原价不变;二是在保持原价不变的同时改进产品质量或增加服务项目,加强广告宣传;三是在降价的同时努力保持产品质量和服务水平稳定不变;四是提价,同时推出某些新品牌,以围攻竞争对手的降价品牌;五是推出更廉价的新产品进行攻击。例如,某服装企业在同行们的一片降价声中,没有选择跟风降价,而是通过对服装的款式、颜色、质地、花样、风格或整体外观进行改进,然后再推向目标市场,使消费者感到物有所值,虽然价格没有调整,却使消费者的购买欲望大大增加。

复习与作业

1. 思考商品不同生命周期的营销策略。
2. 思考服装定价的方法与特征。
3. 思考服装商品定价策略类型。
4. 思考服装商品调整的时期。

促销活动

本章内容：1. 促销活动的内容
            2. 促销活动与方法

上课时数：8课时

教学提示：1. 叙述促销的基本概念及促销体系结构，强调促销在服装销售中的重要性。讲解促销的方法与手段。
            2. 指导同学对第六章复习及作业进行交流和讲评，并布置本章作业。

教学要求：1. 使学生了解促销的内涵。
            2. 使学生了解促销的方法及手段。

课前准备：调研几家服装商店促销现状，分析归纳和总结，作为理论联系实际的备课内容。

第八章

促销活动

促销作为市场营销中最重要的因素之一,是通过各种媒体与手段,激发消费者购买商品的兴趣与信心,从而刺激消费者的购买欲望,在整个商品流通过程中起到润滑剂的作用。

第一节 促销活动的内容

服装商品时常被比喻成新鲜的水果或食品来形容其生命周期短的特征。即使经营者把商品构成准备得非常齐全与完美,但是商品的信息不能有效地传达给顾客就会影响商品的最佳销售时机。同时,季节、环境的变化也会影响销售活动。因此要开展促销活动,必须掌握促销活动构成的诸要素,有效地把这些因素结合起来才能达到预期目标,如图3-8-1所示。

一、来店促销

来店促销是以促使顾客来店为目的,为顾客提供有价值的信息,如愉快事件的报道,或最新商品信息等。

其具体的促销方法如下。

1. 邮寄广告

邮寄广告是给有可能将来成为新顾客和老顾客提前邮寄广告印刷品、商品

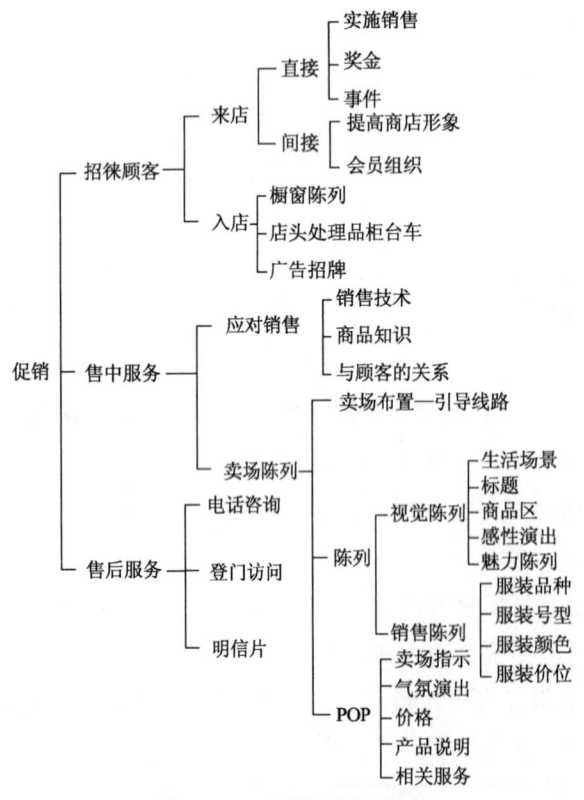

图 3-8-1 促销活动构成要素

目录,让顾客感到有优越感、亲密感,达到与顾客情感的沟通与交流之目的。

2. 时装表演

时装表演是在商品换季或新的商品上市时,由销售方主办,在店内、广场等场所举办新商品发布等演出活动。

3. 节日活动

节日活动是利用一年各种节假日的时机开展以社会公益为主题的各种促销活动,目的是为了招徕顾客,如"六一"儿童节举办的书画展,情人节开展婚纱展等。

二、入店促销

入店促销的目的是为了使过路行人进入店内,创造店头魅力(如橱窗陈列),制作店头上的广告招牌,POP(购买时点广告)广告,设置处理商品专柜服务点,增强销售人员的服务意识。

入店促销的具体促销方法是:

1. 橱窗陈列

橱窗陈列是在橱窗中陈列吸引顾客的服装商品,或者陈列与商品无关的其他话题。陈列的主题一定能让顾客激起共鸣,如2008年北京奥运会、2010年上海世博会、火箭载人飞船成功发射等。

2. 店头信息

店头信息是用各种广告画、指示牌吸引顾客进入商店。

3. 店员召唤

店员召唤是店员站在商店门前大喊全场降价打折,或者对部分商品降价处理等信息的传达。

三、销售应对

销售应对需掌握基本的销售法则、销售技术,给顾客留下良好的印象;掌握解决顾客提出各种问题需要的商品知识;维护老顾客,创造新顾客。

其具体促销方法是:

1. 提高待客技巧

应对顾客不仅要死记销售手册上的理论知识,更要做到创造性的活用,学会根据不同的顾客寻找相应的销售方法。

2. 丰富商品知识

现代社会中,顾客对服装商品的知识越来越了解。因此,售货员要定期组织学习新的商品知识,不断提高自己的业务水平。

3. 加强与顾客的交流

商店售货员反复不断对顾客记忆,如姓名、职业、爱好、住所、生日、电话等信息沟通与交流,建立客户关系网络。

四、卖场陈列展示

在店铺卖场中,促销陈列发挥着十分重要的作用,顾客进入商店首先看到的是卖场的构成与商品的陈列效果,根据看到的效果不同,顾客对商品的反应也截然不同。因此,陈列的商品要有的放矢地选择合适的位置陈列出来。

1. 布局

布局是根据商品构成的比例划分卖场区域,在卖场区域对种类进行划分,通道应按确保销售空间等要求安排布置。

2. 陈列

陈列是商店极力推出的主力商品,充分利用橱窗、人台等视觉化地陈列出来。

3. POP

POP能替代销售员给顾客传递信息,大致有商店指示牌、商品标价卡、宣传画等宣传工具。

第二节 促销活动与方法

通常对服装商品开展的促销活动主要有:非人员促销、人员促销两种。非人员促销又分为广告、公共关系、营业推广、人员促销等。

一、广告

广告可以提高品牌及企业形象的知名度,使消费者更好地了解产品,从而扩大产品的市场占有率,增加企业的销售额。在促销活动中,广告的作用非常重要,常见的广告传播形式有广播、电视、报纸、杂志、电子传媒等。在现实生活中,由于地区差别、流通渠道不同,所使用的媒体形式也有一定的区别。因此促销活动中要综合考虑各种要素,以抓住消费者的购买心理而展开促销,把销售场所的广告、店铺、销售、营业员的业务活动及其他销售服务综合于一体。

二、公共关系

把自己企业的经营理念、商品及服务提供给媒体,以文章、新闻报道的形式刊登发行,不需要资金投入树立企业形象,是从企业长远利益发展考虑使用的一种促销手段。

三、营业推广

营业推广是在销售场所为了促进顾客购买商品，直接刺激顾客的购买需求与欲望，达到让顾客购买商品为目的的一种活动。营业推广以短期行为为促销目的，具体方法有展览会、店头陈列、时装秀、散发样品等活动，另外还有有奖销售、打折、返款、比赛等经济利益驱使为主的活动。

四、人员促销

销售人员为了让顾客购买自己的商品，采取对顾客直接面对面的方式，也采用在展览会场、商店卖场开展面对面销售工作，还有上门回访、电话询问等方法。

以上四种促销手段，通常在商品投放市场开始，从成长期到成熟期各阶段应重视选择相应的广告、公共关系、营业推广等促销方式。通常情况下，从成熟期到衰退期阶段应选择营业推广，而人员促销运用于商品周期的各阶段。

促销活动开展的要点有五个方面：

1. 设定促销目标

服装企业开展促销活动时，首先要从三个方面去考虑设定什么样的目标。

(1)考虑购入公司品牌服装的顾客。

(2)考虑采购本公司品牌服装销售的零售业。

(3)开拓新的市场。在这里需明确终端顾客目标及其重要性。根据目标顾客的需求、购买行动开展有效的促销活动。

目标设定时必须明确是把能够影响多数人的革新者作为促销活动的焦点，还是把公司品牌主力顾客层作为促销的焦点。这是因为根据设定的目标不同，促销的战略、战术也完全不一样。

2. 明确促销目的

为设定的目标促销什么？即必须明确其目的，这是为了加深顾客对品牌产生好感，直接让顾客购买其商品所使用的促销手段。促销的目的不同，内容也不相同。尽管最终都是为了达到增加销售额、扩大市场占有率、提高品牌在市场上的知名度等目的，但还要考虑应从哪方面为切入点、效果如何，是短期行为、还是长期行为等问题。

3. 决定促销内容

决定促销内容最根本的是要站在买方立场上给促销内容增添魅力，也是我们决定促销内容的重点。它是把价格和品质结合起来诉求商品的货真价实，还是呼吁商品的感性风格、环境等问题作为商品价值所在，用来特写大写。像这样考虑促销目的能体现商品价值的促销内容。

4. 选择促销手段

促销手段呈现两种趋势，一是借助人员促销的效果通过人向人传递信息为重点的人员促销策略；二是使用媒体或者公开宣传一些事件，通过零售商开展的促销活动等。选择哪种促销手段开展促销活动才能做到明显的效果，这要根据设定目标特征、促销目的、促销内容以及广告预算来选择决定。

5. 遵循 AIDMA 法则

在制作新闻、报纸的广告、DM 等时，最重要的是能吸引顾客，激起兴趣，刺激购买欲望，加大提高记忆商品力度，必须为来店顾客制作有魅力的广告。

AIDMA 的 A 是注意(Attention)，I 是兴趣(Interest)，D 是欲望(Desire)，M 是记忆(Memory)，A 是行动(Action)，即首先重视吸引住顾客醒目字、醒目图案等视觉效果；最后不能缺少能引人注意的句子；最后还需能刺激购买欲望的商品照片等。为了让顾客来到商店，要在广告中明确登载易记忆的商店名称、地点、活动时间、特别服务等。

复习与作业

1. 思考促销手段的方法与特征。
2. 思考新的促销手段出现的背景。

参考文献

[1]文化服装学院.アパレル生产管理[M].日本东京:文化出版局,2006.
[2]文化服装学院.アパレル制品企划[M].日本东京:文化出版局,2005.
[3]文化服装学院.アパレル制造企划[M].日本东京:文化出版局,2004.
[4]文化服装学院.アパレル品质企划[M].日本东京:文化出版局,2007.
[5]大枝一郎.新ファッンヒジネスの基本[M].日本大阪:株式会社ファッン教育社,2006.
[6]文化服装学院.ファッンヒジネス基础编[M].日本东京:文化出版局,1999.
[7]文化服装学院.ファッンヒジネス应用编[M].日本东京:文化出版局,2006.
[8]陈伟民.服饰营销学[M].北京:中国轻工业出版社,2004.
[9]万志琴,宋惠景.服装生产管理[M].北京:中国纺织出版社,1992.
[10]内藤 郁代.商品企划实践の感情分类とトレンド分析[M].日本大阪:ファッン教育社,2003.

书目：服装类

书名	作者	定价(元)
【普通高等教育"十一五"国家级规划教材(高职高专)】		
服装造型立体设计(附盘)	肖军	35.00
服装企业板房实务(第2版)	张宏仁	38.00
服装贸易单证实务(附盘)	张芝萍	39.80
服装连锁经营管理(附盘)	李滨、邓汝春	34.00
模特造型与训练(附盘)	张春燕	36.00
出口服装商检实务(附盘)	陈学军	36.00
服装英语实用教材(第二版)(附盘)	张宏仁	36.00
【服装高职高专"十一五"部委级规划教材】		
服装品质管理(第2版)(附赠网络教学资源)	万志琴 等	29.80
成衣产品设计	庄立新 等	34.00
成衣纸样电脑放码	杨雪梅	32.00
服装商品企划理论与实务	刘云华	39.80
立体裁剪实训教材(附盘)	刘锋 等	39.80
面料与服装设计(附盘)	朱远胜 等	38.00
服装结构原理与制图技术(附盘)	吕学海	39.80
鞋靴设计与表现(附盘)	伏邦国	42.00
服装生产现场管理(附盘)	姜旺生 等	30.00
实用化妆造型(附盘)	李采姣	38.00
产业用服装设计表现(附盘)	刘兴邦 等	32.00
服装美学(第三版)(附盘)	吴卫刚	36.00
成衣设计(第二版)(附盘)	林松涛	35.00
CorelDRAW 数字化服装设计	马仲岭 等	39.80
针织服装设计概论(第二版)	薛福平	39.80
中国服饰史	陈志华 等	33.00
服装纸样设计(第二版)	刘东 等	38.00
艺术形体训练	张芃	36.00
【服装高等职业教育教材】		
服装美学(第二版)(附盘)	吴卫刚	36.00
服装专业英语(第二版)	严国英 等	32.00
服装制图与样板制作(第二版)	徐雅琴	45.00
服装专业日语	袁观洛 等	25.00
服装面料及其服用性能	于湖生	25.00
服装面料应用原理与实例精解	齐德金	28.00
服装学概论	包昌法	15.00
服装色彩与图案	濮微	22.00
计算机服饰图案设计	陈有卿 等	30.00
服装面料与辅料	濮微	26.00
服装缝纫工艺	包昌法	18.00
服装造型设计基础	陈平	20.00
服装结构设计	苏石民 等	22.00

书目：服装类

书名	作者	定价(元)
服装工艺设计	冯翼 等	16.00
服装简史	江平 等	18.00

【服装专业高职高专推荐教材】

书名	作者	定价(元)
服装纸样设计（下册）	刘松龄	32.00
服装设计：造型与元素	尚笑梅 等	29.80
服装设计美学	管德明 等	29.80
应用服装画技法	王家馨	38.00
服装企业理单跟单	毛益挺	28.00
服装营销	宁俊	28.00
服装纸样设计（上册）	刘松龄	32.00

【全国纺织高职高专规划教材】

书名	作者	定价(元)
服饰配件设计与应用	邵献伟 等	35.00
服装制作工艺——实训手册	许涛	36.00
针织服装结构与工艺设计	毛莉莉	38.00
服装贸易理论与实务	张芝萍	30.00
服装表演编导与组织	朱焕良 等	25.00
服装表演基础	朱焕良	25.00

【21世纪职业教育重点专业教材】（服装设计与制作专业）

书名	作者	定价(元)
服装材料	朱焕良 等	20.00
服装设计基础（上册）	梁军	24.00
服装设计基础（下册）	金惠 等	16.00
服装工艺	张繁荣 等	24.00
服装设计	庄立新 等	25.00
服装工业化生产	周邦桢	18.00
服装结构设计	周丽娅 等	18.00
时装表演教程（附盘）	朱焕良	30.00

【21世纪职业教育重点专业教材】（服装制作与营销专业）

书名	作者	定价(元)
服装工业制板	吕学海 等	20.00
服装结构制图	吕学海	39.00
服装CAD（附盘）	谭雄辉 等	28.00
服装制作工艺——基础篇	朱秀丽 等	28.00
服装制作工艺——成衣篇	姚再生	20.00
服装贸易实务	余建春 等	18.00
服装生产管理	黄喜蔚 等	18.00
服装市场营销	罗德礼	16.00
服装市场调查与预测	余建春 等	14.00

注 若本书目中的价格与成书价格不同，则以成书价格为准。中国纺织出版社图书营销中心 销售
电话：(010)67004422。或登陆我们的网站查询最新书目：
中国纺织出版社网址：www.c-textilep.com

作者简介

温平则，男，1965年7月生，籍贯山西。1986年3月赴日本东京文化服装学院留学，1988年3月毕业回国，回国后一直从事服装教育工作，现为副教授。先后编著出版《服装工程学》、《服饰营销学》等教材；在《中国皮革》、《商场现代化》等国家中文核心期刊上发表论文十余篇；是"现代服装工程管理"精品课程建设的主要参与者，该课程2007年被评为国家级精品课程。

冯旭敏，女，1965年7月生，籍贯天津。1986年3月赴日本东京文化服装学院留学，1989年3月毕业回国，回国后一直从事服装教育工作，现为邢台职业技术学院服装工程系书记、教授，中国服装设计师协会学术委员会委员，河北省服装行业协会模特委员会主任；先后编译、编著出版《文化服装讲座〈服饰手工艺篇〉》、《文化服装讲座〈服装设计篇〉》、《服装工程学》等教材；主持"现代服装工程管理"国家级精品课程建设。